das neue buch
Herausgegeben von Jürgen Manthey

Ed Sanders
The Family

Die Geschichte von Charles Manson
und seiner Strand-Buggy-Streitmacht

Deutsch von Edwin Ortmann

Deutsche Erstausgabe
Aus dem Amerikanischen übertragen
nach der 1971 unter dem Titel «The Family»
bei E. P. Dutton and Co., Inc., New York,
erschienenen Originalausgabe
© Ed Sanders, 1971
Veröffentlicht im Rowohlt Taschenbuch Verlag GmbH,
Reinbek bei Hamburg, Dezember 1972
© Rowohlt Taschenbuch Verlag GmbH,
Reinbek bei Hamburg, 1972
Alle Rechte vorbehalten
Printed in Germany
ISBN 3 499 25014 4

Meinem Freund Paul Fitzgerald

Einleitung

Das erste Mal hörte ich von Charles Manson und seiner ‹Family› um den 20. Oktober 1969, als ich in meiner Post eine Nummer von einem Ökologie-Informationsblatt mit dem Titel *Earth Read-Out* fand. In diesem Informationsblatt war eine Story aus dem *San Francisco Chronicle* vom 15. Oktober 1969 abgedruckt:

Die letzten Überlebenden einer Bande nackter, langhaariger Diebe, die in gestohlenen Strand-Buggies das Death Valley durchstreiften, sind, wie das Sheriff's Office gestern bekanntgab, ausgehoben worden. Ein Sheriff-Aufgebot, das von einem Aufklärungsflugzeug aus gelenkt wurde, verhaftete bei zwei Wüstenrazzien 27 männliche und weibliche Mitglieder der Nomadengruppe. Die Beamten erklärten, auch acht Kinder, darunter zwei unterernährte Säuglinge, seien aufgegriffen worden. Einige der Frauen waren vollständig nackt, und andere trugen Bikinihöschen, wie die Beamten berichteten. Die Erwachsenen wurden alle ins Bezirksgefängnis Inyo eingeliefert, wo sie zu den gegen sie erhobenen Beschuldigungen, darunter Autodiebstahl, Hehlerei und illegaler Waffenbesitz, vernommen werden sollen. Laut Aussage des Beamten wurden sechs gestohlene Strand-Buggies sichergestellt.

Hilfssheriff Jerry Hildreth erklärte, die Bande habe von Diebstählen in der Umgebung gelebt. Er berichtete, die Mitglieder der Gruppe seien in den gestohlenen Strand-Buggies mit Vierradantrieb herumgefahren und hätten in einer Reihe verlassener Bergwerkswohnhütten kampiert. Bisher hätten sie sich dadurch der Verhaftung entzogen, daß sie nur nachts unterwegs gewesen seien und mit Funkgeräten ausgerüstete Wachposten auf den Bergen aufgestellt hätten. «Es war erstaunlich, wie sie ihre Spuren verwischten und Scheinlager errichteten, um uns abzuschütteln», sagte Hildreth. «Sie haben uns ganz schön gehetzt... Es dürfte eines der unzugänglichsten Gebiete von ganz Kalifornien sein.»

Sechs Wochen, nachdem ich diese beiden Absätze in *Earth Read-Out* gelesen hatte, waren die Titelseiten der Zeitungen voll mit Bildern von Manson, dem angeklagten Mörder mit dem glasigen Blick. Er wurde in einem Zuge als Hippie Satansverehrer Autodieb Oberhaupt einer Sekte Meuchelmörder beschrieben. Seine Anhänger – einige junge Männer und an die zwanzig Mädchen – bezeichnete man als «Satanssklaven», die bereit gewesen seien, für ihn, wo und wann auch immer, alles zu tun. Hinter all den Schlagzeilen und Geschichten schien kein verläßliches Gerüst zusammenhängender Fakten erkennbar, die eini-

germaßen hätten erklären helfen, wie aus einer Gruppe junger amerikanischer Bürger eine Kommune von Schlächtern hatte werden können.
So geschah es aus persönlicher Neugierde, daß ich im Januar 1970 begann, Material über die Family zu sammeln. Dann beschloß ich ein Buch über diese Family zu schreiben und dachte, ich würde nur drei oder vier Monate dazu brauchen, wonach wieder die ruhigen Tage des Friedens und der Poesie einziehen sollten. Aber beinahe sofort, schon nach meinem ersten Flug nach Los Angeles, riß es mich in einen Strudel von Aktivitäten, die die Tage und Nächte mit Hektik erfüllten und deren Ergebnis, nach anderthalb Jahren, dieses Buch ist.
Zu Beginn meiner Nachforschungen arbeitete ich mir einen genauen Plan für die Beschaffung von Informationen aus; es ging mir darum, meine eigene Sicherheit zu gewährleisten und möglichst wenige zweifelhafte Abkommen treffen zu müssen. Ich brauchte Informationen, die ich frei und so, wie ich es für richtig hielt, verwenden konnte. Ziemlich oft verlangten Leute als Gegenleistung für Informationen, daß ich ihre Anonymität wahre. Nur in einigen wenigen Fällen, wenn ich wußte, daß die Informationen der Wahrheit entsprachen und für mein Buch wesentlich waren, ließ ich mich darauf ein. In mehreren Fällen, in denen es so schien, als könnte das Leben des Informanten durch die Nennung seines Namens gefährdet werden, habe ich darauf verzichtet.
Ich erhielt eine Menge – vor allem okkulte Dinge betreffende – Informationen über das Privatleben verschiedener Mordopfer, die ich mit Rücksicht auf das Gedenken an die unschuldig Ermordeten nicht verwendet habe. So befaßt sich dieses Buch hauptsächlich mit der Entstehung und Entwicklung der ‹Manson Family› und mit den Morden, die ihre Mitglieder begangen haben, und geht nur kurz auf die Lebensgeschichte der Ermordeten ein.
Jede einzelne Aussage in diesem Buch stützt sich auf Informationen, die aus amtlichen Dokumenten, aus Gerichtsakten und Verhandlungsprotokollen, aus schriftlich oder auf Tonband aufgezeichneten Interviews mit Zeugen der verschiedenen Ereignisse, durch persönliche Beobachtung, aus Landkarten, Fotos und offiziellen Stellungnahmen gewonnen wurden.
Eineinhalb Jahre lang schrieb ich buchstäblich alles nieder, was ich über die Manson Family hörte oder von ihr sah. Ich hatte ständig ein Tonbandgerät bei mir und habe mindestens hundert Stunden Interviews, Gegenüberstellungen und Kommentare aufgenommen. Täglich schrieb ich für mich selbst einen Arbeitsbericht. Nichts war zu trivial, mein

Rapidograph hielt alles fest. Oft stellte sich eine winzige, scheinbar nichtssagende Information ein Jahr später als höchst bedeutungsvoll heraus. Die ganze Zeit, während ich umherzog und Material zusammentrug, hatte ich immer eine Instamatic und eine Polaroidkamera bei mir, mit denen ich Hunderte von Bildern aufnahm. Tag und Nacht durchstreifte ich Los Angeles, immer auf Materialsuche. Ich wurde zu einem Datasüchtigen. In Underground-Zeitungen gab ich Anzeigen auf, um mir Informationen über Mansons Gruppe zu verschaffen; auch das hat mir eine Menge Material eingebracht.

Zusätzlich zu den täglichen Arbeitsberichten legte ich mir Ordner über bestimmte Themen an, so zum Beispiel gesonderte Ordner über die okkulte Szene in Los Angeles, über Mansons Kontakte in Hollywood und über jeden Einzelaspekt der Geschichte der Family. Insgesamt waren es an die fünfzig Ordner. Außerdem schrieb ich wichtige Tonbandinterviews ab und heftete sie zu dem anderen Material in den entsprechenden Ordnern. Zu jedem der in den Ordnern behandelten Themen stellte ich lange Listen noch offener Fragen zusammen, auf die ich bei späteren Interviews und ‹Materialbeutezügen› Antworten zu bekommen versuchte. Auf diese Weise ergab ein Interview das andere, und um die noch offenen Fragen herauszuziehen, mußte ich mein Material fortwährend durchsehen. Nach einigen Monaten reiste ich tatsächlich mit zirka 10 000 Seiten Rohmaterial herum.

Aus meinen täglichen Berichten und aus den Ordnern zu den einzelnen Themen stellte ich nach Monaten geordnete Mappen zusammen, die die Jahre 1967, 1968 und 1969 umfaßten. Sie enthielten die Geschichte der Family, Woche für Woche. Diese chronologischen Ordner vor allem benutzte ich bei der Niederschrift des vorliegenden Buches.

Die zirka 25 000 Seiten der Tate–LaBianca-Prozeßakten, die ich zu einem großen Teil gelesen habe, waren in vielen Fällen für die zeitliche Einordnung von Ereignissen von unschätzbarem Wert. Dasselbe gilt für die Prozeßakten des Verfahrens gegen Robert Beausoleil wegen der Ermordung Gary Hinmans. Viele Informationen gewann ich dadurch, daß ich – insgesamt mehrere tausend – Zeitungsausschnitte chronologisch zusammenstellte, Ausschnitte aus amerikanischen und europäischen Blättern, die sich mit den Tate–LaBianca-Morden und der Manson Family beschäftigten.

Gelegentlich mußte ich, um mir bestimmte Unterlagen zu verschaffen, in eine andere Rolle schlüpfen. So gab ich mich zum Beispiel zwei Monate lang, in einem bis ins Detail geplanten Schwindel, als New Yorker Pornohändler aus, der mit Andy Warhol-Filmbildern handelte; ich wollte auf diese Weise bestimmte berühmte Pornofilme von Manson und der Family und Leuten aus Hollywood erwerben. Bei anderen Gelegenheiten trat ich als Teufelsanbeter, faselnder Irrer oder als Psychopath im Drogenrausch auf.

Innerhalb eines Jahres schrieb ich ungefähr fünfundzwanzig Artikel für die *Los Angeles Free Press* über den Manson-Prozeß und über die weitere Existenz seiner ‹Familie› von Anhängern. Ohne freundschaftliche Hilfe der Redakteure der *Free Press* hätte dieses Buch nicht entstehen können: die Redaktion war für mich eine Insel normaler Menschen, zu denen ich mich am Ende eines Tages der Jagd nach lauter Wahnsinnsdetails über Leichen, Rituale und andere Schauerdinge flüchten konnte. Ganz besonders möchte ich Paul und Shirley Eberle, Brian Kirby, Judy Lewellen, dem mutigen Verleger Art Kunkin, John Carpenter und Kitty für ihre Hilfe und Freundschaft danken.

Ein Teil dieses Buches wurde in der Hall of Justice in Los Angeles geschrieben, wo ich ungefähr vier Monate lang dem Prozeß gegen Susan Atkins, Patricia Krenwinkel, Leslie Van Houten und Charles Manson beiwohnte. Ich nahm auch an dem zweiten Prozeß gegen Robert Beausoleil, dem Verfahren wegen der Ermordung Gary Hinmans, teil sowie an zahlreichen Gerichtsverhandlungen, bei denen es um andere Prozesse und Morde ging, mit denen die Family ebenfalls zu tun hatte. Daneben mußte ich mit Leuten überall in den Vereinigten Staaten und in Europa eine ausgiebige Korrespondenz führen.

Mehrere Wochen verbrachte ich in der New York Public Library mit der Lektüre von Mikrofilmen: das zweifelhafte Vergnügen, den größten Teil der Ausgaben der *Los Angeles Times* und des *San Francisco Chronicle* aus den Jahren 1968 und 1969 lesen zu müssen. Ich mußte Pläne von Häusern studieren, in denen sich Morde zugetragen hatten, ich mußte mir Fotos von Toten ansehen, ich mußte Autopsieberichte lesen, und ich mußte abscheuliche Taten schriftlich nachvollziehen.

Ich gliederte mein Forschungsgebiet Los Angeles, ja ganz Kalifornien, in ein Netz von Planquadraten. Jedes Quadrat warf, was Informationen betraf, seine eigenen Probleme auf, da Manson und seine Gruppe meist zu verschiedenen Gebieten auch unterschiedliche Beziehungen hatten. So unterschied sich das ‹Bild› der Family im Topanga Canyon wesentlich von dem, das die Family im Death Valley bot, was unterschiedliche Forschungstechniken bedingte. Ich suchte die Spahn Movie Ranch über zwanzigmal auf. Ich wollte genau zu verstehen versuchen, was diese als ‹Family› bekanntgewordene Gruppe von Menschen wirklich glaubte und praktizierte. Ich zog sogar in den Devil Canyon hinauf, um dort

abgelegene Camps der Family ausfindig zu machen.
Viermal machte ich mehrtägige Ausflüge nach Inyo County und ins Death Valley, wo ich zeltete und mit Bergarbeitern, Beamten usw. redete. In einem der von der Family aufgegebenen Fahrzeuge fuhr ich zu den tückischen Goler Wash-Wasserfällen hinauf, um sie mir anzusehen. Ich trieb mich in der Geisterstadt Ballarat herum, ich wanderte über den Mengel-Paß, ich nahm die Barker Ranch und die Meyers Ranch in Augenschein, alte Bergwerkswohnhütten, abgelegene Quellen, immer auf den Spuren von Helter Skelter.
Während der letzten sechs Monate meiner Nachforschungen wurde ich beträchtlich von einem Privatdetektiv, Mr. Larry Larsen, unterstützt, einem beherzten ‹Spürhund›, der im Aufstöbern von Daten ebenso hartnäckig wie findig war. Gemeinsam stellten wir knifflige Nachforschungen über verschiedene okkulte Gesellschaften in Los Angeles an, wobei uns vor allem Grausamkeits-Freaks, Satanisten und andere Anhänger der Magie des Schmerzes interessierten. Wir hatten so manche Abenteuer zu bestehen. In einer Mondnacht wagten wir uns hinaus an einen Strand in Ventura County: wir glaubten, eine Gruppe okkulter Leichenlüstlinge werde dort eine Tieropferung veranstalten. Bei einer anderen Gelegenheit kratzten wir von einem Ritualaltar auf einem verlassenen Filmgelände an einem finsteren Weg oberhalb des Topanga Canyon etwas ab, das wir für Tierblut hielten.
Natürlich mußte ich damit rechnen, daß unter den vier- bis fünfhundert Leuten, die ich im Verlauf meiner Nachforschungen interviewte, etliche pathologische Lügner waren. Von den meisten Episoden in diesem Buch gab es zwei oder mehr Fassungen, die ich von verschiedenen Personen über ein und denselben Vorfall erhielt. Jedes Interview erforderte eine Art ‹Wahrheitsanalyse›, bei der an Hand erwiesener Fakten der Hauptchronologie die Stichhaltigkeit der Aussage geprüft wurde. Eines der größten Probleme ist das durch das Verstreichen der Zeit bedingte Verblassen menschlicher Erinnerungen. Wer entsinnt sich schon genau daran, was zum Beispiel in der ersten Novemberwoche des Jahres 1967 geschah? Anderes mag hinzukommen: ein kranker Geist, der Gebrauch psychedelischer Drogen, Angst usw., und so erwies sich das Erinnerungsvermögen vieler in der Tat als recht dürftig.
Natürlich begegnete ich bei dieser Arbeit vielen, die mit Leben und Tod der Family direkt zwar nichts zu tun hatten, aber mehr als eigenartig waren. Besonders im Umfeld okkulter Gruppen stieß ich auf die geistig Verwundeten: Trinker von Hundeblut, Liebhaber von Sodo-Filmen, Leute, die verwesende Ziegenköpfe in ihren Küchen aufhängten, ande-

re, die sich für ihre Bel Air Parties Leichen mieteten, und Betrüger jeder Couleur.
Es gab auch heikle Probleme, die meine Nachforschungen behinderten, insbesondere das Problem jener Leiche im Kofferraum. Mehrere Geschäftsfreunde von Jay Sebring sind ermordet worden. Ich versuchte gerade, einen von ihnen aufzuspüren, einen Mann namens Joel Rostau, von dem ich mir einige Informationen erhoffte, als im Herbst 1970 bekannt wurde, daß man seine Leiche in New York in einem Kofferraum eines Autos gefunden habe. Ein anderer Bekannter wurde um Weihnachten in Florida ermordet aufgefunden. Diese Vorfälle veranlaßten mich, meine Nachforschungen auf weniger gefährliche Gebiete zu verlegen. Kein Buch ist permanenter Beschäftigung so nahe am Abgrund wert.
Es liegt nicht in der Absicht dieses Buches, irgendwelche Mordfälle zu klären, obgleich es etliche gibt, die noch zu klären sind. Daher bleiben einige Mordfälle in diesem Bericht unerwähnt. Auch die Wahrscheinlichkeit, daß noch nicht gefaßte Mörder – wie ganze Gruppen, die Menschenopferungen veranstalteten und von denen die Family Ideen und Unterstützung erhielt – in Kalifornien frei herumliefen, behinderte die Nachforschungen. Immer wieder stieß man auf nomadische Hippie-Kassandras, denen offenbar kein Beamter Glauben schenkte und die grausige Geschichten über Opferrituale in den Bergen und an den Stränden Kalifornienes erzählten.
Dieses Buch erhebt nicht den Anspruch, die abschließende Arbeit über Manson und seine Family zu sein. Zum Beispiel fehlt eine wissenschaftliche, sachkundige Studie über Techniken psychedelischer Gehirnwäschen und über kriminelles Verhalten unter komplexen hypnotischen Suggestionsmustern. Junge Leute sollten Bescheid wissen über die Methoden, deren sich Gurus oder sogenannte Anführer bedienen können, um sie in ein ausweglosDas Abhängigkeitsverhältnis hineinzuziehen – nur wenn sie ausreichend informiert sind, können sie vor solchen Einflüssen auf der Hut sein.
Manson und seine Gefährten befinden sich heute im San Quentin-Gefängnis in Tamal (California) – zum Tode in der Gaskammer verurteilt.[1] Ich bin ein Gegner der Todesstrafe, denn ich glaube, daß das Töten von Mördern nur Rache und Gewalttätigkeit verewigt. Es müßte doch eine Einrichtung geben, wo Manson sein ganzes Leben lang festge-

---

[1] In der Zwischenzeit wurde in den USA die Todesstrafe abgeschafft. (Anm. d. Übers.)

halten werden kann und von wo aus er nicht in der Lage wäre, durch seine Anhänger weitere Gewalttaten begehen zu lassen; denn viele dieser Anhänger sind meiner Meinung nach in ihrem Wahn zu weiteren Mordtaten bereit. Faktisch sind sie alle geistesgestört: Manson, Susan Atkins, Tex Watson, Patricia Krenwinkel, Leslie Van Houten und viele andere Mitglieder der Family. Psychiatrische Untersuchungen haben ergeben, daß bestimmte Mitglieder der Family, wenn sie in ihren Zellen allein sind, offenbar in den Zustand einer tiefen Psychose geraten. Sind sie dagegen zusammen, scheinen sie durch eiserne Bande miteinander verbunden, so als wären sie alle Teil ein und desselben Körpers und ein und desselben Willens. Und das ist die Geschichte, die in diesem Buch beschrieben wird – wie eine Gruppe junger Amerikaner zuzusammengeschweißt wurde zu einem kriegerischen Klan, der tötete.

1
Die ‹Family›

Von den Anfängen bis Mitte 1969

1
Freiheit auf Bewährung

Um den 22. Juli 1955 fuhr Charles Manson zusammen mit seiner siebzehnjährigen schwangeren Frau Rosalie in einem gestohlenen Mercury 1951 von Bridgeport (Ohio) nach Los Angeles. Das war's.
Im September wurde er verhaftet, und am 17. Oktober 1955 bekannte er sich schuldig. In dem nach seiner Verhaftung angefertigten psychiatrischen Gutachten wurde festgestellt, es sei «ein ziemliches Risiko, ihn auf Bewährung freizulassen», doch meinte man andererseits, das, was allenthalben jugendliche Straffällige zur Ruhe brachte, nämlich das Eheleben und dazu die bevorstehende Vaterschaft, würde ihn vielleicht auf den geraden Pfad des *american way of life* bringen. So wurde Manson am 7. November 1955 zu fünf Jahren mit Bewährung verurteilt.
Manson stand bereits seit dem 18. Mai 1954 unter Bewährungsaufsicht. Er war 21 Jahre alt. Seit er sechzehn war, hatte er im Gefängnis gesessen, und davor war er seit seinem vierzehnten Lebensjahr in verschiedenen Besserungsanstalten gewesen.
Nach seiner Verhaftung machte Manson den Fehler, bei einem Verhör durch Bundesbeamte zuzugeben, daß er 1954, also ein Jahr zuvor, mit einem geknackten Auto von dem Grubengebiet in West Virginia nach Florida hinuntergefahren war.
Folge dieser ‹Selbstverpfeifung› war, daß Manson am 11. Januar 1956 auf Grund einer in Miami erhobenen Anklage in Los Angeles vor dem Federal Commissioner erscheinen mußte. Er verpflichtete sich, am 15. Februar wieder vor Gericht zu erscheinen und wurde daraufhin freigelassen. Wenig später floh er aus Los Angeles, augenscheinlich in Begleitung seiner hochschwangeren Frau Rosalie, und fuhr mit ihr zurück nach Appalachia.
Am 29. Februar ersuchte der oberste Beamte für Bewährungsfälle in Los Angeles das Gericht, einen Haftbefehl zu erlassen, da Manson sich nicht bei seinem Bewährungshelfer gemeldet hatte. Am 14. März 1956 wurde Manson in Indianapolis (Indiana) verhaftet und zur Gerichtsverhandlung nach Los Angeles zurückgebracht.
Im März 1956 wurde sein Sohn Charles geboren.
Am 23. April 1956 widerrief Richter Harry C. Westover die Bewährung und verurteilte ihn zu einer dreijährigen Gefängnisstrafe, die er im Gefängnis Terminal Island in San Pedro (California) verbüßen sollte.
Fast ein ganzes Jahr hielt seine Frau Rosalie zu ihm – sie lebte mit Charles, dem Sohn, und Mansons Mutter Kathleen in Los Angeles.

Anfang 1957 gab Rosalie ihre Besuche auf und lebte von nun an laut einem Bericht der Behörde für Bewährungsfälle mit einem anderen Mann zusammen, was Manson völlig aus der Fassung brachte. Am 24. April 1957 versuchte Manson aus dem Gefängnis Terminal Island auszubrechen und wurde gemäß Artikel 18 §, 751 des amerikanischen Strafgesetzbuches (United States Code) wegen Flucht aus einer Strafanstalt des Bundes nach Verurteilung angeklagt. Er bekannte sich am 27. Mai 1957 schuldig, und am 10. Juni 1957 erließ Bundesrichter William Mathes eine Verwarnung mit Strafvorbehalt und setzte eine Bewährungsfrist von fünf Jahren fest.
Kurz danach beantragte Mansons aus West Virginia stammende Frau die Scheidung. Am 15. Juli wurde Manson in Terminal Island in San Pedro vorgeladen. Das Scheidungsurteil wurde am 30. August 1957 rechtskräftig. Adios Ehefrau.
Manson saß vom 23. April 1956 bis zum 30. September 1958 in Haft: zwei Jahre, fünf Monate, fünf Tage sogenannter Rehabilitierung. Im Gefängnis spielte der 125 Pfund schwere junge Mann in verschiedenen Basketballmannschaften mit, und anscheinend boxte er auch ein wenig. Sein Sexualleben setzte er auf die im Gefängnis einzig mögliche Weise fort – mit Hilfe von Hand, Mund und Hintern.
Zweieinhalb Jahre lang war Manson den endlosen Diskussionen über geplante und begangene Verbrechen und den psychopathischen Reden älterer sogenannter Gewohnheitsverbrecher ausgesetzt. Außerdem hörte er viel, was man als ‹Zuhältergeschwätz› bezeichnen könnte – über Tricks, wie man eine Horde Prostituierte beherrschen konnte. Laut Aussagen von Leuten, die in Terminal Island saßen, hörte Charlie solchen Gesprächen begierig zu. Einer, der ihn damals näher kannte, schreibt: «Wir haben viel über Huren gequatscht, besonders wie man sie unter der Knute behält. Wir redeten über ‹Hauptnutten› – über das Mädchen Nummer Eins eines Zuhälters, das alle anderen unter der Knute hat; über ‹Ställe› – das sind mehrere Mädchen, die für einen arbeiten; aber meistens redeten wir darüber, wie man Mädchen dazu kriegt, auf den Strich zu gehen.»
So verging für den jungen Charlie Manson die Zeit. «Proband wurde am 30. 9. 1958 aus Terminal Island entlassen», vermerkte der zuständige Bewährungshelfer in seinen Aufzeichnungen.
Manson erklärte, er würde zu seiner Mutter in die Harkinson Avenue in Los Angeles ziehen. Das war die erste von zwanzig Adressen, unter denen er in den folgenden zwanzig Monaten, die er in Freiheit verbrachte, leben sollte.

Das Amt für Bewährungshilfe gab ihm einige Tips für die Arbeitssuche. Die Liste seiner Jobs in den folgenden Monaten erinnert an die ersten Kämpfe eines Schriftstellers, aber bei Manson führten sie zu nichts. Er arbeitete als Aushilfskellner, als Barmixer, als Vertreter für Tiefkühlkost sowie für Tiefkühltruhen, als Tankwart, als Fernsehregieassistent und als Zuhälter.
Am 16. Januar 1959 beschwerte sich ein aufgebrachter Vater bei der Polizei in Los Angeles, daß Manson versuche, seine Tochter Judy auf den Strich zu schicken. Manson war auch zu sehen mit Judys Zimmergenossin, einer reichen Studentin von der UCLA (University of California Los Angeles) namens Flo, die aus Baker (California) kam und einen weißen Triumph fuhr.
Am 1. Mai 1959 wurde Manson dabei erwischt, wie er in Los Angeles fluchtartig einen Ralph's Market verlassen wollte, nachdem er versucht hatte, einen gestohlenen Scheck über 34,50 Dollar zu fälschen und einzulösen. Am gleichen Tag hatte er bereits einen anderen gestohlenen Scheck bei einer Richfield-Tankstelle eingelöst. Das sollte ihn teuer zu stehen kommen. Am Tatort wurde ein blaues Cadillac-Kabriolett (1953), das offensichtlich Mansons Mutter gehörte, beschlagnahmt.
Nachdem die Polizei von Los Angeles Manson der Bundespolizei überstellt hatte, begingen die Feds (Bundesbeamte) den Fehler, daß sie, während sie Manson verhörten, den gefälschten Scheck in einem offenen Ordner liegen ließen. Als die Secret Service-Beamten Manson einen Augenblick den Rücken kehrten, scheint er den Scheck genommen und heruntergeschluckt zu haben. Der Scheck war jedenfalls verschwunden, und wenig später bat Manson, auf die Toilette gehen zu dürfen; er wollte seinen von dem heruntergeschluckten Scheck gereizten Magen entleeren.
Am 19. Juni 1959 suchte eine laut Mansons Bewährungshelfer attraktive neunzehnjährige blonde Weiße namens Candy Stevens diesen auf und erklärte, daß sie von Manson schwanger sei und daß sie und Manson heiraten würden, wenn die miesen Bundesbehörden ihn nicht wieder einpökeln würden. In Wirklichkeit war sie nicht schwanger; vielmehr war sie ein Flittchen, das damals für Manson arbeitete. Es mag sogar sein, daß Manson der erste war, der sie auf den Strich geschickt hat.
Am 4. September 1959 wurde Manson von demselben Arzt, der ihn vier Jahre zuvor untersucht hatte, einer weiteren psychiatrischen Untersuchung unterzogen. Der Bericht schloß:
Er macht nicht den Eindruck einer niederträchtigen Person. Allerdings ist er emotional sehr ungefestigt und sehr unsicher. Er erzählt über sein

Leben in den Anstalten so, als wolle er andeuten, daß er die meisten seiner Befriedigungen in Anstalten gefunden hätte. Er sagte, er sei Kapitän verschiedener Sportmannschaften gewesen und habe sich große Mühe gegeben, um anderen Anstaltsinsassen Unterhaltung zu verschaffen. Meiner Meinung nach ist er vermutlich eine soziopathische Persönlichkeit ohne Psychose. Unglücklicherweise entwickelt er sich rasch zu einer Anstaltsperson. Trotzdem kann ich ihn nicht gut als Kandidaten für eine Bewährung empfehlen.

Charlie Manson war 24 Jahre alt.

Am 28. September 1959 wurde Manson in Anwesenheit der jungen Dame namens Candy vernommen, die sich beim Richter flehend und weinend für Manson einsetzte – der Richter ließ sich erweichen, verwarnte Manson und behielt sich ein Strafurteil von zehn Jahren vor bei einer Bewährungsfrist von fünf Jahren.

Im November 1959 lernte Manson ein achtzehnjähriges Mädchen aus Detroit namens Mary Jo kennen, die sich durch eine Zeitschriftenanzeige für eine Stewardessenschule nach Los Angeles hatte locken lassen. Als sie nach Los Angeles kam, erwies sich die Schule als Betrug, und es gelang ihr nicht, ihr Geld zurückzubekommen. Sie überredete ihre Eltern, daß sie ihr erlaubten, daß sie in Los Angeles blieb, und zog zusammen mit einer Freundin namens Rita in ein Apartment.

Ende 1959 tat sich Manson mit einem gewissen Tony Cassino zusammen und gründete mit ihm eine «3-Star-Enterprises» genannte Firma für Nachtclub-, Radio- und Fernsehwerbung, die ihren Geschäftssitz in der Suite 306, 6871 Franklin Avenue, Hollywood hatte. (Nur ein paar Türen weiter befindet sich das Apartment, wo Manson zehn Jahre später den schwarzen Rauschgifthändler Bernard Crowe niederschießen sollte.) Manson war Direktor und Tony Vizedirektor. Angeblich bekam Manson für drei seiner sogenannten Werbesendungen etwas Geld von Mary Jo. In Wirklichkeit scheint Manson über die «3-Star-Enterprises» weibliche Sexualobjekte vom Hotel ‹Roosevelt› in Hollywood vermittelt zu haben.

Im Oktober kehrte Charlies Mutter nach West Virginia zurück und erklärte, daß sie dort bleiben wolle.

Am 4. Dezember 1959 wurde Candy Stevens, das Mädchen, das vor Gericht geheult hatte, in Beverly Hills wegen Prostitution verhaftet. Manson verschaffte sich Geld und stellte die Kaution für sie, doch wurde Candy wenig später zu einer Gefängnisstrafe verurteilt. In der Zwischenzeit wurde jenes Mädchen aus Detroit, Mary Jo, von Manson schwanger.

Am 24. Dezember 1959, also am Weihnachtsabend, wurde Manson verhaftet und angeklagt, er habe einen Mann namens Harold, zusammen mit Candy und einem Mädchen namens Elizabeth, in einem gestohlenen Wagen nach Needles (California) geschickt, um dort Körperhandel zu treiben. Doch mangels Beweisen wurde er bald wieder auf freien Fuß gesetzt. Am Silvesterabend wurde Manson wieder verhaftet, weil man ihn verdächtigte, Kreditkarten gestohlen zu haben, doch am 4. Januar 1960 ließ man ihn wieder frei.

Am 5. Januar 1960 wurde Manson als Zeuge vor Gericht geladen; es ging um den Diebstahl von Kreditkarten des American Express und der Bank of America. Ein Gewitter braute sich über dem jungen Manson zusammen, «diesem charakterschwachen, gerissenen Burschen», wie ihn sein Bewährungshelfer nannte. Auch das FBI stellte im Fall Manson bereits intensive Nachforschungen an. Am 15. Februar 1960 meldete sich Manson zum letztenmal bei seinem Bewährungshelfer.

Am 20. Februar 1960 mußte die schwangere Mary Jo aus Detroit starker Blutungen wegen – die von einer Extrauterinschwangerschaft herrührten – in ein Krankenhaus eingeliefert werden. Manson telefonierte mit dem Vater des Mädchens, einem leitenden Versicherungsangestellten in Detroit. Der Vater nahm sofort eine Maschine nach Los Angeles, wo er am International Airport von Manson und Mary Jos Zimmergefährtin Rita erwartet wurde. Auf der Fahrt in die Stadt verkündete Manson, er habe keinen Führerschein, und er stehe unter Bewährungsaufsicht. Mary Jos Vater war, wie es in einem Bewährungsbericht heißt, schokkiert, als ihm plötzlich aufging, daß seine Tochter von einem Delinquenten angebumst worden war.

Mary Jo schleppte sich recht und schlecht durch ihre Krise, dann ging es ihr bald wieder besser. Ihr Vater brachte sie eiligst fort in ein privates Erholungsheim. Irgendwie fand Manson ihre Telefonnummer heraus und rief sie wiederholt an. Mary Jo erzählte ihrem Vater, daß sie sehr verliebt sei in Manson. Darauf schnüffelte der Vater in Hollywood herum und stieß auf einige Leute, die behaupteten, Manson hätte sich auch als Zuhälter betätigt. In dem Bericht des Bewährungshelfers über jene Zeit heißt es, dem Vater sei «elend gewesen bei dem Gedanken, daß dieser Kerl vorhatte, seine Tochter und Rita für sich arbeiten zu lassen». Dann erfuhr der Vater zu seinem Entsetzen, daß der Mann, den seine Tochter liebte, in derselben Nacht, als er, Manson, die in Lebensgefahr schwebende Mary Jo ins Krankenhaus brachte, Mary Jos Zimmergefährtin Rita verführt hatte.

Am 29. Februar 1960 suchte der Vater Mansons Bewährungshelfer auf, um sich bei ihm zu beschweren. Der Vater, ein erfahrener Versicherungsdetektiv, hatte sich bereits die Füße wund gelaufen, um Angaben über Manson zu bekommen. Er war wütend darüber, daß Manson sich weigerte, Mary Jos Sachen herauszugeben. Er hatte sogar versucht, die Polizei von Pasadena dazu zu bewegen, daß Manson verhaftet wurde, allerdings ohne Erfolg.

Am gleichen Nachmittag, nachdem er bei dem Bewährungshelfer gewesen war, fuhr der zornige Vater zu Mansons Pension in Pasadena, wo er entdecken mußte, daß Manson seine Bude aufgegeben, aber Mary Jos Gepäck mitgenommen hatte. Der Vater war entsetzt über die Fotos von halbnackten kleinen Mädchen, die Charlie zurückgelassen hatte. Ein Polizeibeamter, der in der gleichen Pension wohnte, charakterisierte Manson als einen «Sexomanen» und deutete an, daß Manson möglicherweise Pornofotos aufgenommen habe, um sie außerhalb Kaliforniens zu verkaufen.

Für Manson war alles aus. Die Justizmaschinerie begann sich in Bewegung zu setzen.

Im April 1960 sang Candy Stevens vor einem großen Geschworenengericht, und am 27. April wurde gegen Manson Anklage erhoben wegen Verstoßes gegen den Rechtstitel 18 § 2421, «Beförderung von Frauen im zwischenstaatlichen Handel zum Zwecke der Prostitution». Anscheinend hatte er selbst die jungen Damen Candy und Elizabeth am 12. Dezember 1959 von Needles (California) in einem gestohlenen Triumph-Kabrio nach Lordsburg (New Mexico) gebracht.

Auf Antrag der Bundesbewährungsstelle hob Richter William Mathes die bedingte Strafaussetzung im Zusammenhang mit dem Scheckbetrugsverfahren auf. Am 25. Mai 1960 wurde die Kaution auf 10 000 Dollar festgesetzt. Am 1. Juni 1960, eine Woche nach Erlaß des Haftbefehls, wurde Charlie in Laredo (Texas) festgenommen, aber offenbar in einer anderen Sache – man beschuldigte ihn, gegen die sogenannte Mann Act, auch bekannt als White Slave Act, verstoßen zu haben. Einige Tage später, am 16. Juni, wurde Manson den Behörden in Los Angeles überstellt.

Am 23. Juni 1960 verurteilte Richter Mathes Manson zu zehn Jahren Freiheitsentzug, zu verbüßen im Bundesgefängnis McNeil Island im Staate Washington. Am 10. Juli 1960 wurden die Anklagen wegen Kuppelei fallengelassen, doch war Manson bereits wegen Verstoßes gegen die Bewährungsbestimmungen verurteilt worden.

Manson war ein Jahr, acht Monate und zwei Tage frei gewesen. Er legte Berufung gegen das auf zehn Jahre lautende Urteil ein und blieb unge-

fähr ein Jahr lang im Bezirksgefängnis von Los Angeles, das sich in den oberen Stockwerken der Hall of Justice befindet, wo er zehn Jahre später wegen Mordes vor Gericht gestellt werden sollte.
Im Juni 1961 gab er, nachdem seine Berufung abgewiesen worden war, auf und ließ sich ins Gefängnis McNeil Island überführen.
Im Dezember 1963 schrieb Mansons Mutter, die inzwischen offenbar wieder verheiratet war und jetzt in Spokane (Washington) wohnte, einen Brief an Richter Mathes und bot ihr Haus als Sicherheit für Mansons Freilassung an. Der Richter ließ ihr zurückschreiben, nach neunzig Tagen habe der Richter nicht mehr die rechtliche Möglichkeit, ein verhängtes Urteil abzuändern.
Den größten Teil der sechziger Jahre saß Manson im Gefängnis. In den unruhigen Zeiten der verschiedenen Befreiungsbewegungen, der Aufstände in den Ghettos, der Gemetzel, des Beginns von Vietnam, der Friedensmärsche, der sexuellen Befreiung, des Rock'n'Roll, der Beatles, der Beach Boys, des Napalm, des Hare Krishna und des wachsenden Protests der Frauen gegen ihre Unterdrückung (eine Bewegung, von der Manson kaum eine Ahnung hatte) – während all dies geschah, saß Charlie seine Strafe ab und erfuhr von der Wirklichkeit nur durch Zeitschriften und Gerede, das auf bloßem Hörensagen beruhte.
Und während Manson seine Gefängnistage zählte, begann er sich intensiv mit Magie, Zauberei, Hypnotismus, Astralprojektion, Freimaurerei, Scientology, Egospielen, unterschwelliger Beeinflussung, Musik und möglicherweise auch mit dem Rosenkreuzertum zu beschäftigen.
Vor allem aber mit Hypnotismus und unterschwelliger Beeinflussung. Er schien entschlossen, sich beider zur Beherrschung anderer zu bedienen.
Ein Zellengenosse Mansons erinnert sich lebhaft an den großen Charlie-Manson-Kopfhörer-Schwindel.
Mit Hilfe des Gefängnisrundfunksenders manipulierte Manson alle Insassen des McNeil Island-Gefängnisses durch «posthypnotische Suggestionen», wie es sein Zellengenosse nannte.
Jeder Häftling konnte mit Kopfhörern, die an den Pritschen in den Zellen hingen, den Sender hören. Manson schmiedete einen ‹Geheimplan›, wonach der Sender um drei Uhr nachts über die Kopfhörer Botschaften ausstrahlen sollte. Die Botschaft oder Anweisung wurde ständig wiederholt.
Die Gefangenen wurden aufgefordert, ihre Kopfhörer nachts so an ihr Bettgestell zu hängen, daß die Botschaften von den Schlafenden aufgenommen wurden, aber nicht die Aufmerksamkeit der Wachen erreg-

ten.
Die Geschichte geht noch weiter. Das Gefängnis hatte eine Basketballmannschaft, die nur selten ein Spiel gewann. Manson strahlte Botschaften an die schlafenden Insassen aus, in denen er sie drängte, dem nächsten Spiel beizuwohnen und die McNeil Island-Mannschaft anzufeuern. Dann wettete Charlie mit den eifrigen neuen Fans, daß die gegnerischen Mannschaften gewinnen würden, und hatte sich rasch zweihundert Packungen Zigaretten (in US-Gefängnissen die übliche Währung) erwettet.

Dann war da noch der Applaus-Schwindel: über die Kopfhörer suggerierte Manson seinen Mithäftlingen, sie sollten ihm, wenn er bei einem Talentwettbewerb im Gefängnis als Sänger auftrat, lange applaudieren. Manson gewann den Wettbewerb mit seinem Kopfhörertrick, jedenfalls bekam er offenbar begeisterten Applaus von einiger Dauer.

Es entbehrt nicht der Ironie, daß Manson im Gefängnis anscheinend zu einem Schützling des Prohibitions-Gangsters Alvin Karpis wurde, eines Mitglieds der berüchtigten Ma Barker-Gang, die vierzehn Todesopfer auf dem Gewissen hatte.

Alvin («Old Creepy») Karpis brachte Manson das Gitarrespielen bei und scheint dem jungen Mann auch sonst ein Ratgeber gewesen zu sein, obgleich Karpis in einem Interview nach Mansons Verhaftung erklärte, von Manson hätte er zu aller Letzt erwartet, daß er sich ins «Massenmordgeschäft einlassen würde».

«Charlie hatte sich an diese neue Sache, die man ‹Scientology› nennt, gehängt», sagte Karpis. «Er meinte, damit könnte er alles erreichen oder alles werden. Vielleicht hatte er recht. Der Junge hat versucht, 'ne Menge andere Typen mit seiner Scientology zu lenken, aber landen konnte er bei keinem.»

Bei der Scientology handelt es sich um eine an die Seelenwanderung glaubende Sekte. Ihre Anhänger behaupten, man könne Einzelpersonen lehren, Dinge über ihre vergangenen Leben zu erfahren, ihre Körper zu verlassen – sich zu ‹veräußerlichen› – und, unter anderem, große Macht und Unsterblichkeit zu erlangen. Manson hörte von der Scientology durch einen gewissen Lanier Raymer, ferner durch Gene Deaton und Jerry Milman, der Mansons Zellengenosse im Gefängnis McNeil Island war.

Laut Mansons Anhängern war Lanier Raymer ein eifriger Scientology-Schüler gewesen und Doktor der Scientology geworden, eine frühe Würde, die von der Bewegung heute nicht mehr verliehen wird.

Raymer löste sich von der Scientology-Bewegung und gründete eine eigene Gruppe. Er wurde wegen eines Raubüberfalls verhaftet und später nach McNeil Island geschickt.

Manson hat einem Gefängnisbesucher erzählt, er hätte im Gefängnis hundertfünfzig ‹Schulungssitzungen› mitgemacht – offenbar unter Lanier Raymer.

Manson hat behauptet, er hätte sich die Scientology-Methoden sehr rasch angeeignet, weil sein «Geist nicht programmiert war». Aber Manson war in keiner Weise ein ‹Produkt› der Scientology; er entlehnte von ihr lediglich einige Ideen. Die Scientologen nennen das *squirreling* – das heißt jemand übernimmt und modifiziert Praktiken oder Methoden der Scientology.

Manson eignete sich eine Menge scientologischer Phrasen, Neologismen und Praktiken an, die er seinen eigenen Zwecken nutzbar machte, als er den Geist seiner Jünger neu zu gestalten begann.

Ausdrücke wie «Hör auf zu sein» und «Komm ins Jetzt» und die Vorstellung vom ‹Bilder-Heraufbeschwören› scheinen ihren Ursprung in Mansons Sitzungen mit Lanier Raymer zu haben.

Manson befaßte sich auch mit der Freimaurerei und erwarb einige Kenntnisse über freimaurerische Handzeichen (die er später bei Gerichtsverhandlungen den Richtern signalisieren sollte).

Offenbar erfuhr er auch einiges über die Erkennungszeichen der Scientology. Später, in der Ära des Grusel-Grauens, sollte Manson unter seinen Anhängern sein eigenes komplexes System von Hand- und Körperzeichen, einer regelrechten Sprache aus Bewegungen und Zuckungen, entwickeln.

Für jemanden, der so ungeübt war im Lesen und Schreiben, zeigte Manson ein hohes Interesse an bestimmten Büchern über Hypnotismus und Psychiatrie. Einem Freund zufolge interessierte er sich ganz besonders für ein Buch mit dem Titel ‹Transactional Analysis› von Dr. Eric Berne, dem Autor von ‹Games People Play›[1]. Charlie, der ewige Proselytenmacher, drängte seine Freunde, die von ihm entdeckten Bücher ebenfalls zu lesen.

Vielleicht war es das Studium der ‹Transactional Analysis›, was Manson auf seine perverse Doktrin vom Kind-Geist brachte. Sicher dürfte sein, daß er aus bahnbrechenden Werken der Gruppentherapie eine Menge Ideen entlehnt hat.

---

1 Deutsch: ‹Spiele der Erwachsenen. Psychologie der menschlichen Beziehungen›. Reinbek 1967.

Er hatte einen Freund, einen gewissen Marvin White, der anscheinend aus dem Gefängnis McNeil Island entlassen wurde und dann dafür sorgte, daß Manson Bücher über Schwarze Magie und verwandte Gebiete geschickt bekam.

Ein weiteres Buch, das Manson für seine Family eine theoretische Basis lieferte, war Robert Heinleins ‹Stranger in a Strange Land›[1], die Geschichte eines machthungrigen, telepathisch veranlagten Marsmenschen, der mit seinem Harem und einem unstillbaren Sexualhunger die Erde durchstreift und Anhänger für eine neue religiöse Bewegung wirbt. Am Anfang übernahm Manson viele Begriffe und Ideen aus diesem Buch – darunter hoffentlich nicht den darin beschriebenen rituellen Kannibalismus.

Mit dem Helden des Buches, einem gewissen Valentine Michael Smith, sollte sich Manson später allerdings identifizieren (Mansons erstes Kind von einer seiner Anhängerinnen erhielt den Namen Valentine Michael Manson). Dieser Smith, der eine religiöse Bewegung gründet, tötet oder ‹entleibt› seine Feinde. Er wird schließlich von einer aufgebrachten Menge zu Tode geprügelt und fährt zum Himmel auf.

Bis zum heutigen Tag halten Mansons Anhänger Wasser-Kommunions-Zeremonien ab, bei denen ein Kreis sitzender Adepten auf ein Glas Wasser starrt – Zeremonien, an denen Manson, im Gefängnis, auf magische Weise aus der Ferne teilnimmt.

Am besten scheint er sich jedoch in der Bibel ausgekannt zu haben, aus der er lange Stellen zitieren konnte.

Auch mit Singen und dem Schreiben von Songs begann er die Zeit auszufüllen. Der Gedanke, Vortragskünstler zu werden, schien ihn zu verlocken. Um diese Zeit hat er offenbar die Erlaubnis bekommen, sich eine Gitarre schicken zu lassen. «Ein Mexikaner hat mir Gitarre beigebracht», hat Manson geschrieben. Eine junge Dame, die in der Silverlake-Gegend von Los Angeles eine Boutique hatte, erinnerte sich an Charlie, wie er nach seiner Entlassung aus dem Gefängnis mit seiner Gitarre in ihrem Laden erschien und ihr «wunderschöne Liebeslieder auf spanisch» vorsang – Lieder, die er wahrscheinlich im Gefängnis gelernt hatte.

Die Beatles erregten schon sehr früh seine Aufmerksamkeit – schon während der *Wanna Hold Your Hand*-Manie von 1963/64.

Alvin Karpis von der Barker-Bande erinnert sich daran: «Ständig redete er davon, daß er wie die Beatles rauskommen könnte, wenn er die

---

[1] Deutsch: ‹Ein Mann in einer fremden Welt›. München 1970.

Chance hätte. Immer wieder bat er mich, ihn mit großen Leuten wie Frankie Carbo und Dave Beck zusammenzubringen; mit irgendwem, der ihm zu einem großen Start verhelfen konnte, wenn er raus war.»

Nach fünf Jahren in McNeil Island klügelten mehrere Freunde von Manson, sogenannte ‹Gefängnisanwälte› – Häftlinge mit juristischen Kenntnissen –, einen legalen Plan aus, der es dann möglich machte, daß Manson am 29. Juni 1966 von McNeil Island (Washington) nach Terminal Island in San Pedro (California), in der Nähe von Los Angeles, verlegt wurde. Wahrscheinlich glaubte man, die Chance, früher entlassen zu werden, stünde für ihn im Gefängnis Terminal Island besser.

In Terminal Island begann sich Manson wirklich auf die Operation Superstar vorzubereiten. Er verbrachte knapp ein Jahr dort. Freunde erinnern sich, wie er sich fanatisch der Musik und dem Singen widmete.

Ein gewisser Phil Kaufman, der wegen einer Marihuana-Sache im Gefängnis saß, war beeindruckt von Mansons musikalischen Fähigkeiten und erbot sich, ihm mit gewissen Verbindungen, die er draußen hatte, weiterzuhelfen, sobald Manson entlassen werde. Kaufman, von dem die Polizei glaubt, daß er den berühmten Manson-Porno-Filmstreifen besitzt, hat Manson anscheinend den Namen von einem Bekannten bei den Universal Studios in Hollywood gegeben, wo Manson Ende 1967 seine Songs aufnehmen lassen sollte.

Manson schloß viele Freundschaften im Laufe dieser sieben Jahre im Gefängnis. Einige Zellengenossen sagen, Manson hätte die ganze Zeit über geplant, eine Armee von *outcasts* um sich zu scharen, mit denen er ‹unter dem Bewußtsein› der Mutterkultur operieren wollte. Andere sagen, er sei ein Widerling gewesen, doch etliche erinnern sich seiner mit Zuneigung und sind anscheinend ganz verstört darüber, daß er zum Anführer einer Killerhorde geworden ist.

Doch kann man mit Sicherheit sagen, daß er nach seiner Entlassung eine Chance hatte. Eine verwickelte, langwierige Tragödie hatte Charles Manson sein ganzes Leben lang herumgeboxt. Doch nun, 1967, hatte die Liebe die Aufmerksamkeit des kriegstollen Amerika gefesselt und die Straßen waren gepflastert mit Anerkennung für einen Troubadour und umherziehenden Sammler von wehmütigen, verwundeten Kindern des Krieges.

2
Aus dem Knast

Mit 35 Dollar und einem Koffer voll ‹Kleidung› verließ Manson am 21. März 1967 das Gefängnis, nachdem er eine Haftstrafe von sechs Jahren und neun Monaten abgesessen hatte. Er war zweiunddreißigeinhalb Jahre alt.

Der Legende nach soll Manson versucht haben, ins Gefängnis zurückzukehren oder doch zumindest beim Verlassen des Gebäudes am Haupttor gezögert haben. Doch als er sich dann draußen auf der Straße befand, begann er eine zweieinhalb Jahre währende ruhelose Wanderschaft.

Zunächst streifte Charlie drei Tage lang zu Fuß und in Bussen durch Los Angeles. Dann bog er in Richtung Norden, nach Berkeley, um dort einige Freunde zu besuchen, die er im Gefängnis kennengelernt hatte.

Manson war darauf aus, als fahrender Musikant oder wandernder Straßensänger aufzutreten. Einige Zeit verbrachte er mit seiner Gitarre auf dem Campus der Berkeley University.

Mit der Gitarre in der Hand begann er in den Straßen von Berkeley zu schnorren. An einem Frühlingstag saß und sang er auf der Freiluft-Mailbahn in der Nähe von Sather Gate auf dem Universitäts-Campus, als er die schlanke, rothaarige Mary Theresa Brunner aus Eau Claire (Wisconsin) kennenlernte. Das Mädchen war kürzlich von der University of Wisconsin graduiert und arbeitete nun in der Bibliothek der University of California. Ebenfalls war damals in Berkeley tätig, und zwar am Art Museum der University of California, Abigail Folger, Erbin des Vermögens der Folger Coffee Company.

Manson und Mary Brunner wurden sofort Freunde, und offenbar zog er zu ihr in die Wohnung.

Da er unter Bewährungsaufsicht stand, mußte Manson in engem Kontakt mit seinem Bewährungshelfer bleiben, das heißt er mußte ihn über seinen Wohnsitz, seine Arbeit und seine sonstigen Aktivitäten auf dem laufenden halten. Manson war einem Bewährungshelfer namens Roger Smith zugeteilt worden, der sich mit ihm anfreundete. Charlie benutzte viele Heinleinsche Ausdrücke und Redensarten, wie «Grok» und «Du bist Gott» und «Teile das Wasser» und andere Begriffe aus ‹Strange Land›, und so tauften er und die Mädchen Roger Smith auf den Namen Jubal – nach dem väterlichen Beschützer Jubal Harshaw in dem Roman ‹Stranger in a Strange Land›.

Straffällige, die unter Bewährung stehen, sind gehalten, sich eine nützliche Arbeit zu suchen, und so suchte sich Manson einen Job als Unterhalter beziehungsweise bekam ihn angeboten. Tatsächlich trat er in einem Nachtclub im Vergnügungsviertel von San Francisco auf. Außerdem hat er möglicherweise auch in einem Club in North Beach gespielt. Sein Bewährungshelfer sagt, Manson sei ein Job in Kanada angeboten worden, wo er habe singen sollen.
Es ist fast unmöglich, Mansons ruheloses Leben Anfang 1967 nachzuzeichnen, zumal er sein Nomadenleben sofort aufnahm. Wer könnte schon einzelne Ereignisse in einer bestimmten Woche Anfang 1967 erinnern?
Manson unternahm mehrere ernsthafte Versuche, seine Mutter Kathleen ausfindig zu machen. Er ließ sich von seinem Bewährungshelfer verschiedene Male die Erlaubnis geben, aus dem Staat auszureisen. Einmal fuhr er nordwärts, nach Washington, um sie dort zu suchen. Ein anderes Mal reiste er nach Osten, nach West Virginia.
Eine junge Rothaarige namens Lynn Fromme gesellte sich zu Mary Brunner als Nummer Zwei des ‹Inneren Kreises› von Mädchen. Charlie hatte sie in der Nähe des Strandes von Venice (California) aufgelesen; sie hatte heulend am Straßenrand gesessen, und er hatte sie überredet mitzukommen. Es heißt, sie sei kurz zuvor in Redondo Beach nach einem Streit mit ihrem Vater aus dem Haus geworfen worden.
Sie wurde initiiert. «Ich bin der Gott des Ficks», waren seine Worte.
Manson und die Mädchen zogen nach San Francisco, wo sie, offenbar nicht weit von der Haight Street, zusammen mit einer hübschen ehemaligen Nonne namens Mary Ann lebten. Manson verbrachte einige Zeit auf den Straßen von Haight-Ashbury, wo er zwischen den Blumenkindern ziellos umherstreifte. Ein sechzehnjähriges, von zu Hause ausgerissenes Blumenkind, vielleicht ein Junge, vielleicht ein Mädchen, das ist nicht so wichtig, allein und ohne Bleibe, bot Charlie seine oder ihre Freundschaft an. Den Mann, der seine Jugend im Gefängnis verbracht hatte, setzte es in Erstaunen, wie dieses junge Wesen da so einfach im Golden Gate Park im Freien übernachtete.
Es sind Hunderte von Anekdoten im Umlauf über den Manson von Haight-Ashbury – die meisten davon sind Glorifizierungen. Die Wirklichkeit war anders; er war ein kleiner, redegewandter, schmieriger Kerl, der sich mit seiner Gitarre an junge Mädchen heranmachte, die er mit Gurugeschwätz und Mystizismen zu beeindrucken versuchte – eine Taktik, die damals in Haight-Ashbury mit Erfolg betrieben wurde.
Laut eigenen Aussagen wurde Manson eine Art Quartiermacher für

jugendliche Ausreißer. Ganz zu Anfang begegnete er einem von zu Hause weggelaufenen Mädchen, das er bei einem Freund unterbrachte, und als er die Wohnung seines Freundes verließ, stieß er auf ein weiteres junges Mädchen mit Blumen im Haar: Sie wurde sein *housekeeper*.
Als Manson das erste Mal LSD nahm, änderte das sein Leben insofern, als er einen mühseligen Kreuzwegtrip machte, auf dem er die Kreuzigung Jesu Christi erfuhr – eine ziemlich weitverbreitete LSD-Erfahrung, die ihn jedoch wirklich zeichnete, weil sie dem Chaos in ihm Form und Gestalt gab. Charlie Man Son – der Menschensohn. Ganz klar.
Der Jesus-Tick der Family stützte sich vor allem auf ihre Überzeugung, daß Jesus und seine Jünger Manson und den Mädchen sehr ähnlich gewesen sein müßten. Sie meinten, neunzig Jahre nach Christus hätten duckmäuserische Priester die liebenden, sinnlich-sexuellen Christen abgetötet und so den ursprünglichen christlichen Impuls vernichtet. Das ursprüngliche Vorbild aber hätten diese Priester durch ihren eigenen schwarzgewandeten, sexlosen Todeshauch ersetzt.
In Haight-Ashbury begegnete Manson wirklich allen Strömungen, die die Subkultur während des letzten Jahrzehnts in den Vereinigten Staaten hervorgebracht hatte. LSD-Musik. Rauschgift. Sexuelle Freiheit. *Turn on, tune in, drop out.* Freiheitsbewegungen. Friedensmärsche. Provos. Guerillatheater. Kommunen. Lange Haare. Die Vorstellung vom Underground-Superstar. Astrologie. Okkultismus. Underground-Zeitungen. Pennlager. Psychedelische Kunst.
Bei einem Konzert der Grateful Dead im Avalon Ballroom legte sich Manson in Fetushaltung mitten auf die Tanzfläche und ließ sich vom Blitzen der Stroboskoplampen in Trance versetzen.
In Haight-Ashbury schien er eine vertraute, überall aufkreuzende Gestalt zu sein. Er behauptet, mit den Diggers zusammen gewesen zu sein, als sie damals ihre täglichen Freimahlzeiten im Panhandle Park austeilten. Vielleicht hat er sogar einige Zeit in einem Haus hinter dem Pennlager der Digger in der Waller Street gelebt. Dieses Haus in der Waller Street sollte später, in der Ära des psychedelischen Satanismus, in «The Devil House» umgetauft werden.
Charlie machte einen ungeheuer nachhaltigen Eindruck auf die Leute, die ihm begegneten. Er wirkte offen. Er besaß ein unglaubliches Talent, einen Teil seiner Persönlichkeit gegen einen anderen auszuspielen, Schwächen aufzudecken – um so Verwirrung zu stiften und sich anschließend als echter Führer ins Licht zu rücken. Auf alles hatte er eine rasche, gewandte, aber scheinbar komplizierte Antwort parat. Obgleich er allen sagte, sie sollten nur das tun, was sie von sich aus tun

müßten, sie sollten sie selbst sein, zog seine persönliche magnetische Kraft – in Verbindung mit einem ständigen Ausleseprozeß – alle jene an, die nach einem Führer dürsteten. Herrschaft war das, worauf es Charles bei allem anlegte, auch wenn er der Befreiung und Freiheit das Wort redete.

«Ich bin eine sehr positive Kraft. Ich bin ein sehr positives Feld. Ich sammle Negative», sagte er später zu einem befreundeten Rechtsanwalt.

Der junge Mann, der bisher fast nur Häßliches, Kohlenminen, Gefängnis, Armut und Langeweile kennengelernt hatte, konnte jetzt über ein eigenes Universum verfügen. Er war schrecklich unsicher, und das Lob seiner Anhänger war ihm kein Trost.

Eines Tages, vielleicht im Juli 1967, hielten sich Manson und seine Gang in San Jose (California) auf, wo sie einen Geistlichen namens Dean Morehouse, dessen Frau und dessen vierzehnjährige Tochter RuthAnn alias Ouish kennenlernten. Manson schildert diese Begegnung so: Reverend Morehouse, der einen kleinen Lieferwagen gefahren habe, hätte Charlie aufgelesen, und er, Manson, hätte ihn geblasen, und das sei der Start einer sehr dauerhaften Freundschaft gewesen – bis Morehouse, ungefähr ein Jahr später, ins Gefängnis geschickt wurde, weil er einer Dreizehnjährigen LSD angedreht hatte.

Mansons Bewährungshelfer besuchte die Family, als sie sich bei Dean Morehouse in San Jose aufhielt, und spielte in Morehouses Wohnung jenes Klavier, das Charlie bald gegen einen VW-Campingbus tauschen sollte. Offenbar schenkte Morehouse Charlie das hübsche Klavier, der sich dafür einen VW-Bus (1961) mit dem Nummernschild CSY 087, einhandelte.

Ende Juli 1967 fuhr die Truppe an die Mendocino-Küste, nördlich von Frisco, wo Mary Brunner schwanger wurde.

Mary Brunners Schwangerschaft scheint in der Geschichte der Family der einzige belegbare Fall einer von Manson verursachten Schwangerschaft zu sein. Was sehr merkwürdig ist. Denn wenn man nach den Aussagen von Mansons Vertrauten einen Durchschnitt von drei Orgasmen pro Tag annimmt, was, auf zweieinhalb Jahre umgerechnet, ungefähr dreitausendmal Geschlechtsverkehr ergibt, dann wäre schon eine größere Anzahl von Schwangerschaften zu erwarten.

Am 28. Juli wurde Manson in Mendocino County verhaftet, weil er versucht hatte, einem von der Polizei aufgegriffenen jugendlichen Ausreißer zu Hilfe zu kommen. Das Urteil, das er erhielt, wurde ausgesetzt.

Man hätte in San Francisco leben müssen, um die Raserei zu begreifen,

die im Frühjahr und Sommer 1967 über Haight-Ashbury hinbrandete.
In ganz Amerika verbreitete sich die Botschaft, um der Liebe und der
Blumen willen nach San Francisco zu kommen. Kalifornien wurde überflutet von dem, was die *New York Times* als «Hippies» etikettierte.
Aber überall in den USA, in Hunderten von Städten, kam es in diesem
Frühjahr und Sommer 1967 zu Love-ins, Be-ins, Share-ins und ‹Blumen›. Allerdings war auch diesmal wie für die Beat Generation der späten fünfziger Jahre San Francisco das Nervenzentrum. Potentiell war
die Flower Power-Bewegung eine der machtvollsten verändernden
Kräfte, die es in der jüngsten Geschichte gegeben hat. Durch die Arbeit
der San Francisco Diggers, der Free Clinic in San Francisco, durch die
Musik-Szene von San Francisco, das *San Francisco Oracle*, durch San
Franciscos Underground-Zeitungen aus jener Zeit – durch all diese und
noch andere Unternehmungen rückten die Dinge in San Francisco in
den Brennpunkt. Es war ein nobles Experiment. Es war die Politik der
Freiheit. Die Digger gaben jeden Tag im Panhandle Park freies Essen
aus. Die Haight-Ashbury Medical Clinic gewährte freie ärztliche
Behandlung. Im Park gab es ständig kostenlose Konzerte. Menschen
lebten und liebten auf den Straßen und in den Parks. Das alles bedeutete
Freiheit. Es gab keine Vorschriften. Aber da war eine Schwäche: Unter
dem Gesichtspunkt der Verletzlichkeit betrachtet glich die Flower
Power-Bewegung einem von Tausenden von pummeligen weißen Kaninchen bevölkerten Tal, das von verwundeten Kojoten umzingelt war.
Sicher, die ‹Anführer› waren zäh, manche von ihnen Genies und großartige Dichter. Aber die LSD-schluckenden Mittelklassenkinder aus Des
Moines waren Kaninchen.
Haight-Ashbury zog gemeine Verbrecher an, die sich langes Haar
wachsen ließen. Bikers[1] versuchten mit brutalen, sadistischen Methoden den LSD-Markt zu übernehmen. Gepanschte Drogen wurden von
pickeligen Amphetaminsüchtigen verkauft. Teufelsanbeter und satanisch-brutale Todes-Freaks überschwemmten die überfüllten Pennlager. Leute wurden in den Parks ausgeraubt. Rassenunruhen kamen auf.
Scheiße wurde als Heilsbotschaft verkauft. Die Szene war kaputt.
Und Manson führte seine Kinder fort. Denn am Ende dieses Sommers
der Blumen waren die Straßen von Haight-Ashbury verrottet und voller Unrat, und die Flower Power-Krämerläden begannen den großen
Ausverkauf an psychedelischem Plunder. Als Charlie die kalifornische
Küste hinauf- und hinunterzog, warnte er alle Autostopper und Ausrei-

---

1 Anm. d. Übers.: Mitglieder einer Motorrad-Gang (wie die Hell's Angels).

ßer davor, nach Haight-Ashbury zu gehen.
1967, in diesem Sommer der Liebe, lebten mit Charlie in Haight-Ashbury zwei Freunde, die er in Terminal Island kennengelernt hatte. Einer war der legendäre Danny M., ein geschickter Geldfälscher. Mitglieder der Family pflegten damit zu prahlen, daß Dannys Zwanzig-Dollar-Noten gewöhnlich zu 96 Prozent perfekt seien, die vom US-Schatzamt dagegen zu 94 Prozent.
Die beiden Burschen waren gemein, rücksichtslos und gerissen, doch als sie unter Charlies Einfluß gerieten, ließen sie sich die Haare lang wachsen und begannen an der Flower Power-Bewegung Gefallen zu finden und mitzumachen – so wie der Wind bald von der einen, bald von der anderen Seite weht.
Eine Geschichte aus diesem Sommer der Liebe berichtet von dem Ritual des Waffenversenkens am Golden Gate. Es heißt, daß Charlie und seine Blumenmädchen gegen Ende des Sommers entschlossen gewesen seien, die Kurve zu kratzen. Seine Freunde, die beiden ehemaligen Betrüger, einer von ihnen der zu 96 Prozent perfekte Zwanzig-Dollar-Fälscher, wollten offenbar zurückbleiben. Charlie bat die Typen um die Waffen, die sie, wie er wußte, besaßen. Er bekam die Waffen, hüllte sie in Tücher, hielt eine Art Zeremonie über ihnen ab und brachte sie dann zur Golden Gate Bridge, wo er sie mehrere hundert Fuß tief in der San Francisco Bay versenkte.
Am Ende dieses Sommers der Liebe brach die Gruppe auf, um auf den Küstenstraßen umherzustreifen.
Sie lebten von seltsamen Jobs, sie machten Tankstellen sauber, taten dies und jenes. Eine weitere Geschichte, die sich rasch verbreitete, war die von Manson als dem Meisterschnorrer. Es fiel ihm leicht, Dinge zu bekommen. Er ging zu einem Haus, und jedesmal schienen ihm die Leute etwas zu geben – die Legende schreibt das den ‹Vibrationen Christi› zu, die von Manson ausgingen.
Irgendwann, möglicherweise im August 1967, bezogen Charlie, Lynn Fromme alias Squeaky und Mary Brunner eine Wohnung in der Bath Street 705 in Santa Barbara (California), 334 Meilen südlich von San Francisco.
Am oder um den 8. September 1967 besuchten Charlie, Lynn und Mary einen früheren Knastbruder Mansons namens Greene, der in Manhattan Beach, in der Nähe von Los Angeles, wohnte. Ebenfalls bei Greene zu Besuch war ein Mädchen namens Patricia Krenwinkel, ein einsames, suchendes Geschöpf mit einem endokrinen Problem – zuviel Körperhaar. Sie war der Typ Mädchen, der, wie aus ihren früheren

Tagebucheintragungen hervorgeht, bei Schultanzveranstaltungen als Mauerblümchen in der Ecke saß.

Patricia Krenwinkel aus Inglewood (California) war achtzehn Jahre alt. Sie hatte früher an einer Sonntagsschule unterrichtet und war von der Bibel besessen – sie sollte noch weite Reisen ins LSD-Bibelland Mansons unternehmen und dabei im Übermaß aus der Heiligen Schrift zitieren.

Patricia Krenwinkel lebte zusammen mit ihrer Schwester Charlene in einem Apartment in Manhattan Beach, und während die Mädchen mit dem Kleinbus nach Norden fuhren, blieb Manson mit Miss Krenwinkel für vier Tage in Manhattan Beach zurück.

Dann kamen Squeaky und Mary zurück. Patricia Krenwinkel hatte eine unerfreuliche Stelle bei der Insurance Company of North America gehabt. In der Nacht zum 12. September 1967 ließ sie ihren Wagen an einer Tankstelle stehen und schloß sich der Manson-Bewegung an. Die meisten populären Berichte der Manson-Story heben hervor, daß Miss Krenwinkel es riskierte, ihren Gehaltsscheck von der Insurance Company of North America unkassiert zurückzulassen. Ja, welcher echte Amerikaner würde schon einen Gehaltsscheck liegen lassen?

Patricia Krenwinkel war in der Lage, der wachsenden Family – deren Mitglieder damals natürlich nur als ‹Charlies Mädchen› bekannt waren – neben ihrer Seele die Gabe aller Gaben darzubringen: Eine gültige Chevron-Kreditkarte, für die ihr Vater bürgte, der seine Tochter genügend liebte, um die Rechnungen zu bezahlen. Außerdem stellte sie auch eine Telefon-Kreditkarte zur Verfügung.

Sie fuhren nordwärts, durch Santa Barbara, nach San Francisco, eine Reise, die Patricia Krenwinkels väterliche Kreditkarte finanzierte. Dann, am 15. September 1967, reisten sie weiter nach Oregon. Der VW-Bus fuhr zwei Wochen lang zwischen Washington und Oregon hin und her und hielt sich geraume Zeit in der Gegend von Seattle auf. Eines der Ziele dieser Reise nach Nordwesten war wahrscheinlich, Charlies verlorengegangene Mutter ausfindig zu machen.

Auf dieser Reise nordwärts trafen Manson und Anhang einen fünfundzwanzigjährigen Jungen aus Monroe (Louisiana), Bruce Davis, der bald einer der männlichen Hauptjünger Mansons werden sollte. Davis war der Herausgeber des High School-Jahrbuches in Kingston (Tennessee) gewesen, hatte danach drei Jahre lang die University of Tennessee besucht, dann hatte er eine Reihe seltsamer Jobs gehabt, bis er schließlich, im November 1966, von der Bildfläche Amerikas verschwand und sich vorübergehend dem Underground anschloß.

Am 1. Oktober 1967 fuhr der Kleinbus auf dem Rückweg nach San Francisco durch Carson City (Nevada). Die Mitglieder der Gruppe verbrachten ungefähr zehn Tage im Gebiet von San Francisco–Berkeley, dann brachen sie nach Sacramento auf, wo sie ein paar Wochen blieben, möglicherweise in der dortigen Wohnung der hübschen ehemaligen Nonne Mary Ann, mit der sie den Sommer der Blumen verbracht hatten.
Am 6. Oktober 1967 hielten die Bewohner von Haight-Ashbury im Buena Vista Park in San Francisco eine Begräbnisfeier für einen Hippie, Sohn der Medien, ab. Die Feier war mehr als ein Symbol, denn sie bezeichnete das Ende eines noblen Experiments und den Beginn der Ära der Pigs.
Einladungen mit folgendem Text wurden verschickt:

BEGRÄBNISANZEIGE
HIPPIE
Haight-Ashbury-Bezirk
dieser Stadt,
Hippie, ergebener Sohn
der
Massenmedien
Freunde sind eingeladen
der Trauerfeier beizuwohnen
Beginn bei Sonnenaufgang
am 6. Oktober 1967
im
Buena Vista Park

Mansons Gruppe wuchs. Es waren zu viele Mitglieder, als daß sie in dem VW-Bus hätten schlafen oder gar sich rühren können. Außerdem machte sich der Winter langsam bemerkbar.
Da bot sich ihnen die Gelegenheit, für ihre weiteren Reisen einen Schulbus zu erwerben.
Es war Ken Kesey und seine Gruppe der Merry Pranksters, darunter auch der großartige Neal Cassady, die in den Jahren 1964 und 1965 die Idee aufgebracht hatten, in angemalten und kunstvoll dekorierten Schulbussen als ‹sittsame› Fahrensleute umherzureisen.
Diese Leute waren es, die in Gruppen mit LSD-Trips experimentierten und, wichtiger noch, mit mystischen Gruppenerfahrungen unter der Einwirkung von LSD. Auf ihren Fahrten drehten sie auch Filme. Im

Grunde jedoch war Keseys Gruppe auf der guten Seite.

Manson entwickelte diese Idee weiter, verwandelte sie in etwas Böses, änderte allmählich die Farben; aus der roten Temperafarbe wurde Hundeblut; das LSD-Experiment schlug in psychedelischen Satanismus um; aus den Filmen, die Glückseligkeit darstellten, wurden Filme unglückseliger Morde an blonden Frauen an den Stränden von Südkalifornien. Allerdings war es eine sich langsam vollziehende Wandlung. Eine solche unheimliche Verzerrung braucht Monate und Jahre.

Anscheinend in Sacramento gaben sie den VW-Bus gegen einen alten gelben Schulbus in Zahlung, der groß genug war, um das wachsende Rudel von Jugendlichen aufzunehmen.

Am 16. Oktober 1967 statteten sie bei Stewart E. Millers Standard Chevron-Tankstelle in Sacramento den Schulbus mit einer Batterie zu 39 Dollar und zwei Sätzen 825-20-Reifen zu insgesamt 216,20 Dollar aus.

Aus dem hinteren Teil des Busses entfernten sie die Sitze, um sich so einen Wohnraum zu schaffen. Auf das Dach des Busses montierten sie einen großen, rechteckigen Behälter. Im Laufe der Zeit brachten sie in dem Bus einen Eisschrank, eine Stereoanlage und einen an Drähten hängenden Tisch unter sowie eine Menge von Kissen. Die Innenwände bemalten sie nach und nach mit Farbstrudeln im Early Acid-American Dayglo-Stil. Gottesaugen, Pfauenfedern und Musikinstrumente vermittelten die rauschgiftbewegte Stimmung. Zunächst behielt der Bus zwar sein Schulgelb, doch da die Polizei sie anzuhalten begann, weil sie gegen die Verordnungen zur Benutzung von Schulbussen verstießen, besorgten sie sich an irgendeinem Strand eine ganze Menge schwarzer Sprühfarbe, und einige Bikers sprühten den Bus, ja sogar die Fenster, schwarz. Sie wollten den Bus mit weißen Lettern bemalen, eine Arbeit, die eine junge Französin übernahm, doch unter ihrer Hand wurde aus dem geplanten «Hollywood Productions» ‹Holywood Productions›.

Die Idee dahinter war, sich als umherziehendes Filmteam auszugeben – dadurch wollte man den Problemen aus dem Weg gehen, die, besonders für die Polizei, ein dreiunddreißigjähriger Mann mit einer Busladung miniberockter Teenager aufwerfen konnte.

Im November wurde Mansons Bewährungsaufsicht von San Francisco nach Los Angeles übertragen, das heißt Charlie wollte offenbar seine Operationsbasis nach Südkalifornien verlegen. Um den 7. oder 8. November herum fuhr Manson nach San Francisco, wo er ein hübsches junges Mädchen, Susan Denise Atkins, in einem Apartment an der Lime Street kennenlernte, das möglicherweise Sandra Good, einer zukünfti-

gen Jüngerin Mansons, gehörte.
Susan Atkins war eine leicht zu beeindruckende Neunzehnjährige aus San Jose (California), die in ihrer Kindheit nur Zank und Widerwärtigkeiten erlebt hatte. In ihrem Elternhaus war ständig gestritten und getrunken worden. Ihre Mutter starb an Krebs, als Susan dreizehn war, und Susan kam mit ihrem Kirchenchor zu einer religiösen Serenade draußen vor dem Schlafzimmerfenster ihrer sterbenden Mutter. Nach dem Tod von Susans Mutter mußte Mr. Atkins das Haus verkaufen, um das Geld aufzubringen, das es kostet, an Krebs zu sterben.
Mit fünfzehn ging Susan von der Schule ab, und dann, mit sechzehn, ging sie nach San Francisco. Das war 1964. Dort richtete sie sich ein.
Im Jahre 1966 arbeitete sie als Kellnerin und lebte mehr oder weniger allein in einem Hotel in San Francisco. Sie lernte ein paar Männer kennen, die bewaffnete Raubüberfälle begingen.
Im August 1966 begegnete die achtzehnjährige Sue in San Francisco einem Typ namens Al Sund. Al und ein anderer Typ, Clint Talioferro, nahmen Susan mit auf einen Trip nordwärts, nach Salem (Oregon); in einem gestohlenen Buick Riviera.
Als sie erfuhren, daß die Bullen hinter ihnen her waren, versteckten sie sich in den Wäldern, wo sie von anderen Campern Essen schnorrten – eben ganz gewöhnliche *outlaws* in der Wildnis.
Am 12. September 1966 wurde sie von der Oregon State Police verhaftet. Sie verkümmerte drei Monate lang im Knast, und im Dezember 1966 wurde ihre Strafe mit einer zweijährigen Bewährungsfrist ausgesetzt. Sie verkrümelte sich und kehrte nach San Francisco zurück, wo sie als Kellnerin, als Busenwacklerin in einer Oben-ohne-Bar und als Hausmädchen in Muir Beach arbeitete.
In San Francisco nahm sie wieder ihre Karriere als Oben-ohne-Tänzerin und Kellnerin in einer Bar auf. Sie schluckte LSD und erprobte verschiedene Lebensstile. Sie hatte eine Reihe Freunde, die sie ausnutzten. Dann begegnete sie Gott.
An dem Tag, bevor sie Manson begegnete, erzählte sie einem Sozialarbeiter, sie sei wild darauf, als Tänzerin Karriere zu machen. Als sie Manson kennenlernte, sang er ihr Lieder vor und begleitete sie dann zu ihrer Wohnung, wo sie nackt zusammenlagen. Während sie miteinander schliefen, bat er sie, sich vorzustellen, er wäre ihr Vater. Sie tat es. Später behauptete sie, es sei die erhebendste Erfahrung gewesen, die sie mit ihren neunzehn Jahren gemacht habe.
Nach dieser ersten Begegnung soll Manson nach Sacramento zurückgefahren sein und den neugeschmückten Bus nach San Francisco gebracht

haben.
Er trieb seine Dropouts an, sich auf die Reise nach Süden vorzubereiten.
Er fragte Susan, ob sie bereit wäre, sie zu begleiten. Ja, sie war es. Später beglückte er Susan Atkins mit einem neuen Namen, Sadie Mae Glutz. Um den 10. November 1967 herum meldete sich Susan Atkins bei ihrer Bewährungsstelle in San Francisco und erzählte aufgeregt von einem Wanderprediger namens Charlie. Seinen Nachnamen wußte sie nicht. Susan bemerkte, da seien sieben Mädchen, zwei von ihnen schwanger, die diesen Charlie auf einer Fahrt nach Los Angeles und weiter nach Florida begleiten wollten.
Der Bewährungshelfer war von diesem Abenteuer alles andere als begeistert. Er jagte auf der Stelle einen Brief an die Behörden in Oregon mit dem Ersuchen, Miss Atkins dem Gericht zu einer Verhandlung über den Widerruf der Bewährung vorzuführen. Doch Sadie/Susan saß bereits im Bus, der die 101 hinuntersauste.
Aus Kreditkarten-Daten läßt sich entnehmen, daß Manson am 10. November die Universal Studios in North Hollywood anrief. Offenbar wollte er einen Aufnahmetermin vereinbaren, um die Operation Superstar anlaufen zu lassen.
In den Universal Studios in Los Angeles war ein gewisser Gary Stromberg tätig, ein enger Freund von Mansons Gefängnisgefährten Phil Kaufman. Über Kaufman setzte sich Manson mit Stromberg in Verbindung, und die beiden einigten sich darauf, daß Manson für die Universal Records eine oder mehrere Aufnahmen machen sollte, wobei die Aufnahmekosten die Gesellschaft offenbar übernehmen wollte.
Einer ruhmreichen Verabredung entgegen fuhr der Bus nun die Küste hinunter. Sie machten Station in San Jose, wo sie Dean Morehouses vierzehnjährige Tochter, RuthAnn, mitnahmen. Morehouse tobte. Drei Tage nachdem Manson mit der eigenwilligen RuthAnn auf und davon war, stöberte Morehouse, begleitet von dem Mann, der Manson damals den VW-Kleinbus gegeben hatte, Charlie in der Nähe von Los Angeles auf und wollte ihm einen Tritt in den Hintern geben.
«Ich mach mit ihr nur das, was du gern mit ihr machen würdest», soll Manson zu dem wutentbrannten Vater gesagt haben. Charlie verpaßte ihm auch etwas LSD. Morehouses Frau, die sich später scheiden ließ, war verblüfft über die Wirkung, die Manson im Verlauf dieser Reise auf ihren Mann ausgeübt hatte: RuthAnn blieb bei Charlie, während Dean als veränderter Mensch nach San Jose zurückkehrte. Wutschnaubend war er ausgezogen und halb bekehrt zum *way of the bus* kehrte er

zurück.

Am 12. November 1967 wurde Manson 33 Jahre alt.

Die Family hielt sich für ein paar Tage in Santa Barbara auf, dann fuhr sie zu einer Aufnahme zu den Universal Studios in North Hollywood. Manson ließ nur eine Drei-Stunden-Sitzung für die Universal Records aufnehmen, dann brauste er ab in die Mojave-Wüste, obgleich Stromberg begierig war, mit diesem barfüßigen kleinen Prediger weitere Aufnahmen zu machen. Später sollte Charlie einer Gruppe von Schriftstellern helfen, ein Filmscript für die Universal Studios vorzubereiten.

Charlie Manson, zitatenbesessener Bibelfanatiker und wandernde Christus-Gestalt, wurde als ‹technischer Berater› angeheuert, dem die Schriftsteller Ideen aus der Nase ziehen sollten. Das Script sollte eine «Was wäre wenn»-Story werden: wenn Christus als Schwarzer in den Südstaaten wiederkehre. Die weißen Südstaatler sollten dabei natürlich die geifertriefenden Römer spielen.

Die Universal Studios haben diesen «Jesus als Neger»-Film nie gemacht, weil die Direktoren der Idee nichts abgewinnen konnten. Die Arbeit an diesem Jesus-Projekt mag in Manson einen starken Eindruck hinterlassen haben. In der Tat stoßen wir in seinen späteren ‹Lesungen› auf diese Idee von einer Wiederkunft Christi – den geldscheinschwenkenden Christen von heute fiel dabei die Rolle der übersättigten Römer zu, die bald auf dem Müllberg der Geschichte landen würden.

Unterwerfung war stets ein Schlüsselelement in Mansons Meuchelhorde. Einmal, während der Sitzungen zur Ideensuche für diesen Film, zogen Charlie und die zwanzigjährige Squeaky alias Lynn Fromme, die mit dem schönen Popo, die Show einer wechselseitigen Fußseiberei ab: Beide knieten sich hin, und jeder küßte die Füße des andern.

In den Jahren 1967 und 1968 waren Fußküssen, gegenseitige Unterwerfung und Liebe sehr en vogue bei der Brigade. Erst 1969 fing Charlie an, die Füße von Leuten zu küssen, nachdem er sie erschossen hatte.

Klatschgeschichten haben wissen wollen, daß Manson mit gewissen einflußreichen Persönlichkeiten bei den Universal Studios gemeinsame Sache gemacht habe; danach gefragt, schrieb Manson zurück, er könne sich an keine Namen erinnern, doch immerhin erklärte er: «Ich kannte eine Menge Leute bei den Universal Studios.»

Zu eben dieser Zeit, als Manson für die Universal Studios jenes ‹Satans›-Band aufnahm, legte Roman Polanski letzte Hand an ‹Rosemary's Baby›; er lebte an der Malibu Beach an der Küste bei Los Angeles. Bald darauf sollte er zur Weltpremiere seines satanoiden Epos nach London zurückkehren, und er und Sharon Tate sollten heiraten.

Die Mitglieder der Family blieben ungefähr eine Woche in der Gegend von Los Angeles, dann fuhren sie weiter. Sie machten einen Abstecher in die Mojave-Wüste, dann, am 26. November 1967, kehrten sie nach Los Angeles zurück. Am nächsten Tag waren sie in Santa Barbara, dann fuhren sie nach San Francisco und dann zurück quer durch den ganzen Staat, quer durch die Mojave-Wüste, dann nach Las Vegas (Nevada), wo sie Anfang Dezember vier Tage verbrachten. Sie kamen durch Arizona und New Mexico, und am 6. Dezember 1967 trafen sie in El Paso (Texas) ein. Sie fuhren den gleichen Weg zurück nach New Mexico, blieben dort eine Woche, und dann ging es hinunter in den tiefen Süden, nach Mississippi und Alabama. Patricia Krenwinkel besuchte am 14. Dezember in Mobile (Alabama) ihre Mutter. Der schwarze Flower-Bus fuhr anschließend zurück nach Los Angeles, wo er um den 19. Dezember herum ankam. Vier Tage lang hielten sie sich im Topanga Canyon auf, dann ging's nach Arizona. Fort, Dämon, fort.
Der Topanga Canyon windet und schlängelt sich von der Topanga Beach am Pazifik bis zu einem hochgelegenen Punkt hinauf, von dem aus man das San Fernando Valley überblickt. Es gibt dort einen Creek, der über Felsgeröll und lieblichen, mit Blockhütten bestandenen Ufern den Topanga Canyon hinunter in den Pazifik fließt. Parallel zu dem Creek verläuft die Topanga-Straße, die vom Ozean hinaufführt bis zum höchsten Punkt des Canyons und dann ins San Fernando Valley und weiter in gerader Richtung ein paar Meilen nordwärts zur Santa Susanna Pass Road, der Heimat von Helter Skelter.
In dem Canyon lebte einst Woody Guthrie, und seine Blockhütte steht noch. Trotz der Nähe des sich ständig ausbreitenden Los Angeles hat der Canyon noch immer etwas von seiner ländlichen Schönheit, und seine Bewohner gehören zu den klügsten Menschen, denen man irgendwo begegnen kann.
Hier, im Gebiet des Topanga Canyon und des Malibu Canyon, sollte die Family im Dezember 1967 zum erstenmal Wurzeln schlagen. Wegen der Scharen neuer Anhänger war es nötig, daß man sich irgendwo ansiedelte, in der Nähe freundschaftlich gesinnter Leute ein Lager aufschlug, Zeltdörfer errichtete und von dort ausschwärmte.
Im Sommer der Liebe hatte Manson eine Dame kennengelernt, die Gina hieß und im Topanga Canyon in der Nähe des Strands lebte. Sie hatte ihn eingeladen, sie irgendwann in Los Angeles zu besuchen. Gina besaß ein weithin bekanntes altes zweistöckiges Haus, das an der Topanga Canyon Lane lag, hinter dem Raft-Restaurant, an der Mündung des Canyon.

Wegen einer langen Wendeltreppe wurde das inzwischen abgerissene Haus immer nur das ‹Wendeltreppenhaus› genannt. Es wurde zum Schnorrerstützpunkt für die Family. Hier kamen und gingen sie, mehrere Monate lang, hier stellten sie ihren schwarzen Bus ab. Alle möglichen Leute trafen sich im Wendeltreppenhaus, darunter gelegentlich auch ein Starlet, das einen Rolls-Royce fuhr.

Bei einer Light Show Party im Wendeltreppenhaus tauchte ein gewisser Robert K. Beausoleil auf, ein zwanzigjähriger Schauspieler und Musiker aus Santa Barbara, der einen Spitzbart hatte und eine handgeschnitzte Pfeife aus Schädelknochen rauchte. Er sah Charlie und die Mädchen zusammen singen, gesellte sich zu ihnen und spielte mit Charlie. In einer alten Tweedjacke, mit einer Tweedmütze und einem Spazierstock besuchte Charlie ein paar Tage später Beausoleil, der damals im Haus von Gary Hinman wohnte. Hinman war ein 30 Jahre alter Musiklehrer aus Colorado mit einem Masters Degree der Soziologie.

Beausoleil besaß eine gewisse musikalische Begabung und war ein geschickter *songwriter*; er hatte mehr als nur ein flüchtiges Interesse an Teufelsverehrung und -magie. 1967 war er in San Francisco ständig mit dem berühmten Autor und exzentrisch-wirren Filmemacher Kenneth Anger zusammen gewesen. Offenbar lebte Beausoleil mit Anger in einem alten Haus in San Francisco, das die Russian Embassy genannt wurde; dort führte ihn Anger in die Welt der Magie und nicht zuletzt in das von Grausamkeit durchsetzte Universum Aleister Crowleys ein. Anger hatte mit den Dreharbeiten für den okkulten Film ‹Lucifer Rising› zu tun, in dem Beausoleil die Rolle des Luzifer spielte. Zu jener Zeit erklärte Beausoleil, er halte ausschließliche Fleischdiät, und er sei überzeugt, er sei der Teufel. Beausoleil war der Leadgitarrist und -sitarist der Magick Powerhouse of Oz, einer Elf-Mann-Rock-Gruppe, die Kenneth Anger für die Musik zu ‹Lucifer Rising› zusammengestellt hatte.

Am 21. September 1967 spielten die Magick Powerhouse of Oz bei einem Treffen im Straight Theater in der Haight Street, wo die sogenannte Äquinoktien der Götter gefeiert wurden. Der Film ‹Lucifer Rising› war fast fertig, und auch das war ein Anlaß zum Feiern. Anger filmte das nächtliche Ereignis, doch Beausoleil erinnerte sich später daran, daß Anger im weiteren Verlauf des Festes ausflippte und einen kostbaren Caduceus-Spazierstock zerbrach, der einst dem König der Sexmagie, Aleister Crowley, gehört hatte.

Kurz darauf kriselte es zwischen Beausoleil und seinem Mentor Kenneth Anger. Beausoleil scheint Angers Wagen geklaut zu haben, einiges

41

von seiner Kameraausrüstung und, wichtiger noch, einige Streifen von
‹Lucifer Rising›. Dann machte er sich aus dem Staub. Beausoleil behauptet, er hätte nur mitgenommen, was ihm sowieso gehörte.
Der Diebstahl hat sich wahrscheinlich Ende Oktober 1967 ereignet, als
Anger sich während des berühmten Exorzismus und des Marsches auf
das Pentagon in Washington (D. C.) aufhielt und unter einem vor dem
Pentagon geparkten Pritschenwagen ein bemerkenswertes magisches
Ritual leitete.
Während mehrere Diggers und Teufelsaustreiber auf dem Pritschenwagen standen und gellend schrien «Fort, Dämonen, fort», kauerte Anger
mit entblößtem Oberkörper – die Brust mit einer Luzifergestalt tätowiert – unter dem Wagen im Kies und verbrannte in einem geweihten
Pentagramm ein Bild des Teufels; den ihn mit Fragen bedrängenden
Reportern, die ihm ihre Mikrofone hinhielten, schrie er Flüche zu und
zischte sie an, wobei er einen magischen Ring aufblitzen ließ.
Als er entdeckte, daß Beausoleil ihn gelinkt hatte, fertigte Anger ein
Medaillon an, dessen Vorderseite Ähnlichkeit mit Bob Beausoleil hatte,
während die Rückseite eine Kröte zierte und die Inschrift trug «Bob
Beausoleil – der in eine Kröte verwandelt wurde von Kenneth
Anger».
Nach dem Bruch mit Anger zog Beausoleil im Herbst 1967 hinunter in
den Topanga Canyon. Er freundete sich mit Gary Hinman an. Als er
Manson kennenlernte, lebte Beausoleil mit einer Freundin namens Laurie in Hinmans kleinem, an einem Hang gelegenen Haus Nr. 964 an der
Old Topanga Canyon Road. Hinman sah es nicht ungern, wenn Leute
hin und wieder in seinem Haus pennten, und ab und zu pflegten dort
auch Mitglieder der Family zu schlafen.
Die Beziehung zwischen Beausoleil und Manson sollte sich schwierig
gestalten, da beide ihre eigene Gruppe Mädchen hatten. Es kam zu einigen Reibereien zwischen ihnen, bei denen es um Charlies Wiederkunftstick ging. Beausoleil neigte dazu, sich abseits zu halten, und das
aber war eine Sünde. Es gab verblüffende Ähnlichkeiten zwischen den
beiden. Aber Manson besaß die Rommelsche Leidenschaft für die feinen
Details des Herrschens.
Eine weitere Konvertitin, Diane Lake, ein rothaariges vierzehnjähriges
Mädchen mit Hip-Eltern, lernten Charlie und die Mädchen im Wendeltreppenhaus kennen. Diane und ihre Eltern hatten in der Gegend von
Los Angeles mit der Hog Farm zusammengelebt, einer bekannten
Hasch-Kommune, die später die Kontinente als Weltfriedensbrigade
durchstreifen sollte. Aus irgendeinem Grund war die vierzehnjährige

Diane von der Family so beeindruckt, daß auch sie den Bus der Family bestieg. Squeaky und Patricia Krenwinkel fragten sie, ob sie mit in die Wüste kommen wolle, und sofort war sie dabei. Als die Zeit gekommen war, wurde Miss Lake in Snake umgetauft, was offenbar eine Huldigung an ihre schlangenartigen Bewegungen beim Geschlechtsverkehr war.

Diane Lakes Eltern legten großen Wert darauf, daß ihre Tochter die Freiheit hatte, sich unabhängig zu entwickeln. Sie erlaubten es, daß Diane mit der Family umherreiste, doch später sollte Mrs. Lake die Spahn Movie Ranch aufsuchen und ihre Tochter zurückfordern, holte sich dabei allerdings laut Diane nur eine scharfe Abfuhr von Squeaky, einer der Hauptjüngerinnen Charlies. Es heißt, daß Gina, die Besitzerin des Wendeltreppenhauses, sich bei Snakes Eltern entschuldigt habe, als Snake mit dem Manson Dope-Bus aufbrach. Schließlich war Snake vierzehn und Manson dreiunddreißig.

Aber die Busmannschaft wußte zu überzeugen. Übereinstimmend wird berichtet, daß die Family in jener frühen Zeit vor den Schnupfmitteln in physischer Hinsicht reinlich, ordentlich und äußerst sauber war. So kam es, daß Dianes Eltern, ebenso wie die von RuthAnn Morehouse, ihrer Tochter ihren Willen ließen.

Am 22. Dezember trat die Family mit der kaum geschlechtsreifen Snake/Lake eine Fahrt durch Arizona und die Wüsten von New Mexico an. Fünf Tage später, am 27. Dezember 1967, hatte der Bus in der Nähe von Winslow (Arizona) eine Panne und mußte zu einer Chevron-Tankstelle abgeschleppt werden. Verschiedene Mitglieder der Family fuhren per Autostop zum Topanga Canyon zurück, und als der Bus repariert worden war, wurde er nach Los Angeles zurückgefahren, wo sich die Family ungefähr dreieinhalb Monate lang, bis Anfang April 1968, aufhalten sollte.

Die Insassen des schwarzen Busses hausten im Topanga Canyon an zahllosen und den verschiedensten Plätzen. Eine Nacht hier, die andere dort – aber ihre Zahl nahm ständig zu. Sie unternahmen den Versuch, sich in verschiedenen verlassenen Häusern und Canyon-Camps niederzulassen, doch immer wieder mußten sie weiterziehen. Einige Wochen lang parkten sie den Bus am Wendeltreppenhaus.

Blumensüchtigen öffneten sich die seltsamsten Türen. Es ließ sich nicht vorhersagen, wo ein Mann mit einem schwarzen Bus voller Mädchen für die Nacht landen würde – in einer Höhle oder einem Schloß, an einer heißen Quelle in der Wildnis oder einem geheizten Swimmingpool in den Malibu-Bergen. Im ganzen Gebiet von Los Angeles wurden Manson und seiner Family Türen geöffnet.

Die Polizei von Malibu wurde auf Manson aufmerksam. Beamte sahen den Bus beim Wendeltreppenhaus an der Topanga Canyon Lane, hinter dem Raft-Restaurant. Sie bemerkten, daß die Family-Mitglieder für verschiedene Bewohner in der Malibu-Topanga-Gegend sonderbare Jobs verrichteten.

Im Dezember 1967 brachten die Beatles ihr Album ‹Magical Mystery Tour› und den gleichnamigen Film heraus. Hilfe von den Beatles. Anscheinend war es das erste Beatles-Album, dem Manson philosophischen Rat entnahm. Die Trips mit dem schwarzen Bus wurden zur Magical Mystery Tour. Die Mitglieder der Family machten einen so intensiven Trip mystischer Verwandlung durch, daß sie offenbar schließlich glaubten, in jedem Menschen gäbe es eine archetypische Kernpersönlichkeit, die erforscht werden könne durch LSD-Orgien, Denkschinderei, Rollenspielen, Gruppenfummeln, Magie, Vergangenheitsvernichtung und Kommune-Denken. Das war die Magical Mystery Tour.

Die ersten Monate des Jahres 1968 brachte die Familie in der Gegend von Los Angeles zu. Man unternahm auch weiterhin kurze Trips nach hier und nach dort. Offensichtlich auf einem solchen Trip wurde Susan Denise Atkins alias Sadie Mae Glutz Anfang 1968 in New Mexico von einem Typ namens Bluestein geschwängert.

Im Februar 1968 lernte Manson über Jerry, einen Tankwart, eine Frau namens Melba Kronkite kennen, die in den Bergen zwischen dem Malibu Canyon und dem Topanga Canyon, in der Nähe der alten Sheriff-Außenstation von Malibu, eine Luxusranch besaß. Anscheinend war diese Frau einst sehr reich gewesen, nun aber in Geldsorgen. Die Brigade versetzte sie in Erstaunen, und sie freundete sich mit den Mitgliedern an. Dunkel und geheim waren die Treffen an ihrem beheizten Swimmingpool in Malibu. Sie freundete sich mit der Family so sehr an, daß sie später von eingebuchteten Mitgliedern als Referenz angegeben wurde.

Die Family besuchte Melba in Malibu immer wieder. Man arbeitete für sie. Manson behauptete, er habe ihr Geld gegeben. Manson schenkte Melba auch einen Ford Mustang (1967), den er von einem New Yorker namens Michael, der sich aller weltlichen Güter entledigen wollte, bekommen hatte.

Mrs. Kronkite besaß riesige Stallungen und eine Trainingsrennbahn. Einmal brachte die Family, wie weiland Herakles den Augiasstall säuberte, eine ganze Woche damit zu, einen unglaublichen Berg Pferdemist aus mehreren hundert Stallboxen herauszuschaffen.

Irgendwann im Februar 1968 waren Manson und seine Crew vorübergehend ohne Bleibe. Nachdem Robert Beausoleil bei Gary Hinman gewohnt hatte, war er in sein eigenes Haus gezogen, das an einem Steilhang oberhalb der Fernwood Pacific Road in Topanga, 19 844 Horseshoe Lane, lag. Dieses Haus war eine Zitadelle der Pornographie; es bestand aus einem ausgebrannten tiefliegenden Erdgeschoß, und etwas unterhalb befand sich ein unfertiger Swimmingpool. Beausoleil sagte «Klar, kommt rauf und bleibt hier», und so entstand am Berghang eine Zigeunerszenerie, und die Family füllte den Swimmingpool mit altem Plunder, den man später, auf der Suche nach Büchern, durchwühlte. Sie blieben in der Horseshoe Lane ungefähr sechs Wochen lang, und in dieser Zeit scheinen sie die ersten Filme gemacht zu haben – oder, wie sie sagen, anderen Leuten erlaubt zu haben, ihr Tun und Treiben zu filmen.

Um diese Zeit stießen zu der Family Brenda McCann aus Malibu und eine gewisse Little Patty alias Madeline Cottage alias Shirley Amanda McCoy alias Linda Baldwin. Beide Mädchen sollten bei dem Thrill bis zum Schluß, anderthalb Jahre später, dabeibleiben. Ins LSD-Mosaik dieser Zeit ebenfalls hereingeweht kam ein wunderschönes Mädchen namens Ella Beth Sinder alias Ella Bailey alias Yeller, das ein Biker namens Danny De Carlo als einen schlanken, gutgewachsenen Greta Garbo-Typ beschrieb.

Es lebten noch verschiedene andere mit der Family zusammen, die heute verschwunden und deren Namen vergessen sind. Es gibt ungefähr hundert, deren Namen bekannt sind – alle sind spurlos von der Bildfläche verschwunden. Dieser Bericht befaßt sich mit jenen, die den Ausleseprozeß bestanden und bei der Family blieben.

Ein Juwel in Charlies kaum geschlechtsreifem Rudel war um diese Zeit die zwölf- oder dreizehnjährige Didi Lansbury, Tochter der Schauspielerin Angela Lansbury. Um die Gefahr möglicher Gefängnisstrafen von vornherein abzuwehren, trug die junge Miss Lansbury ständig einen *To whom it may concern*-Brief ihrer Mutter mit sich herum, der ihre Verbindung mit C. M. okay hieß. Manson allerdings erklärt, er wäre Angela Lansbury nur ein- oder zweimal begegnet.

Manson schien die Bekanntschaft von Kindern oder Verwandten bekannter Persönlichkeiten der Unterhaltungsbranche zu suchen. In Los Angeles unterhalten die Söhne und Töchter von Berühmtheiten oft enge Beziehungen untereinander. Das kam Manson insofern gelegen, als er – gleich einem seiner geliebten Kojoten, die sich an einen Nestling heranpirschen – die berühmten Kinder anvisierte, um in den Genuß von gültigen Kreditkarten, Geld, Gastfreundschaft, eines Schattens von Ruhm, Beziehungen und, was das wichtigste war, von Anerkennung und Schmeicheleien zu kommen.

Als die Family an der Horseshoe Lane kampierte, gründeten Bob Beausoleil und Manson eine psychedelische Sechs-Mann-Rock-Gruppe mit dem Namen The Milky Way. Manson spielte Gitarre und Beausoleil Gitarre und Baßklarinette. Der Milky Way-Band war ein kurzes Leben beschieden, doch brachte man es immerhin auf eine öffentliche Wochenendveranstaltung.

Eines Tages, als die Milky Way-Leute probten, kam ein Mann vom ‹Topanga Corral›, einem Country- und Western-Nachtclub im Topanga Canyon. Er hörte sich die Gruppe an, fand sie ‹flott› genug und engagierte sie für einen Wochenendjob. Doch noch am selben Wochenende wurde die Gruppe gefeuert. Als man ihn fragte, warum, erklärte Beausoleil, die Gruppe sei einfach zu progressiv gewesen, so daß zwar die Hascher, aber nicht genügend Biertrinker in den Club gekommen seien. Adios, Milky Way.

Ende März 1968 handelte die Family mit Häusern, zusammen mit einem Typ, der auf der anderen Seite des Topanga Canyon, am höchsten Punkt des Summit Trail und des High Vale Trail, lebte. Seine Behausung lag oberhalb eines Labyrinths von Waldwegen. Dort parkten sie den schwarzen Bus und schlugen ihr Lager auf.

Mansons Gefängnis-Freund Phil Kaufman wurde im März entlassen. Ein paar Wochen später fuhr er nach Topanga hinaus, um die Family ausfindig zu machen. Kaufman blieb eine Weile bei der Family, doch fand er die Theokratie ein bißchen tyrannisch. Trotzdem blieb er ein ‹sympathisierender Cousin›.

Phil Kaufman hatte einen Freund, Harold True, der ihn im März 1968 in Topanga besuchte. Harold True lebte in einem üppigen Haus am Waverly Drive 3267, nicht weit von der Silver Lake-Gegend in Los Angeles entfernt. Das Nachbarhaus, 3301 Waverly Drive, gehörte Leno und Rosemary LaBianca.

Harold True lernte Manson und die Family durch Phil Kaufman kennen. Bevor True aus seinem Haus am Waverly Drive im August 1968 auszog, hatte Manson ihn im Sommer vier- oder fünfmal besucht und zweimal bei ihm übernachtet. Und True selbst fuhr in jenem Frühling an die zehnmal nach Topanga hinaus, weil er sich für das Drogen-Heckmeck dort draußen interessierte.

Danny M., der große Geldfälscher aus dem Sommer der Liebe, tauchte auf und brachte ein paar Bogen frischer Zwanziger mit, die eben aus der

Presse kamen. Charlie überredete ihn, einige Personalausweise und Führerscheine für die Family zu drucken. In Topanga erzählt man sich, daß Danny später in Woodland Hills ins Geschäft einstieg, dabei erwischt wurde und ins Gefängnis kam.
Am Vorabend des 1. April erklärte Präsident Lyndon B. Johnson, daß er auf eine weitere Amtszeit verzichte.
Am nächsten Tag, dem 1. April 1968, brachte Mary Theresa Brunner am Waldrand von Topanga, in der Hütte am Summit Trail, den kleinen Valentine Michael Manson zur Welt. Um während der Geburt zu entspannen, pumpte sie sich mit Haschisch voll. Ihre Freunde halfen ihr.
In der Nacht, als Mary das Kind zur Welt brachte, flog Sandy Good, die 24 Jahre alte Tochter eines Börsenmaklers in San Diego, in einem Privatflugzeug mit einem Freund von San Francisco herüber, mietete sich einen Wagen und reiste zur Family. Charlie zog sie beiseite, und sie bumsten in der Nähe des High Vale Bus-Camps. Danach pries sie laut Charlies anhaltende ‹permarigide› Kondition. Junge, andere Mädchen hatten keine Ahnung, was sie da verpaßten.
Sandy, eine kluge, belesene College-Absolventin, die sich aktiv für die Bürgerrechtsbewegung eingesetzt hatte, war bereit, sich zu unterwerfen. Unter ihren Freunden in San Francisco hieß es allgemein, daß sie sich «irgend jemandes Harem angeschlossen habe». Sandy sollte es zu großer Geschicklichkeit im Anzapfen ihres reichen Vaters bringen, eine Gabe, die Manson stets zu schätzen wußte.
Ein gewisser Paul Watkins, ein gedrungener Sechzehnjähriger mit Babygesicht, ein sich herumtreibender Dropout, schloß sich am Summit Trail ebenfalls dem Camp der Family an. Er war auf einer Wanderung durch die Berge und entdeckte den schwarzen Bus und sechs nackte Mädchen. Unnötig, zu sagen, daß es das Paradies war für den jungen Watkins, der bald den – augenscheinlich von den Mädchen geprägten – Spitznamen Little Paul erhielt.
An jenem Abend nahmen alle LSD, und es kam zu einem multilateralen Hoch- und Zapfenstreich. Wie man sieht, hieß die Hostie LSD. Vermutlich ereignete sich so innerhalb der Family der erste Fall, wo ein Mensch, den man für Christus hielt, LSD als Sakrament austeilte – vor einem Gruppensex-Psychodrama und nach einem Mülltonnen-Beutezug.
Anfang April, wenige Tage nachdem Mary Brunner entbunden hatte, beschloß die Magical Mystery Tour, den Topanga Canyon zu verlassen. Sie waren ungefähr zwanzig, so daß das Verhältnis vier Mädchen auf einen Jungen, das in der ganzen Geschichte der Family ziemlich konstant blieb, auch in diesem Fall gewahrt war.

Bewohner der Gegend erinnern sich, daß die Polizei Anfang 1968 – einem Jahr großer Unruhe überall in den Vereinigten Staaten – auch im Gebiet des Topanga Canyon und Malibu Canyon scharf durchgriff. Auch Manson und seine Freunde bekamen ihr Teil ab. Verhaftungen, insbesondere wegen idiotischer Gesetze, die Marihuana betreffen, erzeugen Haß. Dies dürfte ein Faktor gewesen sein, als die Family von Blumen auf Messer umschaltete. Dazu kamen noch die unheilvollen Haßgefühle, die der Krieg auslöste.

Der Vietnam-Krieg lag wie ein Fluch auf dem Amerika von 1968. Millionen von Menschen hatten keine Ahnung, daß im März Calley und Genossen auf hinterhältig-heimtückische Weise ein Dorf namens My Lai verwüstet und einem betend knienden, weißgewandeten buddhistischen Mönch den Kopf weggeblasen hatten. Und das war der Fluch.

Am 14. April 1968 knallte ein haltloser rassistischer Lump, vermutlich ein gedungener Mörder, in Memphis (Tennessee) Martin Luther King ab.

Die Black Panthers schimpften die Polizei bereits seit einiger Zeit *pigs* (Schweine). Die treibende Kraft der Hog Farm-Bewegung, ein netter Anführer mit Namen Wavy Gravy, schlug vor, ein Schwein als Kandidaten für die Präsidentschaft aufzustellen. Die Idee schlug ein. Die Hippies, die sich darauf vorbereitet hatten, die Verbände von dem vernachlässigten Krankheitsherd des Parteikonvents der Demokraten abzureißen, übernahmen den Piggie for President-Vorschlag. So wurde Pig geboren.

Irgendwo in England, wahrscheinlich im Sommer 1968, schrieb George Harrison von den Beatles den Song ‹Piggies›. Keiner hatte das Lied bisher gehört, aber es existierte und sollte im Dezember 1968 herauskommen. Schweine tauchten in Werbesendungen für Umweltschutz im Fernsehen auf, Schweine, die am Strand gierig Abfälle fraßen. Ehrbare Bürger, seit langem daran gewöhnt, die Polizisten *fuzz* oder *cops* zu nennen, gingen dazu über, sie *pigs* zu nennen.

Manchmal glücklich, manchmal traurig, zog Sergeant Charlies Rauschtruppe die Küste hinauf.

Eine Zeitlang kampierten sie am Strand im Leo Carillo State Park und schlugen ihre Zelte auf. Der Leo Carillo-Strand liegt etwas südlich der Grenze zwischen Los Angeles und Ventura County; dort befindet sich auch der berühmte Hundeblut-Strand, wo Satansanbeter aus Los Angeles später Hunde und andere Tiere opferten und ihr Blut tranken.

Bruce Davis, den die Family einige Monate zuvor, möglicherweise im Staate Washington, kennengelernt hatte, kreuzte ungefähr um diese Zeit mit seinem Motorrad auf und wurde zu einem eifernden Anhänger. Bruce Davis hörte sich aufmerksam Mansons Reden über Religion und Philosophie an, so daß er sie wortgetreu bis ins kleinste Detail wiederholen konnte, wobei er sogar Mansons Stimme imitierte. Beobachter im Canyon bemerkten allerdings, daß Davis, wenn Charlie in der Nähe war, in seinem Tennessee-Dialekt redete.

Ungefähr in der zweiten Aprilwoche brachen sie ihr Lager am Leo Carillo-Strand ab und fuhren die Küste hinauf, in ein Waldgebiet, in der Nähe von Oxnard (California) im Ventura County. Das war der Schauplatz der schweren Oxnard-Panne, die sich am 21. April ereignete. Der schwarze Bus blieb stecken oder landete in einem Graben, und offenbar schlug die Family im nahen Wald ein Lager auf. Sheriffs aus Ventura erschienen auf der Bildfläche und waren schockiert, als sie eine Gruppe nackter Hippies im Wald umherspringen sahen.

Charlie und Sadie und mehrere andere wurden verhaftet, anscheinend weil sie im Besitz jener von dem Fälscher fabrizierten Führerscheine waren. Am nächsten Tag wurde jeder von ihnen mit einer Geldstrafe von 10 Dollar belegt. Auch Mary Brunner wurde verhaftet – wegen unzüchtigen Stillens ihres Kindes in einem Graben. Die Family-Legende berichtet, die Polizisten seien entsetzt gewesen über die beiläufige und schamlose Art, wie Mary Pooh Bear alias Valentine Michael Manson in aller Öffentlichkeit gestillt habe.

Die Oxnard-Panne wurde in großer Aufmachung auf der zweiten Seite des *Los Angeles Herald Examiner* gebracht; dort hieß es: «Nackte Hippies im Wald aufgespürt», und selbstverständlich brachten die lokalen Rundfunkstationen die Sache in ihren Tagesnachrichten.

Nach den Festnahmen im Straßengraben bei Oxnard fuhr die Family zurück in das Lager am Summit Trail im Topanga Canyon. Dort blieben sie für einige Tage, ungefähr bis zum 2. Mai 1968, als die Polizei eine Razzia veranstaltete und einige von ihnen, darunter Manson, Sandy Good, Snake und Patricia Krenwinkel, wegen Besitzes von Marihuana verhaftete. Zwei Tage lang wurden sie im Gefängnis festgehalten, dann ließ man sie frei. Die Anklagen wurden schließlich fallengelassen.

Um diese Zeit muß es gewesen sein, daß der Musiker Gary Hinman Snake und Sandy gegen Kaution aus dem Knast holte; anschließend fuhren sie Hinman zu dessen Haus, wo sie sich einige Tage ausruhten und erholten. Damals war Hinmans Haus an der Old Topanga Canyon Road eine der wenigen Pennstellen für junge Leute auf der Durchfahrt. Hinman sollte nie ganz ‹in seinem Geiste sterben› und sich der Family anschließen, doch war er einer jener ‹sympathisierenden Cousins›.

Allerdings nur so lange, bis sie mit seinem Blut ein Poster anfertigen.
Gegen den 6. Mai 1968 fuhr der schwarze Bus zum erstenmal zu der verkommenen, baufälligen Spahn Movie Ranch in Chatsworth (California). Die Family wollte sich dort mit einem Freund von Sandy Good, einem gewissen John, beraten, der das sogenannte ‹Hinterhaus› bewohnte, einen morschen Holzbau, der ungefähr eine halbe Meile unterhalb des Hauptfilmgeländes für Western lag, zu dem man über einen holprigen, schmutzigen Weg gelangte.
John hatte sich mit dem damals einundachtzigjährigen George Spahn darauf geeinigt, daß er, anstatt Miete zu zahlen, die verschiedenen Autos und Lastwagen der Spahn Movie Ranch in Ordnung halten sollte.
Sie blieben ungefähr vier Tage, und John half ihnen, den schwarzen Bus zu reparieren. Manson blieb der Wohltäter. Er schickte zwei Mädchen mit einer Kreditkarte los; sie sollten einige runderneuerte Reifen für einen alten Chrysler kaufen, der einem gewissen Richard Kaplan gehörte; von ihm sollte Manson später das hintere Ranchhaus der Spahn Movie Ranch bekommen.
Um diese Zeit spielte Bob Beausoleil in einem «Hand in der Hosentasche»-Film mit, der unter dem Titel ‹*Ramrodder*› herausgebracht und in der Nähe des Happy Trail im Topanga Canyon abgedreht wurde.
Beausoleil hatte vorher in einem inzwischen abgebrannten Restaurant gearbeitet, der ‹Topanga Kitchen›, die sich im Topanga-Einkaufszentrum befand. Die Produzenten des ‹*Ramrodder*› offerierten ihm einen Job für einen Dollar pro Stunde, der darin bestand, daß er bei den Szenenaufbauten für den Flimmerstreifen mithelfen sollte. Beausoleil nahm an und lebte von da an mit seiner Freundin Gail in einem Wigwam auf dem Filmgelände.
Während der Dreharbeiten lernte Beausoleil ein Mädchen namens Cathy Share alias Gypsy alias Manon Minette alias und so weiter kennen, die auch in dem Film mitspielte. Beausoleil spielte die künftiges Unheil vorwegnehmende Rolle eines Indianers, der einen weißen Mann zu Tode foltert, weil dieser sich an einer jungen Indianerin vergangen hat.
Gypsy, Gail und Bob wurden unzertrennlich und lebten gemeinsam in dem Wigwam auf dem Filmgelände. Gypsy – sie spielte die Mutter Erde – wurde Partnerin einer «Zwei Mädchen ein Junge»-Dreiecksbeziehung, die der Family als Vorbild für nächtliches Treiben dienen sollte.
Beausoleil trat im Canyon als wilder Mann auf, einen mit einer Kappe bedeckten Falken auf der Schulter und mit einem großen schwarzen

Hund. Wie Manson gab auch er jene dualistischen ‹Liebe-Haß-Vibrationen› von sich. Beausoleil hatte offensichtlich eine Affäre mit der Frau des Produzenten und mußte sich aus dem Staub machen. Er baute sein Wigwamzelt ab, einverleibte Gypsy seiner Gruppe und zog wieder für ein paar Tage in Hinmans Haus.
Nach einiger Zeit tauchte er auf der Spahn Movie Ranch auf, wo er für ein paar Tage Arbeit bekam, dann fuhren Beausoleil und seine Anhängerinnen nordwärts in die Gegend von San Francisco, und zwar in einem alten, auffrisierten Dodge, den George Spahn ihnen geschenkt hatte.
Inzwischen hatte die Manson-Gruppe die Spahn Movie Ranch verlassen. Man fuhr in dem schwarzen Bus zunächst nordwärts nach San Francisco und nach Mendocino County und kehrte dann nach Los Angeles zurück. Einige Tage scheinen Manson und seine Leute im Topanga Canyon verbracht zu haben; den Bus stellten sie beim Wendeltreppenhaus ab.
Um diese Zeit zog die Family in eine Luxuswohnung am Sunset Boulevard. Die Wohnung gehörte Dennis Wilson, einem Mitglied der Beach Boys, eine ungeheuer erfolgreiche Gruppe jener Ära, die bis dahin an ihre Fans auf der ganzen Welt zehn Millionen Platten verkauft hatte.
Wilson, Schlagzeuger und Sänger der Beach Boys, lebte auf einem 12 000 Quadratmeter großen Besitz, 14 400 Sunset Boulevard, in der Nähe des Will Rogers State Park.
Die verbreitetste Version dafür, wie sie in dieses Haus kamen, besagt, daß Ella Beth Sinder, der Garbo-Typ, beim Hitchhaihen von Wilson aufgelesen wurde und daß sie Wilson mit der Family bekannt gemacht hätte. Manson dagegen behauptete einmal, er hätte Wilson in San Francisco im Sommer der Liebe kennengelernt.
Wie auch immer, eines Tages, nachdem er bereits mit Manson Bekanntschaft gemacht hatte, kam Wilson von einer Konzerttournee der Beach Boys nach Hause und stellte fest, daß draußen der schwarze Bus der ‹Holywood Productions› parkte; drinnen, in seinem Wohnraum, fand er rund fünfundzwanzig Leute vor, in der Mehrzahl halbwüchsige, einander liebkosende Mädchen.
Am Sunset Boulevard knüpfte Manson den Kontakt mit der ruhelosen Welt erfolgreicher Rockmusiker und setzte seine Abenteuer innerhalb der eng verzahnten Kreise heranwachsender Söhne und Töchter von Prominenten der Film- und Musikindustrie fort. Für Soziopathen ein Paradies. Wie eine Wünschelrute steuerte der kleine Hypnosebesessene zwei amerikanische Symbole an:

a) die Beach Boys – Amerikas perfekte Singgruppe mit ihren klaren, hervorragenden, hohen Harmonien und ihren ungeheuer populären Liedern über Wellenreiten, über frisierte Autos, positive Vibrationen und Spaß und
b) Terry Melcher – Sohn zartrosa getönter Jungfräulichkeit.
Terry Melcher wurde am 8. Februar 1942 als Terry Jordan geboren. Doris Day sang zu jener Zeit mit Les Brown und seiner Band of Renown. Sie war verheiratet mit einem Musiker namens Al Jordan. Nachdem sich Terrys Eltern hatten scheiden lassen, wurde er von seiner Großmutter mütterlicherseits in Cincinnati großgezogen.
D. D.s dritter Mann, Marty Melcher, adoptierte Terry. Terry besuchte die Beverly Hills High School und ging dann für ein Jahr auf die Preparatory School in Clayton (Missouri). Melcher versuchte sich selbst als Sänger, doch nach einer kurzen, atonalen Periode gab er auf und organisierte für die Columbia Records Musikgruppen. Er produzierte einige der frühen und hervorragenden Platten der Byrds und machte dann Aufnahmen mit dem melancholischen Paul Revere und den Raiders, einer Gruppe aus Washington, die in den späten sechziger Jahren recht erfolgreich war.
Im Jahre 1966 mietete er ein abgelegenes Haus in Los Angeles, 10050 Cielo Drive, wo er auch im Sommer 1968 lebte, als er Manson in Dennis Wilsons Haus in Pacific Palisades kennenlernte. Melchers Vater Martin war im April 1968 gestorben, und Terry war als Miterbe des Vermögens eingesetzt worden; er befand sich plötzlich im Besitz von Hotels, Erdölfirmen und Grundstücken in Kalifornien, Texas und Oklahoma, hinzu kamen die Einnahmen aus den damals anlaufenden Komödienserien seiner Mutter für die CBS sowie aus mehreren Musikverlagen und TV-Unternehmungen.
Manson lernte auch Gregg Jakobson kennen, einen *songwriter* und Kollegen von Melcher, der damals offenbar für einen von Melchers Musikverlagen tätig war. Jakobson sollte sich mit der Family sehr anfreunden. Mehrere Male machte er Gesangsaufnahmen von Manson, und über lange Zeit hin war er über die nicht letalen Affären der Family genau unterrichtet.
Manson sang, als Melcher ihm und den Mädchen zum erstenmal begegnete. Manson besuchte Melcher mehrere Male, und gelegentlich borgte er sich auch Melchers Jaguar. Bei einer Gelegenheit, als Melcher Dennis Wilson besuchte, fuhren Dennis und Gregg Melcher heim zum Cielo Drive, und Manson saß hinten in dem Rolls-Royce und sang zur Gitarre.

Die Beziehung zwischen der Family und Melcher ist wesentlich intensiver gewesen, als man angenommen hat. Genau das, was Burroughs eine «Zone des Schweigens» nennt, ist um diesen Aspekt geschaffen worden. So etwas kann man keinem verdenken, denn eine enge Beziehung zu Manson könnte einen schon einige Punkte auf der Beliebtheitsskala für Fernsehserien kosten.

Der weißhaarige ehemalige Geistliche Dean Morehouse kam nach Los Angeles, offenbar immer noch bemüht, seine vierzehnjährige Blumen-Tochter RuthAnn wiederzugewinnen. Er suchte Hilfe bei Leuten in Wilsons Residenz, doch ohne Erfolg. Irgendwie kam es dazu, daß er schließlich mit der Family auf Wilsons Besitz zusammen lebte. Morehouse wohnte im Gästehaus und ließ sich von Manson und Dennis Wilson als Gärtner und als Hausmeister beschäftigen.

Der Rest der Morehouse-Story ist LSD. Dean wurde der ergebenste von Charlies okkulten Wechselbälgern. Er sollte für Manson zu einer willfährigen Plage werden, denn Morehouse selbst zog unter LSD auf einen Jesus-Identitätstrip aus. Und wie viele Jesusse kann ein Kult vertragen? Morehouse ging dazu über, täglich Stoff zu schlucken; er ließ sein schütteres weißes Haar lang wachsen und erklärte, Christus und der Teufel in einer Person zu sein, wenn er sich in diesem Sommer auf den Parties bei Melcher und Wilson happy machte.

Dean war ein solcher Lysergsäure-Apostel, daß er einmal seiner Frau (es war in den Bergen, bevor er sich von ihr trennte) heimlich ein paar Tabletten in den Orangensaft tat und sie dann in der Wildnis ihrem Trip überließ.

Morehouse brachte einen jungen Mann aus Texas mit, Brooks Posten, ein Musiker, der später zur Family-Legende beitragen sollte, weil er sich auf Kommando in Trance versetzen konnte. Posten vermachte Manson eine Kreditkarte, die seiner, Postens, Mutter gehörte; diese Kreditkarte wurde auf den Reisen der Family im Jahre 1968 ausgiebig benutzt.

Auch Posten verfiel ziemlich schnell dem Glauben, Manson sei Jesus. Er blieb den größten Teil des Sommers über in Wilsons Haus bei der Family und half Dean Morehouse beim Gärtnern.

Mansons größtes Wunderwerk war jedoch die Verwandlung des Charles Denton Watson. Als die Family Watson im Frühling 1968 in Dennis Wilsons Haus kennenlernte, war Watson ein Swinger, der mit einer Stewardess aus Chicago befreundet war. Die Family war stolz darauf, daß sie Tex Watson, der bis heute in Texas einen Rekord im Hürdenlauf hält, so verändern konnte. Watson kleidete sich scharf. Er sah scharf aus. Er hatte einen Perückenladen. Er lebte in der Gegenwart, im *now*. Doch den Swinger trieben sie ihm aus. Jahre später, als er nur noch fünfzig Kilo wog und in seiner Zelle unter der Bettdecke heulte, kurz bevor man ihn in die Atascadero-Klappsmühle verfrachtete, da war er wirklich *now*. Keine Vergangenheit – Zeit verbrannt – Bücher verbrannt – alle Brücken geschmolzen im Drogenrausch und in glühender Inbrunst – alle Zeitelemente vereinigt im *now*. Charlies *now*.

Tex Watson wurde am 2. Dezember 1946 in Copeville (Texas) geboren. Für einen Jungen, der im Baumwollgebiet des tiefen Texas aufwuchs, führte er ein normales Leben. Leute in Copeville erinnern sich daran, wie er auf seinem Fahrrad herumfuhr, wie er auf den Baumwollfeldern arbeitete, wie er seinem Vater in dem Geschäft der Familie, einer Lebensmittelhandlung und einer Tankstelle, half. Sie konnten es nicht glauben, daß aus ihm ein Mörder geworden war.

Auf der High School in Farmersville (Texas), wo er ein As im Hürdenlauf und ein großartiger Läufer im Handball oder Football war, trug er die Haare glatt und hinten zum Entenschwanz gekämmt.

Einige Jahre lang besuchte er das North Texas State College, wo er Betriebswirtschaft studierte und einer Studentenverbindung angehörte. Durch und durch ein Amerikaner.

Nach 1966 ließ Watson das College sausen, und Anfang 1967 zog er nach Los Angeles. In Los Angeles ging er 1967 wieder für etwa ein Semester aufs College. Dann flippte er ein zweites Mal aus. Er wohnte am Glendale Boulevard, in der Wonderland Road, in Dracena und North Larrabee – eine Straße, berühmt für ihre Dealer.

Bevor er Manson begegnete, hatte er angefangen mit Perücken zu handeln und am Ende des Benedict Canyon einen Laden eröffnet, den er Crown Wig Creations Ltd. nannte und der sich großer Beliebtheit erfreute. Als Partner hatte er einen Freund aus Denton (Texas). Der Laden lag in der Nähe von Beverly Hills, am Santa Monica Boulevard Nr. 9499.

Als er Manson kennenlernte, lebte Watson offenbar in einem Strandhaus, 18 162 Pacific Coast Highway. Er fuhr einen eleganten Dodge-Lieferwagen (1935), mit dem er eines Tages im Juni 1968 Dennis Wilson mitnahm und zu dessen Haus brachte. Dort wurde Watson mit Mansons Rudel bekannt gemacht.

Unter drei Milliarden Möglichkeiten suchte sich Watson die aus, Charlie zu werden. «Ich bin Charlie und Charlie ist ich», war eine der damaligen Losungen Watsons. Watson hat geklagt, er habe tatsächlich

geglaubt, er *sei* Charlie. Er benutzte sogar Mansons Namen, als er mit Terry Melchers Kreditkarte tankte.
Tests im Neuropsychiatrischen Institut der University of Southern California haben ergeben, daß Watsons Intelligenzquotient auf Grund seines Trips in Mansons Leere um dreißig Punkte sank – wahrscheinlich die Folge von Drogen wie Telache oder Belladonna. Wenn das Pentagon Mansons Geheimnis je auf eine Formel zu bringen verstünde, würde es um die Welt schlecht bestellt sein.
Für Manson war Wilsons Haus dem Bewährungshelfer gegenüber eine phantastische Adresse. Manson benutzte in seinem Personalausweis die Adresse am Sunset Boulevard auch noch lange, nachdem er dort ausgezogen war. Manson aalte sich geradezu in seinem Jesus-Image – er küßte Füße und verhieß Unsterblichkeit wie noch nie. «Bist du bereit zu sterben?» pflegte er zu fragen, und wenn die Antwort «Ja» lautete, sagte er: «Dann wirst du ewig leben.»
Immer spürte er irgendwelche Pennplätze auf. So schickte er zum Beispiel Squeaky mit einer Wagenladung müder Penner in den Topanga Canyon oder zur Spahn Movie Ranch, damit sie dort übernachten konnten.
Wilson besaß einen richtigen Rock Star-Schatz: zwei Ferraris, einen Rolls-Royce, ein Haus im Benedict Canyon, fabulöse Rock Star-Klamotten, ein mit Radar ausgerüstetes Boot – tatsächlich, er war reich.
Die Mädchen fuhren in seinem Rolls-Royce auf Abfalljagd. Es muß schon verboten ausgesehen haben, wenn sie beim Supermarkt die weggeworfenen Lebensmittelreste auf dem Rücksitz verstauten.
Aber Dennis Wilson hatte nichts dagegen. Einmal in diesem Sommer nahm er Snake, Lynn und Ouish mit, als die Beach Boys bei einem Musikfestival in Colorado auftraten. Später, auf einer Tournee der Beach Boys durch England, sollte er Charles Manson in einem Interview mit dem Rock-Magazin *Rave* als «The Wizard» (Hexenmeister) bezeichnen und erklären, Manson werde wahrscheinlich bei den Brothers Records – ein Firmenname, der den Beach Boys gehörte – eine Platte herausbringen. Manson brachte eines Tages Robert Beausoleil zum Schwimmen in Wilsons fürstlichen Swimmingpool mit; sie waren sich im Topanga Canyon zufällig begegnet.
Es war eine regelrechte Heuschreckenszene, was Wilsons persönliche Habe betraf, denn die Family schaffte es, den wesentlichen Teil von Wilsons damaligem Reichtum im Laufe von zwei bis drei Monaten zu verpulvern. Aber es war das Jahr des Maharishi und der transzendentalen Meditation, und so fand Wilson offenbar Gefallen an Mansons mil-

lenarischer Gleichgültigkeit gegenüber allem Materiellen, bis er eines Tages selbst ein Leben in Armut führen sollte, als er nämlich in jenem Herbst in ein armseliges Ein-Zimmer-Keller-Apartment in Gregg Jakobsons Haus am North Beverly Glen Drive zog.

Im Sommer 1968, auf Wilsons Besitz, wurde zum erstenmal offenbar, daß Manson irgendwelche Schwierigkeiten mit der Prostata hatte. Zu der damals von der Family eifrig verbreiteten Legende gehörte auch die Behauptung, daß Charlie siebenmal am Tag Geschlechtsverkehr hatte: Einmal vor und nach jeder Mahlzeit und einmal während der Nacht, wenn die Lust ihn überkam und er davon aufwachte. Jedes neue Mädchen erlebte mit Manson eine intensive, viele Stunden währende Liebes-Session, zu der die Stell-dir-mich-als-deinen-Vater-vor-Masche und eine Menge Perversionen gehörten. Perversion ist das, was die Musik-Szene in Los Angeles sich zum Frühstück servieren läßt. Die Sache muß sich herumgesprochen haben. Man könnte es als ein Erschöpfungsgerangel bezeichnen. Anscheinend hatte Charles das Gefühl, daß der Sex erst nach drei oder vier Stunden richtig gut wurde – wenn die Frau ‹aufgab›, völlig ihr Ego verlor, dann war es ein Akt der Seele. Und das stimmte. Unter vielen, vielen mündlichen Aussagen von Frauen im Gebiet von Los Angeles gab es nur eine einzige, die behauptete, Manson habe mit der Zeit auf sexuellem Gebiet nachgelassen.

Die meisten Mädchen hielten Manson für sehr jung; sie glaubten, er sei erst Anfang Zwanzig, was Charlie nur recht sein konnte, denn seine Szene waren im Grunde noch nicht geschlechtsreife Mädchen. Sie konnten gar nicht jung genug sein.

Aber nicht alle täuschte er. Wenn man sein Gesicht ganz nahe betrachtet, ließ es den beginnenden biologischen Altersprozeß erkennen.

«Sein Gesicht wirkte sehr jung, aber aus der Nähe war es runzlig», erinnert sich eine Freundin von ihm aus dem Jahre 1969.

3
Zweifelhafte Einflüsse

Manche erinnern sich, daß vor allem Sadie die Leute, die sie traf, bestürmte, nach Los Angeles zu kommen und «Charlie kennenzulernen».

Die Zeit verging. Irgendwann, wahrscheinlich Ende Mai 1968, entschloß sich Charlie, mit dem schwarzen Bus einen Voraustrupp nordwärts nach Mendocino County loszuschicken, der sich dort nach einem geeigneten Platz für ein Dauer-Camp umsehen sollte. Susan Atkins alias Sadie Mae Glutz war die Anführerin dieses Trupps und fuhr den Bus.

Charlie, umgeben von einem auserwählten Kern von Jüngern, blieb in Wilsons Haus zurück um des Spaßes und des Spieles willen. Brenda McCann, Sandy Good, Ouish, Squeaky und Snake/Lake waren die Mädchen, die Charlie ausgesucht hatte; er wollte sie in diesen leichtlebigen Monaten am Sunset Boulevard bei der Hand haben.

Bevor sie nordwärts nach Mendocino zogen, hielt sich Susan Atkins' Gruppe eine Zeitlang bei einer Kommune in der Clayton Street Nr. 532 auf, ein paar Häuser hügelaufwärts oberhalb der Haight-Ashbury Free Medical Clinic. Mary Brunners sieben oder acht Wochen altes Baby, Pooh Bear, hatte eine Infektion und wurde in der Free Clinic behandelt. Der Bus mit der Family, aber ohne Manson, erregte beachtliches Mitgefühl. Da war diese ständige Belästigung durch die Polizei, und da waren diese idiotischen Verhaftungen wegen Marihuana gewesen. Und die Mädchen waren, wie Beobachter berichteten, eifrige Proselytenmacher. Sie waren begeistert, diese Mädchen, und während ihres Aufenthalts in Mendocino County taufte man sie die Hexen von Mendocino.

Mitarbeiter der Haight-Ashbury Clinic hatten sicher bereits von ihnen gehört, da Mansons ehemaliger Bewährungshelfer, Roger Smith, die Bewährungshilfe an den Nagel gehängt und im Januar 1968 in Zusammenarbeit mit der Haight-Ashbury Clinic ein Programm zur Beratung und Behandlung Drogensüchtiger begründet hatte.

Die Klinik befand sich in einem drei- oder vierstöckigen Haus, gleich hinter dem Panhandle Park in der Clayton Street. Mehrere Mitarbeiter der Klinik wandten einen Teil ihrer Zeit darauf, sich mit der Gruppe zu befassen. Al Rose, der Verwaltungsdirektor der Klinik, sammelte Material über die Mädchen, als diese in einem Gefängnis in Mendocino County saßen, und später besuchte er sie auf der Spahn Movie Ranch. Er und Dr. David Smith, der ärztliche Direktor der Klinik, verfaßten später gemeinsam eine Arbeit über die Family im Jahre 1968, der sie den Titel ‹*The Group Marriage Commune: A Case Study*› gaben. Diese Studie, angereichert mit Fußnoten und in wissenschaftlicher Terminologie gehalten, erschien 1970 in der November-Nummer des *Journal of Psychedelic Drugs*, eine hervorragende und interessante Veröffentlichung, die die sogenannte Drug Culture analysiert.

Die Haight-Ashbury Free Clinic war kurz vor dem Beginn der Flower Power-Bewegung Ende 1966 eröffnet worden. Im Jahre 1967, als dort die zahllosen Blumenkinder behandelt wurden, versuchte man mutig durchzuhalten. Einmal mußte sie in diesem Jahr vorübergehend schließen, weil es ihr an Geldern fehlte, doch bald öffnete sie wieder ihre Tore. Wollte sie überleben, mußte sie zu den Stiftungen enge Kontakte unterhalten, denn nur so konnte sie die Subventionen bekommen, auf die sie einfach angewiesen war. In den vorangegangenen Jahren hatten auch die Rock'n'Roll-Gruppen von San Francisco gelegentlich Wohltätigkeitskonzerte zugunsten der Free Clinic veranstaltet.

Befassen wir uns kurz mit der Free Clinic. In den Zeitungen hatte sich ein gewisser Unwille bemerkbar gemacht. Im Frühjahr 1968, am Ostersonntag, hatte die Free Clinic in dem ehrwürdigen Palace of Fine Arts in San Francisco ein Rock'n'Roll-Wohltätigkeitskonzert veranstalten wollen. Die Zeitungen hatten sich darüber leicht aufgeregt. Das Vorhaben hätte der Klinik zu jenen 12 000 oder 13 000 Dollar verholfen, die sie dringend brauchte.

Big Brother and the Holding Company mit Janis Joplin sowie die Gruppe Quicksilver Messenger Service sollten an dieser Wohltätigkeitsveranstaltung mitwirken. Doch bestimmte Bürger von San Francisco beschwerten sich: der vornehme Palace of Fine Arts dürfe nicht für ein Rock'n'Roll-Konzert mißbraucht werden, zumal wenn damit der tripperverseuchte Hippie-Abschaum unterstützt werden solle. Sie setzten sich durch, so daß das Konzert in letzter Minute in den Carousel Ballroom verlegt werden mußte.

Irgendwann im Frühjahr oder Sommer 1968 begann Mrs. Inez Folger, die Mutter von Abigail Folger, die Haight-Ashbury Medical Clinic zu unterstützen. Sie arbeitete als freiwillige Hilfskraft an Roger Smiths Programm zur Behandlung Drogensüchtiger mit. Laut einem leitenden Mitarbeiter der Klinik trug Mrs. Folger dazu bei, daß die Free Clinic von der Bothin Foundation eine Subvention und vom Merrill Trust 25 000 Dollar erhielt. Im Verlauf des Jahres, in dem sie an der Klinik tätig war, veranstaltete sie mehrere Wohltätigkeitsparties. Abigail Folger sowie Colonel Paul Tate und seine Frau besuchten eine dieser Parties, und

anscheinend nahmen an dieser Cocktailparty auch Mitglieder der Manson Family, ja vielleicht sogar Manson selbst, teil.
Zumindest ein Mitarbeiter der Klinik erinnerte sich an jene Wohltätigkeitsparty, als er in den Zeitungen las, daß Manson wegen Mordes verhaftet worden war.
Irgendwann in der ersten Junihälfte fuhren die Mädchen von San Francisco nach Mendocino County, um sich dort nach einer Bleibe für die Family umzusehen. Eine Zeitlang hielten sie sich bei einer Kommune auf, die ein Haus, etwas abseits von der Route 128, bewohnte, in der Nähe von Philo, nordwestlich von Ukiah, im Drogenland.
Am 21. Juni 1968 rief eine gewisse Mrs. Rosenthal aus Booneville (California) kurz nach Mitternacht den Hilfssheriff von Mendocino County an und bat, er möge einen Beamten zu ihr schicken, weil jemand ihrem siebzehnjährigen Sohn Rauschmittel gegeben habe. Als die Polizei eintraf, redete der junge Allen gerade von seinen Beinen, so als wären sie Schlangen, und außerdem hatte er Farbhalluzinationen.
Er erzählte der Polizei, die Hexen von Mendocino aus dem ‹Hippie›-Haus bei Philo hätten ihm eine kleine blaue Tablette verpaßt.
Noch in derselben Nacht veranstaltete die Polizei in jenem Hippie-Lager eine Razzia. Sie stieß dort auf fünf Mädchen (die Hexen von Mendocino), drei Männer und ein Kind, Pooh Bear. Die Polizisten durchsuchten das Haus und die Umgebung, und in einem Holzschuppen neben dem Haus stießen sie auf eine Filmdose, die Marihuana und einen kleinen Plastikbeutel mit blauen LSD-Körnern enthielt. Das hieß Drogenbesitz. Festgenommen wurden Ella Beth Sinder alias Yeller, Mary Brunner, Patricia Krenwinkel, Sadie Mae Glutz, ein Mädchen namens Mary Ann Scott, Robert Bomse, Peter Kornbuth und Eugene Nagle, dazu der elf Wochen alte Valentine Michael Manson alias Pooh Bear.
Nach der Verhaftung rief eines der Mädchen in Dennis Wilsons Haus in Los Angeles an, um Charlie über die Panne zu informieren.
Am nächsten Tag, den 22. Juni 1968, wurden Sadie Mae Glutz et al. unter Anklage gestellt wegen erwiesenen Besitzes einer gefährlichen Droge (Verstoß gegen § 11 910 des kalifornischen Health and Safety Code), wegen vorsätzlicher Verabreichung einer Droge an einen Minderjährigen (Verstoß gegen § 11 913) und wegen Besitzes von Marihuana (Verstoß gegen § 11 530 des kalifornischen Health and Safety Code).
Patricia lief unter dem Namen Katherine Smith. Offenbar hatte Mary Brunner Angst, man werde sie für schuldig erklären; in der Annahme,

Katie habe die besten Chancen davonzukommen, erzählten die Mädchen der Polizei, der kleine Sunstone Hawk alias Pooh Bear sei Katies Baby. Außerdem befürchteten die Mädchen, man könnte ihnen Pooh Bear wegnehmen, wenn man herausfände, daß Mary Brunner erst vor kurzem wegen unzüchtigen Stillens ihres Kindes in Oxnard (California) verhaftet worden war.
Natürlich waren die Mädchen nicht in der Lage, eine Kaution zu stellen. Pooh Bear wurde seiner Mutter weggenommen und kam in ein Kinderheim. Als Pflegeeltern des Kindes wurden Mr. und Mrs. Roger Smith von der Free Clinic eingesetzt.
Es kam heraus, Schrecken aller Schrecken, daß das Baby nicht nur keine Geburtsurkunde hatte, sondern auch noch unbeschnitten war. Beides wurde sogleich nachgeholt.
So schmachteten die Mädchen im Gefängnis, bis bei einer Vernehmung am 2. Juli einige der Anklagepunkte fallengelassen wurden; doch wurden die Hexen von Mendocino noch im Gerichtssaal auf Grund einer sogenannten Ergänzungsklage wieder verhaftet. Die Mädchen wurden weiter im Gefängnis festgehalten.
Während die Hexen von Mendocino im Norden eingesperrt blieben, hielt sich Manson fast den ganzen Juni und Juli 1968 in Los Angeles auf: der kleine Misogyn war emsig damit beschäftigt, Frauen zu beherrschen und Kontakte zu knüpfen.
Einer seiner größten Tricks bestand darin, daß er seine Anhänger zu Bewunderern des kindlichen Bewußtseins machte. Das Kind war irgendwie das Ideal. Auf Kindern lag nicht der Fluch der Kultur, sie handelten spontan, aus der Seele heraus. Man darf hier nicht vergessen, daß die Family an die Reinkarnation glaubte und an die Möglichkeit, mit Verstorbenen in eine Art von Kontakt zu treten. So aber wurde das Kind für sie zum wichtigsten Glied in der evolutionären Kette des Lebens.
Charlie plädierte für Fortpflanzung. Präservative, Pillen, intrauterine Verhütungsmittel und, Gott behüte, Vasektomie waren verboten. Frauen besaßen, so wollte es der Manson-Tick, keine Seelen, sondern waren überbewußte Sklavinnen, deren Pflicht darin bestand, Kinder zu kriegen und Männern zu dienen. Ironischerweise kam es in der Family zu sehr wenigen Schwangerschaften, eine Tatsache, die, so erzählte Sandy Good, Charlie gelegentlich in Wut brachte.
Dort, wo zwanzig Frauen ein und denselben Mann lieben, wird es für den Mann zu einem Problem, jeder die nötige Aufmerksamkeit zu schenken. Manson hatte das schnell begriffen und unterhielt mit jeder seiner Anhängerinnen eine intime, entwaffnende Beziehung – und

irgendwie befriedigte er sie alle.
Das Problem der Eifersucht löste Manson mit einem richtigen Hit – er drehte den Spieß einfach um. So redete er den Mädchen ein, daß wenn sie ihn wirklich liebten, sie ihm Mädchen bringen müßten, die noch hübscher und jünger wären als sie – und er kam damit durch. Er war offenbar regelrecht versessen auf kleine, magere, masochistische und abergläubische Rothaarige. Und gern las er von der Straße Halbwüchsige auf, die von ihren Eltern schlecht behandelt worden waren.
Sie kamen und gingen. «Wenn du dich einfügst, kannst du bleiben», hieß es jedesmal, und manche taten das Unmöglichste, um sich ‹einzufügen›.
Zumindest war dies das Bild, das seine Anhänger der Welt präsentierten.
Aber Manson war nicht bloß darauf aus, sich einen Harem zu schaffen und nach Starruhm zu gieren.
Es gab noch einen anderen Manson, einen Manson mit jahrelangen Beziehungen zu einer Schattenwelt von Los Angeles. Manson scheint über Jahre hin mit Verbrechertypen in Kontakt gestanden zu haben. Man darf in diesem Zusammenhang nicht vergessen, daß er bereits 1955 nach Los Angeles kam und daß er sich in Los Angeles während seiner ganzen vierzehnjährigen ‹kalifornischen Karriere› anfangs als Häftling, Zuhälter, Barmixer, Fälscher und Räuber und später dann als Prediger und Guru betätigt hat.
Manson behauptete, Tausende von Freunden zu haben. Da gab es zum Beispiel einen gewissen Pete, der in Sacramento lebte und den die Family Ende 1967 auf einer ihrer Touren für mehrere Tage besuchte. Pete und Manson hatten offensichtlich 1958 in einer Bar in Malibu zusammengearbeitet. Manson pflegte seine Freundschaften.
Oft trieb Manson sich am Sunset Strip unter dem Namen Chuck Summers herum. Dort gab es eine Reihe zweifelhafter Bars und Cafés mit Namen wie ‹Galaxy Club›, ‹Omnibus› und ‹The Melody Room›. Diese Kneipen hatten von Bikers, Prostituierten, Kleinkriminellen und Porno-Modellen Zulauf.
Der ‹Galaxy Club› war eine Lieblingsbar von Chuck Summers. Manson pflegte, so erzählt der Club-Manager von damals, in der Regel morgens aufzutauchen. Dieser Manager war ein Bühnen-Hypnotiseur, der später ein Etablissement eröffnete, das ‹Hollywood Hypnotism Center› oder so ähnlich hieß. Manson und er unterhielten sich häufig über Hypnotismus. Der ‹Galaxy Club› lag etwas oberhalb in der Straße vom ‹Whiskey a Go-Go›. Dort lernte Manson wahrscheinlich auch die Leute

vom Motorradclub The Jokers Out of Hell kennen. Einige von Mansons weniger bekannten Freundinnen, mit Namen wie Mouse oder Venus, waren ebenfalls Stammgäste dieser Clubs.

Hier am Sunset Strip scheint Manson erste Kontakte zu jener satanischen Variante der Bikers geknüpft zu haben, wie zum Beispiel zu den The Satan Slaves, The Jokers Out of Hell, The Straight Satans, The Coffin Makers und zu anderen Gruppen junger Leute auf dem Drogentrip. Es steht außer Zweifel, daß der zunehmende Kontakt zu einigen dieser Gruppen mit den Höllennamen in Manson gewalttätige ‹Reflexionen› ausgelöst haben muß; zu manchen, wie den Straight Satans und vor allem den Satan Slaves, unterhielt Manson im folgenden Jahr der Gewalt enge Beziehungen.

Es hatte ein Jahr der Blumen gegeben. Doch irgendwann im Frühjahr oder Sommer des Jahres 1968 kam es in der Family zu einer Veränderung. Zu der Mixtur aus Blumen, Sex und Nomaden- und Kommuneleben gesellten sich Satan, Teufelsanbetung und Gewalt. Vielleicht war es der Wille zur Veränderung – die Notwendigkeit, jene magnetische Kraft zu erhalten –, der Charlie Spaß an blutigen Schrecken finden ließ.

Etwas muß da passiert sein. Schließlich waren nicht einfach, wie manche sich gern einreden möchten, Sex, Drogen und das Kommuneleben daran schuld, daß Patricia Krenwinkel, aus dem Schlaf geweckt, auf Kommando einfach so auf die Beine sprang und zu dem Haus von Polanski fuhr.

Manson hatte ständig behauptet, er sei nichts als eine Spiegelung derer, die ihn umgaben, er sei «tot im Kopf» und handle deshalb aus der Seele heraus. Es besteht kein Zweifel, daß er seine Ideen vielen verschiedenen Quellen entnahm. Er war stets ein begieriger Zuhörer und brüstete sich mit seiner weiten Kenntnis unheimlicher Dinge.

Aber was hat nun wirklich zu Mansons Todestrip geführt? Die Faktoren, die zu jenem gewaltsamen Ausbruch aus der Wirklichkeit beigetragen haben, sollen hier als mögliche zweifelhafte Einflüsse aufgezählt werden.

Wenn man sich in Los Angeles umsieht, stößt man auf so manche Todestrip-Gruppe, die auf Manson und seine sogenannte Family starke, zweifelhafte Einflüsse ausgeübt haben muß. In der Gegend von Los Angeles gibt es Gruppen, die darauf spezialisiert sind, aus ihren Anhängern willenlose Zombis zu machen. Jede dieser Gruppen hat ihre eigenen Stufen der Initiation und Jüngerschaft. Sie wenden indoktrinäre Methoden an, die zuweilen stark an eine Hypnose erinnern; sie fördern im Geist ihrer Adepten eine okkulte Paranoia und greifen manchmal während des Indoktrinationsprozesses zu bestimmten Drogen, um so ein Netz geisterhaften Glaubens zu schaffen, in dem sich der Okkultismusgläubige verfangen soll.

Die Struktur dieser Gruppen ist faschistisch und alle Macht drängt zu den Kultführern – gewöhnlich ein oder zwei selbstherrliche, machthungrige Burschen, die es nur auf Respekt und Gehorsam abgesehen haben.

Von einer dieser streng geheimen okkulten Gruppen, die auf die Family ganz gewiß einen zweifelhaften Einfluß ausgeübt hat und von deren Führer es in kalifornischen Polizeiberichten heißt, er habe mit Mitgliedern der Manson Family zu tun gehabt, von dieser Gruppe heißt es in einem von der Anglikanischen Kirche vorgelegten Bericht, daß sie «der Welt zwei Gesichter zeige. Das ist das frommer Ehrbarkeit und das andere das exzessiver Verderbtheit.» Diese Gruppe verehrt die verschiedensten Götter, darunter Satan und Christus. Sie repräsentiert die Essenz des Schauderns.

Es gab noch eine andere Gruppe von zweifelhaftem Einfluß auf die Family; ihr stand eine Frau vor, die von der Gruppe verehrt und für eine Reinkarnation der griechischen Göttin Circe gehalten wurde, die, wie man sich erinnern wird, mit Odysseus' Gefährten eine Metamorphose-Nummer abzog und sie mittels einer unheimlichen Droge, dem sogenannten Moly, in Schweine verwandelte. Dieser Circe-Gruppe gehörten als Anhänger Mitglieder des Bike-Clubs The Satan Slaves an, der einige Zeit lang enge Kontakte zu Manson und seiner ‹Kirche› unterhielt.

Eine weitere Gruppe in der Gegend von Los Angeles war die sogenannte Solar Lodge des Ordo Templi Orientis oder O. T. O., an deren Spitze eine Frau namens Jean Brayton und ihr Mann standen. Diese Gruppe versuchte die Tradition von Aleister Crowley, dem englischen Magier und Vater der Sexualmagie, fortzuführen. Nur ging der Jean Brayton's Gang Crowleys Intelligenz und sein Sinn für Humor ab; es handelte sich hier mehr um einen verrückten Macht-Trip, der darauf hinzielte, junge abergläubische Adepten so weit zu bringen, daß sie alles aufgaben, um sich in einem der Immobilienobjekte der Braytons einmieten zu dürfen.

Praktisch im Gefängnis aufgewachsen und fast ein Analphabet – Manson war ein unglaublich langsamer Leser –, ließ sich Manson im Verlauf seiner weiteren Entwicklung stark vom Guru-Gedanken beeinflussen, das heißt er bezog einen großen Teil seiner Kenntnisse aus den Reden seiner Freunde.

So war zum Beispiel Mansons Flower Power-Guru eine von Los Angeles bis San Francisco gut bekannte Gestalt der Underground-Gesellschaft von 1967. Manson wurde wiederholt gesehen, wie er mit diesem Mann durch ganz Kalifornien fuhr. Wäre er dem Rat seines Gurus gefolgt, hätten sich die Dinge in Kalifornien später nie so zugespitzt – doch es gab keine Erlösung für dieses Produkt schlechter Gefängnisse und sozialer Krankheit.

Man wird sich erinnern, daß die verrotteten Vorstellungen von der Schwarzen Magie in Manson schon Wurzeln geschlagen hatten, noch bevor er aus dem Gefängnis entlassen wurde. Er selbst hat erklärt, er habe im Gefängnis sogenannte Teufelsanbeter kennengelernt, und man weiß, daß er von Freunden Bücher über die sogenannten Schwarzen Künste ins Gefängnis geschickt bekam.

Manson und seine Crew unterhielten bereits im Hochsommer 1967, im Norden von Mendocino County, oberhalb von San Francisco, Kontakte mit einer Gruppe von ‹Teufelsjüngern›. Diese Gruppe von Satanisten hat sich, wie ein enger Freund der Family zu berichten wußte, später in der Gegend von San Francisco niedergelassen.

Robert Beausoleil, der später Gary Hinman ermorden sollte, unterhielt 1966 und 1967 intensive Kontakte zu einer Sekte von Teufelsverehrern, die in San Francisco tätig war. Vielleicht gab diese enge Verbindung den Ausschlag, daß sich Manson später der Teufelsszene anschloß.

Jemand, der behauptet hat, 1968 in San Francisco mit demselben Teufelskult wie Manson in Berührung gekommen zu sein, erklärte, daß Mansons Guru in dieser Sekte ein gewisser Father P... gewesen sei. «Diesem Todeskult stand ein merkwürdiger, leidenschaftlicher, etwa fünfundzwanzigjähriger Mann vor», schrieb das ehemalige Mitglied der Sekte. «Sie nannten ihn Father P..., den 66. Dieser Father P... behauptete, daß er unter anderem den Doktor der Medizin und den der Philosophie besitze und daß er ein Magier sei. Im Ashram des Kults erzählte man sich, Father P... sei aus North Carolina vertrieben worden, weil er dort eine Stadtkirche in Brand gesetzt habe, er sei aus dem Vor-Castro-Kuba ausgewiesen worden und kürzlich aus Damaskus in Syrien zurückgekehrt.

Die Leute von Devil House sagten, es handle sich um einen religiösen Orden, und dieser Orden hatte viele alte Namen, unter anderem: ‹The Companions of Life›, ‹The Final Church of Judgement›... ‹The Final Church› war der Name, den Manson für die Kirche wählte, die er eines Tages gründen sollte.» Soweit das frühere Mitglied.

Von Mitte 1968 an behauptete Manson, er sei Christus und der Satan oder Christus und der Teufel in einer Person. Es wurde bereits gesagt, daß Mansons Anhänger sich den Frühchristen verglichen – oder dem, was sie für die Frühchristen hielten: sexuelle Gemeinschaft und ein Leben außerhalb der Gesellschaft. Dem fügten sie selber den Glauben an die Reinkarnation, an den Astralleib und verschiedene Blutrituale hinzu. Manson verkörperte in seiner Final Church von was auch immer die Christus-Satan-Gestalt. Seine Vision war von entsprechender Kälte. Er wollte ein Multi-City-Netz religiöser Zellen mit Anhängern aufbauen. Und es ist ihm wahrscheinlich gelungen.

Aber es war eine krankhafte Idee. In einem längeren Interview mit dem Distriktstaatsanwalt von Los Angeles berichtete eine von Susan Atkins' Zellengenossinnen am 5. Oktober 1970, was ihr Miss Atkins über das Blutschlürfen der Family anvertraut hatte: «Sie erzählte mir, daß sich Charlie bei mehreren Gelegenheiten an ein Kreuz heften ließ. Und daß ein Mädchen am Fuß des Kreuzes kniete und daß er stöhnte und schrie, als würde er wirklich gekreuzigt, und daß sie auch Tiere opferten und in einem Fruchtbarkeitsritus ihr Blut tranken.» Uiiii.

Ein Augenzeuge berichtete, daß die Family-Mitglieder bei manchen ihrer unheimlichen Riten schwarze Kapuzen trugen. Er berichtete von einem mehr oder weniger amüsanten Vorfall, wie nämlich er und sein Freund eines späten Abends schwarz gekleidet und mit schwarzen Kapuzen über dem Kopf zu der Spahn Movie Ranch gegangen seien; sie hatten sehen wollen, ob sie das Wachpostensystem der Family durchbrechen konnten.

Dean Morehouse hat berichtet, daß Manson bereits Anfang Juni 1968 Pläne entwickelte, wie er Anhänger aussenden könnte, damit sie ‹Kirchen› gründeten. In einem Interview sagte Morehouse: «Ich bekam den Eindruck, daß Charlie die Welt unter diese Leute aufteilen wollte, die hinausgehen und ihre Arbeit tun sollten, aber ich bin nie ganz dahintergekommen... er hat mir nie Näheres anvertraut... eine Menge Dinge hat Charlie mir nie anvertraut.»

Manson hatte sogar einen Anhänger oder Verbündeten, der im Juni 1968 nach Australien fuhr, um dort eine Ordensniederlassung der Final-Church-von-was-auch-Immer zu errichten. Morehouse wurde gefragt, was der Mann in Australien eigentlich tun sollte. Morehouse erwiderte: «Er sollte genau das tun, was Charlie tat. Charlie hat mich immer ermuntert, hinauszugehen und etwas zu unternehmen... Ich sollte eine Kirche aufbauen... Er hat das immer von mir gewollt... und ein Programm sollte ich für meine Arbeit entwerfen. Man schart ein paar Leute um sich, eine kleine Gruppe... geht mit ihnen ihre Schwierigkeiten durch und törnt sie an, und dann schickt man die Männer, immer zu zweit, einfach los, in VW-Bussen oder so. Man schickt sie hinaus und läßt sie die Leute antörnen. Sie können dann zum Beispiel die Highways rauf und runter fahren... oder in eine andere Stadt gehen und dort ein Center einrichten... Und dann wieder welche weiterschikken zum nächsten Ort, damit sie dort das gleiche tun... und so immer weiter.»

Morehouse versuchte schließlich eine Mansonland-Kirche zu gründen, doch wurde diese Unternehmung Ende 1968/Anfang 1969 durch eine längere Gefängnisstrafe unterbrochen.

Im Spätsommer 1968 nahm Manson mit einem Bike-Club in San Jose, einige Kilometer südlich von San Francisco, Verbindung auf. Das waren die Gypsy Jokers. Laut Angaben der kalifornischen Polizei waren einige von den Gypsy Jokers von einer bekannten internationalen okkulten Gesellschaft bereits 1967 angeworben worden. Diese Biker-Rekruten wurden laut der Polizei von der besagten internationalen Gesellschaft als ‹Satansagenten› bezeichnet. Diese Gesellschaft hatte seit etwa 1966 in den USA Anhänger rekrutiert und Zellen errichtet und betätigte sich in den folgenden Jahren in Kalifornien.

Es handelt sich um eine Gruppe von Teufelsverehrern, die in abgelegenen Berggegenden Nord- und Südkaliforniens operiert und die über die möglichen Opferriten, die zum okkulten Leben der Family gehörten, die abscheulichsten Angaben beisteuert.

Jemand, der beim Verzehr des Herzens eines Menschenopfers aufgegriffen und unter Mordanklage gestellt wurde, hat von einer Satans-Teufels-Organisation berichtet, die in den Jahren 1967 bis 1970 in den Santa Cruz-Bergen südlich von San Francisco und in den Santa Ana-Bergen südlich von Los Angeles operierte. Diese Gruppe praktizierte Hämatophagie, Kannibalismus und beging andere Ungeheuerlichkeiten. Man müßte ganze Seiten mit Häßlichkeiten füllen, wollte man die grausamen Tätigkeiten dieser Sekte beschreiben.

Sie bediente sich einer besonderen Terminologie und veranstaltete ihre Rituale nach Zeitplänen, die auf astrologischem Aberglauben beruhten. Ihr Oberhaupt trug den Titel «Grand Chingon», «Head Chingon» oder «Head Devil». Auch Manson wurde in meinem Beisein von mehreren seiner Anhänger als der «Grand Chingon» bezeichnet. Allerdings hat sich herausgestellt, daß es sich bei dem Santa Cruz Chingon nicht um Manson handelte (Manson saß bereits wegen Mordes im Gefängnis, als diese Sekte noch operierte), sondern um jemand anderes, um eine ältere

Person mit einer Crew von ‹Sklaven›, die seine krankhaften Gebote erfüllten.

Laut dem Informanten nannte sich die Sekte zuweilen «Four Movement»; sie widmete sich der «totalen Verehrung des Bösen». Ihre Anhänger hielten Zeremonien im Freien ab und benutzten dabei ein tragbares ‹Krematorium›, einen drachengeschmückten Holzaltar, einen tragbaren ‹Leichenschautisch›, ein Opferwerkzeug mit sechs Messerklingen sowie andere Gerätschaften. Sie brachten Menschen um und verbrannten sie. Es war ein kranker Haufen.

Mittlerweile war es Juni 1968 geworden, und Manson holte sich die Elemente seiner eigenen Krankheit zusammen, bereitete seine Teufelskirche vor.

Und während die Family auf dem Strip herumschnorrte und am Sunset Boulevard sang und Füße küßte, zogen – nur ein paar Meilen entfernt im Nordosten – Sharon und Roman Polanski in das Haus 1600 Summit Ridge Drive im hügeligen Ruhmesland oberhalb von Beverly Hills.

4
Die Polanskis

«Charaktere und äußerste Angst sind
die wichtigsten Dinge beim Film!»
          Roman Polanski

Sharon Tate wurde am 24. Januar 1943 in Dallas (Texas) geboren. Ihr Vater war Berufsoffizier, infolgedessen lebte die Familie nacheinander an verschiedenen Plätzen Europas und der Vereinigten Staaten. Schon als Kind ließen ihre Eltern sie an einem Schönheitswettbewerb für die Allerjüngsten teilnehmen, aus dem sie als Siegerin hervorging. Auch als Sharon heranwuchs, wechselten die Eltern noch ständig ihren Wohnsitz; sie wohnten mal in San Francisco, dann im Staate Washington, dann wieder in Washington (D. C.) und so weiter. In Richmond (Washington) wurde Sharon zur Miss Autorama gewählt.

Die Familie zog wieder nach Europa, nach Verona, wo Sharon die Vincenza American High School besuchte. Auf Abschlußbällen wurde sie zweimal zur Queen des Abends ernannt. Wie viele Tausende amerikanischer Mädchen, die bei einem solchen Ball zur Queen gekrönt wurden, mögen sich nach Hollywood verzehrt haben? Während der Zeit in Verona lernte sie Eli Wallach, Susan Strasberg und Richard Beymer kennen, die dort einen Film drehten.

Mr. Beymer ermunterte Miss Tate mit dem nicht sehr neuen Spruch «Du sollst wirklich zum Film gehen», und das hat sie anscheinend zu dem Beschluß bewogen, Schauspielerin zu werden.

Ihr Vater wurde wieder in die Vereinigten Staaten versetzt, nach San Pedro in Kalifornien, nur ein paar Meilen von Hollywood entfernt. Von San Pedro aus setzte sie zum Sprung an. Sie fuhr per Anhalter zu den verschiedensten Filmstudios, bei denen die eifrige Miss Tate mit der sanften Stimme bald als «das Mädchen aus San Pedro» allgemein bekannt war.

Es gibt ein denkwürdiges Interview über ihren Start in Hollywood, das sie während der Dreharbeiten zu dem bekannten Film ‹Tanz der Vampire› gegeben hat. Darin sagt sie: «Ich fuhr damals per Anhalter zu allen Studios in Los Angeles, weil ich mir ein Taxi nicht leisten konnte. Die Männer waren immer so großzügig, vor allem die Lastwagenfahrer; sie haben mich alle mitgenommen. Meine ersten Erfahrungen habe ich bei Werbefernsehsendungen gemacht. Ich konnte Daddy davon überzeugen, daß ich in Hollywood gut aufgehoben war.»

Miss Tate nahm sich einen Agenten, Hal Gefsky, und bald wirkte sie in Reklamesendungen für Autos und Zigaretten mit. 1963, mit zwanzig Jahren, wurde sie von ihrem Agenten zum Vorsprechen nach New York geschickt. Es ging um eine winzige Rolle in ‹Petticoat Junction›, einer CBS-Fernsehserie, die damals von einem gewissen Martin Ransohoff und der ihm gehörenden Fernsehgesellschaft, den Filmways, produziert wurde.
Ransohoff erschien im Studio, erblickte das hübsche junge Mädchen und rief es zu sich. Der Kolumnist Lloyd Shearer berichtete in einer Londoner Zeitung, Ransohoff habe zu Sharon Tate die klassischen Worte gesagt: «Sweetie, ich mache einen Star aus dir.» Mit der Betonung auf dem Wort ‹ich›.
Mr. Ransohoff war auch der Produzent der Fernseh-Unterhaltungsserie ‹The Beverly Hillbillies›. Seit ‹Troja II-a›, einer Serie, die in den Kreisen der Archäologen als schlimme Halbbildung angesehen wurde, hatte es nichts gegeben, was ‹Beverly Hillbillies› vergleichbar gewesen wäre. Ransohoff schloß mit Sharon Tate einen Sieben-Jahres-Vertrag. Zweieinhalb Jahre lang betrachtete er sie als sein persönliches Eigentum. Wie eine hübsche Dattelpalme wurde sie fleißig begossen und zum Star gemacht. Sie erhielt Gesangs-, Tanz- und Schauspielunterricht. Sie bekam zur Übung kleine Rollen, in denen sie Perücken trug, wie zum Beispiel in ‹Beverly Hillbillies›, in ‹Petticoat Junction› und in mehreren anderen von Ransohoff produzierten Filmen, darunter auch ‹The Americanization of Emily› und ‹The Sandpipers›.
Eine ganze Zeit lang lebte sie bei Big Sur in einem herrlichen Küstengebiet Kaliforniens, das sie sehr gerne mochte. Sie hielt sich dort mit Ransohoff auf, während dieser die ‹Sandpipers› mit Elizabeth Taylor drehte.
Irgendwann 1963 lernte Jay Sebring, Modefriseur für Filmschauspieler, Sharon Tate in einem Restaurant in Hollywood kennen. Sie freundeten sich an, verliebten sich bald ineinander und beschlossen zu heiraten. Jay Sebring war ein tatkräftiger, erfolgreicher Unternehmer, der sich in kürzester Zeit als König des Haareschneidens etablierte.
Als Schauspieler wendet man seinem Gesicht und seiner Frisur eine Menge Aufmerksamkeit zu – das ist normal, das tut jeder. In vielen Fällen sind Gesicht und Frisur ungefähr das einzige, was ein Schauspieler in seine Karriere einbringt. Sebring verstand es, sich die Achtung vieler von den Großen und Reichen Hollywoods zu verschaffen. Er war geradezu ein Zauberkünstler darin, eine Frisur davor zu bewahren, daß sie bei Regen sozusagen im Rinnstein verschwand. Er erschien rechtzeitig

auf der Bildfläche, um zum Übergang vom Bürstenschnitt zur fülligeren Frisur beizutragen.

Ungefähr um die Zeit, als er Sharon Tate kennenlernte, erwarb Sebring ein beachtliches Haus im Benedict Canyon, wo er bis zu seinem Tod lebte. Sebrings Haus Nr. 9860 am Easton Drive erfreute sich eines schaurigen Ruhmes; es hatte einst der Schauspielerin Jean Harlow als Schlupfwinkel gedient, und hier hatte sich ihr Mann, Paul Bern, im Jahre 1932 eine Kugel durch den Kopf gejagt.

Nach zwei Vorbereitungsjahren war das Starlet fertig. Ende 1965 gab Ransohoff Sharon ihre erste Hauptrolle: Mit David Niven und Deborah Kerr spielte sie in dem Film ‹13› oder ‹Eye of the Devil›. ‹13› war die Geschichte einer religiösen Kapuzensekte, die den Teufel anbetet und Opfermorde begeht.

Der Film wurde in London gedreht. Jay Sebring kam nach London, und sie lebten zusammen in einem Apartment am Eaton Square, doch geschäftliche Probleme zwangen ihn, nach Los Angeles zurückzukehren.

Als Ransohoff in London ‹Eye of the Devil› (‹13›) drehte, verpflichtete die Gesellschaft einen englischen Magier namens Alex Saunders, auch als ‹König der Hexen› bekannt, als technischer Berater. Alex Saunders alias der Hohepriester Verbius behauptet, Aleister Crowley habe ihn – als Geschenk zu seinem zehnten Geburtstag – tätowiert. Er behauptet, er habe auf den britischen Inseln in zweihundert Hexenzirkeln Leute initiiert und ausgebildet. Außerdem behauptet er, er habe sich während der Dreharbeiten für den Teufelsfilm mit Sharon Tate angefreundet. Und vor Abschluß der Dreharbeiten habe er Miss Tate in die Hexenkunst eingeweiht. Er besitzt Fotos, in denen Miss Tate in einem geweihten magischen Kreis zu sehen sein soll.

Anfang 1966 verpflichtete Martin Ransohoff Roman Polanski als Regisseur für einen von Polanski selbst verfaßten Film, dem man nacheinander die Titel ‹The Fearless Vampire Killers›, ‹Dance of the Vampires› (‹Tanz der Vampire›) und ‹Pardon Me, But Your Fangs Are in My Neck› usw. gab. Mr. Ransohoff wollte gern, daß Sharon Tate in diesem Streifen mitspiele, und so sorgte er dafür, daß sich die beiden kennenlernten.

Mehrere von Polanskis Filmen, insbesondere ‹Das Messer im Wasser›, ‹Wenn Katelbach kommt› und ‹Ekel›, waren bereits große Erfolge gewesen. ‹Ekel› genießt den düsteren Ruf, einer der erschreckendsten Filme zu sein, die je gedreht wurden.

Roman Polanski wurde am 18. August 1933 in Paris als Sohn polnischer

Eltern geboren. 1936 kehrte die Familie nach Polen zurück und ließ sich in Krakau nieder. Fünf Jahre später wurden Romans Angehörige von den Nazis ins Konzentrationslager gebracht, wo seine Mutter in der Gaskammer starb. Kurz nach der Absperrung des Ghettos führte Polanskis Vater, der den Davidstern tragen mußte, seinen Sohn zu dem Stacheldrahtzaun, der das Krakauer Ghetto umgab. Er durchtrennte den Stacheldraht, und der Junge konnte entkommen. Danach lebte er bei verschiedenen Familien, bis Hitler aus Polen vertrieben wurde.
Während der Schrecken des Krieges wurden Filme zu einer Zuflucht für ihn. Polanski war noch recht jung, als er Schauspieler und Filmregisseur wurde. Er besuchte fünf Jahre lang die polnische Staatsfilmschule in Łódź, und dort scheint er Voityck Frykowski kennengelernt zu haben.
Seine Frühwerke waren kurze, kahle Filme im Stile Becketts. 1960 ging Polanski für anderthalb Jahre nach Frankreich, wo er in dem Film ‹Der Dicke und der Dünne› spielte und Regie führte. 1961 ließ er sich von seiner Frau, der polnischen Schauspielerin Barbara Lass, scheiden. 1962 kehrte er nach Polen zurück, wo er einen Elf-Minuten-Film mit dem Titel ‹Säugetiere› drehte. Ebenfalls im Jahre 1962 drehte er den abendfüllenden Spielfilm ‹Das Messer im Wasser›, durch den er im Westen berühmt wurde.
‹Das Messer im Wasser› gewann im Jahre 1962 den Kritikerpreis der Filmfestspiele von Venedig. Im Jahre 1964, als der Film schließlich in Amerika anlief, bekam er einen Oscar als bester ausländischer Film.
1963 ging Polanski nach Holland und inszenierte dort eine Episode für den Film ‹The Best Swindles in the World›. Im selben Jahr schrieb er das Drehbuch zu ‹Mögen Sie Frauen?›, ein Film über eine ‹Kannibalengesellschaft› in Paris, die gern hübsche Mädchen kocht und ißt. Und dazu den elektronischen Sound aus ‹Rosemary's Baby›!
Anfang der sechziger Jahre arbeitete Roman Polanski mit Gerard Brach zusammen und verfaßte mit ihm die Drehbücher für die Filme ‹Ekel›, ‹Tanz der Vampire› und ‹Wenn Katelbach kommt›. Produzent Gene Gutowski, ein Bewunderer von ‹Das Messer im Wasser›, holte Polanski nach England, wo er 1965 seinen ersten Film in Englisch, ‹Ekel›, drehte.
‹Ekel› ist die Geschichte einer hübschen – von Cathérine Deneuve gespielten – Maniküre, die an schrecklichen, übermächtigen Halluzinationen leidet und am Schluß zwei ihr bekannte Männer zu Tode sticht und hackt. ‹Ekel›, horrible dictu, war ein Erfolg, und Polanski verfügte nun über die Geldmittel, um ‹Wenn Katelbach kommt› zu drehen, eine

unheimliche Mordgeschichte, die in einem Schloß am Meer spielt.
Polanski erwarb sich den Ruf eines Regisseurs von großem, handwerklichem Können. Der Erfolg seiner bluttriefenden Filme und seine offensichtliche Begabung erregten Ransohoffs Aufmerksamkeit. Er erklärte sich bereit, Polanskis Drehbuch ‹Tanz der Vampire› für die Metro-Goldwyn-Mayer zu produzieren. In diesem Film sollte Sharon Tate die Rolle eines Vampirs spielen.
Einer Geschichte nach, die immer wieder erzählt wird, sind Roman und Sharon an dem Abend, als sie sich kennenlernten, allein in einem Apartment zusammen gewesen. Mr. Polanski entschuldigte sich und ging aus dem Zimmer. Dann schlich er sich wieder herein und näherte sich von hinten mit einer Frankenstein-Maske vor dem Gesicht der arglosen Miss Tate und erschreckte sie mit einem lauten «Buh!», worauf Sharon Tate einen hysterischen Anfall bekam.
Die Komödie ‹Tanz der Vampire› handelt von einem Universitätsprofessor und seinem – von Polanski gespielten – Diener, die zusammen nach Transsylvanien reisen, wo es ein Schloß voller Vampire gibt. Sharon Tate spielte die Sarah, die Tochter eines Wirtshausbesitzers, die vom Obervampir zum Schloß entführt wird. Dort wird sie selbst in einen Vampir verwandelt. Und so weiter. Während der Dreharbeiten für diesen Film posierte sie auch für Werbeaufnahmen, bei denen sie ihre Vampirfangzähne blitzen ließ.
Im April 1966 beklagt sich Jay Sebring bei Freunden, Roman Polanski hätte ihn ausgebootet. Offenbar hatte Polanski die liebliche Sharon Tate erobert. Sebring reiste nach London, und als er im Frühsommer 1966 zurückkehrte, verkündete er, alles sei vorbei zwischen Sharon und ihm.
Sharon Tates öffentliche Stellungnahme zu ihrem Bruch mit Jay Sebring klingt fast nach Selbstverachtung.
«Ehe ich Roman kennenlernte, war ich, glaube ich, in Jay verliebt. Es war ein nettes Verhältnis, aber um die Wahrheit zu sagen, ich war nicht gut genug für Jay. Ich bin nicht gefestigt genug. Ich bin zu unbeständig. Jay braucht eine Ehefrau, aber mit meinen 23 Jahren bin ich noch nicht bereit zur Ehe. Ich muß noch leben, und Roman versucht mir zu zeigen, wie.»
Sharon kehrte 1966 von England nach Amerika zurück, wo sie mit Tony Curtis und Claudia Cardinale in ‹Don't Make Waves› eine Rolle spielte. Zu dieser Zeit tat ihr Vater, Lieutenant Colonel Paul Tate, seinen ‹Dienst› in Vietnam, wo er seine Berufssoldatenkarriere mit einer Tätigkeit im Geheimdienst der Armee krönte.

Die März-Nummer 1967 des *Playboy* brachte eine Fotoserie, betitelt «The Tate Gallery», in der Sharon mit entblößtem Busen posierte. Die Bilder hatte Roman Polanski geschossen.
Im selben Jahr bekam Sharon Tate die Rolle der Jennifer in dem Film ‹Das Tal der Puppen›. Jennifer war ein junger Star, der in dem Film Selbstmord begeht.
Irgendwann in jenen Monaten kam es zwischen Martin Ransohoff, dem Produzenten der ‹Beverly Hillbillies›, und Polanski zu einem Streit über den ‹Tanz der Vampire›. Mr. Ransohoff nahm an dem Film, bevor er in den Vereinigten Staaten herauskam, einige Schnitte vor. Diese Schnitte bewogen Polanski zu der Forderung, man solle seinen Namen aus dem Vorspann streichen. Ransohoff erwarb auch die US-Rechte für ‹Wenn Katelbach kommt› und nahm an dem Film erhebliche Veränderungen vor, womit er Polanski aufbrachte. Sharon löste daraufhin ihre Beziehungen zu Mr. Ransohoff, und es heißt, sie habe sich mit 175 000 Dollar aus ihrem Vertrag freigekauft.
Dank seines anhaltenden Erfolgs konnte Polanski als der erste Filmregisseur aus einem Land hinter dem Eisernen Vorhang einen Film in Hollywood drehen.
Die Direktion der Paramount Pictures bot Polanski die Möglichkeit, nach dem Roman von Ira Levin das Drehbuch für ‹Rosemary's Baby› zu schreiben und bei dem Film Regie zu führen. ‹Rosemary's Baby›, eine Saga von satanischem Chauvinismus, ist eine Geschichte über die im Reichtum schwimmende Heil-Satan-Gesellschaft und ihren offenbaren Erfolg, Satan dahin zu bringen, daß er ein unschuldiges, von Mia Farrow gespieltes Opfer schwängert.
Mr. Polanski flog nach Hollywood, saß dort eine ganze Nacht lang über den Fahnen des Buches, und die Sache war perfekt. Der erfahrene Filmemacher William Castle produzierte den Film.
Das Studio wollte, daß Mia Farrow die Hauptrolle spielte. Man zeigte Polanski Streifen aus der Fernsehserie ‹Peyton Place›, in der Miss Farrow mitgewirkt hatte, und Polanski erklärte sich einverstanden. Nach Aussagen der meisten Beteiligten wurden die Polanskis und Miss Farrow enge Freunde.
Der Drehplan für ‹Rosemary's Baby› sah rund 56 Tage vor. An die zehn Tage drehte man in New Yorks eleganten Dakota Apartments, nicht weit von Central Park West. Das Dakota wurde für diese Aufnahmen zu einem ‹Satansnest› umfunktioniert. Letzte Hand legte man an den Film offensichtlich Ende 1967 in Los Angeles.
Jay Sebring und die Polanskis blieben auch weiterhin befreundet. Man-

che Freunde behaupteten, Sebring sei in Sharon immer noch verliebt gewesen. Während man ‹Rosemary's Baby› drehte, gaben einige Freunde von Polanski eine Party in Sebrings Haus am Easton Drive. Offenbar wurde die Party als magische Messe aufgezogen, bei der die Gäste weiße Gewänder trugen. Einem eingeladenen englischen Journalisten wurden die Augen verbunden, und Jay, ganz in Weiß gekleidet, ließ ihn, hoffentlich nur im Spaß, zwischen zwei alten Pokalen wählen, von denen der eine Wein, der andere Rattengift enthielt.

Anton La Vey, Satansverehrer aus San Francisco, fungierte bei ‹Rosemary's Baby› als ‹Berater›. La Vey spielte in dem Film die Rolle des Satan. Gerüchten zufolge waren die echten Verehrer Schwarzer Messen darüber aufgebracht, daß Polanski einen solchen Film drehte. Bei Abschluß der Dreharbeiten überreichten die Mitarbeiter Polanski einen ziselierten 45er Colt, mit dem sie ihm vielleicht wegen des Murrens der Heil-Satan-Gesellschaft im Scherz einen Talisman geben wollten. ‹Rosemary's Baby› ist als die durchschlagendste Reklame für den Satanismus bezeichnet worden. Und Los Angeles kennt mehr als eine Mondjodlerin, die behauptet, ein Kind Satans in die Welt gesetzt zu haben.

Am 20. Januar 1968, ‹Rosemary's Baby› war abgeschlossen, heirateten Sharon Marie Tate und Roman Polanski in London. Polanski erschien in «Edwardschem Putz», wie die Presse schrieb, während Miss Tate ein weißes Minikleid trug. Sie bezogen ein Apartment, nicht weit vom Belgrave Square. Die Weltpremiere von ‹Rosemary's Baby› fand in London statt, und bald war klar, daß der Film ein Riesenerfolg werden würde. Polanski und seine junge Frau fuhren nach Los Angeles, wo sie offensichtlich eine Suite im ‹Chateau Marmont Hotel› bezogen. Durch den Erfolg dieses Films wurde Polanski zu einem populären Mann und – wie nicht anders zu erwarten – zu einem Anziehungspunkt der Schmeichler und Scharwenzler. Die Polanskis wurden in einen Kreis energiegeladener, liberaler Schauspieler und Geschäftsleute aufgenommen, die in Hollywood auf dem Gipfel ihres Erfolgs standen – lauter Airline-Nomaden, immer zupackend, immer unterwegs, immer bei der Arbeit, immer voller neuer Pläne.

Beide gaben öffentlich zu, daß sie LSD versucht hätten. Polanski erlebte dabei einen üblen Trip, doch seine Frau sagte: «Das hat mir die Welt erschlossen», obgleich sie nicht zu sagen wußte, ob sie noch einmal trippen würde.

Im Mai 1968 besuchte Polanski die Filmfestspiele in Cannes. Zur selben Zeit revoltierten die Studenten in Frankreich und hätten um ein Haar die Regierung gestürzt. Aus Solidarität mit den Studenten zog sich

Polanski aus der Festival-Jury zurück.

Am 5. Juni 1968 aßen Roman, Sharon und Freunde mit Robert Kennedy in einem Haus an der Küste von Malibu. Nach dem Essen ließ sich Senator Kennedy ins Hotel ‹Ambassador› fahren, wo er erschossen wurde.

Am 15. Juni 1968 fand an der Westküste die Premiere von ‹Rosemary's Baby› statt. «Betet für Rosemary's Baby» – so lautete der Slogan in den Zeitungsanzeigen. Der Film wurde in Los Angeles so populär, daß man zusätzliche Vorstellungen geben mußte. In San Francisco lief er am 19. Juni an und wurde dort ebenfalls zu einem umwerfenden Erfolg. Der Film hatte alle Aussichten, zehn bis zwanzig Millionen Dollar einzuspielen.

Mr. Polanskis Drehbuch wurde mit einem Akademiepreis ausgezeichnet. Mia Farrow wurde auf einem Filmfestival in Rio de Janeiro der Preis der Besten Schauspielerin der Jahres verliehen. Ruth Gordon erhielt einen Oscar als beste Nebendarstellerin.

Im Sommer 1968 spielten Sharon Tate, Dean Martin und Elke Sommer in einem Film mit dem Titel ‹The Wrecking Crew›. Im Juni dieses Jahres mietete Roman Polanski ein Haus in den Hollywood Hills, 1600 Summit Ridge Drive. Dieses Haus gehörte der jungen Schauspielerin Patty Duke, mit der sich Sharon während der Dreharbeiten zu ‹Das Tal der Puppen› angefreundet hatte. Die Polanskis nahmen sich eine Haushälterin, Winifred Chapman, die in den folgenden zwölf Monaten, zuerst am Summit Ridge und dann am Cielo Drive, bei ihnen blieb. Ausgerechnet sie war vom Schicksal dazu ausersehen, die Tragödie zu entdecken.

Sharon und Roman gaben in dem Haus am Summit Ridge Drive eine Housewarming-Party. Ein Freund von Sharon Tate berichtet, daß es auf dieser Party zu einem seltsamen Zwischenfall kam: Roman Polanski wurde von mehreren tückischen Hunden angefallen.

Die Polanskis hatten sich, als sie das Haus mieteten, bereit erklärt, für Patty Dukes Collie zu sorgen. Der Hund hatte die Angewohnheit, davonzulaufen. An dem Abend, als die Party stattfand, sprang er hügelabwärts auf die alte John Barrymore-Villa zu, 1301 Summit Ridge Drive.

Polanski rannte dem Hund nach und ist dabei anscheinend unten am Hügel irgendwo auf ein Rudel tückischer Schäferhunde gestoßen; sie gehörten einer Gruppe englischer Okkultisten, die in Amerika das Ende der Welt ankündigten. Um diesen halben Wölfen zu entkommen, rettete sich Polanski in eine Garage, aus der er sich seinen Weg freiprügeln mußte.

5
Die Spahn Movie Ranch 1968

Irgendwann im Sommer 1968 ließ Manson seine Songs aufnehmen, und zwar in dem Tonstudio in der Wohnung von Brian Wilson, dem Bandleader der Beach Boys. Brian, ein Bruder von Dennis Wilson, war zugleich der Produzent der Beach Boys-Alben. Unter den Topleuten der Musik-Szene von Los Angeles gehörte es damals zu den Statussymbolen, ein mit allen Finessen ausgestattetes Aufnahmestudio im eigenen Haus zu haben.

Die Beach Boys hatten, wie das in vielen Rock-Gruppen vorkommt, Streit untereinander, und Manson behauptet, er habe einen Song für sie geschrieben, um sie wieder miteinander zu versöhnen. Dieser Song erhielt, man glaube es oder nicht, den Titel ‹Cease To Exist› (Hör auf zu sein) und wurde in das Album aufgenommen, an dem die Beach Boys damals arbeiteten. Später wurde dieser Song bezeichnenderweise zu einem Lieblingslied der Family. Das war der Song, den Gypsy sang, als der Autor dieses Buches der Family zum erstenmal begegnete.

Die Schlüsselworte des Songs ‹Cease To Exist› wurden von Wilson in *Cease to resist* (etwa: Hör auf dich zu wehren) umgewandelt, so als spiele der Song auf sexuelle Unterwerfung an. Auch der Titel wurde geändert: ‹Never Learn Not To Love›. Diesen Song brachten die Beach Boys mit ihren hervorragenden Back up-Harmonien glänzend heraus. Trotzdem war Manson sehr verärgert. Er konnte es nicht ausstehen, wenn man in seinen Texten herumpfuschte.

Als der Song auf der B-Seite einer Beach Boys-Single herauskam, ging die Platte nicht sehr gut. Manson war überzeugt, der Song wäre ein Hit geworden, wenn man den Text nicht geändert hätte. Als Honorar bekam Manson offenbar etwas Bargeld und ein BSA-Motorrad, das er Little Paul schenkte.

Es scheint Tex gewesen zu sein, der damals im Sommer 1968 draußen vor Terry Melchers Haus herumlungerte. Tex und der ehemalige Geistliche, Dean Morehouse. Dean Morehouse war auf den Parties in Melchers Haus ein vertrauter Anblick; man kannte ihn als einen schmutzige Reden führenden alten Mann.

Manson sagt, er sei ungefähr fünfmal in dem Haus am Cielo Drive gewesen und häufig mit Melchers Jaguar durch die Gegend gefahren.

Rudy Altobelli, Besitzer von Melchers Haus am Cielo Drive Nr. 10050, war ein erfolgreicher Manager im Showgeschäft. Im Manson-

Prozeß sagte er aus, daß sich Terry und Gregg Jakobson immer wieder über Manson und seine Philosophie unterhalten hätten. Die beiden wollten Manson gern mit Altobelli bekannt machen, vielleicht weil sie glaubten, Altobelli könnte Charlie zu einer Karriere verhelfen. Im gleichen Sommer lernte Altobelli Manson auf einer Party in Wilsons Residenz am Sunset Boulevard kennen. Er hörte sich ein Band mit Gesangsaufnahmen von Charlie an.

«Sie haben mich bei vielen Gelegenheiten auf Manson aufmerksam gemacht. Sie wollten, daß Dean zu mir kam und mit mir redete.» Altobelli erklärte Gregg, Dennis und Terry ausdrücklich, er habe nicht die Absicht, sich von Manson und seiner Gruppe Philosophieunterricht geben zu lassen. «Immer wieder erzählten sie mir von seiner Philosophie und seiner Lebensweise und wie fabelhaft das doch sei.» Aber Altobelli ging nicht darauf ein, und er legte keinen Wert darauf, Manson und seine Horde zu managen.

Auch an John Phillips von den Mamas and Papas wandte man sich. Er erklärt: «Terry Melcher und Dennis Wilson und die Leute, die mit Manson in Dennis Wilsons Haus lebten, riefen mich ständig an und sagten, komm rüber, es ist einfach unglaublich. Mich schauderte jedesmal bei dem Gedanken. Ich sagte immer nur nein, ich glaube, da passe ich.»

Andere behaupten, Manson und einige von der Family wären tatsächlich mit Phillips zusammen gekommen, was ja nicht sehr schwierig gewesen wäre, und ein Zeuge behauptete, Mansons Bus hätte im Herbst 1968 eine Zeitlang bei Phillips' Haus in der Bel Air Road geparkt.

Am Sunset Boulevard spitzten sich die Dinge für Manson allmählich zu. Die Family hatte, ähnlich den Heuschrecken, die sie später im Buch der Offenbarung so bewundern sollten, Wilsons Besitz ziemlich verwüstet. Dennis Wilsons phantastische Rock'n'Roll-Garderobe wurde zum Gemeingut, und Manson verschenkte Wilsons goldene Platten, die eine Gruppe immer dann erhält, wenn ein Album einen Umsatz von einer Million Dollar überschritten hat. Eine dieser goldenen Platten landete bei jener Dame, der die Barker Ranch im Death Valley gehörte. Eine weitere goldene Platte geriet offenbar in die Hände von George Spahns Bruder. Wilson war darüber anscheinend ziemlich unglücklich.

Um den 1. August verließen Dennis Wilson und Gregg Jakobson das sinkende Schiff und wohnten von da an in einem Haus in der Nähe des Pacific Coast Highway. Jakobson zufolge blieb das Haus am Sunset Boulevard offen für jeden, der dort pennen wollte.

Nicht lange darauf setzte Dennis Wilsons Manager Manson und seine Leute auf die Straße.

Den ganzen Herbst hindurch tauchten in der Sunset Boulevard-‹Penne› Leute auf, die sich liegengebliebene Sachen abholen wollten. Dann wurde das Haus verkauft, und die neuen Besitzer heuerten eine Wache an, um den Besitz nachts vor Pennern zu schützen.

Irgendwann in der ersten Augustwoche fuhr der obdachlose Charlie zur Spahn Movie Ranch und erkundigte sich bei den Leuten, die damals im hinteren Teil der Ranch lebten, ob sie was dagegen hätten, wenn die Family die nahe gelegenen *outlaw*-Hütten bezöge. Diese sogenannten *outlaw*-Hütten, die wie von einem Tornado verwüstete Motel-Einheiten aus den zwanziger Jahren aussahen. Sie lagen ganz am Ende der Ranch. Diese Hütten waren offenbar als Requisiten benutzt worden, als man auf der Ranch einige jener zahllosen Filme drehte, in denen die Guten gegen die Bösen kämpfen. Mehrere der Ranchbewohner hatten etwas dagegen, Manson aufzunehmen, doch schließlich kam man, wie sich jemand erinnert, überein, daß Manson und seine Leute «ein paar Tage» bleiben dürften. Die Möglichkeit, von den leckeren Essensabfällen, den Kochkünsten, der Arbeitskraft und den Kreditkarten der Family zu profitieren, dürfte bei dem Entschluß, die Brigade bleiben zu lassen, den entscheidenden Ausschlag gegeben haben. John, der ehemalige Bewohner des hinteren Teils der Ranch, war zwar ausgezogen, aber die Family kannte die Leute, die jetzt dort wohnten. Diesmal blieben sie ungefähr zweieinhalb Monate.

Nachdem sie einige Tage in den *outlaw*-Hütten am hinteren Ende der Ranch verbracht hatten, machte sich Charlie, von einigen seiner stummen Haremskinder unterstützt, an den blinden George Spahn heran und überredete ihn, die Family für einige Zeit auf dem vorderen Gebiet der Ranch, also auf dem Western-Gelände, wohnen zu lassen. Die ersten paar Tage verbrachte die Family in dem vergitterten Holzhaus, das als Gefängnis gedient hatte.

Charlies Abmachung mit George Spahn sah vor, daß die Family kochen, Heu emballieren, Pferde vermieten, die Ställe und den ganzen übrigen Besitz sauberhalten sollte. Schließlich stellte Charlie für den alten Besitzer, den stets mit einem Cowboyhut bedeckten George Spahn, einen fast-nackten Schwesterntrupp zusammen.

Es gab an die sechzig Pferde zu versorgen, von denen viele für die Gelatinefabrik reif waren; sie wurden für ungefähr 3 Dollar pro Stunde an Wochenendgäste vermietet. Eine Plage, die einen in den Wahnsinn treiben konnte, waren auf der Ranch die Tausende und aber Tausende von Pferdebremsen, die vor allem für die sich liebenden Pärchen eine arge Qual darstellten.

George Spahn hatte die Ranch 1948 erworben. Sie hatte einst dem Stummfilmstar William S. Hart gehört.
Spahns Augenlicht hatte in all den Jahren, in denen er die Film-Ranch betrieb und an High School-Klassen usw. Pferde vermietete, immer mehr nachgelassen. Seit längerem hatte er eine Partnerin, Ruby Pearl, die sich um die Ranch kümmerte. Ruby, so hieß es in der Family, sei früher Zureiterin und Tänzerin gewesen. Zu der Zeit, als Manson auftauchte, war sie Ende Vierzig. In Reitzeug und mit einem Cowboyhut auf dem Kopf überwachte sie den Ranchbetrieb. Ihr Verhältnis zu der Family schwankte, denn die Family wollte es um keinen Preis mit George Spahn verderben. George Spahn hörte auf Ruby Pearl, die das Treiben der Family ständig beobachtete – außer nachts, denn am Abend ging sie nach Hause. Was der Family sehr zustatten kam, denn wenn etwas ‹im Gange› war, dann immer nachts.
Von Ruby Pearl heißt es, sie besitze ein dickes Autogrammbuch mit den Namenszügen aller möglichen Größen der Unterhaltungsbranche, die in all den Jahren irgendwann einmal auf der Ranch gewesen sind.
Die Spahn Movie Ranch, wie sie allgemein genannt wurde, lag an der Santa Susanna Pass Road, die vom nördlichsten Abschnitt des Topanga Canyon in nordwestlicher Richtung ins San Fernando Valley führt.
Die Ranch lag auf halbem Weg zwischen der Stadt und der Wildnis. Man brauchte also mit dem Wagen nur 35 Minuten, um zu Sharon Tates Wohnzimmer zu gelangen, und gleichzeitig nur 15 Minuten, um mit dem Strand-Buggy in die Wildnis des Devil Canyon und in die Santa Susanna-Berge zu kommen. Außerdem befand sich die Ranch in einer Gegend, wo der Drogenhandel blühte. Die Kommunen im nordwestlichen San Fernando Valley waren damals regelrechte Einkaufszentren für den Drogenmarkt von Los Angeles, ähnlich den Einkaufszentren für Lebensmittel und Handelswaren außerhalb der großen Städte Amerikas.
Die Spahn Movie Ranch lag unmittelbar vor einem Creek, der vom Nordwesten herunterführt und hinter der Ranch die Santa Susanna Pass Road entlang dahinplätschert. In dem Creek gibt es mehrere Wasserfälle. Sie waren die Badestellen von Helter Skelter. Weiter hinter der Spahn Movie Ranch erheben sich steinige Berghänge, die im Süden und im Norden steil ansteigen. Die Ranch ist ein Western-Filmgelände der Klasse B, das in den vierziger Jahren seine Blüte erlebte. Die Geister von Tim Holt und Durango Kid jodeln noch in den Felsklippen.
Der eigentliche Drehort waren die Sets direkt an der Santa Susanna Pass Road. Sie bestanden aus einer geraden Flucht baufälliger Gebäude.

Ein Plankenweg erstreckte sich über die ganze Länge des Geländes. Schlaffe Markisen an verbogenen Pfosten zogen sich die ganze Pseudo-Cowboy-Hauptstraße entlang. Es gab ein Restaurant namens ‹Rock City Café›; ein Gefängnis mit einer vergitterten Zelle; den ‹Long Horn Saloon›, ausgestattet mit Spiegeln, einem Musikautomaten und einer Bar, die die ganze Länge des Raums einnahm; ein Kutschenhaus voller alter Wagen; eine Bestattungshalle; dazu noch einige andere Gebäude, unter anderem auch George Spahns kleines Haus, das rechter Hand im rechten Winkel zum Filmgelände lag. Diese Filmstadt war im Stil einer Kansas-Stadt des frühen Amerika gebaut. Ein unbefestigter Fahrweg verband das Filmgelände mit der Wirklichkeit der Santa Susanna Pass Road. Oft lagen am Heuschober oder im Corral Filmkulissen herum.

Es war ein Stück Phantasieland. Doch die Ära des Routine-Westerns war vorbei, und die Ranch mußte Pferde vermieten, um nicht einzugehen. An Ferienwochenenden nahm die Ranch manchmal bis zu 1000 Dollar ein. Außerdem verdiente die Spahn Movie Ranch gelegentlich an Pornofilmen, Werbesendungen fürs Fernsehen sowie an Science fiction- und Monsterfilmen.

Gegenüber der Ranch, auf der anderen Straßenseite, erstreckte sich ein Hügelgelände, Garden of the Gods genannt. Dort verliefen in einer Schlucht der Devil Canyon und der Ybarra Canyon, die hinauf in die Santa Susanna-Berge führten und für die Family vorübergehend zu einem bevorzugten Helter Skelter-Schlupfwinkel werden sollten. In dieser Gegend gab es mehrere kleine Ranches. Im Garden of the Gods befand sich auch eine Wonderland Movie Ranch oder so ähnlich, deren Besitzer im Vorderhof der Ranch einen Käfig mit einem Jaguar aufstellten, als sie von Mansons Verhaftung wegen Mordes erfuhren.

Die Spahn Movie Ranch entlohnte ihre Arbeiter mit freier Wohnung, freier Kost und einer Packung Zigaretten pro Tag. Einige der Rancharbeiter, wie zum Beispiel Randy Starr, betätigten sich beim Drehen gefährlicher Filmszenen als Doubles. Randy Starrs Spezialitäten waren Stürze vom Pferd, verschiedene schwerkrafttrotzende Kunststücke; auch ließ er sich von Pferden schleifen. Er selbst hielt sich für einen hervorragenden Darsteller. Andere traten beim Rodeo auf. Leute wie Larry Cravens versuchten sich ebenfalls in der Double-Arbeit. Der später ermordete Shorty Shea arbeitete ebenfalls als Double und Schauspieler. Er verfolgte eifrig seine Filmkarriere, bis er umgebracht wurde. Die Double-Leute gaben die Spahn Movie Ranch als ihre Berufsadresse an.

Die Family lernte dort einen sechzehnjährigen Farmarbeiter aus Simi

(California) kennen, einen gewissen Steve Grogan alias Clem alias Scramblehead, der mit Wilsons rotem Ferrari in der Nähe der Spahn Movie Ranch in eine Scheune raste, weil er ausprobieren wollte, wie schnell er eine Kurve nehmen konnte. Krach-bumm. Nachdem man mit dem Fünfzehntausend-Dollar-Schlitten noch eine Zeitlang die Hänge am Santa Susanna-Paß hinauf und hinunter gekurvt war, ließ man ihn stehen.

Clem wurde einer von Charlies engsten Mitarbeitern. Er konnte Charlies Gitarrenspiel verblüffend echt kopieren und sogar seine Stimme imitieren. Clem sitzt heute im Gefängnis, angeklagt, Shorty Shea, den Double-Mann, enthauptet zu haben.

Manson lernte einen jungen, muskulösen Farmarbeiter aus Panama namens Juan Flynn kennen, der seit 1967 auf der Spahn Movie Ranch arbeitete und vorher in Vietnam gekämpft hatte. Juan Flynn sollte Manson wegen seiner grauenhaften blutigen Kampferlebnisse stark beeindrucken. Im LSD-Rausch pflegte Juan Flynn das Vietnam-Blutbad wiederzuerleben, und er heulte und brüllte, wenn er mit allen erschreckenden Details beschrieb, wie er drei Tage lang in einem Schützengraben unter den zerfetzten Leichen seiner Kameraden begraben gelegen hatte.

Normalerweise stand George Spahn beim Morgengrauen auf und ließ den Essensgong ertönen, worauf die Hippie-Pferdeknechte aus ihren Betten sprangen, die Pferde fütterten und auf die Weide führten. Sie schlangen ihr Frühstück hinunter und sattelten dann die Pferde für mögliche Besucher. Einige postierten sich auf dem vorderen Gelände der Ranch, um die Reiter die verschiedenen Reitwege hinunterzuführen. Dann mußten sie die Ställe ausmisten und für die Pferde Heu und Hafer vorbereiten.

Es wird berichtet, daß manche Mitglieder der Family große Begeisterung an Pferdeäpfeln entwickelten; offenbar gehörte es für sie zu dem Programm, alles zu erleben. Barfuß misteten sie die verwahrlosten Stallungen aus, wobei sie die prallen Pferdeäpfel mit den Zehen zerquetschten.

Nachdem die Family das ‹Gefängnis› in Besitz genommen hatte, breitete sie sich rasch im ‹Long Horn Saloon› und im nahen ‹Rock City Café› aus. Charlie richtete sich in einem kleinen Gebäude, das am Ostrand des Western-Geländes lag, ein Büro ein, das in der Zeit von Helter Skelter als Waffenarsenal diente.

Wie ein psychedelisches Mosaik ergriff die Family Besitz von den Wäldern und Wasserläufen und Phantasieland-Gebäuden der Spahn Movie

Ranch. Sie bauten Hütten und schlugen in entlegenen Lichtungen Zelte auf. Manson zog umher, um die Arbeiten zu beaufsichtigen. «Alle meine Frauen sind Hexen, und ich bin der Teufel», erzählte er einem Bewohner des hinteren Teils der Ranch.

Offenbar dekorierten sie die Ranch mit selbstgefertigten okkulten Gegenständen. So hat sich zum Beispiel jemand daran erinnert, in einer Schlucht im hinteren Teil der Ranch einen Stierschädel gesehen zu haben, der auf eine Stange gespießt und mit Geheimemblemen bemalt war. Mansons Zelt war bemalt mit einer Traube von okkulten Augäpfeln, Sonnensymbolen und lunatischen Kritzeleien.

Die Rancharbeiter waren Fleischesser, während die Mitglieder der Family mehr oder weniger vegetarisch lebten. Zum Essen setzte sich die Family gewöhnlich in einem Kreis zusammen, in dem die gemeinsamen Eßschüsseln im entgegengesetzten Uhrzeigersinn die Runde machten. Nach dem Essen wurde Rauschgift gereicht, und Manson schlug die Gitarre und führte das Singen der Gruppe an.

In der Hauptsache ernährte sich die Family von Lebensmittelresten. Ein Teil der ‹Miete›, die die Family auf der Ranch entrichtete, bestand in der Zubereitung von Essen. Tag für Tag unternahm die Family westlich von der Spahn Movie Ranch, im Simi Valley, und östlich, in Chatsworth, ja eigentlich im ganzen San Fernando Valley, ihre Streifzüge nach Lebensmittelresten. In den Supermärkten des San Fernando Valley werden Obst und Gemüse weggeworfen, die in den Slums von New York als Handelsklasse A verkauft werden könnten.

Aus dem Wagen, mit dem die Killer zu den verschiedenen Morden fahren sollten, nämlich Johnnie Schwartz' gelben Ford (1957) entfernten sie die Rücksitze, um für die Obststeigen mit Ausschußobst Platz zu haben.

Einige Meilen von der Spahn Movie Ranch entfernt stehen hinter dem Market Basket-Supermarkt in Chatsworth an der betonierten Laderampe zwei riesige lachsfarbene, fahrbare Abfalltonnen. An einem normalen Tag quoll die Tonne linkerhand über von Holzsteigen und Pappkartons mit Sellerie, verschiedenen Salatsorten, aufgeschnittenen Schaufenstermelonen, leicht fleckigen Pfefferschoten, Maiskolben, unreifen Tomaten und zerdrückten Salatköpfen. In der Abfalltonne rechterhand lagen fette Fleischbrocken, die offensichtlich von Rindersteaks stammten, Pfirsichschachteln und rosabraune Klumpen von Nierenfett. Die Eßbarkeit der meisten Nahrungsmittel ließ sich nur mit der Nase testen.

Und die von der Seele getriebenen Mädchen zögerten nicht, wenn es

darum ging, in diesem Berg aus verfaulendem Fleisch und Gemüse herumzuwühlen und das Gute vom Schlechten zu trennen.
Bei der Vorbereitung ihrer Streifzüge bedienten sich die Mädchen ihrer Hexenkünste – in Gedanken ‹malten sie sich aus›, bei welchem Geschäft sie die besten Abfälle fänden. Sie schickten ihre ‹Hexenstrahlen› aus und ermittelten so den Standort der mit den meisten Abfällen gefüllten Tonnen. Dann fuhren sie dorthin.
Auf der Spahn Movie Ranch wurden immer irgendwelche Filmstreifen gedreht. Das Karma des Marlboro-Zigaretten-Mannes – einige der Werbefilme waren auf der Spahn Movie Ranch abgedreht worden – muß noch über dem Gelände geschwebt haben. Und sie spielten Spiele, die Mitglieder von der Family. Sie spielten, ob man es glaubt oder nicht, Cowboy und Indianer, mexikanische Messerkämpfer, Flachlandbewohner gegen Gebirgsbewohner, Charlie Manson als mexikanischer Bösewicht, der die Tochter des Börsenmaklers von San Diego vergewaltigt. Sei, was du nicht sein willst; befreie deinen Geist.
Diese Spiele waren Bestandteil der sogenannten Magical Mystery Tour und wurden als Gruppenspiele gespielt, deren Ziel es war, die Psyche zu befreien. Das Hauptspiel bestand darin, inmitten des Wirrwarrs von Charakterzügen, die einem teils durch Reinkarnation vererbt und teils durch die Eltern und die Gesellschaft aufgeprägt wurden, die wahre eigene Persönlichkeit zu entdecken. Die Rolle, in die der Spieler beim Durchspielen seiner verschiedenen Rollen immer wieder ‹verfiel›, entsprach seiner wahren archetypischen Persönlichkeit. Charlie nannte das «in seine Rolle verfallen». Paul Watkins zum Beispiel verfiel immer wieder in die Rolle des Apostels Paulus – und ebenso in eine Rolle, die die Gruppe «Daddys Junge» nannte.
Im Laufe der Zeit hat Manson in seinem Verhältnis zu seinen Anhängern auf der Spahn Movie Ranch gegenüber eine zynischere Haltung eingenommen. Er sagte, er habe «auf der Ranch mit den Kindern herumgespielt», und dann habe er sich auf der Spahn Movie Ranch in einen alten, klapprigen Lastwagen geschwungen und sei völlig verdreckt zu Dennis Wilsons Haus gefahren. Dort habe er geduscht, sich teure Sachen angezogen, sich etwas Geld geschnappt und sei losgezogen, um sich auf den Hügeln, wo die Luxusvillen standen, zu amüsieren.
Ein Mädchen namens Roberta, das die Gruppe wenig später verließ, sagte über Manson und sein Verhalten im Sommer 1968: «Er war in vieler Hinsicht wunderbar, und er schenkte viel Liebe.» Ständig knutschten und küßten sich die Mitglieder der Family und schliefen miteinander. Sie schliefen unaufhörlich miteinander. Dazu kam die abgeschie-

dene Lage der Spahn Movie Ranch im scheinbar sicheren Phantasieland, und so verbreitete sich die Kunde und die Leute strömten in Scharen herbei.

Wie bei jeder anderen Jugendbewegung auch tauchten die meisten ‹Rekruten› im Sommer auf. Charlie ärgerte sich über die herbeiströmenden Scharen und entschied, indem er Streichhölzer warf, wer bleiben durfte.

Roberta erinnerte sich: «Charlie war wütend, daß so viele Leute auf der Ranch auftauchten, und so kam er auf diesen Einfall mit... wie viele von uns dableiben durften... Er nahm ein paar Streichhölzer und warf sie in die Gegend... und die Richtung...» – die Richtung entschied offenbar, wer bleiben durfte und wer gehen mußte. «Es lief darauf hinaus, daß eine Anzahl Mädchen gehen mußte und eine Anzahl Jungen bleiben durfte.»

Wenn Charlie jemanden nicht um sich haben wollte, äffte er ihn nach. Oder, schlimmer noch, er sang Lieder über ihn. Die Mädchen – mit der Trumpfkarte in der Hand, die die Männer fürchteten – gaben solchen Jungen den Laufpaß.

Und dann war da für Charlie das ‹Gorilla-Problem›, Typen, die bloß wegen des Sex kamen. Einige der Mädchen, zum Beispiel Ella und Sadie, die gern am Sunset Strip in der Stadt herumlungerten, kamen immer wieder mit ‹Gorillas› zurück, wie Charlie sie nannte – Typen, die nicht in die Family paßten.

Eines der Mädchen (Manson hat immer Sadie beschuldigt) schleppte im Sommer 1968 den virulenten vietnamesischen Tripper auf die Ranch. Es wurde so schlimm, daß Charlie einen Arzt kommen lassen mußte, um etwas dagegen zu unternehmen. Juan Flynn hatte es so schlimm erwischt, daß er drei Monate brauchte, bis er wieder klar war.

Bücher wurden von Manson, dem halbgebildeten Propheten des Unheils, mit einem Bann belegt. Manson hielt anscheinend wenig von Offenbarung 1, Vers 3, wo es heißt: «Selig ist, der da liest.» Was ihn nicht daran hinderte, von den Mädchen zu verlangen, daß sie ihrem Pascha mit der behaarten Brust Bücher wie ‹Siddharta› und natürlich die Bibel vorlasen.

Charlie verachtete auch, was er «schwarze Sklavenmusik» nannte, und er ließ es nicht zu, daß Platten von Jimi Hendrix gespielt wurden. Trotzdem versuchte er bei manchen seiner Aufnahmen so wie Nat King Cole zu singen und übernahm in seine Songs fremde Blues-Motive und Akkordfolgen.

Charlie beeindruckte alle mit seiner Fähigkeit als Schlagzeuger. Er war «geradezu teuflisch am Schlagzeug», berichtet Richard Kaplan. Doch sein musikalisches Gehör war offenbar nicht unfehlbar. «Los, gib mir 'n Ton», hörte man ihn oft sagen, wenn die Spieler in Pausen bei ihren *family jams* ihre Instrumente stimmten. «Das ist 'n Genietest, wie weit du mit dem Schlagzeug bist», meinte Charlie einmal zu Richard Kaplan.

Aber nicht nur Bücher und Jimi Hendrix-Platten, sondern sogar Brillen standen auf der Verbotsliste. Charlie glaubte nicht daran, daß George Spahn wirklich blind war. Es war einer von Charlies Ticks: Immer wieder redete er davon, daß George nur durch das Verhalten seiner ehemaligen Frau im Laufe der Jahre allmählich erblindet sei, die offenbar ein zänkisches Weib gewesen sein müsse. Charlie ließ keine Augenkrankheit gelten. Mary Brunner soll vierzehn Brillen besessen haben, wie Danny De Carlo berichtet, aber Charlie belegte sie mit seinem Bann: «Keine Brillen».

Charlie legte es auch darauf an, andere mit seiner Macht über Tiere zu beeindrucken. Er nahm Schlangen in die Hand und bändigte sie mit seinem Blick oder ließ es zu, daß die Pferdebremsen der Spahn Movie Ranch auf seinem Mund und seinen Lippen herumkrabbelten: er habe sie verhext, behaupteten die Mädchen, und deshalb stächen sie ihn nicht.

Es war immer sehr verwirrend, wie später auch andere Family-Mitglieder gelassen die Bremsen auf ihren Lippen ertrugen, denn Pferdebremsen können, wenn sie wollen, eine Lippe regelrecht zerbeißen.

Charlie hätte für seine wachsende Family gern den abgelegenen hinteren Teil der Ranch gehabt. Dort befand sich eine Bruchbude, die hauptsächlich aus einem großen Raum mit einem steinernen Kamin und einem großen, in viele kleine Scheiben unterteilten Fenster bestand. Um sie mit Strom zu versorgen, hatte man die Überlandleitung heimlich angezapft. Das Wasser kam aus dem üppig sprudelnden Creek von einem selbstgebauten Damm flußaufwärts. Eine kleine Wasserpumpe pumpte es in einen Tank am Berghang. Von dort gelangte es durch einen grünen Plastikschlauch ins Badezimmer, und ein weiterer grüner Wasserschlauch führte durch das Wohnzimmer in die Küche.

Wie in einer Siedlung am Rand der Wüste lagen auf der Spahn Movie Ranch Berge von alten, rostigen Autoteilen und Geräten herum. Diesen chaotischen, verstaubten, verödeten, wertlosen, schäbigen und baufälligen Gebäudekomplex mit seinen Blech- und Teerpappedächern und seinen kaputten Fenstern wollte Charlie also mit seiner Haschhorde erobern. Aber dieser Komplex war abgelegen und, wichtiger noch, ihr

Besitzer war ein schwacher, konfuser, blinder alter Mann, der ständig von Verwandten und Bekannten bedrängt wurde, die ihn teils auszunehmen versuchten und ihm alle unerbetene Ratschläge erteilten.
Schließlich schaffte es Manson: Er vertrieb die Leute aus dem hinteren Teil der Ranch und nistete sich selbst dort ein.
Ein Biker aus Topanga, den einige von der Family wahrscheinlich in der Stadt im ‹Galaxy Club› kennengelernt hatten, gab Richard Kaplan etwas LSD, das sich jedoch als Tiersedativum entpuppte, im Dope-Land auch als *steam* bekannt. Es ist eine unheimlich geisttötende Droge. Kaplan, völlig down von dem *steam*, stolperte in Charlies Büro am Ende des Plankenwegs und fand dort Charlie und die inbrünstigen Zwanzig vor, wie sie einem Band mit Songs, na, von wem wohl, lauschten. Charlie unternahm mit ihm einen Rundgang durch das Camp der Family und fragte ihn, ob er der Family nicht den hinteren Teil der Ranch, die er, Charlie, doch so dringend brauche, überlassen könne. Charlie bot ihm dafür das mit Hexenemblemen bemalte Zelt an. Und so gab Kaplan, völlig in Trance, den hinteren Teil der Ranch her. Noch in derselben Nacht feierte die Family ihren Umzug vom Filmgelände zum hinteren Teil der Ranch mit einer Orgie. Kaplan besitzt auch heute noch jenes Hexenzelt, eine erstklassige Reliquie des Manson-Wahns.
Wie es sich für Bücherhasser gehört, verbrannte die Family alle Bücher, darunter alle Literatur über Magie; der junge Mann erinnert sich noch voller Zärtlichkeit daran, wie seine Bücher über Alchimie und Nietzsches ‹Jenseits von Gut und Böse› im Kamin in Flammen aufgingen.
Inzwischen waren weiter nördlich in Mendocino County die Hexenmädchen am 16. August 1968, nachdem sie 25 Tage im Knast zugebracht und sich dann schuldig bekannt hatten, auf freien Fuß gesetzt worden. Charlie schickte Brenda und Squeaky nach Ukiah, damit sie die freigelassenen Mädchen zur Spahn Movie Ranch zurückholten. Eifrig richteten sie den Teil der hinteren Ranch her, damit die Mädchen einen Platz hatten, wo sie sich auf die bevorstehende Gerichtsverhandlung, die ein paar Wochen später, Anfang September, stattfinden sollten, vorbereiten konnten. Als Brenda und die Mädchen mit dem schwarzen Bus zurückfuhren, hatte der Bus in San Jose eine Panne, und die Insassen blieben hängen.
Um den 20. August herum rief Bob Beausoleil, der mit seinen Mädchen in Nordkalifornien unterwegs war, auf der Spahn Movie Ranch an. Irgend etwas stimmte nicht mit dem Übereignungsschreiben für den Lastwagen, den George Spahn ihm gegeben hatte, und deshalb rief er an, um die Sache aufzuklären. Bei dieser Gelegenheit erfuhr Beausoleil,

daß der Bus in San Jose steckengeblieben war.
Im Juni 1968 lebte ein achtzehnjähriges Mädchen namens Leslie Van Houten mit einigen Freundinnen auf der Kalen Ranch, in der Nähe von Victorville und Apple Valley (California). Dort tauchte Bob Beausoleil auf, der den Mädchen mit seiner Kunst des Messerwerfens einen hübschen Schrecken einjagte. Er schnappte sich Leslie Van Houten und brauste in einem blauen VW (1962) davon, der dem Stiefvater von Leslies Zimmergenossin gehörte. Dieser VW wurde später in San Francisco ausgeschlachtet und landete auf dem Schrottplatz.
Den ganzen Sommer über fuhren Gail und die schöne Gypsy, die Verkörperung der Magna Mater, und Leslie und Beausoleil und zwei unbekannte Blondinen aus San Francisco im nördlichen Kalifornien herum; sie benutzten dazu den alten schwarzen, auffrisierten Dodge, der früher George Spahn gehört hatte.
Leslie Van Houten war in Cedar Rapids (Iowa) geboren. Auf der Monrovia High School in Kalifornien war sie in den unteren Klassen Klassenwart gewesen. Sie gehörte der Hilfsorganisation Jobs Daughters an und war ein eifriges Mitglied des Kirchenchors. Sie hatte mystische Neigungen, beteiligte sich bei der Self Realization Fellowship, wurde zum Dropout, lernte Beausoleil kennen und geriet allmählich immer tiefer in das Netz aus Abmachungen, Unterwerfungen und Wandlungen, die schließlich zum Mord führten.
Als Beausoleil um den 20. August herum auf der Spahn Movie Ranch anrief und erfuhr, daß der schwarze Bus in San Jose mit einer Panne hängengeblieben war, machten er und seine Freundinnen sich auf nach San Jose und schleppten den Bus zu einer Pflaumenplantage ab. Es existieren widersprüchliche Angaben über diesen Punkt. Offenbar besorgte Beausoleil einen neuen Bus für die Family und der alte wurde aufgegeben. Auch der neue Bus wurde schwarz angemalt.
Als Beausoleil mit seiner Gruppe in San Jose zu den Mitgliedern der Family stieß, kam es unter Beausoleils Freundinnen zu Eifersuchtszankereien, so daß er sich gezwungen sah, Gypsy und Leslie aus seinem Gruselrudel auszustoßen. «Unter hundert Mädchen, mit denen ich schlief, war im Schnitt eine, mit der was los war und die ich in mein Rudel aufnahm», sagte er. Little Paul, Gypsy und Leslie fuhren daraufhin von San Jose zur Spahn Movie Ranch.
Als sich die Family noch in San Jose aufhielt, nahm eine Lehrerin namens Joan Wildbush alias Juanita vier Hitchhaiker mit. Es waren T. J. Walleman alias T. J. der Schreckliche, Tex Watson, Ella Sinder und Clem alias Scramblehead. Joan Wildbush war mit ihrem funkelnagel-

neuen Dodge-Caravan (1968) in der Nähe von Palo Alto (California) unterwegs; so jedenfalls hat sie es später der Polizei erzählt. Als Lehrerin hatte sie damals gerade Schulferien; sie war eine lebhafte junge Dame von Rubensschen Ausmaßen. Sie nahm die vier mit nach San Jose, wo man sie offenbar überredete, mit hinunter zur Spahn Movie Ranch zu fahren und Charlie kennenzulernen. Juanita war in der Sprache der Polizeiberichte eine Weiße, an die einssechzig groß, blond/blauäugig, Körpergewicht 65 Kilo, Geburtsdatum 21. Januar 1944.

Manson muß ihre Seele während einer jener ganztägigen Liebes-Sessions mit den ‹Liebesstrahlen› seines Gesangs entflammt haben, jedenfalls vermochte er auch sie auf Anhieb in den Pferch seiner Anhängerinnen zu locken. Sie entnahm einem Treuhandfonds, den ihr Vater, ein Anwalt in New Jersey, für sie eingerichtet hatte, 11 000 Dollar und händigte sie Satan aus. Die Family war außer sich vor Freude.

Um diese Zeit entdeckte Manson im South Topanga Canyon einen großen neuen White- oder GMC-Schulbus (1956), der einer Dame namens Mitzi gehörte. Sie erblickten den Bus, als Manson, Kaplan und Ouish eines Tages aus irgendeinem Grund durch den Canyon brausten. Der Preis betrug 600 Dollar. Mit Hilfe der von Juanita eingebrachten Beute kaufte Manson den Bus.

Die Family malte den Bus hellgrün an und stattete ihn für mögliche spätere Trips aus.

Dean Morehouse erinnert sich, gesehen zu haben, daß Tex und Mary Brunner eines Tages in dem neuen grünen Bus zum Cielo Drive gefahren seien; sie hätten Terry Melcher besuchen wollen, doch sei er nicht zu Hause gewesen.

Ein weiterer Einfluß auf Mansons Denken rührte von der religiösen Sekte Fountain of the World her, die ihren Sitz westlich der Spahn Movie Ranch im Box Canyon, in der Nähe der Feuerwehr von Santa Susanna, hatte. Er war sehr beeindruckt von dieser Sekte und hielt sich häufig dort auf.

Es handelte sich um eine religiöse Sekte, die sich dem «Frieden durch Liebe und Dienst am Nächsten» verschrieben hatte (so oder so ähnlich lautete das Schild auf dem Hügel oberhalb des Kultsitzes) und ihre öffentlichen, einem apokalyptischen christlichen Kult gewidmeten Treffen jeden Samstag abend abhielt. Mehrere Arbeiter von der Spahn Movie Ranch, darunter auch Shorty Shea, gehörten dieser Sekte an. Sie besuchten regelmäßig die religiösen Versammlungen und die Gruppen-Song-Sessions. Auch Manson und die Family nahmen gelegentlich an diesen Versammlungen teil. Einer der Anführer der Fountain of the

World war ein Neger namens John; Manson versuchte mehrmals, seinen Platz zu übernehmen. Die Mitglieder der Sekte trugen Kutten und lebten im Zölibat. Charlie beauftragte einige seiner Mädchen, die Priester des Ordens zu verführen, doch offenbar ohne Erfolg.

Die Fountain-Bewegung war von einem heiligen Mann namens Krishna Venta, der später eines gewaltsamen Todes starb, gegründet worden. Die Family fand Geschmack an der von Gewalt geprägten Geschichte der Fountain. Zu der Niederlassung des Ordens gehörten unterirdische Kammern und Höhlen, in denen die Mitglieder ihren Kult verrichteten. In den Anfängen der Sekte war es zu Streit gekommen, und unbekannte Mitglieder hatten den Gründer, Krishna Venta, und neun seiner Jünger in die Luft gejagt – mit Hilfe von vierzig Dynamitladungen, die sie in den Katakomben placiert hatten. Das hatte sich am 10. Dezember 1958 ereignet, doch die Fountain-Bewegung bestand fort und florierte noch immer, als Manson sie kennenlernte.

Charlie scheint die Idee zu seiner Kreuzigungszeremonie von der Fountain of the World übernommen zu haben. In der Nähe der Fountain-Niederlassung befand sich ein großer Felsen, der wie ein riesiger Schädel aussah. Auf der Spitze dieses ‹Schädels› stand ein Holzkreuz. Mitglieder der Sekte, so heißt es, ließen sich an dieses Kreuz binden, um zu büßen oder zu meditieren. Verrückt.

In der Nähe der Spahn Movie Ranch entdeckte die Family eine verborgene Lichtung, die von einem natürlichen Wall riesiger Felsblöcke abgeschirmt wurde. Auf der einen Seite dieser Lichtung befand sich ein Hügel, der ‹Hügel des Martyriums›. Auf dieser hügeligen, im Schutz von Felsen liegenden verborgenen Lichtung fand möglicherweise die erste LSD-Kreuzigungszeremonie der Welt statt.

Dort machten sie sich über Charlie her, wenn sie ihn als Jesus an ein aus Baumstämmen zusammengehauenes Kreuz banden (nicht nagelten), während andere, die als Peiniger oder Jünger agierten, ihn verhöhnten oder beweinten. Eines der Mädchen spielte die Mutter Maria, wie sie in einen weiten Mantel gehüllt und wehklagend am Fuß des Kreuzes kniet. Dann, nachdem sie offenbar so etwas wie einen Auferstehungsgottesdienst gefeiert hatten, fickten sie.

Im August 1968 verbrachte ein Teil der Family ungefähr eine Woche bei der Fountain of the World. Es heißt, Manson habe der Fountain-Bewegung von Juanitas Geld rund 2000 Dollar gegeben.

In irgendeinem Stadium ihrer Entwicklung begannen die Mitglieder der Family – insbesondere die Mädchen – zu allem, was Charlie sagte, «Amen, Amen» zu sagen, so als seien seine Worte göttlich.

Manson fing an, seine Anhänger Gehorsamkeitsprüfungen zu unterziehen. So befahl er zum Beispiel Sadie Mae Glutz einmal beim Essen, ihm eine Kokosnuß zu besorgen, und wenn sie deshalb bis nach Rio müßte. Sie stand prompt auf und trabte los. Nachdem sie einige Schritte getan hatte, rief er sie jedoch wieder zurück. Ein andermal, bei einer Versammlung der Fountain-Sekte, wollte er deren Mitgliedern mit der Ergebenheit seiner eigenen Anhänger imponieren und wies Little Paul an, eine Woche am Kreuz zu verbringen – woraufhin Little Paul tatsächlich davonschoß. Doch der Hexenmeister zeigte Erbarmen und rief ihn zurück.

Am 20. August 1968 mußte die hochschwangere Sadie Mae Glutz alias Susan Atkins vor dem Obersten Gerichtshof des Mendocino County erscheinen, wo sie sich schuldig bekannte. Da ein vom Gericht angeforderter Bewährungsbericht noch ausstand, wurde sie aufgefordert, am 30. August zur Urteilsverkündung erneut vor Gericht zu erscheinen. Man war übereingekommen, daß Susan (Sadie) die Marihuanasache auf sich nahm und beschloß, Mary Brunner die LSD-Anklage auf sich nehmen zu lassen, damit die anderen frei ausgingen.

Es gelang Sadie mit ihrem Charme, den Bewährungshelfer, einen gewissen David Mandel, einzuwickeln, und so faßte dieser einen verständnisvollen Bewährungsbericht ab, eine Art «Schaden an der Seele»-Dokument. Dieser Bericht schließt folgendermaßen: «Unserer Meinung nach, Euer Ehren, wäre eine Inhaftierung der Beklagten von geringem oder gar keinem Nutzen für die Gesellschaft und für sie selbst. Bereits als Minderjährige befand sie sich auf dem Weg in ein Leben, das aus geringfügigen Betrügereien bestand, aus Edelprostitution und einer Prostitution im allgemeineren Sinne und machte sich zu einem Objekt der Unterhaltung und Ersatzbefriedigung für andere gestörte Seelen.»

Den Hexen von Mendocino waren auf der Spahn Movie Ranch nur ein paar Tage der Ruhe vergönnt, dann mußten sie wegen ihrer Rauschgiftprozesse wieder aufbrechen.

Ende August trafen die Mädchen ihre Vorbereitungen für die Reise nach Mendocino, für die sie den neuen grünen und weißen Bus benutzten. Sie fuhren den Küsten-Highway über Big Sur hinauf nach Mendocino County. Sadie saß am Steuer.

Am 30. August 1968 wurde Sadie Mae Glutz in Mendocino County vom Obersten Gericht in Ukiah (California) auf Grund ihres Schuldbekenntnisses für schuldig befunden, gegen die kalifornischen Rauschgiftgesetze verstoßen zu haben. Die verhängte Strafe von 60 Tagen

Haft wurde auf drei Jahre Bewährung ausgesetzt.
Offenbar blieb sie und wartete den Prozeß der anderen Mädchen ab, der am 6. September 1968 stattfand. An diesem Tag bekannte sich Mary Theresa Brunner alias Mother Mary schuldig, gegen die Rauschgiftgesetze verstoßen zu haben, und Richter Robert Winslow verurteilte sie zu 60 Tagen Gefängnis, unter Anrechnung der Untersuchungshaft. Obgleich Mary Brunner ebenfalls einen günstigen Bewährungsbericht vorzeigen konnte, wurde sie ins Gefängnis gesteckt.
Die übrigen Beklagten, Mary Ann Scott alias Stephanie Rowe, Katherine Smith alias Patricia Krenwinkel alias Katie sowie Ella Sinder, gingen frei aus. Ein anderer Typ, ein gewisser Robert Bomse, wurde wegen Besitzes von Marihuana verurteilt.
Diese Übung in Gerechtigkeit, diese Aufdeckung einer Hippie-Hexen-Kabale kostete Mendocino County eine beachtliche Summe Geldes. Allein für die Pflichtverteidiger mußte der Steuerzahler 2999,50 Dollar aufbringen.
Nach der Gerichtsverhandlung vom 6. September 1968 traten Susan Atkins alias Sadie Mae Glutz und die Mädchen die Heimreise an. In San Jose machten sie für einige Tage Zwischenstation. Susan war hochschwanger, das Kind sollte in ungefähr sechs Wochen geboren werden. Susans Vater behauptet, daß Manson, Susan und mehrere andere Mitglieder der Family damals einige Tage bei ihm gewohnt hätten. Es trifft zu, daß im September 1968 etliche Mitglieder der Family in San Jose herumgammelten.
Eines Tages, im September 1968, tauchte Manson in Dennis Wilsons Haus an der Malibu Beach auf und erklärte ihm und Gregg Jakobson im Stil eines psychedelischen Billy Graham, dies sei die Stunde der Entscheidung. Jetzt sei der Augenblick gekommen – entweder sie machten mit oder sie ließen es bleiben. Für oder gegen Manson, hieß die Parole. Jakobson und Wilson sollten wählen. Die Family sei für sie, aber waren sie auch für die Family?
Tex Watson aus Copeville (Texas), ehemals Sportjournalist für das Jahrbuch seiner High School, schloß sich der Family in jenem Herbst für immer an. Er gab seinen Perückenladen am Santa Monica Boulevard auf und übergab Manson seinen Dodge-Lieferwagen (1935).
Manson lernte eine Menge interessanter Leute in Wilsons Strandhaus kennen, darunter eine wohlhabende junge Dame namens Charlene Cafritz. Mrs. Cafritz drehte in Wilsons Haus von Manson und mehreren Mädchen ein paar Filme. Später in diesem Herbst besuchte Manson sie für zwei Wochen auf einer flotten Luxusranch in Reno (Nevada). Dar-

über später mehr.

Während sich Manson damals in San Jose aufhielt, lief ihm ein gewisser Patterson über den Weg, der offensichtlich für eine lokale Underground-Zeitung arbeitete. Manson erzählte Mr. Patterson eine interessante Geschichte, die bezeichnend ist für Mansons Unberechenbarkeit.

Manson erzählte Patterson – und Patterson war verblüfft, weil Manson so ganz wie ein Anhänger der Flower Power-Bewegung wirkte –, daß er vor ein paar Monaten einen Vater und dessen Tochter mit einem Messer in der Hand die Straße entlanggejagt habe, bereit, sie niederzustechen. Manson erklärte diese Mordgelüste mit den Zahnschmerzen, die er damals gehabt habe. Das Gift von dem entzündeten Zahn müsse in sein Gehirn gesickert sein.

Ein gewisser Victor Wild alias Brother Ely hatte zusammen mit seiner Freundin und einem anderen Pärchen in der East San Fernando Street Nr. 74 in San Jose einen Lederladen eröffnet. Er lag im Viertel der Hippie-Läden, nahe des San Jose State College. Wild machte in Leder, das heißt er fertigte Lederhosen und -jacken für Mitglieder der Bike-Clubs an. Mitglieder der Gypsy Jokers hingen ständig bei dem Lederladen herum. Einer der Gypsy Jokers war an einem Mädchen, das mit dem Laden zu tun hatte, interessiert, und so entwickelten sich rasch Beziehungen zwischen dem Laden und dem Club.

Brother Ely alias Wild schloß sich den Gypsy Jokers so eng an, daß er sogar ihren ‹Flicken führte›, das heißt, daß er, wie die Polizei von San Francisco berichtete, eine Jacke mit dem Emblem des Clubs trug.

Die Manson Family wohnte in San Jose bei einigen Gypsy Jokers. Charlie erzählte einem Mitglied der Straight Satans, daß die Family in jenem September in verschiedenen Wohnungen von Gypsy Jokers gewohnt habe. Später ließ die Family bei Victor Wild einige Ledersachen für Manson, Watson und andere anfertigen.

Die Gypsy Jokers neigten zu brutaler Gewalt. Sie gehörten zur ‹Elite› der Bike-Clubs. Wie ehemalige Freunde Wilds berichten, machte es diesem Spaß, zuzusehen, wenn die Gruppe Gewalttaten beging.

Die Gypsy Jokers lebten in einer Welt des ‹Alias› und legten sich Namen zu wie Theo, Dago, Dirty Doug, Gypsy Jack, der Thumper, Frenchy oder Big Rich. Zu der Gruppe gehörte ein Krebskranker, der sich im Endstadium befand und der beschlossen hatte, schaurig-schön zu sterben, sowie ein einbeiniger Typ namens Garbage Can, der in seinem Holzbein ein eingebautes Schießeisen bei sich trug. Im September 1968, beim Labor Day-Ausflug ins Mendocino County, kam Brother Ely mit und wohnte in aller Gemütsruhe, so berichtet ein Augenzeuge, einem gewalttätigen, sadistischen *turnout* bei, in der Biker-Sprache der Ausdruck für die Vergewaltigung einer Frau durch eine Gang. Nur daß eben dieses Mädchen fast umgebracht wurde – sie wurde geschlagen, getreten und würgte und kotzte beim Mundverkehr, während vier Männer sie gepackt hielten und ihr ins Gesicht schlugen, wenn sie nicht gehorchte. Danach hoben sie sie auf, zogen ihr die Kleider an und setzten sie an einer Straße ab, nicht weit vom Schauplatz ihres Tuns.

Im August 1968 beobachteten Brother Ely und seine Freundin gelassen, wie einige Mitglieder der Gypsy Jokers einem Mann mittleren Alters wiederholt eine Wagentür an den Kopf schmetterten, weil er einen der Biker in einer obskuren Bar in San Jose als ‹Schwulen› bezeichnet hatte.

Im Dezember 1968 erschoß die Polizei ein Mitglied der Jokers, als zwanzig oder dreißig Mitglieder des Clubs ein Haus an der Sunnyvale Road in San Jose niederbrannten.

Es gibt einen interessanten Artikel, der in einer Zeitung in Berkeley erschien und von einem gewissen Blaine verfaßt wurde. In diesem Artikel wird behauptet, Charles Manson habe im Sommer und Herbst 1968 mit einer ‹Todeskult›-Sekte Kontakt gehabt, deren Sitz sich in dem berüchtigten Devil House in der Waller Street im Haight-Distrikt befand. Das Devil House, man wird sich erinnern, war das in der Zeit der Flower Power-Bewegung von den Diggers geführte Pennheim gewesen. Manson behauptete, vorübergehend dort gewohnt zu haben.

Wie dem auch sei, dieser Artikel scheint mit den bekannten Fakten genügend übereinzustimmen, so daß er hier, zu dreißig Punkten zusammengefaßt, wiedergegeben werden soll.

Blaine behauptet unter anderem folgendes:

1. Er hörte von Manson zum erstenmal im Jahre 1964, als sich Blaine als Häftling im US Medical Center befand, wo er einen Mann namens Richard kennenlernte, der vom McNeil Island Federal-Gefängnis in Washington kam. Richard war ein schwuler Knastbruder von Manson gewesen und erzählte, daß er versucht hätte, sich umzubringen, weil Manson seine Zuneigung zurückgewiesen hätte. Daraufhin sei er ins US Medical Center eingewiesen worden.

2. Blaine lernte diesen Richard in der Gefängnisbibliothek des Medical Center kennen. Richard habe eine Menge Zeug über seinen «verlorenen Geliebten» Charles Manson geplappert – dabei hat er Manson offenbar mit Namen genannt und ihn als Häftling aus West Virginia bezeichnet.

Blaine erinnert sich an folgenden Ausspruch Richards über Manson: «Charles wird eines Tages ein großer Mann sein.» Warum? «Weil er alles über Magie weiß.»

3. Aus dem Gefängnis entlassen, suchte Blaine die Haight-Ashbury-Liebes-Szene von 1967 auf. Hier begegnete er Manson im ‹I-Thou-Coffeeshop›, allerdings ohne zu ahnen, daß er es war. Er unterhielt sich mit Manson, und Manson erwähnte, er sei eben aus dem Knast gekommen, er hätte dann, im weiteren Verlauf der Unterhaltung, herausgefunden, daß Manson Richards «verlorener Geliebter» war. Manson sagte offenbar, daß er's jetzt mit Mädchen halte: «Jungens sind nicht das Richtige. Draußen müssen's Mädchen sein. Mädchen lassen sich leichter beherrschen als Jungen.» Und: «Mensch, ich weiß doch, was läuft. Das ist nämlich so: Zwei Skorpione würden sich gegenseitig nur zu Tode stechen.» An diesem Gespräch nahm auch ein gewisser Sam Tela teil. Manson verließ den Laden, und die beiden sahen einander ungefähr ein Jahr lang nicht mehr.

4. Blaine und Manson begegneten sich im Sommer/Herbst 1968 wieder, auch diesmal im Haight-Distrikt.

5. Blaine behauptet, mit einer Sekte, The Companions of Life, in Berührung gekommen zu sein, die dem ‹Todeskult› frönt. «Manson wählte für die Kirche, die er später gründete, den Namen ‹The Final Church›», schrieb Blaine. Diese Kirche hatte ihren Sitz in der Waller Street im Ashram oder Devil House.

6. Mitglieder der Kultgemeinschaft sagten, wenn von Manson die Rede war, er lebe in Los Angeles, auf einem ‹Filmgelände› – gemeint war offensichtlich die Spahn Movie Ranch.

7. Anführer dieser Sekte war offenbar ein gewisser Father P..., der 66. (666.?), alias Carl, der von sich behauptete, einen Doktortitel der Medizin und der Philosophie zu besitzen und ein Magier zu sein; er trug einen Schnurrbart, und es hieß, er sei aus dem Vor-Castro-Kuba ausgewiesen worden; ferner wurde gesagt, er habe eine Kirche in North Carolina in Brand gesteckt und sei aus der Stadt vertrieben worden, und er sei vor kurzem aus Damaskus nach Amerika zurückgekehrt.

8. Die Sekte war homosexuell. Es gab zwar einen Pennraum, wo auch Mädchen schlafen konnten, doch der Zutritt zum Allerheiligsten, zu den inneren Räumen des Homo-Thanatos-Kultes, war Frauen untersagt.

9. Angeblich nahm Manson im Spätsommer 1968 an einem ‹mittelalterlichen Prozeß› teil, bei dem darüber entschieden werden sollte, ob man ein früheres Sektenmitglied namens Sadyi «wegen Verbrechen gegen

den Haight-Ashbury-Bezirk, gegen die Natur und gegen Pussycat» zum Tode verurteilen solle oder nicht. Man beschuldigte ihn, a) den Haight mit einem Fluch belegt, b) mit einer Frau verkehrt und c) einen Dämon veranlaßt zu haben, in den Körper von Father P...s Kultknaben Pussycat einzudringen.

10. Was Pussycat betraf, so behaupteten sie, Sadyi sei, nachdem er die Sekte verlassen hatte, eines Nachts ins Kulthaus eingedrungen und habe irgendwie einen Dämon veranlaßt, von Pussycats Leib Besitz zu ergreifen. Folglich zielte die Zeremonie offenbar auch darauf ab. Sadyis Dämon aus Pussycat auszutreiben. Armer Pussycat.

11. Manson kreuzte mit einer blonden Weißen auf, möglicherweise Sadie Mae Glutz, die jedoch im ‹Pennraum› bleiben mußte und den ‹Gerichtssaal› nicht betreten durfte. Ein gewisser Smith, ein ehemaliger College-Lehrer, soll Blaine gegenüber behauptet haben, Manson sei aufgefordert worden, dem Prozeß ‹beizusitzen›, da Manson ein magischer ‹Ersatzmann› von Father P... gewesen sei. Offenbar wurde Manson seine Neigung für junge Damen nachgesehen, so lange er diese nicht ins Allerheiligste brachte.

12. Charlie sprach davon, daß er «bald sein eigener Meister» sein werde. Charlie saß neben einer Person, die als D. K. bezeichnet wurde, auf einer Matratze.

13. Zu Beginn des Prozesses zog Father P... eine braune Tunika an und bereitete seine Reliquien für die ‹Reinigung› vor.

14. Als Pussycat um sich schlug und Father P... einen Brandstifter nannte, fesselten sie den zwanzigjährigen Pussycat an Händen und Füßen und knebelten ihn.

16. Darauf rannte Father P... im Raum umher und schrie: «Ich bin Gott! Ich bin Satan! Ich bin Jesus!», während Pussycat mit seinem Knebel im Mund stöhnend auf dem Boden lag.

16. Father P... verkündete, Pussycat sei abermals von Sadyi besessen, und schickte deshalb Manson und D. K. los, Weihwasser aus einer nahe gelegenen Kirche zu stehlen.

17. Blaine und Smith hielten Wache über dem gefesselten Kultknaben, während die beiden das Weihwasser holten.

18. Manson und D. K. kamen zurück, und Father P... spritzte das Weihwasser auf Pussycats Gesicht.

19. Pussycat beruhigte sich. Father P... veranlaßte die anderen, Pussycat von seinen Fesseln zu befreien, doch sobald sie ihm den Knebel aus dem Mund genommen hatten, fing Pussycat wieder an zu schreien. daraufhin wurde er von Father P... und Manson wieder gefesselt.

20. Father P... rannte nun angeblich zum Altar, ergriff ein großes, ‹gestohlenes› Kruzifix und schlug Pussycat damit ins Gesicht.
21. Blaine behauptet, er sei daraufhin zu seinem Kleinbus gerannt und habe ein kleines Tonband geholt, das er dann in den Ashram geschmuggelt habe, um die Zeremonie aufzunehmen.
22. Pussycat brüllte: «Hilfe! Polizei!»
23. Father P... drohte dem gefesselten Pussycat, dem er Fußtritte versetzte, ihn wieder zu knebeln.
24. Offenbar ging es eine Zeitlang wirklich nicht ganz geheuer zu, jedenfalls erwogen sie allen Ernstes, den Jungen zu opfern. «Wenn du sterben mußt, wird Sadyi mit dir sterben», soll Father P... gesagt haben.
25. D. K. holte einen Holzpflock und machte sich daran, an ihm herumzuschnitzen. Er sagte: «Er muß sterben.»
26. Dann traten Leute in die Tür und unterbrachen das, was sich drinnen abspielte. Nun versuchte Father P... den Knaben von dem Einfluß Sadyis zu befreien: «Sadyi, hinfort mit dir oder ich werde deinen Körper unter großen Schmerzen zerstören. Ich werde ihn Stück um Stück verbrennen, und ich werde ihn in kleine Stücke schneiden.» Natürlich hätte er dabei auch Pussycat umbringen müssen.
27. Blaine behauptet, daß Manson am nächsten Tag im Bus zur Spahn Movie Ranch zurückgefahren sei.
28. Blaine erklärt, daß Father P... bald darauf nach Los Angeles gereist sei und Manson dort besucht habe.
29. Blaine behauptet, daß er später, nach dem Tod eines Mitglieds der Companions of Live, Father P... und Pussycat hinunter zum Topanga Canyon gefahren und die beiden dort abgesetzt habe.
30. Und was Sadyi und seine schwangere Frau betrifft, so machten sich die beiden angesichts dieser üblen ‹Vibrationen› aus dem Staub und verließen den Haight. Auf diese Weise bekam zumindest ein Teil der Story ein Happy-End. Oha.

Nach und nach scheint die Manson Family in die Nähe von Los Angeles zurückgekehrt zu sein, wo sie auf der Spahn Movie Ranch den späten September und Oktober verbrachte. Den alten schwarzen Bus, den Bus der Liebe, gab Charlie einem Typ namens John, jenem Freund von Sandy Good, der eine Zeitlang im hinteren Teil der Ranch gewohnt hatte. John gab Charlie dafür einen Lieferwagen. John fuhr mit dem schwarzen Bus zu einer Kommune nach Oregon, die sich Commune of the Sacred Heart nannte.

Was Beausoleil angeht, so verbrachten er und seine Freundin-Frau Gail im Frühherbst eine Zeitlang in Santa Cruz und gingen dann nach Santa Barbara, wo er sich für seinen Lieferwagen ein Boot eintauschte, auf dem er dann im Hafen von Santa Barbara lebte. Gail setzte sich ab und kehrte nach San Francisco zurück, während Beausoleil auf seinem Hausboot blieb. Zu einem späteren Zeitpunkt habe Manson ihn auf dem Hausboot besucht, so berichtete Beausoleil, und ihn gebeten, mit ihm zu kommen und bei der Vorbereitung eines Plattenalbums zu helfen. Beausoleil tat es.

Irgendwann Anfang Oktober bei einem Gruppen-LSD-Trip brach unter den Mitgliedern der Family ein Kampf aus; sie knurrten sich an und peitschten einander und versuchten sich gegenseitig in das brennende Kaminfeuer zu werfen. Die Family-Legende erzählt, daß es ihnen schließlich gelungen sei, einander in die Flammen zu stoßen, und sogar eine Katze hätten sie in die Flammen geworfen, aber ihrer aller Seele sei so stark gewesen, daß niemand verbrannt sei.

Am 7. Oktober 1968 hatte Susan Atkins alias Sadie eine Frühgeburt. Es war ein Junge, den sie, bei der Augenbraue des Ra, Zezo Ze-ce Zadfrak alias Zezo nannte. Als Sadie der glücklichen Family verkündete, daß die Geburt bevorstünde, forderte Charlie Sadie auf, einen Topf mit Wasser aufzusetzen. Katie schickte er, ein Rasiermesser zu holen. Als das Wasser und das Rasiermesser gebracht wurde, machte er sich ungeachtet der einsetzenden Wehen daran, sich zu rasieren und erteilte so seinen Anbetern eine Lektion in Kaltblütigkeit und Gelassenheit. Auf die Family wirkte es fast wie eine Zauberformel, wie er auf diese Weise die «Macht der Angst brach», so nannten sie es.

Es war eine Steißgeburt. Als die Mutter zuerst den Arm und dann den Körper des kleinen Zezo hervorpreßte, hörte Manson, so will es die Legende, auf zu singen und riß von seiner spanischen Gitarre eine Saite ab, um damit die Nabelschnur abzubinden.

Offensichtlich sang die Family Lieder, um die Atmosphäre bei Sadies Entbindung zu entkrampfen. Die Family hatte eine besondere Form von Entspannungs-Mantra, die sie in Zeiten der Anspannung sang. Dieses Entspannungs-Mantra wurde von den Beach Boys als Koda dem abschließenden Fadeout des Songs ‹Cease To Exist / Resist› hinzugefügt.

In der Woche darauf fuhren Tex Watson und Dean Morehouse in Terry Melchers Jaguar nach Ukiah, um Mary Brunners Baby, Pooh Bear alias Valentine Michael Manson, zu holen. Diese Sache ist, da einige Personen sich sehr verschlossen gezeigt haben, mit einer Mauer des Schwei-

gens umgeben, doch weiß man, daß Terry Melcher Mitgliedern der Familie erlaubte, seinen Jaguar und seine Standard Oil-Kreditkarte zu benutzen. Die Family beglich dicke Rechnungen mit dieser Kreditkarte, die sie immer dann benutzte, wenn sie größere Reisen unternahm.
Mrs. Roger Smith war, wie man sich erinnern wird, zur Pflegemutter von Pooh Bear ernannt worden, als Mary Brunner in Mendocino mit den Gesetzen in Konflikt geraten war. Ihr Mann war Mansons Bewährungshelfer gewesen und leitete später im Rahmen der Haight-Ashbury Free Clinic ein Programm zur Bekämpfung der Drogensucht.
An dem Tag, als Tex und Dean nach Mendocino fuhren, brachte Mrs. Smith, offenbar auf Aufforderung des Vormundschaftsgerichts, das Kind nach Ukiah, um es seiner Mutter zurückzugeben.

6
Death Valley 1968

Am Abend des 13. Oktober 1968 wurden ungefähr sechs Meilen südlich von Ukiah (California), am US-Highway 101, zwei Frauen, Clida Delaney und Nancy Warren, mißhandelt und mit zwei neunzig Zentimeter langen Lederriemen zu Tode erwürgt. Die Riemen waren noch um den Hals der Opfer geschnürt.

Mrs. Warren, die Frau eines Highway-Streifenpolizisten, war im achten Monat schwanger. Mrs. Delaney, ihre 64 Jahre alte Großmutter, betrieb ganz in der Nähe des Trailers, in dem sie wohnte, ein Antiquitätengeschäft.

Dieser Doppelmord wird deshalb erwähnt, weil er der erste einer Reihe ungeklärter Mordfälle ist, die sich auffallenderweise alle zu einem Zeitpunkt ereigneten, wenn Family-Mitglieder in der Nähe des Schauplatzes waren. Bob Richardson vom Sheriff's Office in Mendocino County sagte aus, daß zwei der wegen der sogenannten Tate–LaBianca-Morde zum Tode verurteilten Personen sich am Nachmittag des Tages, an dem diese beiden schrecklichen Verbrechen begangen wurden, einer gerichtlichen Vorladung wegen in Ukiah aufhielten.

Ungefähr Mitte Oktober 1968 verließ die Family die Spahn Movie Ranch. Manson hatte plötzlich beschlossen, zu ‹Grandma's Place› im Death Valley in Kalifornien aufzubrechen.

Mit den üblichen Seidenstoffen, den Kissen und arabischen Wandteppichen schmückten sie den neuen Bus in dem maurischen Stil à la Manson.

Die Family hatte durch eine gewisse Cathy Meyers alias Cathy Gillies alias Patty Sue Jardin von dem weit abgelegenen Ort in der Wildnis des Death Valley erfahren. Cathy Gillies war auf einem Besitz, der zum Schürfgebiet erklärt worden war, hoch oben in den Randgebieten des Death Valley aufgewachsen. Die Ranch hieß nach Cathys Großeltern, denen der Besitz noch heute gehört, Meyers Ranch. Die Meyers Ranch befand sich ungefähr eine Viertelmeile östlich von der Barker Ranch im Goler Wash. Der Goler Wash, einst ein Goldschürfgebiet, inzwischen ungenutztes Ödland, ist eine enge, gefährliche Schlucht in den Panamint Mountains, die das Panamint Valley im Westen mit dem hügeligen Wüstenhochland in der Nähe der Meyers Ranch im Nordosten verbindet. Cathy hatte Manson auf einer Ranch im Topanga Canyon kennengelernt. Sie hing voll drin in der Los Angeles-Musik-Szene, wo man sie als feurige Buffalo Springfield-Groupie kannte.

Der grüne Bus kurvte einige Tage in der Gegend herum, und fuhr dann zu ‹Großmuttern› ins Death Valley, wo er um Allerheiligen eintraf. Anschließend fuhr man mehrere hundert Meilen nach Norden weiter, nach Trona, einer kleinen Wüstenstadt, die von den Niederschlägen einer Pottasche-Fabrik geplagt wird. Trona liegt nur wenige Meilen südlich vom Naturschutzgebiet des Death Valley. Von Trona fuhr die Family auf dem Highway 28 weiter ungefähr zwanzig Meilen nordwärts zu einem langen, schmalen Salzsee; dort wandten sie sich nach rechts, setzten über den See und fuhren in die Geisterstadt Ballarat, wo sich der Ballarat General Store befindet, das einzige Lebensmittelgeschäft weit und breit.

Die Geisterstadt Ballarat – eine Minenarbeitersiedlung aus dem späten 19. Jahrhundert – dient den Grubenarbeitern in der Umgebung, die dort immer noch eifrig nach Gold suchen, als Versorgungszentrum. Sie liegt am Rande eines schmalen, 25 Meilen langen Salzsees, an der Kreuzung der Ballarat Road und Wingate Road, zwei Landstraßen von der Holterdiepolter-Sorte. Nachdem sie an der Westseite des Sees entlanggefahren waren, fuhr der Bus südwärts, an der Ostseite entlang, wo das Ufer aus weichem Selenit besteht, eine hervorragende Salzquelle, die staatlich geschützt ist.

Auf der Wingate Road sind es vierzehn Meilen von Ballarat bis zu dem engen Zugang des berühmten Goler Wash. Der Bus fuhr vorbei an einer alten spanischen Pochmühle, einer einst mit Eseln betriebenen Erzzerkleinerungsanlage, von der nur noch ein verrosteter, von dem kahlen Hügel in den Himmel ragender Eisenschaft übriggeblieben war.

Während der Bus weiter südwärts fuhr, sah man zur Linken, in einiger Entfernung, hoch oben in den Panamint Mountains, die Cecil R.-Mine liegen, eine kleine, von Menschen geschaffene Grube der Goldgier am Hang. Der Bus holperte am South Park Canyon vorbei, dann passierte er den Redlands Canyon und darauf das Redlands Camp, wo die Harry Briggs' Schultag-Mine liegt.

Der Salzsee endet ungefähr zehn Meilen südlich vom Ballarat General Store, und einige Meilen weiter stößt man auf einen weißen Pfahl, der am rechten Straßenrand aus dem Dreck ragt und die fast versteckte Zufahrt zum Goler Wash markiert.

Dort hielt sich der Bus links und begann den holprigen Aufstieg in Richtung Osten, der schmalen Mündung des Goler Wash und den ausgetrockneten Wasserfällen entgegen, die den Weg zur Meyers Ranch und zur Barker Ranch bezeichnen.

Die Straße ist dort für normale Verkehrsmittel, vor allem für einen Bus voller Hippie-Vagabunden, so gut wie unbefahrbar. Die Straße durch Goler Wash war in der Blütezeit der Goler Wash-Goldfunde Anfang des 20. Jahrhunderts die Hauptverbindungsstraße zwischen Las Vegas und dem Panamint Valley gewesen. Doch im Winter 1941 hatten verheerende Überschwemmungen die Straße weggespült, und alles, was von ihr übriggeblieben war, war eine Reihe steiler Wasserfälle. Einheimische Grubenarbeiter berichten, Cathy Meyers' Großvater habe diese Wasserfallstufen mit Dynamit gesprengt, damit Transportfahrzeuge jedenfalls notdürftig auf der Straße durch den Goler Wash verkehren konnten.

Der Bus kam an dem verrosteten Wrack eines Ford, Modell T, und seinem in der Nähe im Staub liegenden Heckfenster vorbei und erreichte dann die erste Wasserfallstufe, wo eine seiner Bremsen blockierte; man sicherte die Hinterräder und ließ den Bus stehen.

Die Family legte die siebeneinhalb Meilen von der ersten Wasserfallstufe bis zur Meyers Ranch zu Fuß zurück. Der Weg führt hier durch einen engen, steilen, aufklaffenden Bergeinschnitt, aus dessen Felswänden Säulenkakteen wie große grüne Finger herausragen.

Bald stießen die Family-Tippler auf den ersten ausgetrockneten Wasserfall. Nachdem sie den emporgeklettert waren, erreichten sie den zweiten Wasserfall, und dann, nach einer großen Rechtskurve, lag der dritte Wasserfall vor ihnen. Dann, nach einer Linkskurve in Bumerangform, kamen sie zu dem gefährlichen Goler Wash-Wasserfall, dann zum fünften, sechsten und siebten. Nun mußten sie sich an einem steilen Kliff entlangarbeiten. Von dort ging es nur noch zwei oder drei Meilen auf und ab durch das Bett des Creeks, und dann hatten sie das Gelände der Barker Ranch und der Meyers Ranch erreicht.

Beim Aufstieg im Goler Wash stößt man auf verschiedene Blockhütten, in denen Reisende übernachten können. Diese Blockhütten stehen immer offen. Die erste Hütte, auf die man trifft, ist die Newman-Hütte. Dann gibt es dort noch ein Gelände, das die Lotus-Mine genannt wird und ausgerechnet den Warner Brothers gehört; dort befinden sich zwei Häuser und ein Grubenschacht am Berghang.

Nach ungefähr fünf Meilen gabelt sich der Weg bei Sourdough Springs. Der linke Weg führt nach Norden, über den Mengel-Paß, zum Death Valley hin, der rechte direkt zur Barker Ranch und dann zur Meyers Ranch. Die Barker Ranch besteht aus zwei kleinen Blockhütten und einem dritten größeren Hauptgebäude. Die Barker-Mine liegt ein Stück weiter im Goler Wash, hoch oben an einem Steilhang und ist nur über einen gefährlichen Fußpfad erreichbar. Altmetallsammler haben schon vor langem das Drahtseil und die Metallteile des Fülltrichters und des Transportwagens, mit dem man das Erz den Goler Wash hinunterschaffte, fortgeschleppt.

Als sie im Goler Wash weiter in Richtung Osten zogen, stießen sie auf die Meyers Ranch, einen gut erhaltenen Gebäudekomplex, zu dem ein Ranchhaus, ein Trailer und mehrere einzelstehende Nebengebäude gehörten. Der wasserreiche Boden bringt verschiedene wilde Früchte, Wein und Wildgemüse hervor. Die Pflanzen bekommen ihr Wasser von einer Quelle, die aus einer Vertiefung im Berghang hervorsprudelt. Sie verbrachten einige Tage auf der Meyers Ranch, doch erlaubte ihnen Cathy Meyers' Großmutter nicht, zu bleiben, und so schlug die Family ihr Hauptquartier unten im Goler Wash, in der verfallenen Barker Ranch, auf, eine viertel Meile westlich von der Meyers Ranch.

Ein Mann namens Ballarat Bob, ein einheimischer Goldgräber, hatte seit ungefähr dreieinhalb Jahren von der Barker Ranch aus geschürft und war daneben mehr oder weniger verantwortlich dafür, daß die Ranch in Ordnung gehalten wurde. Ballarat Bob hatte mehrere wilde Esel für seine Schürfexpeditionen abgerichtet. Kurz nachdem die Family um Allerheiligen auf der Barker Ranch angelangt war, tauchte Ballarat Bob mit einem Freund auf und fand nackte Hippies vor, die sich in seiner Bude breitgemacht hatten. Doch was hätte er tun sollen, wo es weit und breit in der Gegend keine Polizeistreifen gab?

Die Barker Ranch ist von einem Zaun umgeben. Auf dem umzäumten Gelände lagern die Spuren von vierzig oder fünfzig Jahren Leben in der Wüste. Man sieht dort mehrere kaputte Laster, einen Hühnerstall, und auf dem hinteren Hügel befindet sich ein alter, birnenförmiger Beton-Swimmingpool.

Dann waren da noch die Überreste eines Erzmahlwerks, der Rumpf eines Flugzeugs aus dem Zweiten Weltkrieg, Flügeltanks und ausgebaute Cockpitteile. Dort lag auch der riesige Reifen, mit dem Ballarat Bob den Goler Wash zu planieren pflegte, um den Zufahrtsweg wenigstens einigermaßen befahrbar zu machen. Die ständige Benutzung der Goler Wash, vor allem mit Strand-Buggies, bewirkte, daß das Trockenbett sogar mit Wagen mit Vierradantrieb nicht mehr zu bewältigen war, weil die durchdrehenden Räder den ganzen Kies fortfegten und so die glatten Felsblöcke loslegten.

Das Haupthaus der Barker Ranch ist ein L-förmiges Gebäude, dessen Küche mit einem Herd und einem Eisschrank ausgestattet ist. Die Stromversorgung funktionierte zu jener Zeit nicht; man benötigte für die Stromversorgung einen Generator, da die Ranch von der nächsten

Überlandleitung fünfzig Meilen weit entfernt liegt. Es gab da noch eine ausbetonierte Badewanne, eine Dusche und über dem Waschbecken eine kleine Hausapotheke. Daneben befand sich jene kleine Truhe, in der man Manson ein Jahr später aufspüren sollte. Ballarat Bobs Schlafraum befand sich ebenfalls im Hauptgebäude sowie ein Lager von Matratzen, ein Refugium, in dem es sich die Family bequem machte.
Die einzigen Transportmittel, die sie besaßen, waren Juanitas Dodge-Caravan und Gregg Jakobsons Jeep, den sie von Dennis Wilson bekommen hatten.
Für Manson war es das Paradies. In dieser Wildnis, wo nur ganz selten Polizeistreifen auftauchten, konnte er tun und lassen, was er wollte. Der Ort war so abgelegen wie Xtul in Mexiko.
Manson freundete sich mit den Goldschürfern an, die, auf der Suche nach der Mommie-Mine, unermüdlich das Bergland des Death Valley durchkämmen. Manson brachte oft Steine von den verschiedensten Quarzadern mit und zeigte sie den Goldsuchern. Im Death Valley leben auch viele jüngere Goldschürfer, von denen manche Pot rauchen oder lange Haare haben. Es kommt einem merkwürdig vor, wenn man hört, wie sich in einer Sommernacht in einem Goldschürfercamp die Männer über Rockmusik, Goldsuche, Mineralien und die Grateful Dead-Band unterhalten. Auch von den älteren Bergleuten lernten einige Manson kennen, und sie fragten ihn nach den Plätzen, wo er die vielversprechenden Steine gefunden hatte. Manson hat ausgesagt, er habe einigen Goldsuchern möglicherweise fündige Stellen gezeigt, und sie hätten ihm dafür eine prozentuale Beteiligung an eventuellen Gewinnen versprochen.
Die Mythologie der Hopi-Indianer kennt den Mythos vom «Auftauchen aus der Dritten Welt». In diesem Mythos ist die Rede von einer großen, unterirdischen Welt, aus der das Hopi-Volk in diese Welt gelangt sein soll. Manson war davon überzeugt, daß die Existenz des ‹Lochs› geologisch denkbar sei.
Irgendwann im Herbst 1968 ließ das ‹Loch› Manson keine Ruhe mehr. Er glaubte, das ‹Loch› sei eine große, unterirdische Stadt, wo er mit seiner Family leben und der Verworfenheit der Mutterkultur entfliehen könnte. «Ich fand in der Wüste ein Loch, das zu einem Fluß hinabführt, und dieser Fluß fließt unter der Erde nordwärts, und ich nenne dieses Loch den bodenlosen Schlund, denn wo könnte ein Fluß schon unter der Erde nordwärts fließen? Man könnte mit einem Boot darauf fahren. Ich habe dieses Loch zugedeckt, und ich habe den Zugang zu ihm versteckt. Ich nannte es ... das ‹Loch des Teufels› (Devil's Hole).»

Man weiß nicht, wer oder was ihn zu dem Glauben inspiriert hat, daß ihn und seine Anhänger ein unterirdisches Paradies erwarte. Vielleicht war es eine Vision auf einem LSD-Trip. Wer weiß? In früheren Zeiten war des öfteren behauptet worden, daß es unter dem Death Valley eine riesige Höhle, so groß wie eine ganze Stadt, gäbe, durch die der unterirdische Amargosa fließe.

Das Death Valley sei, so sagt man, ein geologischer Graben, der sich zwischen Gebirgsformationen entwickelt habe, die durchaus einen großen, unterirdischen Hohlraum beherbergen könnten. Doch ganz gewiß ist das kein Ort mit Schokoladenbrunnen und Schlaraffenlandbäumen, der von einer Menschenrasse bewohnt wird, wie die Family sich schließlich einbildete.

Die Family behauptete sogar noch 1970, es gäbe am Rand des Death Valley Zugänge zum Amargosa. Die Family unternahm Streifzüge, um verborgene Zugänge zum ‹Loch› zu finden, denn sie glaubte, es gäbe irgendeine okkulte Verschwörung, durch die ihnen der Zugang zu ihrem Paradies geheimgehalten werden sollte. Manson hat anscheinend behauptet, er selber habe Zugang gehabt zu dem ‹Loch› und habe auch hinabsteigen dürfen – zumindest hat er es so seinen Anhängern eingeredet.

Man war der Ansicht, einer der Zugänge zu dem ‹Loch› sei das sogenannte Devil's Hole in der Nordwestecke des Death Valley-Naturschutzgebietes, dort, wo dieses Gebiet ein Stück nach Nevada hineinragt. Das Devil's Hole, durch einen Zaun vor neugierigen Besuchern geschützt, ist ein unheimliches Wasserloch, in dem es, wie die Family berichtete, blinde Fische geben soll. Zwei Sporttaucher, die versuchten, bis auf den Grund dieses Wasserlochs zu gelangen, sind dort vor einigen Jahren ertrunken.

Wer das Devil's Hole besuchen will, fährt am besten auf der Route 127 zum Death Valley. Von dort geht's weiter zu einer Stadt namens Death Valley Junction. Hier muß man sich rechts halten und bis nach Ash Meadows Rancho fahren. Dann nimmt man eine ungefähr in nördlicher Richtung verlaufende Landstraße, die die Grenze von Kalifornien nach Nevada kreuzt und zum Devil's Hole führt. Manson meinte, dieses Devil's Hole sei der Schlüssel zu dem ‹Loch›.

Niedergeschlagen und demütig meditierte Manson drei Tage lang am Rande des ‹Lochs› über den Sinn dieses bodenlosen Schlundes. Dann dämmerte es ihm: Das Wasser im Devil's Hole mußte die Pforte beziehungsweise der Sperrmechanismus sein, der den Zutritt zur Unterwelt verhinderte; gelänge es einem, das Wasser abzusaugen, so müßte sich

das ‹Goldene Loch›, der Schokoladenbrunnen, erschließen.
Er verhandelte mit einer Pumpenfirma, die ihm für das Leerpumpen des Devil's Hole einen Kostenvoranschlag über 33 000 Dollar gemacht haben soll.
Manson fand – auf metaphysischer Basis – weitere Bestätigungen für die Existenz eines solchen ‹Lochs› in den Schlüsselpassagen der ‹*Offenbarung*›. War es nicht schick, auf Heuschrecken zu verweisen, die aus der bodenlosen Grube, dem *puteum abyssum*, hervorkommen – wie im 9. Kapitel der ‹*Offenbarungen des Johannes*› prophezeit?
Für Charlie nahm ein neues Wesen Gestalt an: Der Teufel aus dem bodenlosen Schlund unter dem Death Valley. Huuuu.
In diesem Herbst unterzog sich der nackte Manson bei starker Kälte in der Wüste einer langen Meditationssitzung, bei der er den Tod entdeckte. Tatsächlich kursierte unter Mansons Anhängern eine Legende, nach der er seinen ‹endgültigen Tod› erfahren haben soll, als er im Death Valley-Naturschutzgebiet eine lebende Klapperschlange aufhob. Und Paul Watkins erzählt, wie er und Charlie eines Tages einer Klapperschlange begegnet seien und wie Charlie ihn überredet hätte, sich direkt vor sie hinzuhocken und es Aug' in Aug' mit ihr ‹auszumachen›.
Bei seiner Offenbarung in der Wildnis scheint Manson eine Erfahrung gemacht zu haben, die, zum Beispiel unter Psilocybin, schon Tausende vor ihm gehabt haben – die Erfahrung der Todesergebenheit.
Charlie erwähnte in diesem Zusammenhang stets eine endgültige Erleuchtung, die ihm während dieser Meditation in der Wüste gekommen sei:
«Einmal ging ich durch die Wüste, und ich hatte eine Offenbarung. Ich war ungefähr 45 Meilen gegangen, und das ist für einen Wüstenmarsch eine ganze Menge. Die Sonne brannte auf mich nieder, und ich hatte Angst, weil ich den Tod nicht akzeptieren wollte. Meine Zunge schwoll an, und ich konnte kaum atmen. Ich brach im Sand zusammen. Ich schaute auf den Boden, und aus dem Augenwinkel sah ich diesen Felsen. Und ich erinnere mich, wie ich da, als ich ihn so anschaute, völlig verrückt dachte: Hier müßte es sich doch genausogut sterben lassen wie anderswo auch.»
Dann begann er zu lachen. «Ich lachte wie ein Irrer, so glücklich war ich.» Danach sprang er «mit Leichtigkeit» auf und ging schnurstracks zehn Meilen weit, bis er in Sicherheit war.

Manson entwickelte im Death Valley eine starke Vorliebe für den Kojoten, den Räuber aller Räuber. Kein Tier ist bei seiner Nahrungssuche

heimtückischer und arroganter als der Kojote.
Von da an pries er einen Geisteszustand, den er «Kojotenoia» nannte. Die grundlegende Äußerung Mansons zur Kojotenoia lautete folgendermaßen: «Christus am Kreuz, der Kojote in der Wüste – das ist ein und dasselbe. Der Kojote ist schön. Er bewegt sich graziös durch die Wüste, er ist kaum wahrnehmbar, er ist sich aller Dinge bewußt, schaut um sich. Er hört jedes Geräusch, wittert jeden Geruch, sieht alles, was sich bewegt. Er befindet sich immer in einem Zustand völliger Paranoia, völlige Paranoia aber ist totale Bewußtheit. Du kannst vom Kojoten lernen, genauso wie du von einem Kind lernst. Ein Baby kommt zur Welt in einem Zustand der Angst. Völlige Paranoia und totale Bewußtheit...»
Gregg Jakobson wollte seinen Jeep, den Wilson Manson gegeben hatte, zurück haben. So fuhren Jakobson und Dennis Wilson am 24. November 1968 ins Death Valley, um den Jeep zu holen. Jakobsons Jeep war inzwischen irgendwo im Goler Wash mit einem Maschinenschaden liegengeblieben, so daß sie ihn aus dem Tal hinaus nach Trona abschleppen mußten, um ihn dort reparieren zu lassen. Manson fuhr mit. Im Goler Wash überfuhr Jakobson eine Spinne, was Manson sehr verärgerte. Lieber einen Mensch, meinte er, als eine Spinne.
Jakobson und Wilson nahmen Manson aus dem Death Valley mit nach Los Angeles; vielleicht war der Grund, daß man die bevorstehende Veröffentlichung des von Manson stammenden Songs feiern wollte.
Zwei Wochen später kehrte Jakobson per Motorrad zum Goler Wash zurück, doch hatte er in dem tückischen Gelände eine Panne. Er ging zu Fuß zurück nach Trona, holte dort seinen Jeep, der eben repariert worden war, verstaute das Motorrad auf dem Rücksitz und fuhr zurück nach Los Angeles.
Am 8. Dezember 1968 brachten die Capitol Records die Beach Boys-Single mit den Titeln ‹Bluebirds Over the Mountain› und ‹Never Learn Not To Love (Cease To Exist)› heraus. Charlie Manson war auf der Hit-Liste.
Doch ein noch wichtigeres Ereignis trug sich am 7. Dezember 1968 zu. Die Capitol Records veröffentlichten ein weißes Doppelalbum mit 30 Beatles-Songs, unter denen sich solche Dope-Juwelen wie ‹Sexy Sadie›, ‹Rocky Raccoon›, ‹Blackbird›, ‹Revolution 9› und ‹Helter Skelter› befanden – und alle verkündeten sie, so glaubte Manson, seine Eroberung der Welt.
Manson legte Text und Musik dieser Beatles-Songs wie heiliges Schrifttum aus. Nachdem Wilson und Jakobson Manson Ende November aus

dem Death Valley mit nach Los Angeles genommen hatten, scheint sich Manson am Topanga Lane, an der Mündung des Topanga Canyon, beim zerstörten Wendeltreppenhaus aufgehalten zu haben.

Das Wendeltreppenhaus, wo Manson und seine Crew ein Jahr zuvor herumgegammelt hatten, war später demoliert worden. Manson hauste in einem blauen Bus, der bei dem Haus geparkt war.

Anfang Dezember 1968 schickte Manson das Acid-As Bruce Davis nach England, wo sich dieser ungefähr fünf Monate lang aufhielt.

Little Paul beschrieb den Anlaß als einen Geh-nach-Rio-und-besorg-mir-eine-Kokosnuß-Vorfall; Manson habe Davis aufgefordert, eine Weltreise zu machen und sich dann wieder zurückzumelden. Wie auch immer. Bruce Davis reiste zusammen mit zwei Gefährten über Nordafrika nach England.

In diesem Zusammenhang ist auch behauptet worden, daß Davis 500 Silberdollar nach England mitgenommen habe, um sie dort zu verkaufen. Intime Kenner des Tate–LaBianca-Falles werden darin einen aufschlußreichen Hinweis sehen, falls Davis die Silberdollar tatsächlich nach England geschafft hat.

In London nahm Davis Kontakt mit der Church of Scientology auf, um dort an Seminaren teilzunehmen. Die Church of Scientology beschäftigte ihn für kurze Zeit in ihrem Postversand. Doch heißt es dort, daß Davis nach wenigen Wochen gefeuert wurde, weil er es nicht lassen konnte, Drogen zu nehmen.

Davis hielt sich einige Monate in London auf, wo er laut einem prominenten Kriminalbeamten aus Los Angeles Verbindung aufnahm mit einem sehr brutalen Flügel der Fraternity of Lucifer. Mitglieder dieser Londoner Satanisten-Kirche hatten sich zu der Zeit in San Francisco und Los Angeles aufgehalten, als Manson seine eigene Final Church gründete.

Die Führer dieser okkulten Vereinigung hatten seit Jahren die Welt auf der Suche nach bereits bestehenden Gruppen durchstreift, mit denen sie sich zusammentun konnten. So hatten sie zum Beispiel in Toronto mit einer Sekte Verbindung aufgenommen und zusammen gelebt, die im Jahre 1967 in einen Fall von Teufelsaustreibung verwickelt war, bei dem ein Mädchen zu Tode geprügelt wurde.

Manson und seine Crew fielen diesem emsigen satanischen Wirken zum Opfer, weil sie, und Manson ganz besonders, keine humanistischen Wertvorstellungen hatten, auf die sie hätten zurückgreifen können. Als Manson noch ein Kind war, hatte man seine Mutter wegen eines bewaffneten Raubüberfalls ins Gefängnis gesperrt. Sein Vater hatte sich abgesetzt. Später forderte die Mutter ihren Sohn zurück, doch übergab sie den Halbwüchsigen noch vor seinem dreizehnten Lebensjahr den Jugendbehörden. Er hatte nichts, woran er sich halten konnte. Er wuchs in ein Verbrecherleben hinein, so als wäre er im Indien des 19. Jahrhunderts in einer Familie der Thugs großgeworden und von Anfang an für das brutale Mörderleben der Thugs bestimmt gewesen.

Und der Fluch wirkte fort: Mansons Sohn Mark, unter diesem Namen kennt man ihn in seiner Heimatstadt im östlichen Ohio, kam bei einer Messerstecherei durch einen Schrotschuß ums Leben, und zwar kurz bevor Manson selbst wegen der Tate–LaBianca-Morde zum Tode verurteilt wurde.

Wenn Organisationen mit solchen abscheulichen Zielen neue Opfer rekrutieren wollen, müssen sie sich mit einer Fassade ausstatten, die ihre wahren Ziele verheimlicht und neue Anhänger nicht abschreckt. So läßt sich beispielsweise denken, daß eine geheime Teufelssekte eine ‹Strohmanngruppe› gründet und ihr den Namen ‹Humaninstitut für okkultes Gruppenblödeln› verleiht und für sie in der Overground- und Underground-Presse Anzeigen für esoterische Kurse in psychologischer Therapie aufgibt. Nun braucht sie nur noch die Angeschmierten einzuweihen. Mansons Rock-Gruppe The Milky Way scheint im Hauptquartier einer solchen ‹Strohmannorganisation› in Los Angeles aufgetreten zu sein.

Manson hat Methoden der Gruppenbegegnung benutzt – nur daß er die positiven Absichten dieses Verfahrens zur Förderung einer Christus-Teufel-Schizophrenie ummünzte. Ein unaufrichtiger Verkünder der Teufelsverehrung kann unter geistig Kranken als der starke Mann auftreten. Was für eine Gruppe von Blutsaugern. Doch diese Blutsauger unter den Satanisten verheimlichen ihre wahren Neigungen, doch in gespenstischen Nächten in entlegenen Canyons, im Schutze von Wachen mit scharfen Hunden, können die verderbten Ausbeuter der Versager in aller Ruhe ihre Verbrechen begehen.

Es herrscht in Kalifornien in den verschiedenen Kreisen, die der sogenannten weißen Magie anhängen, eine schreckliche Furcht vor diesen blutzapfanden Satanisten. Da war zum Beispiel eine Gruppe von Satanoiden, deren ‹Mitgliedsnadel› man im Topanga Canyon in der Nähe der Grabstelle einer enthaupteten Ziege fand – der Kopf dieser Ziege war bei einer Zeremonie verwendet worden. Der bloße Anblick dieser Nadel – eine kleine Darstellung der Satansziege auf goldenem Grund – genügte bereits, um bei verschiedenen Mitgliedern weniger fanatisch religiöser Gemeinschaften, die vom Autor dieses Buches interviewt

wurden, sichtbare Bestürzung und Unruhe auszulösen.
Die Teufelsgesellschaft, der sich Manson anschloß, betrachtete die ganze Schöpfung und das Wirken des menschlichen Geistes als ein Werk des Teufels. «Das Denken ist die Erfindung des Teufels», so erklärte Manson später einem berühmten Sänger. Es war eine rassistische Horde, die Schwarze haßte.
Ihre Mitglieder beteten Hitler an und speziell das Hakenkreuz. Manson hatte eine große Vorliebe für das Hakenkreuz, er schmückte Briefe damit, und manchmal malte er es auf die Stirn oder die Herzgegend von Teufelsbildern.
Der Meister einer Teufelssekte, den man nach einem Herzmahl festnahm und unter Mordanklage stellte, hatte auf der einen Hand eine Hakenkreuztätowierung und am Körper verschiedene andere okkulte Tätowierungen, deren Bedeutung er nicht verraten wollte. Die Freundin dieses Mannes hatte eine Hakenkreuztätowierung auf der Brust. Er behauptete, es mache ihm Spaß, Hakenkreuze in die Brust seiner Opfer zu schneiden.
Dieser Oberteufel bedient sich seiner jungen Adepten als Helfershelfer, und er empfindet eine Ersatzbefriedigung dabei, wenn sie ausschwärmen, um sich ans Werk zu machen. Einer seiner Anhänger – er war wegen Mordes angeklagt – wurde im Gefängnis offenbar vom Grand Chingon von Santa Cruz besucht, der ihn zu der hervorragenden Arbeit beglückwünschte, die er geleistet hatte, als er ein Opfer ins Jenseits beförderte. Er behauptete, einen Befehl empfangen zu haben. «Man hat mir gesagt, ich muß Kriegspillen, also *speed*, schlucken, und daß die Frau geopfert werden müsse.»
Bei den Opferritualen im Freien, so erklärte dieser Anhänger, stellte die Gruppe einen Holzaltar mit «tausend Drachen» auf – offenbar meinte er damit einen holzgeschnitzten Schrein mit Tiermotiven. Außerdem hatte die Gruppe einen tragbaren «hölzernen mit einer Mulde versehenen Leichenschautisch», auf den man das Opfer legte oder auf dem man es festschnallte. Pfui Teufel.
Das Hinrichtungswerkzeug bestand aus einem Set von sechs Messern, die in einer ballförmigen Halterung verschweißt waren. Die Messer waren verschieden lang: wenn der Todesball sich auf den Altar herabsenkte, drangen zuerst die längeren Messer, auf der einen Seite des Werkzeugs, in die Magengrube ein und dann die beiden kürzeren Messer, auf der anderen Seite des Instruments, in das Herz – so verrichteten die Verehrer des Bösen das Böse. Das Herz wurde von den Ritualisten verzehrt.

Weiter erklärte er, daß die Four P Society ein transportables Krematorium besaß, in dem die ‹Beute› verbrannt wurde – offenbar um die Überreste zu beseitigen.

Der Zeuge berichtete, er habe Opferungen beigewohnt, bei denen zwei Gruppen zugegen gewesen seien: eine Gruppe von ungefähr vierzig jüngeren Leuten und eine andere Gruppe von etwa fünfzehn älteren Leuten.

Seltsamerweise soll bei diesen vom Oberteufel oder Chingon in den Bergen von Santa Cruz geleiteten Opferungen zumindest eines der Opfer willfährig gewesen sein, eine junge Frau, die in der ersten Novemberwoche 1968 von der Sekte in der Nähe des Boulder Creek, im Süden der Stadt, umgebracht wurde.

Der Zeuge erklärte, die Rituale seien später in der Gegend des O'Neil Park, in den Santa Ana Mountains, abgehalten worden. Eines der Opfer habe dort einen schrecklichen Kampf gekämpft, bevor es vom Oberteufel ins Jenseits befördert wurde.

Zu den Ritualen des Grand Chingon-Kults gehörte auch das Töten von Hunden. Dieses Ritual vollzogen laut Susan Atkins auch die programmierten Anhänger jenes anderen ‹Chingon›: Ch. Manson. Vom Juni 1968 an fanden Beamte in der Gegend von San Jose, Santa Cruz und Los Gatos immer wieder Überreste von ausgebluteten und vielfach enthäuteten Hunden. Der Leiter des Tierheims von Santa Cruz erklärte: «Wer immer das getan hat, muß ein Meister im Umgang mit dem Messer sein. Die Haut wurde abgelöst, ohne dem Fleisch auch nur einen Kratzer zuzufügen. Das Sonderbare aber ist, daß man diese Hunde völlig hat ausbluten lassen.»

Als später Sheriffsbeamte aus Los Angeles auf einem abgelegenen, von der Family benutzten Zeltplatz auf dem Gelände der Spahn Movie Ranch nach der Leiche des Doubles Shorty Shea gruben, stießen sie auf Berge von Tierknochen, darunter viele Hühnerknochen – ein ziemlich sonderbarer Fund, wenn man bedenkt, daß die Mitglieder der Family Vegetarier waren.

Ein anderer Anhänger dieser Satansorganisation, der von der Polizei in der Nähe von Big Sur aufgegriffen wurde, tat vor dem Untersuchungsrichter folgenden klassischen Ausspruch: «Ich hab 'n Problem, ich bin Kannibale.» Er war von der Sekte in der Nähe eines Schulgeländes in Wyoming angeworben worden; dort hatte er an einem zeremoniellen Blutgelage teilgenommen, die ersten Unterweisungen erhalten und war dann in die Aktivitäten dieser Horde von Feiglingen in Kalifornien eingeweiht worden.

Nach der Festnahme zog er aus seinem Lederbeutel einen Menschenfingerknochen heraus und sagte dem Polizeibeamten, wo die dazugehörige Leiche zu finden sei; es handelte sich um sein letztes Opfer, das erst vor drei Tagen getötet worden war. Das Herz war entfernt und verzehrt worden.

Eines Tages, nicht lange nach einem schrecklichen vielfachen Strandmord in Kalifornien, von dem ein Augenzeuge berichtete, er habe gesehen, wie sich mit Umhängen und Kapuzen bekleidete Menschen in einer Prozession singend einen Strandhügel hinunter auf die Opfer zu bewegt hätten, hat man mitangehört, wie ein Mädchen der Manson Family während einer Lunchpause im Tate–LaBianca-Prozeß erregt über diesen Fall sprach. Sie sagte, das sei das Werk von «Maxwell's Silver Hammer». Brrrr.

Wie kann so etwas geschehen und warum werden solche Leute nicht festgenommen, fragt man sich. Die Polizeibehörden, denen aus juristischen Gründen und infolge strenger Verfahrensvorschriften die Hände gebunden sind, hatten Schwierigkeiten, präzise Informationen über die Kult-Killer einzuholen. Einen echten Satanisten, verschlagen, erfahren und ohne moralische oder ethische Skrupel – den fängt man nicht so leicht.

Im 19. Jahrhundert brauchte Sir William Sleeman, der Leiter einer Kommission zur Untersuchung des Bandenwesens der Kali-verehrenden Thugs in Indien, viele Jahre, um diese Organisation zu zerschlagen. In der Öffentlichkeit herrschte damals große Apathie. Die Thugs, ihre Geheimhaltungsschwüre, ihre geheimen Raubmorde, ihre religiösen Zeremonien für die blutdürstige Göttin Kali – das alles überforderte die Menschen damals.

Das Volk, niedergedrückt von Katastrophen, in Abhängigkeit gehalten von gewinnsüchtigen Herrschern, wollte einfach nicht glauben, daß eine Gruppe einzelner auf Grund seltsamer Rituale und als Teil eines religiösen Kults, der der Göttin Kali geweiht war – daß eine solche Gruppe gewissenlos töten, rauben und foltern konnte.

7
Vom Death Valley in den Canoga Park

Voityck Frykowski und Roman Polanski gingen in Łódź zusammen zur Schule.

Offenbar finanzierte Frykowskis Vater Polanskis ersten Film, ‹Die Männer mit dem Schrank›. Frykowski wirkte bei mehreren Polanski-Produktionen als Regieassistent mit. Er war zweimal verheiratet gewesen, einmal mit der bekannten Schriftstellerin Agneski Osiecka. Er hatte einen Sohn, Bartyke Frykowski, der heute vierzehn Jahre alt ist und in Polen lebt. Er war ein gebildeter, intelligenter Mann, der einem aktiven Kreis von Künstlern und Intellektuellen angehörte, von denen sich einige in den Westen absetzten.

Irgendwann in der zweiten Hälfte des Jahres 1967 verließ Frykowski Polen und ging nach Paris, wo er Roman Polanski traf, der sich um ihn kümmerte und ihm auch finanziell half.

Polnische Schriftsteller und Intellektuelle, die im Exil leben, pflegen einander im Ausland zu unterstützen. Sie halten Verbindung untereinander, helfen einander beruflich weiter und begehen sogar gemeinsam die polnischen Feiertage.

Voityck Frykowski war 37 Jahre alt, als er starb.

Anfang 1968 war beschlossen worden, daß Voityck Frykowski in die Vereinigten Staaten kommen solle. Er studierte eifrig Englisch und hatte immer ein Notizbuch bei sich, um sich mit den Nuancen der amerikanischen Umgangssprache vertraut zu machen. Er interessierte sich sehr für Lyrik und schrieb, als er in Amerika lebte, offenbar selbst Gedichte. Seine Schriftstellerfreunde, darunter der Romancier Jerzy Kosinski, hielten ihn für einen einsichtsvollen Kritiker ihrer Arbeiten.

Im Januar 1968 lernte Frykowski auf einer Party in New York Abigail Folger kennen. Miss Folger war 1943 geboren worden und in den engen Traditionen der Gesellschaft von San Francisco aufgewachsen. Sie war eine begabte Pianistin und interessierte sich für Kunst und Malerei. Sie besuchte die Catalina School for Girls in Carmel (California) und später das Radcliffe College. Nachdem sie das Radcliffe College absolviert hatte, arbeitete sie auf ihre Graduierung an der Harvard University hin.

Ihr Vater war Aufsichtsratsvorsitzender der Folger Coffee Company, heute eine Tochtergesellschaft von Procter and Gamble. Miss Folger verfügte über ein erhebliches eigenes Vermögen. Ein guter Freund

schätzte ihr jährliches privates Nettoeinkommen auf 130 000 Dollar.
1967 bekam sie eine Stelle am University of California Art Museum in Berkeley. Im Herbst 1967 zog Miss Folger nach New York. Nachdem sie zuerst für eine Zeitschrift gearbeitet hatte, führte sie einen der besten avantgardistischen Buchläden der Welt, den Gotham Book Mart in der 47th Street.
Zu dieser Zeit lernte Miss Folger Jerzy Kosinski auf einer Party kennen. Später machte Kosinski sie mit Voityck Frykowski bekannt. Beide sprachen fließend Französisch, und er war eifrig bestrebt, die amerkanische Sprache zu erlernen.
Im Herbst 1968 fuhren Abigail Folger und Voityck Frykowski in einem Mietwagen quer durch die Vereinigten Staaten zur Westküste. Sie bezogen ein Haus in Los Angeles, 2447 Woodstock, das in den Hollywood Hills, nicht weit von Mulholland, lag.
Sie hatte sich im Kampf gegen Rassendiskriminierung engagiert. Vom Herbst 1968 bis Ende März 1969 war Miss Folger als freiwillige Sozialarbeiterin für das Los Angeles County Welfare Department tätig. Ihr Arbeitsplatz befand sich am Südrand des Zentrums von Los Angeles, wo sie sich anscheinend um schwarze Ghettokinder kümmerte.
In Los Angeles gerieten Miss Folger und Voityck Frykowski in die Welt der Filmschauspieler, der Freunde von Sharon und Roman. Sie schlossen auch selbst neue Freundschaften, darunter mit Freunden von Charles Manson und der Family, so zum Beispiel mit einer Sängerin, die auf einem nahe gelegenen Hügel wohnte und später in einem der ersten frei produzierten Video-Kassettenfilme mitwirken sollte.
Miss Folgers Vermögen wirkte anziehend auf andere Menschen. Mehr als ein ehrgeiziger Filmproduzent bat sie um Geld für seine Filmprojekte. Sie lernte den Haar-Tycoon Jay Sebring kennen, der sie überredete, in seinem Imperium von Frisiersalons und Haarpflegeprodukten zu investieren. Durch Sebring machte sie die Bekanntschaft anderer Leute aus den eng verzahnten Filmkreisen. Ende Dezember 1968 traf Miss Folger die nötigen Vereinbarungen für den Erwerb von Sebring-International-Aktien im Wert von rund 3500 Dollar.

Im Dezember 1968 fuhren Charlie und drei Mädchen in einem alten Studebaker zu einer exklusiven Ranch in der Nähe von Reno (Nevada), wo sich die Gäste als Cowboys betätigen konnten. Dort waren sie zwei Wochen lang Gäste von Charlene Cafritz, die Manson im Sommer zuvor in Dennis Wilsons Strandhaus kennengelernt hatte. Mrs. Cafritz hielt sich längere Zeit in Reno auf, um ihre Scheidung zu erwirken.

Manson scheint mit seiner Losgelöstheit von allem Materiellen auf die junge Dame starken Eindruck gemacht zu haben. Das Scheidungsurteil sicherte ihr ein Vermögen von mehr als zwei Millionen Dollar zu. Diese Summe gab sie innerhalb von ungefähr zehn Monaten aus; in den Anfangsphasen ihres Verschwendungswahns half ihr dabei... wer wohl?

Ende Dezember fuhr ein Freund namens Warnick die frisch Geschiedene von Reno zurück nach Los Angeles. Im Januar 1969 besuchte Mrs. Cafritz New York und gab dort innerhalb von vier Wochen 92000 Dollar aus.

Irgendwann einmal hatte Manson der jungen Dame gegenüber geäußert, er wünsche sich einen blauen Fleetwood Cadillac. Irrtümlich erwarb die junge Dame jedoch einen feuerwehrroten Cadillac; Manson erklärte, er wolle ihn nicht haben. Sie kaufte offenbar auch eine Anzahl reinrassiger Pferde, die Charlie weiterverschenkte.

Sie schenkte ihm alles mögliche, darunter eine Motorsäge, die Manson an Leute weitergab, die sich ihren Lebensunterhalt mit Holzabfällen verdienten; ferner eine große Menge Insektenspray gegen die Bremsenplage auf der Spahn Movie Ranch.

Mrs. Cafritz machte von Manson und der Family in Reno zahlreiche Filme, über die anscheinend niemand reden will. Sie war mit Sharon Tate, Terry Melcher und vielen anderen befreundet, die in die kommende Tragödie verwickelt waren.

Große Unklarheit herrscht über die Frage, wo gewisse Family-Leute Ende 1968 und Anfang 1969 gelebt haben. Sie scheinen hier und da verstreut gewesen zu sein, manche im Death Valley, einige im Topanga Canyon, einer oder auch mehrere bei einer Satanistengruppe in England und ein paar im Laurel Canyon in den Hollywood Hills.

Ein früherer Freund der Manson Family behauptet, vier bis sechs Family-Mitglieder hätten im Laurel Canyon Boulevard in jenem Blockhaus gelebt, das einst dem Cowboy-Darsteller Tom Mix gehört habe. Tatsächlich hausten sie gegen Ende 1968 mehrere Wochen lang in einer Art Höhle hinter dem Wohngebäude.

Ende dieses Jahres geschah in den Hollywood Hills ein abscheulicher Mord; das Opfer war ein junges Mädchen, das möglicherweise mit der Family bekannt gewesen ist.

Die siebzehn Jahre alte Marina Elizabeth Habe war für Semesterferien von der University of Hawaii nach Hause gekommen. Am Sonntag, dem 29. Dezember, hatte sie eine Verabredung mit dem zweiundzwanzigjährigen John Hornburg, einem guten Bekannten der Familie. Spät

in der Nacht um 3 Uhr 30 hörte ihre Mutter, Eloise Hart, Geräusche in der Wagenauffahrt. Sie blickte durchs Fenster hinaus und sah neben Marinas rotem Sportwagen einen Mann stehen. In der Auffahrt stand eine schwarze Limousine, wie sich Mrs. Hart später erinnerte.
Der Mann sagte «Los»; er stieg in die Limousine und fuhr rasch davon. Es schienen zwei Personen in dem Wagen zu sein. John Hornburg erklärte der Polizei gegenüber, «daß sie unter anderem einen Club am Sunset Strip besucht hätten; daß Miss Habe nach dem gemeinsam verbrachten Abend mit ihm zurück zu seinem Elternhaus gefahren sei und dort das Abendkleid gegen eine Caprihose, einen weißen Rollkragenpullover und eine braune Jacke getauscht habe, bevor sie in ihrem Wagen nach Hause gefahren sei».
Sie wurde am Neujahrstag in dichtem Unterholz unweit des Mulholland Drive, 30 Meter westlich vom Bowmont Drive, gefunden. Nur Wahnsinnige konnten einen so wilden Haß an einem Menschen ausgelassen haben. Quetschungen an den Augen, Schnitte in der Kehle und in der Herzgegend, Brandwunden, vergewaltigt, nackt, mit nur einem Schuh. Einem früheren Freund der Family zufolge kannten einige Mitglieder der Family Marina Habe.
Manson scheint am Silvesterabend bei einer Party gewesen zu sein, die John und Michelle Phillips in ihrer Wohnung in Bel Air für die Schauspieltruppe von ‹Hair› veranstalteten.
Inzwischen packte Terry Melcher, jetzt wieder am Cielo Drive, seine Sachen, und im Januar zog er ins Strandhaus seiner Mutter an der Malibu Beach Road Nr. 22 126 in Malibu (California).
Manson kehrte im Januar 1969 ins Death Valley zurück. Anfang Januar zog Little Paul Watkins von der Barker Ranch mit einem Trupp nach Las Vegas (Nevada), um dort Juanitas roten Dodge-Caravan, der sich für eine Fahrt durch die Wildnis wenig eignete, für einen International Scout Jeep mit Vierradantrieb (1953) in Zahlung zu geben.
Während sich Watkins und Juanita in Los Angeles aufhielten, ließ Charlie den grün-weißen Bus von der Mündung des Goler Wash durch einen ortsansässigen Feuerwehrmann abschleppen, weil eine Bremsbacke repariert werden mußte. Die Family hatte von einer kurvenreichen, einige hundert Meilen langen Straße erfahren, über die sie die Barker Ranch von Norden her erreichen konnte. Und so fuhr Charlie den Bus voll angehender Gruselkinder über den nördlich gelegenen Emigrant-Paß und um Stovepipe Wells herum, dann ging's in der Tucky Mountains-Gegend den Berg hinauf und in der Mitte des Death Valley wieder hinunter, wo sie in der kleinen Stadt Shoshone haltmachten. Die

Einwohner der Stadt erinnerten sich später noch mit Verwunderung daran, daß jemand mit einem Schulbus in die Wildnis fahren wollte.

Von Shoshone aus ging's in Richtung Westen, vorbei an weiten, sich auftürmenden Hügeln, die aussahen wie Millionen übereinandergeschichteter, abgebrannter Riesenstreichhölzer. Sie fuhren über den Salisbury-Paß, den Jubilee-Paß bis zu dem ausgetrockneten Amargosa River. Sie fuhren an Ashford Mills vorbei und bogen linkerhand auf der ersten Schotterstraße in nordwestlicher Richtung ab, wo sie an einem Schild vorbeikamen, das darauf hinwies, daß diese Straße nicht täglich kontrolliert werde. (Gurdjeff sagte, man dürfe Wüsten-Straßenkarten nicht trauen.) Auf der Karte von Inyo County befindet sich diese Abzweigung östlich von Ashford Mills, während sie in Wirklichkeit westlich davon liegt. Es kann sein, daß der Verlauf der Straße inzwischen geändert worden ist, denn in solchen Einöden sind Straßen davon abhängig, was die Planierraupe des jeweiligen Bezirks alle Vierteljahr einebnet.

Von der Talsohle des Death Valley aus kletterte der Bus eine lange Serpentinensteigung an der Ostseite der Panamint Mountains hinauf.

Am Wingate Jeep Trail bog der Bus noch einmal links ab, vorbei an einem Straßenschild, «Warm Springs, 4 Meilen, Anvil Springs, 18 Meilen».

Von da an befand sich der Bus, der nun immer tiefer ins Gebirge hineinfuhr, innerhalb des Death Valley-Naturschutzgebietes; ein Schild mit weißen Lettern auf schwarzem Grund wies darauf hin: «Feuerwaffen verboten».

«Charlie konnte fahren wie ein *mother fucker*», bemerkte Clem, als er eineinhalb Jahre später dieselbe Strecke noch einmal fuhr. Auf diesem Treck durch die Wildnis zur Barker Ranch soll Charles Manson mehrere Wundertaten vollbracht haben.

Der grün-weiße Bus mußte sagenhafte Flußbettstraßen, gewundene, mit Geröll bedeckte Pfade, passieren. Einmal ging ein Wagenrad kaputt. Ein andermal wurde der Boden des Busses aufgerissen. Clem behauptete, Charlie hätte den Bus mittels Levitation über einen Felsbrocken hinweggebracht. Und die Mädchen mußten natürlich die tiefen Schlaglöcher häufig mit Holz oder Steinen auffüllen.

Da wo die Straße zum Warm Springs Valley hinaufführte, bestand der Weg in zunehmendem Maße aus dem Flußbett. Vier Meilen taleinwärts kamen sie an einer Gruppe von Talkbergwerken vorbei – Halden von Babypuder am Hang. Bei den warmen Quellen kam der Bus an einer

Baumgruppe, einer Tanksäule und mehreren Wohnwagen für die Bergleute vorbei.

Gleich hinter den Talkbergwerken wurde die Straße schlechter: die Laster, die den Talk abtransportierten, benutzten offenbar lieber die aus dem Tal hinausführende Straße als die zum Mengel-Paß hinaufführende. Nur Goldschürfer und Camper nahmen die Straße, die am schwarz-weiß gestreiften Berg, dem Striped Butte, vorbeiführte. «Holterdiepolter» – das war die *experience* für die Family, als sie in das felsenübersäte Chaos eindrangen. Die Straße gabelte sich, und der Wegweiser, «Jeep Road – Butte Valley», deutete nach links. Rechterhand schlängelte sich die Straße zu weiteren Talkbergwerken hoch. Rudel wilder Esel durchstreiften das Striped Butte Valley, und Kojoten lauerten ungeniert, die dünnen Nasen hinter Fettholzbüschen hervorstreckend, auf Beute.

Von der hochgelegenen Talsohle aus erklomm der Bus recht und schlecht den Mengel-Paß, und dann rumpelte er etwa weitere fünf Meilen den geheiligten Goler Wash hinunter zur Barker Ranch. Dort blieben sie.

Jedenfalls erreichte der Bus wie durch ein Wunder die Barker Ranch, wo er heute noch steht; der Motor ist ausgebaut, und die Karosserie ist gegenüber von Ballarat Bobs Hühnerstall abgestellt. Den hinteren Kotflügel hat irgendein kaputter Zyniker mit einem rot-weißen Klebezettel ‹*America. Love it or leave it*» versehen.

Langsam begannen im geheiligten Goler Wash die Dinge ungemütlich zu werden. Ein Kälteeinbruch machte mit dem Nudismus Schluß. Der Winter kroch heran.

Manson machte sich auf die Suche nach geeigneteren Bleiben und nahm «etliche Leute» mit, wie Brooks Posten erzählt hat.

Offenbar hatte die Family Anfang 1969 Wohnprobleme. Irgend etwas hinderte sie daran, zur Spahn Movie Ranch zurückzugehen.

Susan Atkins wohnte einige Zeit in einem Haus auf der Buchanan Ranch im Topanga Canyon. Sie lebte dort mit einem Mann namens Rory zusammen. Um diese Zeit kann es gewesen sein, daß Manson Sadie/Susan aus der Family ausstieß und ihr das Baby Zezo Ze-ce Zadfrak wegnahm.

Freunde von Sadie auf der Buchanan Ranch schmiedeten Pläne, wie sie Zezo zurückholen könnten. Interessant daran ist, daß Sadie, wie Augenzeugen berichtet haben, sich energisch gegen Manson zur Wehr gesetzt und ihre Unabhängigkeit behauptet hat. Bis Manson eines Tages oberhalb der Ranch auf einem Hügelkamm auftauchte und «Sadie!» brüllte und sie zu sich winkte, worauf Sadie Mae Glutz sofort zur Family zurückkehrte.

Irgendwie bekam Charlie ein Haus – Gresham Street Nr. 21019 in Canoga Park (California) im San Fernando Valley, nicht weit von der Spahn Movie Ranch. Sie belegten das Haus mit Beschlag und ebenso ein kleines Gästehaus im hinteren Teil des Besitzes, wo sie ihre Musikinstrumente aufbauten und ihre Kommune einrichteten.

Das Anwesen Gresham Street Nr. 21019 besteht aus einem schäbigen Haus mit rotem Dach und einem Säulenportal sowie einem kleinen grünen ‹Gästehaus› dahinter. Linkerhand befinden sich hinter einer Doppelgarage einige Pferdeställe oder -boxen.

Wenn man die unbefestigte Straße in Richtung Devonshire Street hinabfährt, stößt man auf die Island Village-Apartments, in denen verschiedene Bekannte von Manson wohnten.

Von den Hügeln im Norden bahnt sich der Brown Canyon Wash seinen Weg ins San Fernando Valley hinunter, ein Trockenbett, das eher einer überdimensionalen, gepflasterten Straßenrinne ähnelt. Dieser Wash führte zur Westseite des Anwesens hinunter, so daß Manson mit seinem Strand-Buggy von der Devils Canyon-Gegend, der Heimat von Helter Skelter, durch das Trockenbett bis zum Gresham-Haus fahren konnte.

Da Manson angeblich in den Death Valley Hills lebte, wurde sein Bewährungsfall von Los Angeles nach San Bernardino überstellt. Am 17. Januar 1969 versuchte der neue Bewährungshelfer, Manson im Death Valley aufzusuchen. Er kam bis zum Ballarat General Store, wo er von einem alten Bergarbeiter erfuhr, daß er einen Sieben-Meilen-Marsch die Wasserfälle hinauf auf sich nehmen müsse, wenn er das Camp der Family aufsuchen wolle. Nein, danke.

Etwa eine Woche nach dem Einzug in das Haus in Canoga Park schickte Manson einen Trupp zur Barker Ranch hinauf, der den Rest der Family holen sollte. Es waren Brooks, Juanita und Gypsy, die Geigenspielerin, die dort zurückgeblieben waren, um auf einige Sachen aufzupassen.

Eine Woche später traf der International Scout Jeep, für den Juanita und Watkins in Las Vegas den roten Dodge in Zahlung gegeben hatten, in Goler Wash ein und holte die drei ab.

Ungefähr vom 1. Februar bis zum 20. Februar 1969 hielt sich die gesamte Family in dem heruntergekommenen Haus in der Gresham Street auf.

Spezifische Einflüsse auf bestimmte Aktivitäten der Gruppe sind aus dieser Zeit kaum bekannt, doch gibt es ausführliche Beschreibungen von jener berühmten ‹Todesspiel-Party›, die an dem Tag in der Gres-

ham Street stattfand, an dem Brooks, T. J., Juanita und andere in dem neuen Jeep aus der Wüste zurückkehrten.
Damals kamen sie noch in Ledersachen, gebräunt und prächtig in Form aus der Wüste zurück. Und da saßen sie nun und ‹spielten sterben›: sie nahmen den Augenblick ihres eigenen Todes als gegeben an, um auch diese Erfahrung geistig zu erleben. Komisch?
Ein Teil der Gruppe war high und saß in der Mitte des Raums. Sie hatten angefangen, einen Song zu schreiben, die Sache aber wieder aufgegeben. Manson saß inmitten der Versammlung und man redete über das immer gegenwärtige Thema Tod. Charlie sagte «Sterbt», und so legten sich alle hin und taten so, als stürben sie. Bo fing an, «Charlie!» zu schreien – und dann «Oh-h-h-h-h!» Paul Watkins bezeugte von der berüchtigten Party folgendes: «Ich hörte Charlie sagen ‹Sterbt›.» Watkins berichtete, er habe sich eine Todesart auszudenken versucht, aber ihm sei nichts eingefallen, und so hätte er sich hingelegt, als Charlie sagte «Sterbt», und «so getan, als wäre ich tot». Alle anderen taten das gleiche, und Bo schrie, und Charlie saß in der Mitte des Raums, bewegte die Finger und redete von der Verwirrung in der Luft und wie Klasse das alles sei.
Brooks Posten konnte sich anscheinend auf Kommando in Trance versetzen, und Charlie befahl ihm zu sterben. Also starb er. Er versetzte sich in einen Zustand der Trance, der drei oder, wie manche behaupten, fünf Tage dauerte. Während er dahindämmernd im Wohnzimmer auf einer Couch lag, kümmerten die Mädchen sich um ihn, wenn er seine natürlichen Funktionen verrichtet hatte, und Charlie versuchte mehrmals vergeblich, ihn aus der Trance herauszuholen. Und siehe! am fünften Tag befahl Charlie ihm seine eigene, geheiligte bestickte graue Kordweste als symbolische Windel unterzulegen. Entsetzt bei dem Gedanken, er könne Jesu eigene Weste beschmutzen, erwachte Brooks aus seiner Trance. So zumindest wird erzählt.
Während dieses dreiwöchigen Aufenthalts in dem Haus an der Gresham Street ereignete sich das berühmte Manson-Lutschwunder. Auf einem LSD-Trip wurde Manson von einer jungen, hysterischen Anhängerin namens Bo einer abgeblasen. Bo, ein schmächtiges, masochistisches Mädchen mit Basedow-Augen und langem schwarzem Haar, war für Manson ein bevorzugtes Ziel seiner Quälereien.
Die Legende will wissen, daß das Mädchen beim Blasen überschnappte und mit einemmal Mansons Glied entzweibiß. Doch auf der Stelle, so wird behauptet, heilte Manson diese tragische Verstümmelung durch ein Wunder der Magie, und machte sogleich weiter.

Am 18. Februar 1969 suchte Manson, der inzwischen ins Hollywood der Spiegelungen zurückgekehrt war, seinen Bewährungshelfer auf und erklärte ihm, er lebe nun wieder in Los Angeles. Daraufhin wurde sein Bewährungsfall von den Behörden in San Bernardino wieder nach Los Angeles zurückgegeben. Manson erklärte seinem Bewährungshelfer gegenüber, daß er nach der Schneeschmelze im Hochgebirge wieder in die Wildnis zurückkehren wolle.

Am selben Tag stürzte eine DC-3 Gamblers' Special mit einem betrunkenen Piloten und 35 Spielern an Bord im Schnee des Mount Whitney, in der Nähe von Bishop (California), ab. Die Maschine befand sich auf dem Flug von Hawthorne in Nevada nach Long Beach in Kalifornien. Es heißt, daß das Flugzeug bis zur Schneeschmelze tief im Schnee begraben blieb. Das Flugzeug wurde schließlich gefunden, doch angeblich waren alle Wertsachen und alles Bargeld gefilzt worden, eine Beute, die man auf zirka eine Million Dollar schätzte.

Natürlich hat man versucht, Manson und seinem Strand-Buggy-Bataillon die Schuld dafür anzulasten. Ein abgefallenes Mitglied der Family behauptet, daß Angehörige der Family mit Teilen des abgestürzten Flugzeugs ihre Strand-Buggies geschmückt hätten, was allerdings nicht ganz glaubhaft ist.

Um den 20. Februar 1969 entsandte Charlie einen Trupp ins Death Valley: Brooks, Juanita, T. J., Bo, Mary Brunner und eine blonde Weiße namens Sherri, bei der es sich um Simi Valley Sherri gehandelt haben dürfte.

In diesen Tagen gingen schwere Regengüsse im Goler Wash nieder, und es kam zu einer plötzlichen Überschwemmung, bei der das Wasser bis hinauf zu den Ranchgebäuden stieg. Kurz nach dieser Überschwemmung machten sich Sherri, Juanita und andere nach Shoshone (California) auf den Weg, vielleicht auch nach Las Vegas, um Proviant zu besorgen. Auf dem Rückweg machten sie halt in Shoshone, wo es zu jener bekannten Haschsession kam, an der auch die Tochter des einheimischen Sheriffs teilnahm.

Der in Shoshone stationierte Sheriff lebte in einem Trailer-Camp in der Nähe der kleinen Stadt. Dieser Beamte hatte eine halbwüchsige Stieftochter, die sich mit Mitgliedern der Family angefreundet zu haben scheint. Als Sherri und die anderen durch die Stadt kamen, ließen sie es sich nicht nehmen, bei dem Trailer Station zu machen und die Tochter des Sheriffs zu besuchen. Little Paul erinnert sich: «Sie saß da oben mit der Family im Gebüsch und rauchte einen Joint, da kreuzte plötzlich der Sheriff auf und fragte: ‹Was tust du da?› Und seine Stieftochter antwortete: ‹Oh, ich rauche nur einen Joint, Daddy.›» Wutentbrannt schritt der Sheriff zur Tat. Er schickte seine Stieftochter zu Verwandten, wo sie von nun an leben sollte, und blies dann zu einer Razzia auf der Barker Ranch, dem angeblichen Dope-Lager.

Irgend jemand rief Charlie in Los Angeles an. Manson schickte sofort einen großen Lastwagen zur Barker Ranch hinauf und ließ alle abholen, bis auf Juanita und Brooks, die die Anweisung erhielten, sich als Ehepaar auszugeben. Offenbar glaubte man, daß ein Ehepaar gegen eine Verhaftung gefeit sei.

Wie erwartet erschienen der Sheriffsbeamte, ein Kollege von ihm und einige Rangers vom Death Valley National Park auf der Barker Ranch und fragten nach Marihuana. Marihuana? Nein, nein, davon wüßten sie nichts. Die Beamten zogen wieder ab.

Juanita und Brooks hatten Lebensmittelvorräte, die bei einer Mahlzeit pro Tag zwei Wochen lang reichten. Als die übrigen Mitglieder der Family die beiden verließen, versprachen sie Juanita und Brooks, sie würden sie in Kürze abholen. Doch Manson et al. sollten erst sechs Monate später ins Death Valley zurückkehren – nach den Morden.

8
Helter Skelter

Um den 1. März 1969 erschienen auf der Barker Ranch zwei Goldschürfer, Paul Crockett und Bob Berry. Sie stießen auf Brooks Posten und Juanita, die sich auch nach der Marihuana-Razzia dort noch aufhielten. Bob Berry hatte sich das Gebiet der Barker Ranch bereits im Herbst zuvor angesehen, und offenbar hatte es ihm dort gefallen. Crockett, ein ausgesprochener Gentleman in den Fünfzigern, erfüllt von der Lehre der Scientology, stammte aus Carlsbad (New Mexico) und kam auf der Suche nach Gold in den Goler Wash.

In den folgenden Wochen entspann sich zwischen Bob Berry und Juanita ein Verhältnis, das schließlich zur Heirat führte und dazu, daß Juanita sich aus den Fängen Mansons befreite.

Bob Berry und Paul Crockett bezogen die kleine, mit Teerpappe gedeckte Hütte links vom Haupthaus der Barker Ranch. Zu zweit machten sie sich daran, alte Schürfstellen in den Panamint Mountains, im Wingate Wash und im weiter südlich gelegenen Dora Canyon durchzuforschen, in der Hoffnung, das Hauptflöz zu entdecken. Abends pflegten Berry und Crockett mit Juanita und Brooks und später auch mit dem inzwischen aus Los Angeles zurückgekehrten Paul Watkins zusammenzusitzen und zu plaudern. Einen ganz besonderen Eindruck machte dem Goldschürfer und Metaphysiker Paul Crockett die ungeheure Angst, die Paul Watkins, Juanita und Brooks vor diesem mysteriösen Charlie hatten.

Es ergab sich, daß Paul Crockett schließlich Brooks Posten anstellte. Posten half ihm, die Erzproben von den Bergen runterzuschaffen und bekam dafür freie Verpflegung. Unter Bergleuten ist es üblich, jemanden anzuheuern, der ihnen wöchentlich von Lebensmitteldepots wie dem Ballarat General Store den nötigen Proviant mit Jeeps zu ihren Schürfstellen oder Camps hinaufschafft. Crockett ließ also von nun an mehr Lebensmittel bringen, um den schmalen, tranceanfälligen jungen Texaner Posten durchzufüttern.

Tagsüber inspizierten sie verlassene Bergwerke, Schürfstellen und Ausbisse und sammelten Erzproben, die sie abends zur Ranch zurückbrachten. Diese Proben zermalmten sie in einer Steinbrechmaschine, die jeden Kubikinch Gestein in ungefähr vierzig Stückchen zerstampfte. Dann wuschen sie das Gold aus, um festzustellen, wieviel die Proben enthielten.

Irgendwann im Frühling war Little Paul Watkins durchs Death Valley gefahren und hatte bei dieser Gelegenheit Juanita und Brooks besucht und Crockett kennengelernt. Nach seiner Rückkehr auf die Spahn Movie Ranch verkündete er die schaurige Neuigkeit, Scientologen hätten die Barker Ranch übernommen, eine Nachricht, die in der Family große Sorge auslöste.

Watkins überredete Charlie, ihn zur Barker Ranch zurückkehren zu lassen; vermutlich um diese sogenannten Scientologen, die dort nach dem Hauptflöz suchten, im Auge zu behalten. Manson und seine Leute versuchten in jenen Frühjahrswochen mehrere Male, zur Barker Ranch hinaufzufahren, aber anscheinend ging immer etwas schief. Kamen ihnen Hexenstrahlen in die Quere? Oder waren es die sogenannten Scientologen, die sich die Family vom Leibe hielten? Paul Crockett jedenfalls unternahm sicherlich nichts, um die Family von ihrem Glauben abzubringen, daß er sie mittels seiner geistigen Kräfte daran hindere, zur Barker Ranch hinauf zu gelangen. Vielmehr förderte er die Vorstellung, er könne durch einen magischen Fluch Manson daran hindern, zurückzukehren und den im Death Valley Zurückgebliebenen zu schaden. Die Mitglieder der Family haben schließlich offenbar tatsächlich geglaubt, okkulte Strahlen und Mächte versuchten ihnen den Zugang zum heiligen Devil's Hole zu verwehren. Manson selbst, der seit jeher unter einer ‹Strahlenphobie› litt, war bis zu einem gewissen Grade von Crocketts Macht überzeugt.

Paul Watkins beschloß, so behauptet er, die Family zu verlassen, als verschiedene Mordpläne zum erstenmal zur Sprache kamen. Und deshalb habe er sich unter den Schutz Paul Crocketts gestellt: «Er [Paul Crockett] weiß, wie Charlie seine ganze Sache aufgebaut hat, und ich ging zu Paul und sagte: ‹Paul, hilf mir da raus!› Peng! Einfach so. Denn ich war da so richtig hineingeschlittert. Und dann machte ich mir die Dinge im Zusammenhang klar und sah, wie sie wirklich sind, und so konnte ich mich schließlich davon befreien. Aber der alte Clem, Sandy, Lynn und Gypsy, sie haben einfach keine Möglichkeit, da rauszukommen. Ich glaube, selbst wenn sie Charlie umlegen würden, dann würden sie doch immer noch an ihm hängen.»

«War denn die Macht so groß, die Sie dort festgehalten hat?» wurde Paul Watkins gefragt.

«Es hat mit dem gegenseitigen Einverständnis zu tun», antwortete er. «Verstehen Sie, ohne Ihr Einverständnis kann ich Ihnen nichts antun, nichts ohne daß Sie dazu sagen, das ist okay. Aber bei einem, der so tief schläft, der so unbewußt ist, da sind sie letzten Endes mit allem einverstanden –» Dann ist das natürlich etwas anderes.

«Ich brauchte nur ein paar simple Worte zu sagen, um von der Family loszukommen. Ich brachte Charlie dahin, daß er mir in ein paar Sachen recht gab, und dann stieg ich einfach raus.»
Einmal in diesem Frühling versuchten Sadie und ein Biker von den Straight Satans zur Barker Ranch hinaufzugelangen, doch ohne Erfolg. Ein andermal belud Charlie Manson, der Teufel, höchstpersönlich den GMC-Last- und Wohnwagen mit zwei Strand-Buggies, doch der Laster blieb bereits in der Nähe der Spahn Movie Ranch auf der Strecke, und so scheiterte auch diese Expedition. Das alles förderte die Sage, dieser Crockett da oben in den Bergen hindere die Family kraft Hexenstrahlen an der Rückkehr zur Barker Ranch.

Mitte Januar 1969 hatte das neue weiße Doppelalbum der Beatles allein in den USA bereits an die 22 Millionen Dollar eingebracht. Dieses weiße Doppelalbum war nach der Magical Mystery Tour vom Jahr zuvor ein weiterer ‹erzieherischer Lehrgang› für die Family. Schon die ganz in Weiß gehaltene Plattenhülle war für die Family symbolisch – ganz in Weiß. Kapiert?
Irgend etwas versetzte Manson Anfang 1969 einen so irren Schrecken, daß er sich auf das Ende der westlichen Zivilisation vorbereitete. Er hatte schon früher von einem unmittelbar bevorstehenden Harmageddon geredet, doch hatte er stets gepredigt: «Unterwerfung ist eine Gabe, gib sie deinem Bruder.» Das heißt, ergib dich demütig der Gewalt.
Helter Skelter nahte heran.
Manson lebte in dem Wahn, daß sich die Neger bewaffneten, und er behauptete, er habe im Gefängnis mit Schwarzen gesprochen und habe von riesigen Waffenverstecken erfahren.
Er hatte eine geradezu legendäre Fähigkeit, Paranoia zu erzeugen. Man bekam eine Gänsehaut bei seinen geflüsterten, abergläubischen Vorlesungen über Karma und das drohende Jüngste Gericht. Mit brechender Stimme wie ein Präsident, der die Invasion eines südasiatischen Landes bekanntgibt, verkündete er, daß die Schwarzen sich erheben, mehrere Millionen Weiße töten und die Regierung übernehmen würden.
Dann aber, nach vierzig oder fünfzig Jahren, so geht die Geschichte weiter, würden die Schwarzen Manson die Regierung übergeben, weil sie dann nämlich erkannt hätten, wie ungeeignet sie seien, die Welt zu regieren.
Die amerikanischen, christlichen und wohlhabenden Pigs aber würde man schlachten. Er, Christus selbst, er, der Teufel in Person, würde die

Wiederkunft Christi schon herbeiführen. «Jetzt sind die Pigs an der Reihe, ans Kreuz geschlagen zu werden», sagte er oft.
Auf einer metaphysischen Ebene verband Manson das bevorstehende Helter Skelter mit seiner Vorstellung vom ‹Loch›. Denn in jenem mystischen Loch im Death Valley würde Manson mit seiner Family leben, solange die Schwarzen und Weißen in den Städten einen blutigen Kampf führten, bis am Ende die Schwarzen die Macht an sich reißen würden.
Von der *Stadt im Loch* aus würde Manson Streifzüge unternehmen, um mit seinen haarigen Heuschrecken aus dem *Abgrund* Städte zu plündern. Und die Schwarzen würden dank ihrem ‹Superbewußtsein› – so drückte es die Family aus – genau wissen, daß der Mann Charlie eben *der* Mann war, und so würden sie ihn schließlich an die Macht rufen.
Auf einer höheren Ebene, wenn höher hier das richtige Wort ist, lehrte Manson, daß die Mitglieder der Family, wenn sie die sieben Löcher auf den sieben Ebenen in eine gerade Linie brächten, auf der anderen Seite des Universums hervorschießen würden. Das ‹Loch› aber würde das magische Paradies sein – magisch, denn wie sonst findet man unterirdische Schokoladenbrunnen?
Manson übergoß sogar die einzelnen Kapitel und Verse des Buches der Offenbarung mit einer verdrehten Exegese, um seine Behauptungen zu untermauern.
Die Strand-Buggies waren die ‹Pferde› von Helter Skelter und trugen jene «Brustplatten aus Feuer», wie sie im 9. Kapitel der *Offenbarungen* des heiligen Johannes beschrieben werden. Und die Beatles waren, ohne es selbst zu wissen, die ‹vier Engel›, die einem Drittel der Menschheit den Tod bringen würden. Und auch für die Ankündigung, daß zu den Beatles ein fünftes Mitglied oder ein fünfter ‹Engel› stoßen werde – der Engel des bodenlosen Schlundes (wer mochte das wohl sein?) –, auch dafür fand Manson eine biblische Bestätigung.
Eine der Lieblingsstellen Mansons im 9. Kapitel der *Offenbarungen* war: «Und taten auch nicht Buße für ihre Morde, Zauberei, Unzucht und Dieberei» – diese Worte zitierte er wieder und wieder und bereitete so seine Anhänger aufs Töten vor. Und hatten seine Anhänger nicht «Haare wie das Haar von Frauen, und Zähne wie die Zähne von Löwen»?
Und war nicht Manson der König des Abgrunds?
«Und hatten über sich einen König, den Engel des Abgrunds, des Name heißt auf hebräisch Abaddon, und auf griechisch hat er den Namen Apollyon.» Als man die Bibel aus dem Lateinischen ins Englische über-

trug, ließen die Übersetzer in dem Text einen dritten Namen – neben Abaddon und Apollyon – für den Engel des Abgrunds aus. Dieser Name lautet im Lateinischen «Exterminans».

Exterminans – was für ein Wort, um Charles Manson zu charakterisieren!

Beispiele für die Entsprechungen, die Manson zwischen dem Buch der Offenbarung, den Beatles und seinen eigenen (Wahn)Vorstellungen fand, gibt es in Hülle und Fülle, doch soll der Leser davon verschont bleiben.

Manson hörte sich den Song ‹Helter Skelter› aus dem neuen Beatles-Album mit Kopfhörern an, und irgendwie, wie durch ein Wunder, hörte er, wie die Beatles ihn flüsternd drängten, er solle sie in London anrufen. Unglücklicherweise wußte Manson offenbar nicht, daß mit «Helter Skelter» eine Rutschbahn in einem englischen Vergnügungspark gemeint ist.

Die Mädchen behaupten, Manson hätte einmal ein Ferngespräch nach London angemeldet, um mit den Beatles zu sprechen. Zweifellos ist der Song ‹Helter Skelter› in dem weißen Beatles-Doppelalbum eine meisterhafte, eindringliche Rock'n'Roll-Nummer, und es ist ein ziemlich unheimlich klingendes Stück, besonders der lange Schluß, der gegen Ende hin zweimal ausgeblendet wird und wie ein universaler Marsch abgewrackter Irrer klingt.

«Charlie, Charlie, schick uns ein Telegramm» – diese Worte unterlagen seiner Ansicht nach dem Geräuschgeflecht der Komposition ‹Revolution 9›. Die Mitglieder der Family meinten, daß man mit Kopfhörern nur genau hinzuhören brauche, um die Beatles diese Worte flüstern zu hören. Man hört, was man hören will.

«Rise! Rise! Rise!» (Erhebe dich) pflegte Charlie beim Abspielen der ‹Revolution 9› zu schreien; er brachte diesen Song mit der Offenbarung – «Revolution 9» – in Verbindung. Später malten er und seine Anhänger das Wort «Rise» mit Blut an die Wand im LaBianca-Haus.

Man muß sich das weiße Doppelalbum der Beatles anhören, um eine Vorstellung davon zu bekommen, was Manson hörte oder hineinzuhören versuchte. Als Ganzes gesehen ist das Album von unterschiedlicher Qualität. Zwar weist es einige der üblichen brillanten Einfälle der Beatles auf, doch haben die Beatles dieses Album zu einer Zeit gemacht, als sie heftigen Streit miteinander hatten, und das ist dem Album anzumerken.

Dieses Album enthält natürlich auch den Song ‹Piggies› und, gruseliger noch, einen Song namens ‹Happiness Is a Warm Gun›. Andere Songs wie

‹Blackbird› und ‹Rocky Racoon› wurden ausnahmslos als rassistische Weltuntergangssongs gedeutet.

Der Song ‹Sexy Sadie› muß Susan Atkins alias Sadie Mae Glutz in verzückte Zuckungen versetzt haben. *«Sexy Sadie, you came along to turn everybody on»*, heißt es darin, und *«Sexy Sadie, you broke the rules, you laid it down for all to see»*.

Zu der Zeit, als die Family noch in dem Haus in Canoga Park lebte, ermunterte Manson Angehörige verschiedener Motorradbanden, sich der Family anzuschließen. Die beiden Gangs, die der Family am nächsten standen, waren die Satan Slaves und die Straight Satans, die sich beide mit den Initialen S. S. schmückten. Manson wollte die Bikers in seine Gruppe aufnehmen; sie sollten den notwendigen militärischen Flügel darstellen.

Die Family verbündete sich auch mit den Jokers Out of Hell, einer Gang, die sich mit Okkultismus befaßte. Einer dieser Jokers hatte einen Plattenladen in Santa Monica. Interviews haben ergeben, daß die Jokers Häuser im San Fernando Valley, in der Nähe des Hauptquartiers der Family, besaßen.

Manson veranlaßte seine Mädchen, die Bikers zu verführen, damit sie mit der Family in Kontakt blieben. Es kam vor, daß er einem der Mädchen befahl, sich auszuziehen und ihnen einen zu blasen. Reißverschlüsse wurden aufgerissen, Miniröcke fielen zu Boden, und die Bikers waren begeistert. Manson veranlaßte seine Anhängerinnen auch, die Bikers, was persönlichen Besitz betraf, zu bearbeiten. Sie streiften ihnen die Armbanduhren von den Handgelenken ab, und eines der Mädchen gurrte ihnen dazu ins Ohr: «Du brauchst keine Zeit. Was ist das schon, Zeit?» Und wenn gelegentlich ein Biker eine Braut mit auf die Ranch bringen wollte, sagten die Mädchen: «Wozu brauchst du denn eine Braut?», und für die Eifersucht der ‹Bräute› hatten sie nur Verachtung übrig.

Manson arbeitete ein regelrechtes Public Relations-Programm aus, um die Bikers anzulocken. Er lieh ihnen Geld. Er ließ sie ihre Motorräder bei der Family parken und reparieren, und als die Family wieder auf der Spahn Movie Ranch wohnte, gab es dort eine Menge Reitpferde, eine Menge Mädchen, und zu essen war auch immer etwas da. Räuberbanden haben sich seit jeher gern am Wüstenrand angesiedelt. Die Wüstengebiete, die Los Angeles umgeben, haben diese Tradition würdig fortgeführt – da gab es Überfälle, Rauschgifthandel, Handel mit Teilen von gestohlenen Autos und schaurige, magische Zeremonien im Überfluß.

In mancherlei Hinsicht glich die Family allmählich einem Bike-Club: derselbe unvorstellbare männliche Chauvinismus, dieselbe *outlaw*-Attitüde, dieselben ‹Todestrips›, derselbe Satanismus, dieselben Rituale. Die neuen Mädchen der Family trugen sogar, wie einige der Bike-Club-Mamas, an den Fußgelenken Kettchen, die zeigten, wer ihr ‹Besitzer› war.

Die Bikers sind berühmt für ihre vollendeten Leichenbegängnisse, bei denen sich die Motorradfahrer zu langen Einzelreihen formieren, die den Leichenzug bilden. Die ‹Farben› der Frau – ihre Club-Kluft – werden oft mit den Sachen ihres ‹Alten› begraben. Manchmal gibt es für die Frau Trauerzeiten mit regelmäßigen Ritualen am Grab, zu denen unter anderem das Begießen der Erde mit Wein gehört.

Ein Straight Satan, der eine Zeitlang mit der Family zusammen lebte, war ein großer, hübscher Kerl namens Joe. Joe lernte die Family in der Gresham Street kennen, als er sich nach dem Weg zu einem Haus erkundigte, das er mieten wollte. So hingerissen war er von der Family, insbesondere von Sexy Sadie, daß er gleich dort blieb. Er hatte eine Freundin, die damals Schlaftabletten-süchtig war.

Joe, der Straight Satan, übernahm bei den Helter Skelter-Vorbereitungen eine wichtige Aufgabe: Er war der ‹Architekt› des geheimen Fluchtwegs ins Death Valley.

Sein Aufenthalt bei der Family kostete ihn an die 2600 Dollar. Er steuerte seine Armbanduhr, einen Revolver, einen Kleinbus und sogar sein Motorrad zum Gemeingut bei. Zuerst lebte er mit der Family ungefähr einen Monat lang in der Gresham Street, danach ein paar Wochen auf der Hollowberry Hill Ranch of Satan und dann, bis zum Muttertag 1969, auf der Spahn Movie Ranch.

Danny De Carlo, ein kleiner, schwarzhaariger Straight Satan mit Schnurrbart, war der Biker, der mit Manson am längsten und in einer besonders engen Beziehung stand.

Danny De Carlo war im März gekommen, um ein Motorrad zu reparieren. Charlie lud ihn ein zu bleiben und bot ihm jede Menge Mädchen an. Seiner gewaltigen Potenz wegen wurde De Carlo von den Mädchen bald in Donkey Dick Dan umgetauft.

Eine Menge Straight Satans hielten sich vorübergehend in den verschiedenen Häusern auf, in denen die Mansonisten lebten. Die Straight Satans legten sich so farbenprächtige Namen zu wie Droopy, Dirty Old Man, 86 George, Stickman, Philadelphia John und andere.

Eine Zeitlang war auch De Carlos Frau Marian da. De Carlo verprügelte sie eines Tages, worauf sie Manson als den angeblich Schuldigen verpfiff und Charlie am 30. März 1969 verhaftet wurde. Allerdings wurde die Angelegenheit schnell aufgeklärt.

De Carlo stammte aus Kanada und lebte seit Anfang der fünfziger Jahre in den USA. Er hatte in der Coast Guard gedient. Sein Vater besaß eine Maschinenwerkstatt in Inglewood. Im August 1965 waren Danny De Carlo, sein Bruder Laurence und einige andere eingebuchtet worden, weil sie, von Tijuana her, Rauschgift über die mexikanische Grenze geschmuggelt hatten. Dafür wurde er zu fünf Jahren verurteilt; als er sich der Family anschloß, lief immer noch das Berufungsverfahren gegen dieses Urteil.

De Carlo hatte einen Sohn, Dennis, der etwas über ein Jahr alt war, also im gleichen Alter wie Pooh Bear. Auch Dennis wurde auf die Spahn Movie Ranch gebracht und dort der grausig-gruseligen Kinderstube der Family überantwortet.

De Carlo war einer der ersten ‹Waffenfans›, die sich Manson anschlossen. Er betete Waffen an. Er war Experte für alle möglichen Gewehre und Handfeuerwaffen.

Nachdem es der Family gelungen war, sich wieder auf der Spahn Movie Ranch einzunisten, richtete er im ‹Salon des Bestattungsunternehmers› auf dem Western-Filmgelände im Handumdrehen eine kleine Munitionsfabrik ein. Der ‹Salon› wurde in ‹Waffenkammer› umgetauft. Und von dieser Waffenkammer zogen sie aus, um zu morden.

Die Waffenkammer enthielt technisches Gerät zur Herstellung von vier oder fünf verschiedenen Arten von Kugeln. Außerdem war sie ein Arsenal für alle möglichen Messer und Bajonette. Dort schlief De Carlo, und dort stellte er sein Motorrad ab. Unter seinen Waffen war eine 303 British Enfield, ein 22-Kaliber-Gewehr, eine 20-Kaliber-Schrotflinte, ein 30-Kaliber-Karabiner, ein kurzläufiges 12-Kaliber-Gewehr für Straßenkämpfe, ein M-1-Karabiner und eine Maschinenpistole vom Typ Spizer MP 40 SH. Von einem Waffensammler, der einer Rock'n'Roll-Gruppe in Hollywood angehörte, bekam De Carlo ein Maschinengewehr.

De Carlo und einige andere Straight Satans fuhren häufig zu dem von der Rock-Gruppe okkupierten Haus. Der Waffensammler unter den Band-Mitgliedern war auf einem LSD-Trip ‹im Geist der Gewaltlosigkeit› und hatte beschlossen, sein Maschinengewehr wegzuwerfen. Also gab er es Donkey Dick Dan.

Manson und die Family waren gegen jeden Alkohol; dadurch kam es zu einem Konflikt mit mehreren Bikers, die alle, und De Carlo ganz besonders, starke Trinker waren. Außerdem wurden die Mädchen immer wieder sauer, wenn Danny schwarzen Jazz im Radio hörte. Sie waren entsetzt von den Aphrosheen-Werbesendungen. «Sie glaubten, wir hörten wieder den 105er (auf seiner Radioskala). Jazz hören war... äh... das war Mache», erzählte er. Es beleidigte die rassische Reinheit der Hillbilly-Arier.

Obgleich Manson sich eifrig um die Bikers bemühte, bestanden nicht alle von ihnen den ‹Rassentest›. So brachte zum Beispiel Joe von den Straight Satans einmal einen Jungen mit auf die Ranch, einen Halbindianer namens Sammy. Charlie jedoch duldete es nicht, daß er es mit den Mädchen machte. Einem gewissen Mark, der nur Viertelindianer war, wurde ebenfalls der Geschlechtsverkehr mit den Arierinnen auf der Spahn Movie Ranch untersagt.

Im Zusammenhang mit den Helter Skelter-Plänen arbeitete Manson einen Fluchtweg ins Death Valley aus. Ihm schwebte ein Geheimpfad über die Santa Susanna Mountains und durch die Mojave-Wüste vor, der es ihm und seinen Auserwählten, sobald die Schwarzen in Los Angeles zuschlugen, ermöglichen sollte, sofort ins Death Valley aufzubrechen, ohne mit einem größeren Highway in Berührung zu kommen.

Er beschloß, eine Flotte von Helter Skelter-Strand-Buggies zu schaffen, mit denen die Family von der Spahn Movie Ranch zum Death Valley (und wieder zurück) transportiert werden sollte, durch den Devil Canyon und die Mojave-Wüste hinauf in die Santa Susanna Mountains.

Eigene Erfahrungen in dem üblen Gelände des Death Valley bestärkten ihn in seinem Entschluß, daß Strand-Buggies die besten Fahrzeuge für seine mobile Todestruppe wären. Sie waren fabelhaft dafür geeignet, sich vor der Polizei aus dem Staube zu machen und unterzutauchen. Sie waren so leicht, daß zwei oder drei Grusel-Groupies sie mühelos über Felsen und Klippen hinwegheben konnten. Motorräder dagegen wurden verschmäht. Sie waren für die Wildnis ungeeignet.

Aber Strand-Buggies, oh, heilige Strand-Buggies – die waren wie Schlachtschiffe. Später ließ er Strand-Buggies mit gewaltigen Benzintanks ausrüsten, mit denen sie 1000 Meilen weit fahren konnten. Die Buggies wurden mit Maschinengewehrgestellen versehen, und Mansons Commander-Strand-Buggy wurde so eingerichtet, daß man darin schlafen konnte. Einzelne Strand-Buggies konnten jederzeit umgebaut und für den Transport von Lebensmitteln, Munition und Drogen verwendet werden.

Manson lernte einen jungen Burschen kennen, dessen Eltern die Steele Ranch besaßen, die auf der anderen Seite der Santa Susanna Pass Road, gegenüber von der Spahn Movie Ranch, liegt. Es gab dort mehrere im Grunde unpassierbare Feuerschneisen, die die Steele Ranch mit dem Devil Canyon verbanden. Und so geschah es, daß die Steele Ranch – es kommt, wie's kommen muß – zum Ausgangspunkt des Harmageddon-Fluchtwegs auserwählt wurde.

Manson brach an den jeweiligen Zugängen die Schlösser immer wieder auf und ersetzte sie durch eigene, bis ihm der Verwalter schließlich Zweitschlüssel gab. Auf der Steele Ranch standen ein Waffentransporter aus dem Zweiten Weltkrieg und ein Wasserlastwagen herum, auf die Manson für sein Helter Skelter-Arsenal scharf war. Zum erstenmal kümmerte sich die Family um materielle Besitztümer.

Anfangs erwarb Manson die Strand-Buggies zur Vergrößerung seiner Angriffsflottille käuflich. Später stahl man Porsches, takelte sie ab und baute sie zu Buggies um. Am 6. März 1969 tauchten Charlie, Bill Vance und Little Paul in dem Butler Buggy Shop am Topanga Canyon Boulevard in der Nähe der Spahn Movie Ranch auf. Charlie hatte ein dickes Bündel Hundert-Dollar-Noten in der Tasche und kaufte für 1300 Dollar zwei Strand-Buggy-Renner.

Der Butler Buggy Shop gehörte zwei Brüdern, von denen einer Polizeibeamter in Los Angeles war.

In der folgenden Zeit unterhielt die Family ganz interessante Beziehungen zu diesem Buggy Shop, ebenso wie die Satan Slaves, die laut Polizeiberichten behaupteten, sie hätten von dem Laden kostenlos VW-Teile bekommen. Der Sheriff von Los Angeles veranstaltete eine Razzia auf der Spahn Movie Ranch und beschlagnahmte mehrere Strand-Buggies, die mit von Linda Kasabian gestohlenem Geld bezahlt worden waren.

Fest steht, daß Charlie die ersten beiden Strand-Buggies mit einem Siebenhundert-Dollar-Scheck bezahlte, der von einer Versicherungsgesellschaft für Juanita gekommen war und auf dem er die Unterschrift gefälscht und den er selber kassiert hatte. Die restlichen 600 Dollar stammten aus dem Erlös von Aktien, die die schmächtige blonde Sandy Good verkauft hatte.

Eines Tages, Ende März, tauchte ein Mitglied der Satan Slaves namens Joey C. auf der Suche nach einer Bleibe im Haus an der Gresham Street auf. Manson fragte ihn, wo er bisher gehaust habe, und Joey erzählte ihm von einem großen Haus, westlich von Mulholland, in den abgelegenen Malibu Hills bei Agoura. Es gab dort etwa zehn Schlafzimmer und einen Swimmingpool. Wo der Besitzer war, wußte man nicht. Bemer-

kenswert war an dem Haus ferner, daß daneben ein Nachkomme des *outlaw* Jesse James wohnte.
Da der Besitzer nicht da war, zeichneten sich neue Möglichkeiten ab, und so brach Manson seine Zelte ab und fuhr mit der Family zu der Malibu-Villa, wo man sich für ungefähr zwei Wochen breitmachte.
Hier, in dem Zehn-Zimmer-Haus in Malibu, planten sie eine Helter Skelter-Fluchtroute, die über Feuerschneisen bis zum Meer führte.
Joey von den Straight Satans kannte die Feuerschneisen in der Gegend, da er als Häftling mit Arbeitstrupps hier herausgekommen war. Im Bezirk von Los Angeles gibt es mehrere Arbeitscamps, wo Gefangene leben, die zur Arbeit an Feuerschneisen und zur Brandverhütung eingesetzt werden; Brände sind in den die Stadt umgebenden Bergen sehr häufig.
Irgendwie gelang es der Family, sich Schlüssel oder einen Hauptschlüssel zu den Feuerschneisen zu beschaffen.
Während sich die Family in dem Haus bei Agoura aufhielt, skizzierte Joey einen Helter Skelter-Gruselweg, der von dem Haus hinunter zum Meer führte. Man brauchte nur ungefähr hundert Fuß Buschwerk zu roden, und der Weg war fertig.
Patricia Krenwinkel kaufte für über 100 Dollar topographische Karten von der Gebirgsgegend zwischen der Spahn Movie Ranch und dem Death Valley – mit ihrer Hilfe sollte der unfehlbare Helter Skelter-Fluchtweg ausgeknobelt werden. Sie planten, entlang des Weges geheime Waffen- und Proviantlager einzurichten. Eines Tages breiteten sie die topographischen Karten in der Wagenauffahrt aus und klebten sie aneinander, so daß sie nun ganz Südkalifornien vom heiligen Goler Wash bis zur Malibu Beach vor sich hatten. Diese Helter Skelter-Karten wurden später gefunden: sie waren im Death Valley vergraben.
Die Hauptplanungsarbeit geschah an Hand der Karten, einige Wege erkundeten sie auch mit den Buggies. Doch laut Aussagen der Person, die den Helter Skelter-Killerweg ausgearbeitet hat, ist die Family nie die ganze Route bis zum Death Valley gefahren.
In ihrer ganzen Pracht verlief die Helter Skelter-Fluchtstrecke von der Malibu Beach den Castro Fire Trail hinauf bis zur Hollowberry Hill Ranch in Agoura. Von Agoura führte sie eine Feuerschneise und ein Flußbett entlang zur Steele Ranch, nördlich der Spahn Movie Ranch. Von dort ging's durch den Devil Canyon, dann quer durch die Mojave-Wüste und hinauf zum geheiligten Goler Wash; auf der ganzen Strecke waren nur zwei größere Autostraßen (der Highway 99 und der Antelope

Freeway) zu überqueren.

Es geht das Gerücht, Manson oder jemand anderes von der Family habe bei einem Autoabschleppdienst in Chatsworth in der Nähe der Spahn Movie Ranch ein Raupenfahrzeug gestohlen; damit sei ein Stück des Helter Skelter-Fluchtwegs in den Santa Susanna Mountains planiert worden, und das Fahrzeug sei dabei möglicherweise ausgebrannt.

Das Projekt Helter Skelter stieß auf ein schwerwiegendes Problem. Seit Anfang 1969 verfügte die West Valley Station der Polizei von Los Angeles über Zwei-Mann-Helikopter vom Typ Bell-65, die mit starken Scheinwerfern ausgerüstet waren und damit aus dreihundert Meter Höhe einen ganzen Häuserblock taghell beleuchten konnten.

Manson hatte sich verschiedenes einfallen lassen, um mit diesen Hubschraubern fertig zu werden. Unter anderem hatte er den Plan, die Helikopter mit Hilfe von Magie zu attackieren. Eine andere Methode, den Hubschraubern einen Strich durch die Rechnung zu machen, bestand darin, die Scheinwerfer des Strand-Buggy-Bataillons mit schwarzem Klebeband zu verkleben und jeweils nur einen schmalen Schlitz freizulassen, der genügend Licht gab, um den Fluchtweg zu beleuchten, andererseits aber von oben aus, so hoffte man, nicht auszumachen war.

Manson würzte den Helter Skelter-Plan auf eine mörderische Weise: er glaubte, ein blutiges Gemetzel werde alles in Gang bringen. Irgendwie war er zu der Überzeugung gekommen, der große Rassenkrieg werde damit beginnen, daß die Schwarzen weiße Familien in ihren Häusern ermordeten.

«Das Karma ist in Bewegung», sagte er und meinte damit, daß ‹zur Vollendung des Karmas der Welt› ein solcher Zusammenstoß unvermeidlich sei.

Helter Skelter war ein Traumprojekt für frei herumlaufende Schizophrene. Da war für jeden etwas drin. Diejenigen, die eine grausige Kindheit gehabt hatten, erblickten in Helter Skelter eine Möglichkeit, ‹die Kinder zu retten›. Andere hatten einen mehr rassistisch geprägten Standpunkt: Charlie erweckte in ihnen die Vorstellung von einer weißen Elite, die am Ende über eine schwarze Bevölkerung herrschen würde.

Gewalttätige sahen in Helter Skelter eine Chance, einen regelrechten Krieg in Szene zu setzen. Und wer für Raub und Diebstahl etwas übrig hatte, sah darin eine Gelegenheit zum Plündern. Und für Weltuntergangsfanatiker war Helter Skelter der Hochgenuß.

Die Satan Slaves – dieser geheimnistuerische, sich abkapselnde Biker-

Club mit seinen okkulten Neigungen, der im Gebiet von Malibu und im Topanga Canyon operierte – scheinen der Family einen weiteren Impuls zur Gewalttätigkeit gegeben zu haben. Ein Jahr vorher waren Mitglieder der Satan Slaves bei einem Ku Klux Klan-Treffen im Valley gesehen worden; sie hatten sich dort beklagt, daß Schwarze Wohlfahrtsgelder einsackten, die doch eigentlich so prächtigen weißen Kerlen wie den Slaves zustünden. So berichtete ein Reporter, der an diesem Treffen teilnahm.

Manchmal lungerten sie in Hollywood herum. Die Satan Slaves waren Stammkunden im Compleat Enchanter, einem Laden in Los Palmas, wo sie Medaillons kauften.

Einige der Satan Slaves standen mit einer obskuren, satanischen Sekte von ungefähr vierzig Mitgliedern in enger Verbindung, die Zeremonien im Freien abhielt – diese Sekte nannte sich Kirké Order of Dog Blood (Circe-Order vom Hundeblut). Das Oberhaupt dieser Sekte ist eine Frau, die von den Mitgliedern verehrt wird. Ihre Anhänger glauben, sie sei eine Reinkarnation der Circe, doch nimmt sie anscheinend auch Namen anderer griechischer Gottheiten an. Circe soll rothaarig und Engländerin sein.

Adepten des Circe-Kults tätowieren sich den sogenannten Circe-Stern, einen vierzackigen Stern, der aus einem Rechteck hervortritt, auf die Brust, offenbar um damit ihrer Bewunderung für Circe Ausdruck zu verleihen. Die Circe-Gruppe hielt zweimal im Monat, einmal bei Vollmond und einmal bei Neumond, ihre Zeremonien ab, und zwar vermutlich an den abgeschiedenen Stränden in den Bezirken von Los Angeles und Ventura, wo sie schwarze Hunde, schwarze Katzen, schwarze Hähne und wahrscheinlich auch Ziegen opferten. Dabei soll es zu Tiervampirismus gekommen sein.

Ein Hauptquartier der Circe-Sekte befand sich in einem Haus unweit der Spahn Movie Ranch, in der Gegend von Granada Hills.

Manson beschäftigte sich intensiv mit der Frage, wie sich ein Gruppen-*freak-out* herbeiführen ließe. Um diese Zeit tauchte auf der Spahn Movie Ranch ein Indianer auf, der Charlie eine Pflanze mit dem Namen Telache zeigte, von der man annahm, es handle sich um Belladonna (Tollkirsche). Charlie probierte das Zeug und lag drei Tage lang im Koma. Man sammelte Blätter der Pflanze, kochte sie und füllte das kaffeebraune Gebräu in Wasserkrüge ab. Sie wollten es in Wasserreservoirs schütten. Wer bei dem Beatnik-Belladonna-Boom Anfang der sechziger Jahre so dumm war, Belladonna zu nehmen, weiß, wie rabiat dieses Telache ist.

Danny De Carlo erinnerte sich lebhaft daran: «Das macht dich irre, das Zeug, und du siehst kleine Leute und komische Sachen, einfach so, und du ballerst deinen Kopf gegen die Wand. Das macht dich wahnsinnig. Sie hatten ganze Krüge von dem Zeug, weil die Mädchen alle Blätter nahmen und ins Wasser taten und kochten, und heraus kommt dabei eine kaffeebraune Soße – ein braunes und unheimlich scharf schmeckendes Zeug.»
Manson hatte sogar vor, Raubüberfälle mit Hilfe von Telache zu unternehmen. Seine Idee war, sich bei einer Party in ein Haus einzuschleichen und den Leuten Belladonna in die Wassertanks zu tun.
De Carlo: «Alle sollten mit ihren Drinks Belladonna zu sich nehmen – und auf der Stelle wahnsinnig werden. Und wenn sie dann dalagen und sich krümmten und wanden und keine Ahnung hatten, was überhaupt mit ihnen los war, dann würden sie (die Mitglieder der Family) in aller Ruhe hineinspazieren und sich nehmen, was sie nehmen wollten, und tun, was sie tun wollten, und dann in aller Ruhe wieder hinausspazieren.»
Manson erwähnte häufig, er wolle in das Trinkwassersystem von Los Angeles LSD kippen. Die Family war überzeugt, ein solcher Massenkonsum von LSD würde die ganze Stadt in Gewalttätigkeit stürzen.
Um diese Zeit machten Charlie und die Mädchen am Swimmingpool ihres Domizils am Nicholas Canyon Road Nr. 2600 in den Hügeln oberhalb von Malibu einen Pornofilm. Produzent war nach Angaben des Morddezernats von Los Angeles Marvin Miller. Die Grundstückseigentümerin, Mrs. Gibson, erhielt von ihren Nachbarn zahlreiche Beschwerden; in Begleitung ihres Rechtsanwalts inspizierte sie ihr Haus und entdeckte eine blutbeschmierte Machete, von der die Polizei behauptet, Manson habe damit bei den Dreharbeiten irgend jemandes Arm aufgeschlitzt.
Nachdem sie zwei Wochen in der Villa in Mulholland, in der Nähe von Kannan, verbracht hatten, überredete die Family den zweiundachtzigjährigen George Spahn, sie auf die Spahn Movie Ranch zurückkehren zu lassen.
Aus dem protzigen Kannan-Ranchhaus klauten sie eine Wechselsprechanlage und einige andere Sachen, die sie hinter dem Müllhaufen auf der Spahn Movie Ranch versteckten, dort, wo später das Strand-Buggy-‹Montageband› entstehen sollte.
Damals, als sie sich bei den Satan Slaves auf der Hollowberry Hill Ranch, in den Hügeln oberhalb von Malibu Beach, aufhielten, mag es auch gewesen sein, daß sie engen Kontakt zu jener okkulten Gruppe

aufnahmen, die unter dem Namen Jean Brayton's Gang oder Solar Lodge bekannt ist.

Es wird vermutet, daß einige der Biker, die Manson kennenlernte, Braytons verfemter Solar Lodge vom Ordo Templi Orientis angehörten und daß sie ihm diese Sekte schmackhaft gemacht haben.

Erwiesen ist, daß es in jener Zeit in Blythe (California) zu mehreren Betrügereien mit Kreditkarten von Family-Mitgliedern kam. Nördlich von Blythe aber war die Blutsauger-Initiations-Ranch der Brayton-Bande.

Mindestens fünf verschiedene Personen haben behauptet, ein Mitglied von Jean Braytons rebellischer O. T. O. habe ihnen erzählt, daß Manson zur Solar Lodge Kontakte unterhalten hätte sowohl draußen in der Wüstenranch, in der Nähe von Blythe, als auch in einem ihrer Kulthäuser in Los Angeles, in der Nähe des Universitäts-Campus.

Susan Atkins alias Sadie Mae Glutz und ein anderes Mitglied der Family haben ausgesagt, daß die Family an Zeremonien teilgenommen habe, bei denen Hundeblut getrunken und Tiere geopfert worden seien. Angeblich zur sexuellen Stimulans. Der Leser sollte diese Möglichkeit nicht ernst nehmen. Das Bluttrinken der Family zwingt dazu, über die abscheulichen Möglichkeiten einer neuen Form von psychedelischem Vampirismus nachzudenken: den Versuch, sich unter Drogeneinwirkung an frischem Blut aufzugeilen.

Laut Zeugenaussagen beim Prozeß gegen die Brayton-Gang haben die Mitglieder dieser Bande tatsächlich das Blut geopferter Tiere getrunken.

Von größerer Bedeutung ist jedoch in diesem Zusammenhang die Tatsache, daß die Brayton-Sekte auch leidenschaftlich davon überzeugt war, ein Blutbad zwischen Schwarz und Weiß stehe unmittelbar bevor.

Und werde sich im Sommer 1969 ereignen. Klingt das nicht nach Manson?

9
Die Solar Lodge des O. T. O.

Georgina Brayton alias Jean wurde am 29. Dezember 1921 geboren. Ihr Mann, Richard M. Brayton, 59 Jahre alt, lehrte an der University of Southern California Philosophie.
Jean Brayton und ihre O. T. O.-Solar Lodge oder Sonnenloge operierten direkt vor den Toren des Universitäts-Campus; der Sekte gehörten eine Reihe von Kulthäusern und ein Buchladen. Außerdem besaßen die Braytons mehrere Häuser in der Wüste, nicht weit von der Grenze nach Colorado, in Riverside County (California).
Jean Brayton hat oder hatte Kreise furchterfüllter, durch Gehirnwäsche gefügig gemachter Anhänger um sich geschart, viele darunter noch ziemlich jung, doch eine große Anzahl auch älter und im Berufsleben stehend. Rund fünfzig Mitglieder der Sekte hat man aufgespürt, doch waren es wahrscheinlich wesentlich mehr, die damals unentdeckt blieben.
Jean Braytons okkulte Gesellschaft, der Ordo Templi Orientis (O. T. O.), wurde 1902 in Deutschland gegründet. Die Sekte gab vor, das Werk des Tempelordens fortzuführen.
1911 bildete Aleister Crowley in England sein eigenes ‹Kapitel› vom O. T. O. Seither hat die Bewegung fortbestanden; ihr derzeitiger Hauptsitz befindet sich in der Schweiz.
Aleister Crowley hatte Probleme auf dem Gebiet des Sadismus. Seine Bücher enthielten Hinweise auf Menschenopferungen. Seine Aphorismen, zum Beispiel sein «Wisse! Wolle! Wage! Und schweig!», bezeugten einen Hang zur Gewalttätigkeit. Crowley nahm Peyotl – sechzig Jahre ehe die Beatniks diesen Stoff in North Beach schluckten. Er benutzte Drogen, um die Persönlichkeit zu ‹pulverisieren› – ein halbes Jahrhundert vor dem Auftreten von Gehirnwäsche-Kulten, wie Manson oder Brayton sie praktizierten.
In Kalifornien gibt es offenbar zwei O. T. O.-Gerichtsbarkeiten – eine für Nordkalifornien, die andere für den Süden. Die südkalifornische Loge wurde von Jean Braytons Gruppe übernommen.
Der O. T. O. ist eine okkulte Gesellschaft, in der Eingeweihte über verschiedene Initiationsstufen aufsteigen, so daß die Akoluthen nach und nach in eine immer unheimlichere Szene gesogen werden. Die Bewegung ist pyramidal gegliedert und der Ipsissimus Jean Brayton nimmt die Position des Augapfels an der Pyramidenspitze ein.
Diese Schwindlersekte machte es genau wie andere Gruppen, beispiels-

weise wie die Mansons: Die Persönlichkeit der Anhänger wurde durch Schmerz, Überredung, Drogen und sich regelmäßig wiederholte schauerliche Riten zersetzt – vergleichbar dem Löschen eines Tonbands – und dann, den Bedürfnissen der Sekte entsprechend, wieder aufgebaut.

Man denke: Jean Braytons Solar Lodge veranstaltete magische Treffen, bei denen man versuchte, Haß-Vibrationen zu erzeugen und sie nach Watts auszustrahlen, um in dem Ghetto Unruhen auszulösen. Die Solar Lodge glaubte, daß ein großer Rassenkrieg – Mansons Helter Skelter vergleichbar – unmittelbar bevorstünde.

Um der Manson-Story nicht weiter vorzugreifen, sei hier nur kurz erwähnt, daß Jean Brayton im späten Frühjahr 1969 Anhänger nach verschiedenen Wüstenstrichen aussandte; sie sollten sich nach Örtlichkeiten umsehen, wo sie nach Ausbruch des Rassenkrieges bleiben konnten. Einige schickte sie nach Utah, andere gingen nach Taos.

Und die Feuersbrunst *stand* unmittelbar bevor.

Alle, jeder ihrer Anhänger, sollten bis zur Sommersonnenwende am 21. Juni 1969 Los Angeles verlassen haben – gerüstet für den großen Ausbruch.

Jean Brayton hatte eine kindische Vorliebe für John Symonds Buch über Crowley, ‹*The Great Beast*›. Die Lektüre des Buches brachte sie zu der Überzeugung, daß Aleister Crowley in der Zeit, als er auf Sizilien sein Kloster Thelema führte, das Blut von frisch abgestochenen Tieren getrunken habe – Bestandteil der höheren Riten seines Kults. Die ersten beiden Grade des Brayton-Hollywood-Kults, die sogenannten Minervastufen, brauchten kein Blut zu trinken. Aber die oberen Grade delektierten sich an der Opferung von Katzen, Hunden, Hühnern usw., und beim Trinken ihres Blutes sollen sie sexualmagische Handlungen vollzogen haben, bei denen Tierblut über die sich Paarenden gegossen wurde.

Die Solar Lodge des O. T. O. war der Scientology spinnefeind. Neben Anti-Neger-Ritualen hielt sie auch Anti-Scientology-Rituale ab, bei denen der Feind lächerlich gemacht wurde.

Auch Jean Brayton versuchte, Bikers um sich zu scharen, und sie probierte Telache oder Belladonna um dieselbe Zeit aus wie Manson.

Aleister Crowley hatte Mengen von Geheimdrogen zu sich genommen, und von Jean Brayton wußte man, daß sie alle schluckte, die sie bekommen konnte – wie eine streunende Amphetaminsüchtige an der Bowery von New York, die plötzlich stehenbleibt und sich nicht scheut, auch noch die Pillen hinunterzuschlingen, die sie in vor einem abbruchreifen Haus im Regen stehenden Medizinschränkchen findet.

Nach Aussagen von früheren Anhängern benutzte die Brayton-Gang zur Bewußtseinsdemolierung Marihuana, LSD, Demerol, Scopolomin, gewöhnlichen Stechapfel, Stechapfelwurzeln, Äther und Belladonna. Je unheimlicher, desto besser.

Auch Jean Brayton arbeitete mit jenem raffinierten Manson-Trick, der darin bestand, daß sie Leute ‹programmierte›, während sie sich auf LSD-Trips befanden. Auf diese Weise verschaffte sie sich intimste Informationen, die sie später zu Erpressungen verwandte.

Es ging das Gerücht, daß Jean Brayton Studenten der Zahnmedizin an der University of California mit Wucherzinsen ausbeutete. Klar ist, daß sie scharf darauf war, sich diese Studenten als ergiebige Dope-Quellen speziell für schmerztötende Mittel und Äther zu erhalten.

Natürlich gab es auch eine Anzahl junger Hippie-Typen, die sich zu Jean Braytons Gruppe hingezogen fühlten. Die jungen Leute sind heute sexuell so frei wie nie zuvor und leben schon in jungen Jahren in einem gesunden sexuellen Rhythmus. Jean Brayton unterbrach diesen Rhythmus, indem sie ihre Adepten in den frühen Initiationsstadien zwang, auf Sex völlig zu verzichten – eine Grausamkeit, die darauf hinzielte, sie zu verwirren, zu frustrieren und den Absichten ihrer Meisterin gefügig zu machen.

Einem Mitglied namens George fiel es, Sünde aller Sünden, schwer, seinen Sexualtrieb zu zügeln. Also ließ Jean Brayton jedesmal, wenn ihn ein sexuelles Verlangen überkam, Schnitte in seine Unterarme machen. Schließlich waren seine Arme bedeckt mit Schnittwunden.

Die Frau eines gewissen Clifford, der später als Belastungszeuge gegen diese der Foltermagie ergebene Loge auftrat, berichtete der Polizei, wie Jean Brayton getobt habe, als sie ihr erzählte, sie sei schwanger. Jean Brayton habe ihr befohlen, sie solle sich dazu zwingen, das Kind zu hassen und das Baby nach seiner Geburt der Sekte zu überantworten. Die Frau sagte aus, sie habe pflichtbewußt versucht, ihren dicker werdenden Bauch zu hassen, habe es aber nicht fertiggebracht und noch während der Schwangerschaft die Gruselsekte verlassen.

Ein der Solar Lodge nahestehender Zahnarzt verschwand auf höchst mysteriöse Weise. Er hatte seine Praxis in Palm Springs. Eines Montagmorgens rief er dort an und sagte, er habe sich bei einem Skiunfall verletzt. Seither hat man nichts mehr von ihm gehört. Jerry Kay, der Art Director für den Film ‹Easy Rider›, gehörte ebenfalls Jean Braytons Solar Lodge an.

Die große Masche der Jean Brayton bestand darin, ihre Häuser an ihre Kultgrusler zu vermieten. Seit 1963 gehört Georgina und Richard Bray-

ton das Anwesen 1251 West Thirtieth Street in Los Angeles, vermutlich das einzige Haus in der ganzen Stadt, wo Hühneropfer stattgefunden haben. Dies ist das Haus, wo Manson verkehrt hat.
Außerdem gehört ihnen das Haus Nr. 2627 in der South Menlo Street; dieses Haus beherbergt das Adyton der Crowleyschen Magiersekte. Es ist ein altes dreistöckiges Wohnhaus mit hellgrün gestrichenen Schindeln an den Seitenwänden und mit einem dunkelgrünen Dach. Das Haus Nr. 1241 ½ West Thirtieth Street gehörte ihnen ebenfalls – ein Paradiesschuppen für sexualmagiebesessene Hühnerkiller.
1966 erwarben sie eine Ranch, die an einer unbefestigten Straße zwischen Vidal und Blythe in Kalifornien liegt, ungefähr vier Meilen vom Colorado River entfernt. Jean Brayton war der Welt einzige rührige Baphomet-verehrende Grundstücksspekulantin. Ein Zyniker meinte in einem Interview, Jean Brayton habe sich nur deshalb so eifrig um Anhänger bemüht, um immer genügend Mieter für all ihre Häuser zu haben. Die entlegene Wüstenkommune benutzte die Sekte für ihre Initiationsriten.
Die Bücherei und der ‹Tempel› der Solar Lodge befanden sich im dritten Stock des Hauses in der South Menlo Street. Die Wände und Decken des Tempels waren von einem Mitglied der Sekte mit magischen und ‹ägyptischen› Wandgemälden ausgestattet worden, im Stil jener Gemälde, mit denen Crowleys berühmt-berüchtigtes Kloster Thelema in Cefalu dekoriert war, das von Mussolini dem Erdboden gleichgemacht wurde.
Die Solar Lodge betrieb einen Buchladen in der Straße direkt gegenüber vom Universitäts-Campus, West Jefferson Boulevard Nr. 947 – er hieß «The Eye of Horus Bookstore». Es war ein kleiner, rot und gelb bemalter Buchladen, der sich in einem inzwischen abgerissenen Gebäude befand. Die Außenfront dieses Buchladens war mit dem Augapfel des Horus geschmückt.
Das Auge des Horus wurde von den Ägyptern als magisches Amulett benutzt und symbolisierte den Sonnensieg des Falkengottes Horus. Der böse Gott Seth hatte dem Horus in einer gewaltigen Himmelsschlacht zu Beginn der Weltgeschichte das Auge ausgepickt. Doch durch Magie wurde Horus' Auge gerettet und geheilt.
Ein weiterer «Eye of Horus»-Buchladen wurde am North Broadway in Blythe (California) nahe der Wüstenzuflucht der Sekte eröffnet.
Vor ihrer beider Verhaftung hatten Jean Brayton und ihr Mann eine Lizenz beantragt, um in Vidal (California) ein magisches Mischmasch aus Café und Bar zu betreiben. Sie gaben an, sie hätten ein monatliches

Einkommen von 3000 Dollar an Rentenbezügen und dazu die Mieteinnahmen aus den verschiedenen Kulthäusern in Los Angeles.
Die Gruppe betrieb offenbar auch die einzige ‹okkulte› Tankstelle auf der Welt. Ein gewisser Richard Patterson, ein glühender Anhänger von Jean Brayton, eröffnete die Richfield-Tankstelle Nr. 1087 im Juni 1968 mit einer Rock-Band und Dumdum-Tänzern von der University of Southern California. Die Angestellten der Tankstelle versuchten, Kunden, die tanken oder ihre Zündkerzen gewechselt haben wollten, zu ihrem Glauben zu bekehren. Diese Tankstelle existierte ein Jahr lang, ungefähr bis Juni 1969, als Jean Brayton endgültig durchdrehte und verkündete, das Helter Skelter-Weltgericht sei nahe herbeigekommen.
Als Jean Brayton ihre Kultstreitmacht dazu überredete, Los Angeles vor dem Harmageddon zu verlassen, ereignete sich auf der Kult-Ranch in der Wüste ein schreckliches Mißgeschick. Ein kleiner, sechsjähriger Junge namens Anthony Gibbons steckte um den 10. Juni 1969 ein Feuer an, bei dem das Hauptgebäude niederbrannte und mehrere Tiere verendeten. Jean Braytons Gruppe hatte im Laufe der Jahre eine ganze Sammlung seltener magischer Reliquien und wertvoller okkulter Bücher, darunter vor allem Manuskripte von Aleister Crowley, zusammengestohlen, die einst Crowley gehört hatten. Etliche dieser unersetzlichen Bücher und Manuskripte wurden ein Opfer der Flammen.
Zur Strafe sperrte Jean Brayton den Jungen draußen im Freien 56 Tage lang in der Wüstenhitze in eine geschlossene Holzkiste ein.
Bei einem Gruppentreffen verkündete Jean Brayton, sie habe den sechsjährigen Anthony damit bestraft, daß sie ihm ein Streichholz unter die Hände gehalten habe, der Junge habe sich aber geweigert, zu sagen, es tue ihm leid, daß er die Ranch in Brand gesteckt habe. Tz tz tz.
Jean sperrte den Jungen in die Kiste, und sie schlug vor, Anthony an eine Kette zu legen, die lang genug sein müßte, vor den Flammen davonzukriechen, wenn sie die Kiste selbst in Brand setzte.
Der Sechsjährige wurde in einer Holzkiste gefangengehalten. Das linke Fußgelenk hatte man an eine im Boden verankerte Eisenplatte gekettet. In der einen Kistenecke lag eine zusammengeklappte Matratze, auf der er schlafen konnte. Und dann stand dort ein Eimer voller Exkremente. Die Kiste hatte einen Deckel mit einem schmalen Schlitz, der Luft und Licht hereinließ.
Niemand durfte sich in der Nähe des Jungen aufhalten, niemand ihn trösten. Im Juli 1969 herrschte in den Wüstenkultquartieren eine Temperatur von ungefähr 45 Grad.
Ein anderes kleines Kind, Eric, war erst zwei Jahre alt. Mrs. Brayton

fand, der Zweijährige verhalte sich unerträglich stolz (genau wie Anthony Gibbons), und so ordnete sie an, daß das Baby mehrere Tage lang von Sonnenaufgang bis Sonnenuntergang mit gekreuzten Beinen in Yogahaltung sitzen solle.

Während sie auf den großen Rassenkrieg warteten, errichteten sie ein an beiden Enden offenes Metallgebäude als provisorischen Schlafraum. Am Samstag, dem 26. Juli, dem Tag, an dem Gary Hinman ermordet wurde, erschienen draußen in der Wüste auf der Brayton-Ranch zwei Pferdehändler, die sich einige Pferde ansehen wollten. Sie entdeckten Anthony in der Kiste unter der heißen Sonne. Sie waren entsetzt. Sie fuhren nach Blythe und riefen von einem Laden aus die Polizei an, die sofort eine Razzia veranstaltete und elf der Kultoiden wegen Kindesmißhandlung festnahmen.

Der Vater des Jungen, James Gibbons, der getrennt von der Mutter lebte, erklärte der Polizei gegenüber, er habe den Jungen und dessen Schwester Tammy der Vidal-Kommune in Pflege gegeben, weil ihm «gefiel, was die Gruppe machte» – so zitierten ihn die Zeitungen. Er entging der Verhaftung wahrscheinlich deshalb, weil er für den Bezirk Los Angeles County als Bewährungshelfer tätig war und mit dem Gonzales Work Camp in Malibu in enger Verbindung stand.

Eine grausige Anekdote gibt wieder, wie die Sekte dem sechsjährigen Anthony Gibbons ihren Rassismus einzuimpfen verstanden hatte. Nach den Verhaftungen wurde der Junge in ein Pflegeheim gegeben, wo sich eine Schwarze um ihn kümmerte. Der Junge verlangte ein Schwert von ihr, er wollte ein magisches Ritual vollziehen, das ‹Lessor Ritual of the Pentagram›. Die Frau hielt sich in der Nähe auf, um die Zeremonie zu beobachten, doch Anthony herrschte sie an: «Wir lassen Nigger nicht zuschaun.»

Einer der O.T.O.-Anhänger wurde später, Anfang August 1969, in der Nähe der Wüstenkommune ausgegraben. Er scheint an einer Überdosis Telache oder Stechapfeltee gestorben zu sein.

Unmittelbar nach Erlaß der Haftbefehle machten sich Jean Brayton und einige ihrer auserwählten Anhänger davon zu einem Anwesen, das sie in Ensinada in Mexiko besitzt.

Mehrere Anhänger, die ihren Klauen entronnen waren, kamen nach Jean Braytons Flucht zum Vorschein und sagten als Zeugen gegen sie aus. Elf Mitglieder der Kommune, darunter auch Beverly Gibbons, Anthonys Mutter, wurden wegen Kindesmißhandlung vor Gericht gestellt. Der Prozeß fand im Oktober und November 1969 statt, und alle Angeklagten wurden schuldig gesprochen.

Das FBI erließ gegen Jean Brayton und verschiedene ihrer Helfershelfer Fahndungsbefehle, weil sie sich dem Verfahren entzogen hatten. Während ich dieses Buch schreibe, sind Jean Brayton und ihre engsten Anhänger immer noch untergetaucht, aber FBI-Agenten sind ihnen dicht auf den Fersen. Doch nun zurück zu Manson im April 1969.

10
Donner-Paß

Anfang 1969, als die Family noch in dem Haus an der Gresham Street lebte, tauchte dort ein alter Knastkumpel von Manson auf. Er hieß William Joseph Vansickle alias Bill Vance alias William R. Cole alias David Hamic (einen Namen, den er sich von seinem Neffen entlieh) alias Duane Schwarm. Für die Family war er Bill Vance, und in der Struktur der Family wurde er bald so etwas wie ein Klauminister.
Dem Hörensagen nach war Vance Champion im Halbschwergewicht in der Brushy Mountain-Strafanstalt gewesen. Er war 34 Jahre alt, groß, hatte eine gebrochene Nase, und es fehlten ihm mehrere Zähne.
Vance scheint in ein Apartmenthaus in der Gresham Street, nicht weit von der Family, gezogen zu sein. In den folgenden Monaten begann Vance von der Spahn Movie Ranch aus mit einer Einbrecherbande, bestehend aus Falschmünzern und Ganoven kleineren Kalibers, zu operieren.
Paul Watkins' Aussage über Vance:
«Als ich Bill Vance kennenlernte, lebten wir im Canoga-Haus. Wir waren für eine Zeitlang von der Barker Ranch heruntergekommen, weil es da oben in der Wüste anfing kalt zu werden; und Bill war ein Freund von Charlie.
Bill kam oft herüber, und wir törnten ihn mit LSD an. Er hat ein paar dufte Trips mit uns gemacht. Eines Nachts saßen wir rum und fingen an einzuwerfen. Jede Stunde warfen wir eine Tablette nach und wurden etwas higher.
Von da an hing Bill regelmäßig bei uns rum. Nur daß er es mit dem Klauen hatte. Er stand einfach auf Klauen. Ehrlich, der war wie von einem Dämon besessen und konnte nichts als stehlen; selbst wenn er alles hatte, was er brauchte, sogar dann mußte er los und irgendwen ausnehmen.»
Paul Watkins sagte, Bill Vance hätten früher die Topanga Stables oder so im Topanga Canyon gehört und er hätte eigentlich vorgehabt, eine Dopeschluckerkirche zu gründen, in der man psychedelische Mittel legal als Sakrament einnehmen konnte.
Bill Vance landete immer auf dem ‹Geldtrip›. Einmal wollte er für Joey und Danny De Carlo eine Reparaturwerkstatt für Motorräder in Venice (California) aufmachen. Ein anderes großes Projekt war der Knüller mit den Oben-ohne-Tänzerinnen.
Bob Beausoleil hatte Mr. Jack Gerard, den Inhaber der Gerard Theatri-

cal Agency, kennengelernt – ein Unternehmen, das sich darauf spezialisiert hatte, Schauspieler und Schauspielerinnen für Pornofilme und Oben-ohne-Tänzerinnen für Nachtclubs im Gebiet von Los Angeles zu vermitteln. Die Agentur betrieb auch einen Kleinhandel für Reizwäsche und Tanzkostüme. Beausoleil begann für die Gerard Agency zu arbeiten. Unter anderem mußte er jeden Abend verschiedene Clubs mit Wagenladungen voller Oben-ohne-Tänzerinnen versorgen.

Die Gerard Theatrical Agency hatte ihren Sitz oberhalb vom ‹Whiskey a go-Go› im Haus Nr. 8949 Sunset Boulevard am Sunset Strip. Am 23. März 1969 unterschrieb Beausoleil einen *songwriter*-Vertrag mit der Gerard Agency. Beausoleil besaß einen Zweitschlüssel für den Vordereingang zur Gerard Agency und durfte die dortigen Tonaufnahmegeräte benutzen, um Rohaufnahmen von seinen Songs zu machen.

Als Beausoleil von der Gerard Agency erzählte, kamen sowohl Bill Vance als auch Manson zu der Überzeugung, daß es doch möglich sein müsse, manche der Mädchen von der Ranch als Oben-ohne-Tänzerinnen bei der Gerard Agency unterzubringen. Bill Vance war bereit, als ‹Agent› der Mädchen zu fungieren. Er zog sich einen Anzug und eine Krawatte an, und die Mädchen, die alt genug waren und Ausweise hatten, putzten sich mit Kostümen und Stöckelschuhen heraus, von denen sie glaubten, daß sie Oben-ohne-Tänzerinnen gut anstehen müßten. Charlie meinte, jedes Mädchen würde pro Woche an die 200 Dollar verdienen, und so rechnete er, bei zehn Mädchen, die das Geld natürlich an die Family abgeben sollten, mit Einnahmen von ungefähr 2000 Dollar in der Woche.

Ein Teil des Helter Skelter-Fluchtplans setzte den Erwerb eines äußerst kostspieligen Goldseils voraus, von dem ein Meter 10 Dollar kostete. Charlie wollte einen Laster mit einer Winde und 300 Meter von diesem Goldseil ausrüsten, damit er beim Ende der Welt die Mitglieder der Family in das Hopi-Loch abseilen konnte. Man meinte, wenn zehn Oben-ohne-Skelteretten voll arbeiteten, müsse man das Weltendeseil rasch bezahlen können. Uh – ah.

Joey von den Straight Satans fuhr Vance und die Bande hoffnungsvoller Nackttänzerinnen zur Gerard Agency. Nach dem Unternehmen sollte er sie im ‹Ben Blue's Coffee Shop› am Sunset Strip wieder aufgabeln.

Sexy Sadie hatte sich mit Hilfe von Lippenstift und Make-up so verändert, daß man sie kaum wiedererkannte. Sie alle waren mit einer Dame von der Gerard Agency verabredet, die sich mit den Mädchen unterhielt. Dann kreuzte Gerard selbst auf, und da einige der Mädchen winzige Brüste hatten, wollte Gerard ihnen offensichtlich Sili-

con-Injektionen verabreichen, damit sie jene üppige Wackeleigenschaft entwickelten, die bei Oben-ohne-Tänzerinnen gefragt ist. Nein, vielen Dank.
Im Frühling 1969 bemühte sich Bob Beausoleil um Dennis Wilson, Melcher und Gregg Jakobson in der Hoffnung, dadurch in seiner musikalischen Karriere weiterzukommen. Jakobson erschien zweimal bei der Gerard Agency, um sich Beausoleils Aufnahmen anzuhören.
Im April wohnte Beausoleil ungefähr eine Woche in Dennis Wilsons und Gregg Jakobsons Haus in North Beverly Glen. Dort lernte Beausoleil ein schlankes rothaariges siebzehnjähriges Mädchen namens Kitty Lutesinger kennen, mit der er später zusammen lebte.
Beausoleil und Kitty verbrachten einige Wochen auf der Lutesinger Ranch, die Kittys Eltern gehörte und die am Devonshire Boulevard, nicht weit von der Spahn Movie Ranch, lag. Kitty wurde schwanger, und Ende Mai 1969 übersiedelten sie für einige Wochen in den Laurel Canyon und anschließend auf die Spahn Movie Ranch – gerade rechtzeitig, um den Ausbruch der Hölle mitzuerleben.

Am 12. Februar 1969 schlossen die Polanskis mit Rudy Altobelli, dem Besitzer des Anwesens Cielo Drive Nr. 10050, einen Mietvertrag. Altobelli war der Show Business Manager, den Melcher und Wilson für das Charlie-Manson-Superstar-Projekt zu interessieren versucht hatten. Er selbst wohnte auf dem Anwesen in einem kleineren ‹Verwaltungs- und Gästehaus›, das ungefähr fünfzig Meter vom Haupthaus entfernt lag.
Am 15. Februar bezogen die Polanskis das Haupthaus. Die Miete belief sich auf monatlich 1200 Dollar, ein ganz schöner Wucherpreis, wenn man bedenkt, daß das Haus nur drei Schlafzimmer hatte; immerhin war es nachts gut beleuchtet, und Gärtnereiarbeiten und Grundstücksverwaltung waren im Mietpreis inbegriffen.
Hinzu kam die vornehme Abgeschiedenheit der Lage hoch oben im Benedict Canyon am bewaldeten Berghang. Es gab einen Swimmingpool und jenes riesige zweistöckige Wohnzimmer mit der legendären Innengalerie, die mit einem weißen Geländer versehen ist, an dem man die schwarzen Kapuzen und die schwarzen Lederschürzen fand.
Die Höhe der Miete wurde den Polanskis, wie liebe Freunde berichteten, dadurch versüßt, daß die Paramount Pictures dafür aufkamen. Roman Polanski richtete sein Büro in dem Zimmer über der Garage ein.
Am 15. März 1969 gab Polanski eine von einem gastronomischen

Unternehmen ausgerichtete Housewarming-Party. Unter den lärmenden Gästen waren uneingeladene Freunde von Voityck Frykowski und Abigail Folger. Diese Freunde hatten die beiden offenbar durch die Sängerin Cass Elliott kennengelernt. Cass Elliott wohnte in der Nähe des Hauses in der Woodstock Road, in dem Miss Folger und Frykowski lebten.
Ein gewisser Pic Dawson trat dem Agenten von Sharon auf den Fuß, und es kam zu einer Rempelei. Typen wie Tom Harrigan, Ben Carruthers und Billy Doyle ergriffen für Pic Dawson Partei. Roman Polanski wurde wütend und setzte Dawson und seine Freunde vor die Tür.
Den ganzen folgenden Sommer hindurch waren jedoch die vier Erwähnten häufig Gäste im Haus von Polanski, während er selber und seine Frau in Europa zu tun hatten.
Nach einer Story, die von Reportern beim Manson-Prozeß in den Gängen erzählt wurde und angeblich von dem Produzenten der ‹Love Machine› stammte, hat auch Nancy Sinatra diese Party besucht und sich über die unverhüllte Haschraucherei aufgeregt. Sie ersuchte ihren Begleiter, er möge sie auf der Stelle fortbringen. Beim Weggehen kamen sie an einer schmiedeeisernen weißen Bank auf dem eleganten Rasen vorbei und bemerkten, daß dort Warren Beatty, Jane Fonda und Roger Vadim saßen und miteinander plauderten.
Als Miss Sinatra und ihr Begleiter das Grundstück verlassen hatten und hügelabwärts zu ihrem Wagen gingen, begegneten sie einer Gruppe langhaariger Hippies, die sie fragten: «Wo ist hier die Party?» Sie zeigten nach oben hügelaufwärts und mögen sich bis heute fragen, ob sie so der Helter Skelter-Horde den Weg gewiesen haben.
Am nächsten Tag, dem 16. März, fuhren Shahrokh Hatami, Sharons Fotograf, und Sharon Roman Polanski zum Flughafen. Er war auf dem Wege nach Rio de Janeiro, wo Mia Farrow für ihre Rolle in ‹Rosemary's Baby› einen Preis verliehen bekommen sollte.
Nach dem Filmfestival in Rio de Janeiro flog Roman Polanski weiter nach London, um dort an einem Drehbuch für die United Artists, ‹Day of the Dolphins›, zu arbeiten; es handelt sich um eine Agentengeschichte, in der Delphine vorkommen, die sprechen lernen. Er sollte auch Produktion und Regie dieses Films übernehmen – vermutlich für die Cadre Productions, eine Gesellschaft, die ihm und seinem guten Freund Gene Gutowski gehörte.
Sharon hielt sich derweil in Rom auf, wo sie mit Vittorio Gassmann in dem Film ‹Twelve Plus One Chairs› spielte. Weitere Szenen wurden später, im selben Sommer, in London gedreht.

Obgleich sie vier Monate lang abwesend sein würden, hatten die Polanskis beschlossen, ihre persönliche Habe nicht einzulagern, sondern das Haus offen zu lassen und jemanden damit zu beauftragen, sich um die Hunde usw. zu kümmern.

Eigentlich sollte ein junger Engländer, Michael Sarne, der Regisseur der Kinofilme ‹Joanna› und ‹Myra Breckinridge›, im Haus der Polanskis wohnen, doch unmittelbar vor Polanskis Abreise nach Rio entschloß er sich, ein Malibu-Strandhaus zu mieten.

Daraufhin erbot sich Voityck Frykowski, im Frühjahr und Sommer das Polanski-Haus zu hüten. Polanski erklärte sich einverstanden, vorausgesetzt, daß auch Miss Folger dort wohne.

Der Besitzer der Polanski-Villa, Rudy Altobelli, hatte ebenfalls vor, den Sommer in Europa zu verbringen. Er hatte irgendwann einen achtzehnjährigen Hitchhiker namens William Garretson von Lancaster (Ohio) mitgenommen. Altobelli stellte ihn für die Zeit, die er selber in Europa war, als Verwalter des Besitzes an. Garretson bezog das ‹Gästehaus› oder Verwalterhaus auf dem Anwesen. Als Lohn erhielt er die kolossale Summe von 35 Dollar in der Woche.

Zu Garretsons Pflichten gehörte es, für Terry Melchers 26 Katzen zu sorgen, die Melcher offenbar für einige Zeit in dem Haus untergebracht hatte. Außerdem kümmerte sich Garretson um Saperstein (Sharons Yorkshire-Terrier) und später auch um Abigail Folgers Dalmatiner sowie um Altobellis tückischen Weimaraner, ein Hund, der auf den Namen Christopher hörte und nicht nur gern bellte, sondern auch gern biß. Ferner mußte er Altobellis grünen Singfinken versorgen. Er sollte ein Auge auf das ganze Anwesen haben, ohne jedoch mit den Bewohnern näher zu verkehren, und schließlich war ihm auch das Telefon im Gästehaus anvertraut.

Am Abend des 23. März 1969 erschien Manson am Haupteingang zur Polanski-Villa.

Hatami öffnete die Tür. Shahrokh Hatami war gerade damit beschäftigt – so sagte er jedenfalls aus –, Miss Tate dabei zu filmen, wie sie für ihre Rom-Reise am nächsten Tag die Koffer packte. Hatami filmte dies angeblich als Bestandteil eines TV-Dokumentarfilms über das Privatleben von Filmschauspielerinnen.

Warum klopfte der einsachtundsechzig große Mann mit der behaarten Brust und der Frauentätowierung auf jedem Arm, warum klopfte Charles Manson an die Tür von Sharon Tates Haus?

Hatami sagte bei dem Prozeß aus, Manson hätte sich erkundigt, wo ‹irgend jemand› wohne – er meinte Terry Melcher. Hatami schickte ihn angeblich zum Verwalter- und Gästehaus auf der anderen Seite des Swimmingpools hinüber, wo Rudy Altobelli wohnte. Während Manson noch vor dem Eingang stand, kam Sharon Tate an die Tür und fragte, wer da sei.

Auch Rudy Altobelli packte seine Koffer. Er wollte am nächsten Tag zusammen mit Sharon Tate nach Rom fliegen. Altobelli duschte gerade, als Manson an die Fliegengittertür kam.

Altobelli sagte später vor Gericht aus, daß seine Hunde, wenn sie bellten, auf zwei verschiedene Bellweisen bellten, bei Menschen anders als bei Tieren – folglich muß er das Gebell gehört haben, das sie bei Menschen von sich gaben.

In ein Badetuch gehüllt und noch naß von der Dusche öffnete er die Tür.

Rudy Altobelli sagte aus, Zweck von Mansons Besuch sei es gewesen, herauszufinden, wo Terry Melcher wohnte, obgleich Melcher bereits seit fast vier Monaten vom Cielo Drive fortgezogen war.

Als Manson sich vorstellen wollte, so berichtete Altobelli, habe er zu ihm gesagt: «Ich weiß, wer Sie sind, Charlie.»

Altobelli hat Manson angeblich gesagt, er wisse die augenblickliche Adresse des Produzenten der Doris Day-Show, Terry Melcher, nicht.

Da Gregg Jakobson, ein enger Freund von Melcher, beim Manson-Prozeß aussagte, sie hätten Aufnahmen mit Manson gemacht, während sich die Family noch im Haus an der Gresham Street aufhielt, ist es schwer, zu glauben, daß Manson nicht gewußt haben soll, daß Melcher ins Strandhaus seiner Mutter gezogen war.

Als Manson die Polanski-Villa besuchte, lebte die Family höchstwahrscheinlich noch in dem Gresham-Haus. Es ist bekannt, daß Manson mit Melcher eine Verabredung getroffen hatte, nach der Melcher ihn in der Gresham Street aufsuchen sollte, und daß Manson sehr verärgert war, als Melcher nicht kam.

Mansons Besuch am Cielo Drive ist nach wie vor eine mysteriöse Angelegenheit.

Am nächsten Tag, auf dem Flug nach Rom, unterhielten sich Altobelli und Sharon über Manson.

Am 24. März 1969, zurückgekehrt in seine Bruchbudenstadt, war es Zeit für ein kleines Notzuchtsdelikt. Zwei unbekannte blonde Weiße in einem funkelnagelneuen Kabrio überredeten auf einer Straße in Chatsworth, ungefähr zwei Meilen von der Spahn Movie Ranch entfernt, ein siebzehnjähriges Mädchen aus Reseda (California), zu ihnen in den

Wagen zu steigen und mitzukommen. Mit dem hübschen Vogel in der Falle brausten sie davon zu einem heruntergekommenen Ranchhaus, das westlich vom Topanga Canyon Boulevard lag. Möglicherweise handelte es sich um das Hinterhaus der Spahn Movie Ranch, da das Mädchen der Polizei erzählte, es sei ein Haus gewesen, ziemlich weit von der Straße entfernt. Alles dort war seltsam und unheimlich. Hier der Polizeibericht:

Das Opfer erklärt, es sei der seltsamste Ort gewesen, den sie je im Leben gesehen habe; 20 bis 25 Leute saßen, standen oder lungerten in einem Wohnraum herum; Männer, Frauen, halbwüchsige Mädchen und Jungen und sogar kleine Kinder; Strabolampen gingen aus und an; Gegenstände hingen an den Wänden, alle psychedelisch; einige der Leute hockten auf dem Boden und zupften an irgendwelchen Musikinstrumenten; und alle hätten aus einem schmutzigen Krug getrunken und irgend etwas geraucht.

«Wo bin ich?» fragte Reseda-Blümchen.
«Du bist, wo du bist», antwortete eine unbekannte blonde Weiße.
Als die in die Falle Gegangene Hunger bekam, bot ihr ein Mädchen von der Family Corn-Flakes an, doch offerierte sie die Corn-Flakes nach Family-Brauch zuerst einem Hund namens Tom – denn die Tischsitten der Family wollten es, daß die Hunde immer zuerst zu essen bekamen, vor den Frauen.
Sie stellten das Mädchen Charlie vor. Er nahm sie mit hinaus und erklärte ihr, woran sie war, und dann, so berichtete das Mädchen, habe er sie in einem Auto vergewaltigt. Danach habe er sich die Hose hochgezogen und sei wieder ins Haus gegangen, um den Versammelten vorzusingen. Später ließ sich das junge Mädchen von irgendwem zu einem Schnapsladen in Chatsworth fahren, wo sie angeblich Zigaretten kaufen wollte, und rannte dort davon zu ihren Eltern, die jedoch von einer Anzeige absahen – wegen des Aufsehens, man weiß ja –, und Manson kam noch einmal davon.
Kurz nach dem Filmfestival in Rio de Janeiro unternahmen Roman und Sharon eine Reise nach Jamaika. Er verlor seinen Paß und mußte nach London zurückkehren. Sharon flog nach Rom zurück. Später im Frühjahr fuhr sie nach London zu ihrem Mann.
Polanskis Karriere als Schriftsteller, Regisseur und Geschäftsmann machte stürmische Fortschritte. So wurden zum Beispiel im April 1969 in Kopenhagen die Dreharbeiten zu einem von Polanski verfaßten und von Cadre Productions finanzierten Film ‹A Day at the Beach›, abgeschlossen. Vorlage des Drehbuchs war ein Roman des Holländers Heer

Heresma und Regie führte ein junger Marokkaner, Simon Hesera.
Und das war nicht alles.
So arbeitete Roman Polanski beispielsweise Anfang April neben dem United Artists-Projekt an zwei weiteren Drehbüchern, die offenbar für die Paramount Pictures bestimmt waren.
Das eine, ein Film über das Leben Paganinis, sollte in Zusammenarbeit mit dem Autor von ‹L'Avventura› geschrieben werden.
Der zweite Film, eine Gemeinschaftsarbeit mit Ivan Moffat, sollte den Titel ‹The Donner Pass› erhalten – die Geschichte einiger Pioniere, die während der Squaw Valley-Katastrophe im Winter 1851 zeitweise zu Kannibalen wurden.
In einem Interview mit Joseph Gelmis Anfang 1969 sagte Polanski:
«Der Film handelt von Leuten, die von Illinois nach Kalifornien ziehen. Damals lebten in Kalifornien nur siebenhundert Amerikaner. So zogen diese Reisenden diesem Paradies entgegen, doch blieben sie in dem sehr früh einsetzenden Winter im Schnee der Sierras stecken. Die meisten starben. Die wenigen, die überlebten, wurden später des Kannibalismus angeklagt.»
«Kannibalismus?» fragte der Interviewer erstaunt.
«Ja, ja, ich weiß, ich weiß. Aber es hat nichts mit irgendeinem meiner früheren Filme zu tun. Wie kommen Sie darauf, anzunehmen, ich sei vom Bizarren besessen?»
Am 1. April 1969 zogen Voityck Frykowski und Abigail Folger in das Haus am Cielo Drive.

11
Die Spahn Movie Ranch
(April, Mai, Juni 1969)

Nach Danny De Carlo war es die rothaarige, eifrige Squeaky Fromme, die George Spahn dazu brachte, die Family en masse auf die Spahn Movie Ranch zurückkehren zu lassen. In den ersten Apriltagen zogen sie ein.

Ein Teil von Charlies Meisterplan sah vor, George Spahn dazu zu überreden, daß er für den Fall seines Todes Squeaky die Ranch überschrieb. Immerhin war er damals 82 Jahre alt, und Squeaky hatte in seinem mit Sätteln angefüllten Haus eine permanente Sonderstellung inne.

Es lag also durchaus im Bereich des Möglichen, daß Manson zum Besitzer der Spahn Movie Ranch hätte werden können. Bis zum heutigen Tag hat Spahn die Mädchen der Family gern um sich. Zahlreichen Interviews mit Augenzeugen zufolge hatte er nichts dagegen, es ungefähr einmal in der Woche mit Mädchen zu treiben, die 65 Jahre jünger waren als er.

Zwar war da noch Ruby Pearl, seit langem George Spahns Partnerin, doch irgendwie scheint es Manson genau wie im Sommer zuvor gelungen zu sein, sich auf der Ranch breitzumachen. Das Verhältnis der Family zu Spahns Verwandten war immer sehr anfällig gewesen, doch was immer einer dieser Verwandten oder die Filmdoubles George Spahn ins Ohr flüstern mochten, Manson hatte die Trumpfkarte der Liebe.

Mit Jim, George Spahns Sohn, kam es immer wieder zu Reibereien. Oft war er drauf und dran, diese Hippie-Monster kurzerhand vom Anwesen zu verjagen. Und die Mädchen wiederum waren sauer auf ihn, weil er die Hengste kastrierte. Manson behielt einstweilen auch das Haus in der Gresham Street in Canoga Park bei, bis sie im Mai wegen Nichtbezahlung der Miete vor die Tür gesetzt wurden. Dort unterhielt er seinen privaten Harem aus acht Mädchen. Wie ein Nachbar des Anwesens berichtete, hatte kein anderer Mann Zutritt zu dem Haus.

Manson scheint auch in die fiskalischen Operationen der Ranch verwikkelt gewesen zu sein. In diesem Frühling brauchte George Spahn Geld, um seine Grundsteuer zu bezahlen, und Manson, so hat De Carlo erzählt, half ihm mit 3000 Dollar aus.

RuthAnn Morehouse alias Ouish wurde verhaftet und vor ein Jugendgericht gestellt. Sie wurde in die Obhut von George Spahn entlassen, der offenbar als Pflegevater fungierte. Legen wir eine Pause ein für ein

Uh-ah.

Ouish hatte das Erwachsenenalter von fünfzehn Jahren erreicht. Sie stand im Büro am Corral hinter dem ‹Register› und kassierte dort das Geld von den Leuten, die Pferde mieteten. Ein Beispiel dafür, wie Manson die Szene beherrschte.

Nachdem sie auf die Spahn Movie Ranch zurückgekehrt waren, verwandten sie viel Mühe darauf, den ‹Long Horn Saloon› in eine ‹Music Hall› oder einen Nachtclub zu verwandeln. Charlie überzeugte George Spahn, daß sich die Sache auszahlen würde. Später sagte Manson einem Anwalt gegenüber, er habe den Saloon nur aufgemacht, damit die Mädchen etwas zu tun hatten.

Den Erinnerungen der Mädchen nach war dieser ‹Music Hall›-Knüller ein Magnet, der die einheimischen Jugendlichen aus dem San Fernando Valley in Scharen anzog.

In der rechten hinteren Ecke des Saloons befand sich eine Art Bühne mit Gitarreverstärkern, einer Stereoanlage und einem Schlagzeug – eine Anlage für eine ganze Band. Dort in der Ecke stand auch eine Musikbox voller Rock-Musik. An der Decke hingen weiße und orangefarbene Fallschirme. Auf der linken Seite befand sich eine langgestreckte Bar, wo Popcorn, Chips, Soda, Kaffee und Dope serviert wurden. Auf dem Boden waren Teppiche und Matratzen für freundschaftliche Vereinigungen ausgebreitet. Diese Spahn-Movie-Ranch-Helter-Skelter-Teenage-Hopser erregten in zunehmendem Maße die Aufmerksamkeit der Polizei, die die Ranch immer häufiger nach halbwüchsigen Ausreißern durchkämmte.

Das Prunkstück des ‹Long Horn Saloon› war ein Wandgemälde im Dayglostil und in schwarzen und lichten Farben, das Fresko der Helter Skelter-Bewegung. Dieses Gemälde stellte einen Berg, die Wüste und den Goler Wash dar. Und in Fleisch und Blut stieg da der Engel von Helter Skelter zur Rettung vom Himmel herab. Dieses Wandgemälde trug unten die Inschrift: «Helter Skelter, Goler Wash und Death Valley». In der Nähe stand ein Krug auf einem Tisch mit dem Hinweis: «Gaben für Helter Skelter» – diesen hatte Ouish verfertigt.

Nach einigen Wochen wurde das Unternehmen von der Polizei dichtgemacht. George Spahn bekam einen Strafbefehl über 1500 Dollar, weil er einen Nachtclub ohne Lizenz betrieben hatte. Adios Helter Skelter a Go-Go.

Manson hatte genauso viele Interessen wahrzunehmen wie ein Aufsichtsratsvorsitzender. Als in diesem Jahr des Mordes aus dem Frühling Sommer wurde, stellten sich von allen Seiten Schwierigkeiten ein, die

Manson sich allerdings großenteils selbst zuzuschreiben hatte. Es gab keinen Ausweg.
So machte Manson zum Beispiel die Transcontinental Development Corporation zu schaffen, die eifrig versuchte, die Spahn Movie Ranch zu erwerben, um dort für Deutschamerikaner ein Erholungszentrum zu schaffen. Die Gesellschaft begann damit, Grundbesitz rings um die Spahn Movie Ranch zu erwerben und bearbeitete dann George Spahn, der selber deutscher Abstammung war, er solle verkaufen.
Natürlich war Spahns Familie dafür, der Gewinne wegen, die sich dabei erzielen ließen, den Handel perfekt zu machen. Und natürlich hätte die Transcontinental Development Corporation den ganzen häßlichen Gebäudekomplex abgerissen und den Hippie-Abschaum vertrieben.
Äußerlich gesehen hatten sich die Dinge auf der Spahn Movie Ranch seit dem Jahr zuvor nicht verändert.
In den versteckten Schluchten und abgelegenen Waldgebieten der Ranch lief man immer noch im Adamskostüm herum. Lediglich auf dem von der Santa Susanna Pass Road nur dreißig Meter entfernten Filmgelände war es angebracht, sich bis zu einem gewissen Grade zu bedecken.
Da waren nach wie vor dieselben übelriechenden Toiletten bei George Spahns Haus. Da gab es eine Dusche, die häufig kaputtging. Als Hilfsdusche diente der zweieinhalb Meter hohe Wasserfall hinter der Ranch.
Gleich über diesem Wasserfall befand sich eine Höhle, in der Mitglieder der Family gelegentlich kampierten und übernachteten.
Außerdem standen auf dem hinteren Teil des Filmgeländes einige Wohn- und Lieferwagen herum, die ebenfalls als Schlafstellen dienten.
Überall auf der Ranch lagen Schlafsäcke und zahllose Matratzen herum, damit Augenblicksregungen jederzeit sofort befriedigt werden konnten. Vermutlich war man geneigt, verhältnismäßig früh zu Bett zu gehen, denn je später es wurde, um so weiter mußte man gehen, bis man eine freie Matratze fand.
Die Bikers, von denen viele ölverschmiertes Lederzeug und Nazi-Medaillen trugen – manche hatten sich das Wort «L-o-v-e» auf das eine Handgelenk und das Wort «H-a-t-e» auf das andere tätowieren lassen –, vermittelten etlichen der Mädchen, die zwar Angst vor ihnen hatten, ein Gefühl von Freiheit. Gypsy hatte sich zunächst, so wird erzählt, nur sehr zögernd mit den Satans eingelassen, doch mit der Zeit kam sie auf den Geschmack.

«Oft kamen Motorradgangs heraus, und dann sagte er zu einem Mädchen, zieh dich aus, und sie zog sich aus, und der stieß das Mädchen einfach zu irgendeinem dieser Motorradtypen hin, der sie gerade vögeln wollte», so erinnerte sich Sunshine Pierce.

Wie bereits erwähnt nistete sich Danny De Carlo von den Straight Satans im Salon des Bestattungsunternehmers ein, den man wegen des Waffenarsenals, das De Carlo dort angelegt hatte, bald in Waffenkammer umtaufte. De Carlo war sozusagen das schwarze Schaf der Family und fügte sich nie dem Plan, wie Manson ihn sah.

Manson sah die Sache so: De Carlo war früher der Anführer seines Bike-Clubs gewesen, und vielleicht gelang es mit seiner Hilfe, die Straight Satans zu halten und zu den Braunhemden der Family zu machen. Aber das klappte nie so recht, da das Hauptprogramm der Spahn Movie Ranch die Muße war. Die Family beherrschte das ‹Herumhängen› – diese Fertigkeit, die überall in den Kleinstädten vor den Drugstores geübt wird – schließlich meisterhaft.

Die Bikers wußten sich gut anzupassen, wenn sie sich langsam vollaufen ließen und in aller Ruhe ihre Motorräder auseinandernahmen. De Carlo und die Bikers kassierten das Pfand für Coke-Flaschen und kauften sich für das Geld Wein, was Manson mißfiel. De Carlo baute oben am Wasserfall auch eine Marihuanapflanze, Elmer, an. Elmer war eine der mildesten Potpflanzen, die je kultiviert worden sind, hat aber insofern einen gewissen Ruhm erlangt, als es in jenem Sommer des Todes so ungefähr das einzige friedliche Symbol auf der Ranch war.

Buchstäblich Hunderte von ganz normalen Durchschnittsbürgern von Los Angeles suchten hin und wieder die Spahn Movie Ranch auf, nur um dort herumzuhängen.

Ein Starlet, das in einem Film der Klasse «Billiger geht's nicht», der auf der Spahn Movie Ranch gedreht worden war, mitgewirkt hatte, kam jedes Wochenende wieder auf die Ranch.

Und jedesmal wurde sie sofort bei ihrer Ankunft von jemandem auf eine Matratze oder ins Gebüsch geschleppt und ausgezogen.

«Immer, wenn ich hierher komm, werd ich vergewaltigt», beschwerte sie sich.

Einigen Mitgliedern der Bikers wurden Kleinstrollen in Werbesendungen und Filmsequenzen, die man auf der Spahn Movie Ranch drehte, angeboten. Die Beziehungen zwischen der Family und den Filmleuten, dieses Kapitel der Manson-Saga, voll von Bestechung und paranoidem Gemauschel, wird in einem späteren Kapitel behandelt werden.

Ein Mann, der für eine Kirche in Los Angeles tätig war, ließ sich regelmäßig von der Van de Kamp's-Bäckerei in Los Angeles die Backwarenreste geben und fuhr damit zur Spahn Movie Ranch hinauf, um die Family mit allen Arten von Torten, Kuchen und Backwerk zu versorgen. Sexy Sadie und Joey fuhren mit dem übriggebliebenen Backwerk manchmal nach Venice oder Santa Monica hinunter und verteilten es dort an abgewrackte Typen und Hippies, die sie in den Straßen trafen.

Hier ein Wort über die plötzlichen ‹Fleischanfälle› in der Family. Sadie Mae Glutz überkam oft eine unüberwindliche Gier nach Fleisch, und manchem fiel es schwer, sich mit der vegetarischen Kost auf der Spahn Movie Ranch abzufinden. Sadie sauste gelegentlich los zum nächsten Restaurant und bestellte sich ein Steak, so stark war ihr Verlangen. Auch Danny De Carlo und Joey von den Straight Satans fuhren einmal in der Woche nach Venice und ließen sich dort ein Super-Lendensteak servieren.

Eines hatte sich entscheidend geändert, seit die Family ein Jahr zuvor zum erstenmal auf der Spahn Movie Ranch aufgetaucht war. Das bevorzugte Gesprächsthema waren jetzt nicht mehr ‹bewußtseinserweiternde Spiele›, sondern ‹Mord›.

«Sie redeten die ganze Zeit übers Killen», erinnerte sich ein junger Mann, der auf der in der Nähe gelegenen Steele Ranch lebte.

Lange Zeit hatte Charlie immer wieder gepredigt: «Es gibt weder Gut noch Böse», jetzt aber sagte er Dinge wie «Du kannst das Töten nicht töten», «Wenn du bereit bist, dich töten zu lassen, mußt du selber bereit sein, zu töten» oder «Jetzt ist es an der Zeit, die Pigs ans Kreuz zu schlagen».

Er sprach jetzt so offen über Mord und Gemetzel, daß es fast wie eine sich zwangsläufig erfüllende Prophezeiung klang.

Irgendwann in diesem Frühjahr erwarb Manson sein ‹magisches Schwert›. Es war ein selbstgemachtes, sechzig Zentimeter langes Schwert mit einem Schutzbogen, das eine Menge Leute treffen sollte. Er hatte es von George Knowl, einem Straight Satan, bekommen. Charlie hatte ihn eines Tages einfach darum gebeten, nachdem er Knowl in Simi (California) eine Fahrkarte bezahlt hatte.

Es wurde Mansons zeremonielles Schwert. Wenn Gewalttätigkeit ihn überwältigte, konnte man ihn zuweilen sehen, wie er auf dem Plankenweg der Ranch herumsprang und das Schwert hauend und stechend durch die Luft schwang.

Bei den Dreharbeiten für einen der Family-Filme soll Manson es jemandem in den Arm geschlagen haben. Gott weiß, wen dieses Schwert sonst

getroffen haben mag.
Es hieb Gary Hinmans Ohr entzwei. Es ist vielleicht ins LaBianca-Haus mitgenommen worden. Es steckte in einer metallenen Scheide an Mansons Commander-Strand-Buggy, wenn er im Devil Canyon patrouillierte.
Nach den Morden durchstöberten die Straight Satans die Ranch, um in den Besitz des Schwertes zu gelangen. Vielleicht hatten sie andeutungsweise gehört, welche Taten mit dieser Waffe begangen worden sind.
Manson faßte ganz unbewußt den Entschluß zu morden. Von einem Getön glitt er ins andere, und das Ganze ähnelte dem Repertoire einer Nachtclub-Show, und wenn es auch ein ewiges Hin und Her war, deutete es doch auf ein Gemetzel hin.
Juan Flynn, der hochgewachsene Rancharbeiter aus Panama, der seit 1967 auf der Spahn Movie Ranch war und in Vietnam schreckliche Gemetzel erlebt hatte, riet Charlie davon ab, mit dem Töten zu beginnen.
Laut Paul Watkins hat Juan, wenn Charlie vom Killen redete, immer wieder gesagt: «Es ist wie mit dem Zigarettenrauchen, Charlie; wenn du erst anfängst, willst du immer weitermachen.»
Als die Mitglieder der Family in zunehmendem Maße überspannter wurden, wurden sie immer abweisender behandelt. Sie fingen an, die reichen Leute aus Brentwood, Bel Air und dem Benedict Canyon, den Piggies, wie sie sie nannten, zu hassen. Eine von Mansons Lieblingsphantasien rankte sich um ein ländliches ‹Schweineschlachten›. Wer unglücklicherweise einmal ein solches Schlachtfest miterlebt hat, weiß, wie die Schweine an den Hinterläufen aufgehängt, aufgeschlitzt und ausgenommen werden. Und genauso, predigte Manson, müsse man mit den Pigs von Brentwood verfahren. Zu diesem Zweck wahrscheinlich hat Watson jenes dreizehn Meter lange Seil zum Haus der Polanskis mitgenommen. Vermutlich ist in diesen ersten Monaten des Jahres 1969, als Gewalttätigkeit sich auf der Spahn Movie Ranch ausbreitete, jene Liste von berühmten Leuten entstanden, die getötet werden sollten.
Die Mitglieder der Family und die Bikers fuhren jetzt oft mit Motorrädern oder Strand-Buggies in der Nacht umher. Als Nachbarn sich beschwerten, sagte Manson zu einem von ihnen, wenn er nicht den Mund hielte, werde er ihnen allen ihre Häuser niederbrennen.
George Spahn beschwerte sich offenbar bei der Polizei über den nächtlichen Motorenlärm. Die Geräusche erschreckten die Pferde und beunruhigten die Nachbarn. Ein paar Sheriffs erschienen, um Ermittlungen

anzustellen und einen Bericht vorzubereiten. Nachdem sie wieder gegangen waren, erzählte George Spahn Manson, die Polizei fordere von ihm, er solle die Family vor die Tür setzen. Manson bekam einen seiner Wutanfälle. Er schrie und brüllte. Er warf George vor, er sei undankbar und in Wirklichkeit sei er überhaupt nicht blind.

Angeblich fuchtelte Manson dabei George Spahn mit einem Messer vor den Augen herum, um ihn zu einer Reaktion zu veranlassen. Er befahl einem Mädchen, sich vor Spahn nackt auszuziehen. Spahn blinzelte nicht.

Dann herrschte Schweigen. Bestimmten Mitgliedern der Family zufolge soll es anschließend in dem Raum, in Gegenwart Spahns, zu einem Gruppenbums gekommen sein. Darauf soll Manson – immer der Legende nach – gesagt haben: «Ich mag dich, George» und davongegangen sein.

Im Frühjahr 1969 kaufte Patricia Krenwinkel von irgendwelchem Geld, das irgend jemand, vielleicht Sandy Good, von zu Hause geschenkt bekommen hatte, zehn bis fünfzehn Lederhäute. Aus diesen Häuten versuchten die Mädchen für die Männer der Family Wildledersachen zu schneidern. Snake, Ouish, Gypsy und die anderen schnitten die Sachen zu und fingen an zu nähen, aber was sie da zustande brachten, hätte höchstens Krüppeln gepaßt. Sie konnten nicht einmal eine gerade Naht nähen, und so mußte man ihnen die Arbeit aus der Hand nehmen. Manson brachte die Häute offenbar zu Victor Wild, der die Sachen in seiner Lederwerkstatt in Santa Barbara nähen ließ. Manson trug seine ‹Buckskins› als er, an Aleister Crowleys Geburtstag, im Death Valley verhaftet wurde.

Wegen der erbitterten Fehde zwischen den Hell's Angels und den Gypsy Jokers hatte Victor Wild sein Lederwarengeschäft von San Jose nach Santa Barbara verlegen müssen. Dort, in Goleta, unmittelbar nördlich von Santa Barbara, blühte sein Geschäft.

Mitte April 1969 gammelte ein junger Texaner, Charles Pierce alias Sunshine, am Sunset Strip herum und lernte dort Ella Beth Sinder alias Yeller und Sadie kennen. Charles Pierce stammte aus Midland (Texas) und war nach Kalifornien gekommen, um hier wellenzureiten, in der Sonne zu faulenzen und sich zu amüsieren. Sadie und Ella beschwatzten Charles Sunshine Pierce, mit zur Spahn Movie Ranch zu kommen. Sunshine gab alles auf – sein Geld, seine Kennkarte und seinen silberfarbenen Plymouth Roadrunner (1968), den Manson freudig in Empfang nahm und eine Zeitlang benutzte, bis er ihn

Randy Starr schenkte.

Kurz bevor Neil Armstrong im Juli auf dem Mond herumhüpfte, wurde der Roadrunner gepfändet und von Angestellten einer texanischen Autofirma abgeholt. Doch solange die Family den Wagen hatte, benutzte sie ihn auch. Der Wagen war damals das einzige gute, robuste Fahrzeug auf der Spahn Movie Ranch und wurde oft für die verschiedensten Rauschgiftgeschäfte verwendet.

«Wir haben den Stoff aus San Francisco und Los Angeles hergeschafft und ihn an den Straßenecken verdealt –» erzählte Sunshine.

Mit dem neuen Roadrunner hatte Manson jenes berühmte Erlebnis, bei dem er einige Bullen zu einem Wettrennen herausforderte.

Eines Abends, es war ungefähr elf Uhr, fuhren Charlie, T. J. der Schreckliche, Sadie und Ella in Sunshine Pierces Plymouth Roadrunner los, um irgendwo Putz zu machen. Auf dem Topanga Canyon Boulevard reizten sie einen Bullen zu einem Rennen an und rasten davon.

Danny De Carlo berichtet: «Keiner konnte es mit Charlie aufnehmen. Eines Abends warf er einen Acidtrip ein, und Ella und Sadie waren, glaube ich, auch dabei... sie fuhren hinunter, nur um die Polizei zu reizen... und er hängte vier Wagen ab. Schließlich lenkte er den Wagen zum Straßenrand und hielt an, und sie wußten nicht, was zum Teufel sie von dem Kerl halten sollten; sie hielten ein Stück hinter ihm an, und er sprang aus dem Wagen, und er brüllte: ‹Los, hinter mir her›, und springt in den Wagen und braust wieder davon.»

Schließlich erwischte die Polizei sie, und Manson wurde mehrere Tage lang eingelocht, doch am Ende ließ sie ihn laufen.

Sunshine Pierce mußte sich wie alle Bekehrten die üblichen Vorträge Mansons über Helter Skelter, das ‹Loch›, «Es gibt weder Gut noch Böse», «Alles gehört allen, deshalb laßt uns stehlen» anhören. Mit der Zeit, als er das Vertrauen der Family gewann, durfte Pierce bei verschiedenen kriminellen Unternehmungen mitmachen.

Sunshine Pierce erzählte, eine von Mansons Strand-Buggy-Phantasien sei es gewesen, in ländlichen Gegenden Schulmädchen zu kidnappen, wenn sie aus dem Schulbus stiegen. Sie wollten zuerst die Gegend auskundschaften, um herauszubekommen, wo die Mädchen aus dem Bus stiegen, und dann wollten sie sie sich schnappen und zu ihrem Wüstenversteck bringen.

Typen wie Sunshine Pierce, Joey und andere verließen die Spahn Movie Ranch teilweise deshalb, weil sie merkten, wie sie allmählich zu jenen ‹programmierten Leuten› wurden, von denen Manson immer redete. Und wer um alles in der Welt will schon aus freien Stücken zu einem wil-

lenlosen Zombie werden?
Im April 1969 kam es zu etlichen Verhaftungen wegen schweren Autodiebstahls, doch wurden die Anklagen fallengelassen. Leslie Van Houten alias Leslie Sankston und Stephanie Rowe alias Jane Doe 44 befanden sich unter den Verhafteten.
Am 23. April 1969 wurde Charles Watson, nach wie vor schick in Schale, wie ein Polizeifoto aus jener Zeit beweist, in Los Angeles von der Polizei angehalten, weil man ihn verdächtigte, unter Drogen zu stehen. Officer Escalente nahm Watson die Fingerabdrücke ab, für Watson eine fatale Sache, denn es waren diese Fingerabdrücke, die die Polizei später mit den Fingerabdrücken an Polanskis Haustür in Verbindung brachte.

Am 25. April 1969 flog Bruce Davis, den Manson fünf Monate zuvor nach London geschickt hatte, vom Londoner Flughafen Heathrow aus wieder in die Staaten. Er ließ in England den früheren Ehemann von Sandy Good alias Sandy Pugh zurück, einen gewissen Joel Pugh, der bald darauf starb.
Nach Aussagen seiner Frau war Pugh der Sohn eines Arztes, der an der Mayo Clinic tätig war. Sein Tod in London war der erste Todesfall, der in einem Zusammenhang mit der Family stand und bei dem mit Menschenblut etwas an die Wand geschrieben worden war. Man fand Pugh mit aufgeschnittenen Pulsadern in einem abgeschlossenen Hotelzimmer in London. Laut einem Kriminalbeamten aus Los Angeles war das Blut an der Wand das Blut des Toten. Der amtliche Leichenbeschauer kam auf Grund des von ihm beauftragten Gutachtens eines Psychiaters zu dem Schluß, daß die aufgeschnittenen Pulsadern und die Schrift an der Wand auf einen Selbstmord hindeuteten. Doch Scotland Yard untersucht diesen Fall immer noch als möglichen Mordfall.
Anfang Mai, unmittelbar vor dem Muttertag, traf Bruce Davis aus Monroe (Louisiana) auf der Spahn Movie Ranch ein, wo er sich sofort eifrig am Aushecken der Mordpläne beteiligte. Davis entwickelte auch eine neue Methode (oder glaubt das zumindest), kostenlos das Benzin für die Strand-Buggies zu bekommen. Er schlug vor, die Pipelines in den Bergen, am Rand der Wüste, anzuzapfen und Fässer mit Benzin zu füllen, damit eine ständige Reserve für die Mission Weltuntergang zur Verfügung stand. Einer der Biker konnte darüber nur hohnlachen, da diese Pipelines entweder Naturgas oder Rohöl, aber ganz gewiß nicht Benzin enthielten. Aber Manson und Bruce Davis ließen sich nicht davon abbringen und versuchten es auf alle Fälle. Um das Benzin zu lagern, schafften sie sogar einige gestohlene Feuerwehr-Wasserfässer den Devil

Canyon hinauf.

Trotz der Vorbereitungen auf Helter Skelter oder das Ende der Welt fand Charles Manson noch Zeit, seine Superstar-Karriere voranzutreiben.

Beausoleil wandte sich an Frank Zappa, den brillanten Komponisten und Produzenten, und lud ihn auf die Ranch ein, damit er sich die Musik dort anhörte. Beausoleil sagte, die Family sei dabei, einen Tunnel oder dergleichen zur Mojave-Wüste zu bauen. Zappa, zu dem sich ausgeflippte Typen schon immer hingezogen fühlten, hatte jedoch nicht die Zeit oder Lust, sich mit dieser Sache zu beschäftigen.

Cathy Share, das einstige Geigenwunderkind, arrangierte es, daß sich Paul Rothschild, der Produzent der Doors, die Musik der Family anhörte – ohne Erfolg. Gypsy hatte in der Musikbranche Beziehungen, da sie früher mit dem Komponisten des Country- und Western-Hits ‹Don't Sell My Daddy No More Wine› zusammen gelebt hatte.

Gregg Jakobson und Dennis Wilson sorgten dafür, daß Charlie in einem Tonstudio in Santa Monica in Westwood, nicht weit vom Mormonentempel, Aufnahmen machen konnte. Das Studio gehörte einem gewissen George Wilder, der nur nach dem Geld fragte und Angst hatte, Charlie könnte ihn um die Studiogebühren prellen. Charlie wurde wütend, ging aus dem Studio und ließ zurück, was Jakobson so beschrieb: «Zwei oder drei Verstärker, zwei elektrische Gitarren, eine akustische Gitarre und noch andere Instrumente.» Manson brachte es irgendwie fertig, an die zwölf Songs aufnehmen zu lassen, genug für eine LP. Während der Aufnahmen komponierte er spontan zwei neue Songs. Ein paar von den Mädchen und Bob Beausoleil steuerten den chorischen Hintergrund bei. Und Dennis Wilson von den Beach Boys, Gregg Jakobson und Terry Melcher standen bereit, um die Gruppe bei Stimmung zu halten.

Bei dieser Aufnahmesitzung brachte Manson mit einer kleinen, spontanen Gitarrenimprovisation Melcher regelrecht zum Ausflippen. In einer Pause klimperte Manson auf seiner Gitarre herum und gab dazu einen scheinbar sinnlosen Silbensingsang von sich – «Dei-du-dei, Dei-du-dei, Dei-du-dei» usw. Nach und nach hörte man die Silben deutlicher, bis aus dem «Dei-du-dei, Dei-du-dei, Dei-today» schließlich ein *«Die today, Die today, Die today»* (Stirb heute) wurde.

Im Mai oder Juni 1969, auf einer England-Tournee, erzählte Dennis Wilson in einem Interview mit einem englischen Rock-Magazin von Manson. Er nannte ihn den ‹Hexer› und sagte, daß die Plattenfirma der Beach Boys wahrscheinlich eine Manson-Platte herausbringen werde.

Nach diesen Aufnahmen diskutierten Jakobson, Melcher und Wilson draußen in Melchers Strandhaus an der Malibu Beach mehrere Male darüber, was mit diesem gewaltigen Universalgenie zu tun sei. Jakobson schlug einen Dokumentarfilm über Charlie und seine Grusel-Groupies vor, aber Melcher, Geschäftsführer der Arwin Productions und der Daywin Music Publishing Company, und daneben der leitende Produzent der Doris Day-Show, mußte davon erst noch überzeugt werden. Jakobson hätte Melcher gern als ‹Produzent und Geldgeber› des Streifens gesehen.

Man meinte, vom Visuellen her müsse sich die Family dem Publikum ‹verkaufen› lassen.

So war zum Beispiel Jakobson von Mansons tänzerischen Fähigkeiten völlig hingerissen. Er sagt: «Wenn Charlie tanzte, verließ jeder die Tanzfläche. Er war wie Feuer, eine gewaltige Explosion, ein mechanisches Spielzeug, das plötzlich durchdrehte.» Wenn man das nur auf einen Filmstreifen bannen könnte! Hinzu kam die visuelle ‹Schönheit›, wie die Family lebte und arbeitete und liebte und sang.

Jakobson kam mehrere Male auf die Ranch und fotografierte die Family. Man war auf die Idee gekommen, eine fotografische Präsentation zusammenzustellen, um damit mögliche Geldgeber zu beeindrucken.

Man war sich uneins über die Frage, welche ‹Richtung› man dem Film geben sollte.

1969 war das Jahr des Films ‹*Easy Rider*› – ein Film vom nomadischen Leben mit Themen wie Gewalttätigkeit, Dope, Kommunen, Motorräder, Rauschgifthandel, Bordells und Haß.

Manson schwebte ein Film vor, dem man den Titel «Easy Killer» hätte geben können. Er wollte Satanismus. Er wollte Raubüberfälle und Verfolgungsjagden. Er wollte seine Family als Strand-Buggy-Briganten dargestellt sehen. Er wollte einen richtigen Harmageddon-Film mit einem Helter Skelter-Gemetzel. Kurzum, er wollte einen ‹ehrlichen› Film, der seinen damaligen Wahnsinn sowie den seiner Anhänger wiedergeben sollte.

Anscheinend interessierten sich Jakobson, Melcher et al. mehr für die liebenswürdigen Aspekte der Family: das Singen, die Liebe, den religiösen Tribalismus usw. Sie scheinen einen «Hier kommen die Hippies»-Dokumentarfilm mit versöhnender Moderation im Auge gehabt zu haben.

Am 18. Mai 1969 verwüsteten Angehörige der National Guard den Peoples' Park in Berkeley.

Ebenfalls am 18. Mai 1969 überredete man Terry Melcher, zur Spahn

Movie Ranch zu kommen, um sich dort Charlie und seinen Chor in der natürlichen Umgebung anzuhören. Jakobson und Melcher holten Bob Beausoleil und seine Freundin Kitty Lutesinger auf der Lutesinger Ranch ab und fuhren von dort zu dem ‹Probesingen› auf der Spahn Movie Ranch. Manson nahm Melcher mit auf eine Strand-Buggy-Fahrt. Melcher beobachtete, wie einige Leute eine Lichtmaschine in einen Laster einbauten. Manson erklärte Melcher, der Laster werde dafür hergerichtet, daß man Strand-Buggies und Motorräder damit aus der Stadt transportieren könne. Nicht lange darauf versuchte Manson, den mit Strand-Buggies beladenen Laster zum Goler Wash zu fahren, aber das Fahrzeug blieb mit einer Panne stecken – verhext, wie man glaubt, von der Magie der sogenannten Scientologen und Goldschürfer.

Das Probesingen fand in einer Waldlichtung hinter der Ranch statt. Dorthin gelangte man nur mit Hilfe einer Tarzan-Nummer, indem man sich an einem Seil, das an einem Baum befestigt war, das Steilufer des Creeks hinunterhangelte.

Alle gingen hinunter zum Fluß. Die Mädchen schritten stumm und im gleichen Abstand dahin – so schien es zumindest Terry Melcher. Charlie Manson saß beim Singen auf einem Felsen, und die Mädchen sorgten für den musikalischen Background, indem sie rhythmisch in die Hände klatschten und summend seinen Gesang begleiteten, wobei sie immer wieder «Ja!» und «Amen!» riefen wie bei einer religiösen Erweckung.

Melcher gab Manson 50 Dollar, alles, was er bei sich hatte, angeblich, damit Manson Heu für die Pferde auf der Ranch kaufte. «Ich hoffe, man hat das nicht für eine Vorauszahlung auf eine Aufnahme genommen», erklärte Melcher später im Manson-Prozeß, wo er glaubhaft zu machen versuchte, daß er nie mit der Family näher verkehrt habe.

Family-Leute, die interviewt worden sind, haben behauptet, Melcher habe Manson erklärt, er müsse mit einem von Melchers Musikverlagen einen Vertrag schließen – gemeint war wahrscheinlich ein Filmvertrag und ein *Songwriter*-Vertrag. Aber Charlie hatte was gegen Verträge. Zu kaputt, Mann. Er wollte nur das Geld.

Nach dem Probesingen am Creek gingen sie zurück zum vorderen Teil der Ranch, und siehe da, dort stießen sie auf Randy Starr, der in seinem mit den Worten «Randy Starr, Hollywood Stunt Man» bemalten Lieferwagen saß. Er war betrunken und streitsüchtig und trug einen Revolver am Gürtel, und es sah so aus, als wollte er ihn jeden Augenblick ziehen. Charlie trat näher und versetzte Randy einen Schwinger in den

Magen und nahm ihm den Revolver weg.

Da wir gerade von Waffen sprechen: zweifellos dürfte es interessieren, etwas mehr über die Geschichte jenes 22-Kaliber-Revolvers zu erfahren, den Manson et al. bei ihren Mordtaten im Sommer 1969 benutzten. Diese Waffe tauchte auf der Ranch im Spätfrühling auf.

Die Family erwarb einen Hostess Twinkie-Brotwagen (1952), der auf den Namen der Continental Bakery Company zugelassen war. Mit diesem Wagen besuchte Manson sechs Tage vor der Ermordung von Abigail Folger und den anderen das Esalen Institute in Big Sur. Danny De Carlo, der ehemalige Chef der Straight Satans, kaufte den Brotwagen von einem gewissen Dave Lipsett, einem Freund von Manson.

De Carlo gab ein paar gestohlene Motorradteile, darunter auch einen Motor, für diesen Twinkie-Laster in Zahlung. Wem der Brotwagen nun wirklich gehört, darüber ist es immer wieder zu Streitigkeiten gekommen. Manson hat behauptet, die Motorradteile und der Motor seien auf Grund seiner Hinweise gestohlen worden, weshalb der Laster eigentlich ihm gehöre. Aber im Grunde war Charlie das egal; alles gehörte allen.

Eines Abends war Bill Vance sturzbesoffen und, wie jeder betrunkene Y-Chromosom-Protz, streitsüchtig und drauf und dran, die ganze Ranch zusammenzuschießen. Vielleicht kam es bei dieser Gelegenheit zu einem Streit von Dieben über Diebesgut. Anderen Berichten zufolge soll Vance mit Randy Starr Streit gehabt haben, dem Double, das darauf spezialisiert war, sich von Pferden durch den Staub schleifen zu lassen.

Jedenfalls griff Manson in den Streit ein und gab De Carlos Brotwagen für den Revolver her, mit dem Vance herumfuchtelte. De Carlo scheint protestiert zu haben – mein Laster, mein Laster! –, doch Manson sagte ihm, Vance brauche den Laster nur ein paar Monate lang, dann könne De Carlo ihn wieder zurückhaben. Okay.

Der Revolver, den Vance an Manson abtrat, ist ein eineinhalb Pfund schweres Sechzig-Dollar-Requisit des Western-Chauvinismus, hergestellt von der U. S. Firearms Corporation. Im Katalog der Firma wird diese Waffe folgendermaßen angepriesen: «Diese langläufige Schönheit erinnert an die Wyatt Earp-Zeit, als Ned Buntline dem Marshall einen ähnlich langläufigen Trommelrevolver überreichte. Schießt neun Schuß ‹wie am Schnürchen›. Kurze Drückerphase und Präzisionslaufzüge. Echter Walnußknauf. Vergoldeter Abzugsbügel.»

Dieser Revolver tötete Jay Sebring, schoß einem schwarzen Dealer in den Bauch, erschoß Voityck Frykowski und weiß Gott wen noch.

Nach Melchers Besuch erkundigte sich Manson bei Jakobson immer wieder, ob Melcher an dem Projekt noch interessiert sei. Offenbar gab es eine Frist, in der sich Melcher ‹entschließen sollte›. Manson fragte nach Melchers Telefonnummer, und Jakobson gab ihm die Nummer von Melchers Anrufbeantworter. Manson baute wirklich darauf, daß Melcher diese Sache mit dem Film und den Platten für ihn unter Dach und Fach bringen würde.

Am 21. Mai 1969 rief Manson seinen Bewährungshelfer an und fragte ihn, ob er mit den Beach Boys sofort eine Reise nach Texas antreten dürfe. Er könne 5000 Dollar verdienen, sagte er. Der Bewährungshelfer erklärte ihm, er müsse einen Arbeitsnachweis erbringen. Manson reagierte verärgert: er fand, es sei eine Zumutung, die Beach Boys oder ihren Manager um eine Arbeitsbescheinigung angehen zu müssen. Einige Tage später rief Manson noch einmal an und sagte, es sei zu spät, die Beach Boys wären bereits abgereist. Er berichtete ihm ferner, man habe einen Song von ihm in die Hit-Parade aufgenommen, und er habe soeben die Aufnahmen für eine Platte machen lassen, die in etwa einem Monat herauskommen werde.

Am Dienstag, dem 26. Mai 1969, wurde Bürgermeister Yorty, der sich den Hillbilly-Rassismus in Los Angeles zunutze gemacht hatte, wiedergewählt. Sein schwarzer Gegenkandidat Tom Bradley war unterlegen. Abigail Folger hatte für die Wahl Bradleys lange und schwer gearbeitet.

Da die Family sich um Zeitbegriffe wie Monate oder Tage nicht kümmerte, ist es nur in seltenen Fällen möglich, einen ganz bestimmten Tag im Leben der Family genau zu dokumentieren. Alles war *now*, war Jetzt. Eines der Mädchen behauptete später bei ihrer Verhaftung im Death Valley, sie hätte nicht einmal gewußt, daß Nixon zum Präsidenten gewählt worden sei.

Der 3. Juni 1969 läßt sich jedoch einigermaßen genau überblicken.

Am 3. Juni 1969 versuchte Charlie, jemanden für jemandes Ermordung zu gewinnen.

Am 3. Juni 1969 kamen Terry Melcher und Gregg Jakobson noch einmal zur Spahn Movie Ranch hinaus. Sie trafen dort auf zwei Polizeibeamte, die gegen Charlie wegen der Vergewaltigung des Mädchens aus Reseda ermittelten. Melcher hatte einen gewissen Mike Deasy mitgebracht, der einen Wagen mit einem kompletten Aufnahmestudio besaß. Mr. Deasy hatte bereits bei mehreren Indianerstämmen Aufnahmen gemacht und war sehr erfahren in solchen Aufnahmen am ‹Ort des Geschehens› selbst. Melcher wollte Deasy offenbar bitten, den Soundtrack für den

Dokumentarfilm aufzuzeichnen oder an Ort und Stelle eine Life-Aufnahme von Manson und seinem Grusel-Graus-Mädchen-Chor.
In Begleitung Melchers war der schöne ‹Star› Sharon oder Shara, die bei ihren Besuchen auf der Spahn Movie Ranch Perücken zu tragen pflegte. Es handelte sich nicht um Sharon Tate, wie Sunshine Pierce immer angenommen hatte. Sharon Tate hielt sich damals in London auf; sie war im sechsten Monat schwanger und freute sich auf die Rückkehr nach Los Angeles, wo sie das Kind zur Welt bringen wollte.
Sunshine und Tex waren gerade dabei, die Zündkerzen in dem grünweißen GMC-Lastwagen auszuwechseln, mit dem Charlie den mit einer Persenning bedeckten Trailer in die Wüste schaffen wollte. Das war der Lastwagen mit dem Olds-Motor. Manson hatte vorgehabt, den Trailer mit einem zweiten Boden zu versehen, um von zu Hause durchgebrannte Mädchen auf dem Weg in die Wüste (oder zu einem Ritual) besser verstecken zu können, aber es war zu diesem Umbau nie gekommen. Erhitzt und durstig ging Sunshine in die Küche des vorderen Ranchgebäudes und holte sich dort einen Krug mit Wasser.
Als er wieder herauskam und zu dem Laster ging, sah er Melcher, das Starlet, Gregg und Manson neben der Couch auf dem Plankenweg stehen. Sie stritten miteinander, und Charlie fluchte und schrie sie an. Sunshine dachte sich nichts weiter dabei, da Charlie immer auf dem einen oder anderen herumhackte, die Schwachen in der Family mit Drohungen fertigmachte und unerwünschte Leute fortjagte, wie man es von einem Commander erwartet.
An diesem Morgen war Charlie zu Besprechungen über das Film- und Plattenprojekt nach Hollywood hinuntergefahren und zurückgekommen mit Terry Melcher und «diesem anderen Typ, der mitgekommen war und von uns Bilder gemacht hat», wie Pierce später der Polizei erzählte. Voller Hingabe hatte Jakobson für den Plattenumschlag eine Unmenge Fotos von der Nudistenkommune geschossen. Und jetzt stritten sie sich.
Sunshine Pierce ging zurück zu dem GMC, dem ‹Jimmy›, wie man diesen Wagen in Fernfahrerkreisen nennt, und wechselte die restlichen Zündkerzen. Dann legte er sich unter den Trailer auf eine Matratze und amüsierte sich mit Charlies zahmer Krähe Devil. Ungefähr eine halbe Stunde später erschien Manson bei ihm am Trailer. Pierce nahm an, Charlie wolle vielleicht eine Predigt vom Stapel lassen, wie er es oft zur Belehrung seiner Anhänger tat.
Charlie fragte Sunshine, wie lange er auf der Ranch zu bleiben gedenke. Au, verdammt, Pierce hatte Angst, Manson wolle ihn verscheuchen,

und Pierce hatte keinen Cent in der Tasche. Seinen neuen silberfarbenen Plymouth Roadrunner hatte Charlie schon vor langem Randy Starr gegeben. Auch seine Kennkarte war verschwunden. Kein Wagen, kein Geld, keine Kennkarte – nicht das Richtige, um in Amerika auf die Straße gesetzt zu werden.

Sunshine erwiderte, er wolle noch zwei, drei, vielleicht auch vier Wochen bleiben und dann abhauen. Charlie fragte ihn, ob er interessiert sei, mit ihm zusammen eine Sache durchzuziehen. Nach dem Ding könnte Pierce ja verschwinden. Charlie, immer noch laut Pierce, sagte zu ihm, er würde ihm ein Motorrad mit Beiwagen (und den erforderlichen Papieren) geben – wahrscheinlich meinte er De Carlos Motorrad, auf das hinten das Wort LOVE aufgemalt war – und einiges an Bargeld. Niemand außer ihnen beiden würde davon erfahren – das war ein Gebot; man redete nicht über das, worüber Charlie mit einem sprach, es sei denn, er sagte, man könne ruhig darüber reden.

Sunshine war an dem Vorschlag interessiert, weil er, so hat er behauptet, dachte, es handle sich bei dem Projekt um irgendeinen Raubüberfall. In den sechs Wochen, die Pierce inzwischen auf der Ranch war, hatte es natürlich bereits eine Menge ‹Aktionen› gegeben: die Sache mit den Antiquitäten und Gemälden, dann der Plan, einen gepanzerten Wagen zu stehlen, sie hatten Reiseschecks geklaut und Geschäfte mit Rauschgift abgewickelt. Deshalb dachte Pierce, Charlie wolle ihn an irgendeiner Raubsache beteiligen.

Es war Mord. Charlie eröffnete Sunshine, er solle ihm helfen, jemanden zu töten. Dem Sinn nach soll er zu Pierce gesagt haben: «Weißt du, wenn du was willst und wirklich scharf drauf bist, darfst du nicht zulassen, daß dir wer in die Quere kommt, wenn du dich entschließt, was zu unternehmen.»

Das war etwas Neues für den zwanzigjährigen Burschen aus Midland in Texas, und so sagte er Manson, er müsse sich die Sache überlegen und würde ihm bald Bescheid sagen.

«Er sagte, es sei vor allem eine Person, die ich ihm helfen sollte zu töten, und er sagte, daß vielleicht noch ein paar andere Leute getötet werden müßten. Er sagte, er könne wahrscheinlich an die 5000 Dollar lockermachen und sie mir geben, wenn ich ihm helfen würde, die Sache durchzuziehen.»

Später an diesem Abend erfuhr Pierce, daß es bei dem Streit auf dem Plankenweg um die ‹Richtung› gegangen sei, die der Film verfolgen sollte – die Fotos und die Bänder für die Präsentation hatten sie bereits gemacht. Die NBC-Leute wollten einen Hippie-Kommune-Dokumentarfilm mit einem Sprecher. Aber Charlie haßte Hippies. Er wollte einen ehrlichen Film, der die Family so zeigte, wie sie wirklich lebte, dazu Marodeur-Elemente, Bikers und gruselgrausige Gags; damit hoffte er, potentielle Anhänger gewinnen zu können.

Und Pierce? Nach den Verhaftungen erklärte er gegenüber den Polizeibeamten von Richardson (Texas): «Ich dachte eine Zeitlang drüber nach. Ich sagte mir, nein, damit kommst du nicht durch, und wenn du damit durchkommst, dann stehst du da, und es geht dir nicht aus dem Kopf. Deshalb sagte ich nein. Und dann, gleich danach, rief ich meine Mutter in Midland an und sagte ihr, wo ich war.»

Am nächsten Tag, dem 4. Juni 1969, flickten ihm die Mädchen seine Hose, seine Mutter schickte ihm telegrafisch Geld, und Sunshine Pierce flog zurück nach Texas.

Am 4. Juni 1969 wurde Manson auf Grund der Ermittlungen, die man wegen der Vergewaltigung des Mädchens aus Reseda angestellt hatte, verhaftet. Aber schon am nächsten Tag kam er gegen eine Kaution von 125 Dollar wieder frei. Die Anklage wurde nie weiterverfolgt, und wieder einmal war Charlie Manson davongekommen.

Am 6. Juni 1969 kam Mike Deasy, der Mann mit dem Aufnahmestudio in seinem Wagen, zur Spahn Movie Ranch und nahm Songs von Manson auf. In der Family heißt es, daß Deasy mit Manson einen LSD-Trip unternommen habe und dabei in einen Todestrip hineinschlitterte, an dem auch Manson beteiligt war, und daß sich Deasy später einer Analyse unterziehen mußte.

Manson gab Deasy mehrere Vier- und Achtspurbänder von ‹der Musik›, damit er sie sich zum Vergnügen anhörte. Manson rief ihn später an und schlug ihm vor, seine Kinder auf die Ranch hinauszubringen. Nein, danke.

Anfang Juni und dann noch einmal im Juli kaufte Charlie Manson in dem Jack Frost Surplus Store in Santa Monica mehrere hundert Meter von einem weißen, dreifachen Nylonseil. Knapp zwei Monate später hingen davon dreizehn Meter und zehn Zentimeter vom Deckenbalken in der Polanski-Villa herab. Das Seil war ziemlich teuer – es wurde mit einer gefälschten Kreditkarte gekauft. Ein Stück von dem Seil wurde auf der Ranch als Abschleppseil benutzt. Charlie gab George Spahn ein Stück von dem Seil. Der blinde George betastete es und bewunderte es. Ungefähr sechzig Meter davon verwahrte Charlie hinter dem Schalensitz seines Commander-Strand-Buggy.

Danny De Carlo erinnerte sich an einen Fluchtplan Mansons, bei dem das Seil eine entscheidende Rolle spielte: «Vorn auf seinem Strand-

Buggy hatte er eine Winde, und er hatte sich folgendes zurechtgelegt: wenn die Polizei hinter ihm her war, wollte er das Seil um diese Winde legen und sich in einen Baum hinaufseilen; die Polizei würde glatt an ihm vorbeifahren. Einen Strand-Buggy, der oben in einem Baum hängt, den würde keiner sehen.»
Manson ging immer mehr dazu über, seine Pläne mit Gewalttätigkeit zu würzen. Er scheint sich in zunehmendem Maße damit beschäftigt zu haben, herauszufinden, wer von seinen ‹programmierten Leuten› bereit sein würde, zu töten.
Schließlich war er ja der Meinung: «Wir sind alle eins.» Jemanden umbringen war daher genau dasselbe wie ein Stückchen von einem Keks abbrechen. Und lautete nicht ein Manson-Wort: «Wenn du bereit bist, dich töten zu lassen, mußt du bereit sein zu töten»?
Zu Mansons potentiellen ‹programmierten Leuten› gehörte der einszweiundneunzig große Rancharbeiter und Vietnam-Veteran Juan Flynn. Ende Mai 1969 gingen laut Juan Flynn er und Manson eines Tages in eine Eisdiele in Chatsworth, und Manson unterhielt sich mit Juan über dessen Familie, die zu einem Teil auf der im Norden des Valley nicht weit von der Spahn Movie Ranch gelegenen Porter Ranch lebte. Juan Flynn sagte darüber beim Manson-Prozeß folgendes aus: «Ich wollte also sehen, wie es ihnen ging, mal nach ihnen schauen, verstehen Sie?
Ich sag also, fahrn wir doch mal hin zu der Adresse und sehen uns an, wo meine Familie lebt.» Manson war bereit, ihn dorthin zu fahren. Nachdem sie das Haus gefunden und den Wagen abgestellt hatten, fragte Manson, ob die da drinnen einen kleinen Hund hätten, und Flynn antwortete: «Ja, sie haben einen kleinen Hund.
Und dann sagte er, sag mal, gehn wir doch einfach rein und fesseln sie und schneiden sie in Stücke.» Diese Aussage findet sich im Band 104, Seite 11 903 des Prozeßprotokolls.
Juan Flynn hat behauptet, daß er und Charlie mehrere Male in Chatsworth, in der Nähe der Ranch, herumgefahren seien und daß Charlie versuchte, Flynn dazu zu bringen, in die Häuser einzudringen, die Bewohner zu fesseln, ihnen gewaltsam LSD einzuflößen, die Kinder vor den Augen der Eltern zu töten und dann, wenn die Eltern durchdrehten, sie selber umzubringen.
Bei einer anderen Gelegenheit sagte Manson, Juan solle ihm helfen, einen Schwarzen umzubringen.
Um den 13. Juni 1969 fuhren Manson und Flynn in einem Strand-Buggy die geteerte Hochwasserrinne des Brown's Canyon Wash hinunter, der

sich durch Chatsworth windet, vorbei an den beiden Gebäuden in der Gresham Street, wo die Manson Family einst gewohnt hatte. Manson zeigte auf ein in der Nähe gelegenes Apartmenthaus: dort wohne ein schwarzer Dealer. Und ob Juan bereit sei, ihm zu helfen, ihn kaltzumachen; der Kerl hätte ‹seinen›, Mansons, Mädchen Dope gegeben und sie gebürstet.

Manson hat abgestritten, daß es mit diesem Schwarzen in Gresham je zu Schwierigkeiten gekommen sei.

Mansons Kill-Angebote an Sunshine Pierce und Juan Flynn werfen eine düstere Frage auf: War Manson, auf Grund seiner seit vierzehn Jahren bestehenden Beziehungen zur Unterwelt von Kalifornien, zum ‹Totschläger› geworden, der Mordaufträge übernahm?

Charlie hatte im Juni 1969 mit seinem Bewährungshelfer Ärger. Anscheinend drohte ihm die Aufhebung der Strafaussetzung auf Bewährung, weil er zu drei anderen Leuten, die ebenfalls unter Bewährungsaufsicht standen, Kontakte unterhielt. Es ist bedingt Entlassenen verboten, untereinander Kontakte zu knüpfen. Damit will man gemeinsamen Delikten vorbeugen.

In diesem Fall handelte es sich um drei Dealer, denen Manson Zutritt zu seinem Harem gewährte. Einer von den dreien, der in Las Vegas zu Hause war, murmelte seiner Frau gegenüber nach einem Besuch auf der Spahn Movie Ranch, er wolle sich vom Land ernähren und sich einen Strand-Buggy besorgen.

Als Manson die drei in Las Vegas besuchte, versuchte er eine der Ehefrauen zu verführen, die darüber sehr verärgert war.

Ein anderes Problem entstand für Charlie in diesem Sommer der Sorgen daraus, daß er es haßte, einen Anhänger, der ihm einmal ins Netz gegangen war, zu verlieren.

In seinen endlosen Predigten kam Charlie immer wieder auf die Scientology zu sprechen, und so dürfte es ihn nicht überrascht haben, als Mitte Juni zwei Mitglieder der Family, ein junger Mann und ein Mädchen, ihn verließen, offenbar um einen Lehrgang bei der Church of Scientology mitzumachen.

Vern Plumlee, der Mitte Juni auf der Spahn Movie Ranch war, sagte in diesem Zusammenhang:

«Sie gingen kurz nach meiner Ankunft fort. Sie hatten einen von diesen Scientologen kennengelernt, und der Kerl hatte auf die beiden eingeredet, und sie sind abgehauen, und Charlie hat von da an immer auf ihnen herumgehackt.»

Charlie war sauer. Nicht genug damit, daß der geheiligte Goler Wash von Crockett und Genossen in Besitz genommen worden war, jetzt liefen auch noch seine eigenen Anhänger zur Scientology über. Sorgen, Sorgen, Sorgen.

Manson war ein Messerfan. Oft standen alle am Heuschober und übten sich im Messerwerfen. Schüsse konnte die Polizei in der Wüste meilenweit hören, doch Messerklingen waren stumm. Und Schreie verhallen ungehört in der Weite der Landschaft.

Er gab den Mädchen Unterricht im Messerwerfen, und zu einem späteren Zeitpunkt im gleichen Jahr tatsächlich auch Unterricht im Halsabschneiden und Schädeleinschlagen – anscheinend hatte er vor, die Barker Ranch mit Totenköpfen zu dekorieren.

Sein chauvinistischer Umgang mit der Machete war einer seiner letzten Tricks, falls die Geschichten wahr sind, nach denen die Family Opferungen junger weißer Frauen gefilmt haben soll.

Charlie hatte eine vierzig Zentimeter lange Machete, die aus Armeebeständen stammte, und er war der einzige, der sie werfen konnte. Er warf sie ohne weiteres zwölf Meter weit, behaupteten Mitglieder der Family, ohne sein Ziel zu verfehlen. Die Mädchen mußten sich vor dem Heuschober aufstellen, und er probierte aus, wie dicht neben ihnen er mit der Machete die Wand des Heuschobers traf.

In seiner Welt hatten Frauen keine Seele. Sie waren dazu bestimmt, Sklavinnen des *Mannes* zu sein.

Von den Mädchen wurde erwartet, daß sie sich widerspruchslos den Männern unterwarfen, die Manson auf die ‹Knutschliste› setzte. Jederzeit und überall. Die Mädchen selber durften offenbar nicht nach Sex fragen, sondern mußten warten; allerdings durften sie, wenn ihnen danach war, verführerisch lächeln. Klingt sehr nach protestantischer Ethik.

Man weiß, daß Manson den Frauen die Schuld für die Institution der Todesstrafe, der Strafanstalten und praktisch für jede Form der Unterdrückung gab.

«Wir leben im Denken der Frau, und diese Welt gehört ihr. Doch sind die Männer dazu bestimmt, über der Frau zu sein, auf der Frau.»

Er haßte Frauen.

I am a mechanical boy,
I am my mother's boy,

lautete einer seiner Songs.

Manson verfügte, daß nur die Männer mit den Kleinkindern sprechen

durften. Die Frauen würden, auch wenn sie für sie sorgten, doch nur Quatsch mit den Kindern reden. Das führte zu Aufruhr. Mary Brunner sagte zu Linda Kasabian, Charlie könne reden, soviel er wolle, sie würde mit ihrem Pooh Bear reden und ihn liebhaben.
Die Frauen durften die Kinder nicht bestrafen. Denn schließlich bedeutete Kindsein Vollkommensein.
Wie bereits erwähnt ließen die Frauen die Hunde zuerst essen. Die Kinder bekamen laut Sunshine Pierce oft saure Milch zu essen. Die Kinder wurden zu sexuellen Spielen ermuntert. Susan Atkins erzählte später einer Zellengefährtin, sie hätte an Kindern Fellatio vollzogen.
Unglaublicher ist noch, daß die Frauen in der Family keine Fragen stellen durften. Das Wort ‹Warum› war verboten. Nur wenige von ihnen wußten, was die Männer taten. Die Männer führten mehr oder weniger ein Leben für sich.
Die Mädchen sagten immer: «Er ist gar nicht unser Führer. Er fällt uns zu Füßen. Aber treten, das läßt er sich nicht.» Wenn sie es aber taten, schlug er sie ins Gesicht.
Wenn Charlie die Mädchen verprügelte, sagten sie, das hat er doch nur deshalb getan, weil wir es selber wollten. Snake/Lake zum Beispiel, inzwischen fünfzehn, war für Charlie eine Art Punchingball, an dem er seine Wut ausließ. Trotzdem blieb sie da. Die Family behauptete, Snake/Lake wolle nur ‹Aufmerksamkeit erregen›, und deshalb würde sie den *Teufel* absichtlich ärgern. Zwar prügelten sich die Mädchen auch untereinander, doch Gesetz war, daß sie dem Befehl eines Mannes auf der Stelle zu gehorchen hatten. Die Mädchen sagten oft: «Ich kenne dich nicht und will dich nicht kennen, denn ich hab meine Liebe für mich.» Sie plapperten seine Sprüche nach, sprachen seine Sprache, doch immer und immer wieder erklärte er ihnen, nicht *er* sei es, der ihnen sage, was sie tun sollten. Das war auch der Grund dafür, daß Manson so verwundert war, als er wegen Mordes angeklagt wurde; er behauptete, nie jemandem etwas zu tun befohlen zu haben. Sie gingen umher und sangen kleine Liedchen über sich selbst, wie zum Beispiel *«Die, Leslie, do die»* (Stirb, Leslie, stirb doch), denn das war der Kern der Botschaft – im Geiste zu sterben, um im ‹Loch› zu leben.
Aber am besten hatte Charlie die Mädchen dadurch im Griff, daß er sie in Angst hielt. Eine seiner Lieblingsdrohungen war, ihnen die Brüste abzuschneiden. Er legte es darauf an, im Beisein der Mädchen Verbrechen zu begehen und sie in Morde hineinzuziehen; sie mußten zugegen sein, wenn blutverschmierte Kleidung vergraben, in fremden Häusern Fingerabdrücke beseitigt, Schecks gefälscht oder Raubüberfälle ge-

plant wurden. So glaubten sie, sie seien in die Ereignisse verwickelt, obgleich sie lediglich zu Mitwissern geworden waren. Er zog sie immer mehr in dieses Geflecht aus Greuel-, Schand- und Gewalttaten hinein.

Jeden Morgen pflegte Manson die Mädchen zu ‹programmieren› – er gab ihnen eine Liste von Dingen, die sie zu tun hatten. Sie mußten viel nähen. Charlie trug stets seine mit Hexenzeichen bestickte Kordweste – ein kunstvoller Gegenstand, an dem alle Mädchen Anteil hatten: mit hell schimmernden Fäden befestigten sie zuweilen Haarlocken daran, die Schlangen, Drachen, Menschen und Tiere darstellten, ein ganzes ‹Wandgemälde› von religiöser Bedeutung, nur der Family verständlich – es erzählte die Geschichten des Charlieismus und illustrierte seine Ideen.

Und die Menschen fragen, wie es geschehen konnte.

Man braucht nur das nächstbeste anthropologische Werk aufzuschlagen und sich etwas näher mit den seltsamen religiösen Kulten im Verlauf der Geschichte zu befassen; die zeigen, daß Menschen an alles Erdenkliche geglaubt haben. Mansons Masche war die alte Leier von den ‹Auserwählten, die ewig leben werden›.

Country Sue hat es alles zusammengefaßt:

«Diese Gruppe von Menschen ist aus Millionen Jahren hervorgegangen. Jeder von ihnen ist einem so vertraut, daß er einem als die Vollkommenheit in Person erscheint. Es ist, du kannst dich erinnern, wie wenn du LSD oder so was genommen hast – du kannst dich sozusagen an all die Leben erinnern, die du gelebt hast, an all die Menschen, die du gewesen bist, und an all die Kämpfe und an all das Sterben und an all das Wiederkommen, wieder und wieder und wieder. Aber jetzt ist es das letzte Mal. Es ist, so wie ich es fühle, ist es, als hätte ich jetzt genau den Körper, den ich immer wollte – jetzt, du verstehst, zum letztenmal. Den vollkommenen, den stärksten, den, der alles durchstehen wird. Und so bin ich bereit, für jeden zu sterben, für jeden, der ich bin, weil es wie nur eine einzige Seele ist...»

Manson brüstet sich damit, daß er ein «Mann mit tausend Gesichtern» sei. Bei einem Lebensstil, wo alles auf Betrug und Täuschung ausgerichtet ist, beweist das Tugend.

An der kriminellen Front befand sich Manson im Mai und Juni in voller Raserei. Selbstverständlich stößt man auf viele Lücken, wenn man versucht, die im Sommer 1969 begangenen kriminellen Handlungen zu beschreiben.

Wie jeder Unternehmer mußte auch Charlie sich ständig etwas Neues einfallen lassen, da nur ein bestimmter Prozentsatz seiner ‹Projekte› Früchte trug. Er redete über Tausende von Unternehmungen. Er wollte einen gepanzerten Geldtransportwagen ausrauben. Er wollte in ein Militärdepot einbrechen und Waffen stehlen.

Die Mitglieder der Family hatten ein ganzes Netz aufgebaut, das sie in die Lage versetzte, ihr Diebesgut zu verhökern und an jeden psychedelischen Stoff heranzukommen, den sie brauchten. So hatten sie zum Beispiel in Santa Monica einen Abnehmer für heiße Ware und eine Dope-Quelle aufgetan. Manson hatte seinen Anhängern strikt verboten, sich über irgendwelche kriminellen Vorhaben mit irgend jemandem zu unterhalten. Charlie saß auf der Spitze einer Pyramide, die aus lauter kleinen, kriminellen Bausteinen zusammengefügt war.

Als Mitinhaber jenes Perückengeschäfts am Santa Monica Boulevard hatte Tex Watson in der Gegend von Hollywood zahlreiche Kontakte geknüpft. Er betätigte sich sehr aktiv als Dealer für Manson, der ihn völlig in der Hand hatte.

Einmal kam jemand mit einem Vollbart zur Ranch, und Tex bewunderte den Bart und sagte: «Vielleicht erlaubt uns Charlie eines Tages, daß wir uns auch Bärte wachsen lassen.» Und Tex wickelte für Charlie nicht etwa nur Fünf-Dollar-Rauschgiftgeschäfte ab. Die beiden waren inzwischen groß ins Geschäft mit LSD, Haschisch, Marihuana und ab und zu auch Kokain eingestiegen.

Ein vom Verfasser interviewter Rauschgifthändler aus Los Angeles berichtete, daß ihn ein bestimmtes Family-Mitglied, das heute unter Mordanklage steht, 1969 um 2000 Dollar für falsche Haschplatten linkte.

Vern Plumlee berichtete von den großen Summen an Bargeld, die die Family zuweilen bekam:

«Es gab Zeiten, wo die Family 25 000, 40 000 Dollar in bar hatte – ganz hübsch, was! Einmal, kurz bevor ich aufkreuzte, waren sie im Besitz von 30 000 Dollar, und sie fuhren los und kauften Sitars, Gitarren, Schlagzeuge und allen möglichen Kram.

Dann fuhren sie wieder zurück und stellten die Sachen im hinteren Ranchgebäude auf. Jeder warf Acid ein, wurde high und legte los – na ja, sie schafften sich eben so richtig am Schlagzeug und so. Und zum Schluß von diesem LSD-Trip gab es kein Instrument, auf dem man noch hätte spielen können.»

Man weiß, daß Charlie erwogen hat, vier von den Mädchen in ein Prostituiertensyndikat in Hollywood einzuschleusen. Es ist anzunehmen, daß er noch immer seine aus den fünfziger Jahren stammenden Verbindungen zur Zuhälterbranche aufrechterhielt; damals, so behauptete er, habe er vom Hotel ‹Roosevelt› aus Huren an den Mann gebracht.

Wenn jemand mit gestohlenen Travellerschecks ankam, versuchten mehrere, den Namenszug zu fälschen; derjenige, dem dies am besten gelang, hatte die Ehre, die Schecks einzulösen.

Im Frühsommer 1969 stahlen Mitglieder der Family einen Kombiwagen von der NBC-Fernsehgesellschaft, der mit Kameras, Objektiven und Nagra-Aufnahmegeräten im Wert von Zehntausenden von Dollars ausgerüstet war. Der Wagen wurde verscheuert, die Filmausrüstung sicherheitshalber zuerst einmal vergraben. Manson wandte sich an Gregg Jakobson und bat ihn, einen Käufer für das Zeug ausfindig zu machen, doch Jakobson lehnte es ab, als Hehler zu fungieren.

Der größte Teil der Filmausrüstung wurde verschenkt. Mit den NBC-Kameras drehte man scharfe Pornostreifen und vielleicht auch Brutalfilme. Manson nahm im September 1969 eine NBC-Kamera mit ins Death Valley.

Mit den Tonaufnahmegeräten nahm die Family nicht nur ihre Song-Sessions auf, sondern auch andere gemeinsame Unternehmungen, darunter auch die Darstellung eines der Morde in Gesangsform.

Charlie suchte neue männliche Mitglieder für die Family und spezialisierte sich darauf, Jugendliche mit kleptomanischen Neigungen anzulocken.

John Philip Haught alias Christopher Zero alias Zero und Scott B. Davis, zwei Jungen aus Ohio, gerieten ebenfalls in die Netze des Gruselgrauens. Zero sollte im Herbst unter verdächtigen Umständen sterben. Ein junger Mann namens Lawrence Bailey alias Little Larry, der von einer Hühnerfarm in Oklahoma kam, schloß sich ebenfalls der Family an.

Zero, Scotty, Vern und Bill Vance taten sich zu einer Einbrecherbande zusammen, die das ganze San Fernando Valley heimsuchte und Autos stahl, Tankstellen ausraubte und Falschgeld in Umlauf setzte. Sie rissen sogar ein Bündel Schecks hinten aus George Spahns Scheckheft und brachten sie im ganzen Valley an den Mann.

In Santa Monica gab es einen gewissen Brother Bill, einen Antiquitätenhändler, der die Family in der Vergangenheit unterstützt hatte. Die Family war scharf auf seine Kohlen, aber Brother Bill weigerte sich, ihnen noch etwas zu geben.

Bob Beausoleil alias Jasper Daniels lud Bill eines Morgens zum Frühstück ein. Unterdessen waren Charlie et al. seltsamerweise auch gerade in der Gegend und plünderten Brother Bills Laden um Antiquitäten und

Gemälde im Werte von 70 000 Dollar. Die Beute brachten sie auf die Spahn Movie Ranch. Bill tauchte später wütend auf der Ranch auf und behauptete, Beausoleil hätte ihn gelinkt. Aber wieder einmal kam die Family ungeschoren davon.

Sachen wie Ritualfilme oder Voityck Frykowskis Kreditkarte vergruben sie. Weniger gefährdetes Material versteckten sie unter dem Holzfundament der Ranchhütten oder befestigten es an den Dachbalken.

Sie vergruben immer irgendwelche Sachen – Nahrungsmittel, die Helter Skelter-Karten, Waffen, Antiquitäten, Filme. Bis zum heutigen Tage liegt Mansons spanische Gitarre im Death Valley vergraben und harrt ihres Herrn. Schauder, schauder.

Beim Müllplatz hinter dem Corral errichteten sie ein ‹Montageband› für Gruselgrauen-Strand-Buggies. Sie stahlen Porsches und VWs und schafften sie zu ‹Satans Strand-Buggy-Laden› hinter dem Corral; und der demontierte die Karosserien und die Kotflügel und packte die Teile auf einen Laster und schaffte sie fort. Aus den übriggebliebenen Porsche- oder VW-Chassis machten sie Strand-Buggies. Diese ‹fabrikneuen› Strand-Buggies verhökerten sie draußen in der Wüste gegen Rauschgift oder Bargeld. Ein richtiger Gruselgrauen-Kapitalismus.

Sie ließen aus einem Autoverleih ein elektrisches Schweißgerät und andere Werkzeuge mitgehen. George Spahn mußte für eine horrende Stromrechnung aufkommen, da sie in ihrem Müllplatz-Buggy-Werk Tag und Nacht schweißten und bohrten.

Sunshine Pierce beobachtete es: «Er zog los und verschepperte diese Strand-Buggies an diese Typen in der Wüste... Es waren Hippies, und er verschepperte ihnen die Strand-Buggies gegen Dope und Sachen, die die Leute da in den kleinen Städten geklaut und dann in der Wüste versteckt hatten.»

Sie sahen sich gezwungen, rasche Methoden des Autodiebstahls zu erlernen. Den Rekord der Family beim Kurzschließen eines Wagens hielt offenbar Susan Atkins. Man erzählte sich, sie schaffte es, einen Wagen in genau 30 Sekunden kurzzuschließen.

Am 24. Juni 1969 wurde die dreizehnjährige Virginia Lynn Smith im Cobal Canyon, Claremont (California), ermordet aufgefunden. Jemand, der eine Zeitlang auf der Spahn Movie Ranch gelebt hat, war mit ihr ‹gegangen›. Eine Person aus Florida hat zugegeben, das Mädchen erschlagen zu haben. Wenn man jedoch bedenkt, daß mehr als zwanzig Leute den schrecklichen Black Dahlia-Mord in Los Angeles ‹gestanden› haben, dann ist alles möglich.

Am 27. Juni 1969 flog die zweimal verheiratete, zwanzigjährige Linda

Darleen Kasabian, eine blonde junge Frau mit einem sechzehn Monate alten Mädchen namens Tanya, von Milford (New Hampshire) nach Los Angeles.

Seit April 1969 hatte sie von ihrem Mann Bob getrennt gelebt und bei ihrer Mutter in Milford gewohnt. Vor der Trennung hatten sie und Bob im Kommunenland gelebt, nämlich in Taos (New Mexico). Wie man weiß, lebten sie 1968 eine Zeitlang in Los Angeles, wo Linda einmal in dem Haus, das neben dem Anwesen der LaBiancas liegt, zu einer Peyotl-Fruchtbowle eingeladen war.

Auf Vorschlag ihres Mannes flog sie in den Westen, um sich mit ihm zu versöhnen. Bob Kasabian und ein gewisser Charles Melton alias Crazy Charlie luden Linda zu einer Reise ein. Sie wollten nach Südamerika fahren, dort ein Boot kaufen und auf Seefahrt gehen.

Hier ist es nötig, auf die Feindseligkeiten einzugehen, zu denen es, vor allem im Juni 1969, zwischen Manson und einem schwarzen Rauschgifthändler namens Bernard Crowe kam. Der gegenseitige Haß gipfelte darin, daß Manson Crowe in den Unterleib schoß und ihn in dem Glauben, er sei tot, liegen ließ. Bernard Crowe, 27 Jahre alt, einsfünfundsiebzig groß, 130 Kilo schwer, war auch unter dem Spitznamen Lotsa Poppa bekannt. Er hatte bereits viele Male gegen die Rauschgiftgesetze verstoßen.

Er wohnte in dem Haus Nr. 7008 Woodrow Wilson, in den Hollywood Hills, oberhalb vom Sunset Boulevard. Dieses Haus war in der Gegend als Pennmöglichkeit bekannt, und die Nachbarn beklagten sich häufig über Dope-Verkehr und Freiluftsex.

Manson scheint Schwierigkeiten gehabt zu haben mit einem sogenannten ‹schwarzen Rauschgift-Syndikat› in Hollywood, doch ist der wahre Sachverhalt nur teilweise bekannt.

Es gab damals tatsächlich eine Gruppe schwarzer Rauschgifthändler in Hollywood, und manche unter ihnen wurden im Zusammenhang mit den Morden in der Polanski-Villa verhaftet.

Die Leute, die in der Nähe von Crowes Wohnung am Woodrow Wilson Boulevard lebten und in dieser Sache befragt wurden, munkelten, daß Manson und seine Crew am Woodrow Wilson Boulevard und am Loyal Trail (eine kurze Straße gleich hinter Crowes Haus) herumgelungert hätten.

Es scheint ziemlich klar, daß Manson und einige seiner Vertrauten sich hin und wieder dort aufgehalten haben, und zwar sowohl bei Crowes Haus als auch, wie einige Informanten zu berichten wußten, bei dem Haus der Sängerin Cass Elliott. Vielleicht hat Manson dort Abigail Folger, Voityck Frykowski und mehrere Rauschgifthändler aus Hollywood kennengelernt.

«Ich habe erfahren, daß Charlie zu Mama Cass ging und daß sie dort alle stundenlang herumhockten und jammerten, und Mama Cass brachte ihnen etwas zu Essen raus. Squeaky und Gypsy waren auch dabei. Jeder jammerte, aß und amüsierte sich», erzählte ein früherer Bekannter der Family namens Melton.

Ein Tubaspieler, der Mitglied des Los Angeles Philharmonic Orchestra war und in der Nähe von Crowe lebte, soll erzählt haben, daß sich Manson einige Zeit am Loyal Trail aufhielt. Eine Dame, die direkt neben Crowe wohnte, behauptete, der Bus der Family hätte einige Zeit dort geparkt. Das müßte Ende 1968 gewesen sein, als irgendein blau angestrichener Bus von Manson in den Bergen von Hollywood und Bel Air herumkutschierte.

Ein früheres Mitglied der Family hat bei einem Interview angegeben, daß Ende 1968 mehrere Leute von der Family häufig ‹Bernies Haus› irgendwo in der Gegend von Laurel Canyon und Woodrow Wilson aufsuchten.

Snake sprach einmal von Crowe als «dem Negermitglied der Family».

Die Family stahl zu Helter Skelter-Zwecken auch einen roten Toyota Land Cruiser, der einem gewissen Dennis Kemp gehörte, und dieser Kemp wohnte am Loyal Trail, zirka dreißig Meter von Crowes Haus entfernt.

Gregg Jakobson hat behauptet, Manson habe in seinem Beisein und einige Tage vor der Tat selbst erklärt, er werde Crowe erschießen. Anscheinend hatte sich Manson Crowe tatsächlich an die Fersen geheftet, ihn sozusagen ständig überwachen lassen.

Am Abend des 30. Juni 1969 arrangierte Manson alles, damit Tex Watson Bernard Crowe linken konnte. Watson unternahm nie etwas, ohne zuvor von Manson ‹programmiert› worden zu sein. Außer Manson haben alle Dealer in der Family erklärt, es sei einzig und allein Mansons Idee gewesen, Crowe zu linken.

Im März 1969 hatte Tex Watson ein hübsches Mädchen namens Rosina kennengelernt. Sie wohnte in der Franklin Avenue Nr. 6933 in Hollywood, unmittelbar neben dem Magic Castle. (Das Magic Castle gilt als Sitz der Count Dracula Society, ein Club, der sich zusammensetzt aus bekannten Filmleuten und Autoren, die sich an alten Vampirfilmen hochzirkeln.)

Tex hielt sich oft in dem Haus an der Franklin Avenue auf, und gelegentlich kamen auch Manson und einige der Mädchen. Ein hübsches Mädchen, das in der von Pech verfolgten Acapulco Production (Mexiko) des Musicals ‹Hair› mitwirkte, teilte das Apartment von Rosina.

Nach einer beeidigten Aussage von Crowe beim Manson-Prozeß sind die schöne Rosina Kroner, Tex Watson und Crowe zu einer Adresse in El Monte (California) gefahren, um sich Dope zu beschaffen. Crowe rückte 2400 Dollar heraus, angeblich um Marihuana zu kaufen. Tex stieg aus dem Wagen und ging in das Haus und verließ es durch einen Hintereingang; dann kehrte er zur Spahn Movie Ranch zurück und lachte sich eins.

Crowe und Rosina warteten eine Weile und fuhren dann zu Rosinas Apartment an der Franklin Avenue zurück. Crowe tobte vor Wut und schwor, er werde die Betrüger zusammenschlagen.

Als Crowe später, nachdem er wieder einmal angeschossen worden war, diesmal in den Fuß – und er wird nach wie vor angeschossen –, im Krankenhaus befragt wurde, behauptete er, es sei in Wirklichkeit um ein Zwanzigtausend-Dollar-Geschäft gegangen, und bei den 2400 Dollar habe es sich nur um einen Teil der Summe gehandelt.

12
Die Heuschrecken
Juli 1969

Am 1. Juli klingelte um zwei Uhr morgens der Münzfernsprecher beim Corral. T. J. nahm den Hörer ab. Es war Rosina Kroner, sie war völlig durchgedreht. Bernard Crowe war bei ihr in der Wohnung. Er forderte sein Geld zurück und drohte sie umzubringen. Sie rief von ihrem Apartment in Hollywood aus an. Sie wollte Charlie sprechen.

Charlie redete zuerst mit ihr und dann mit Crowe. Es kam zu einem hitzigen Wortwechsel, und Crowe kündigte an, er werde kommen und die Ranch zusammenschießen. Charlie sagte: «Bleib dort. Ich komme rüber.»

Tex, Bruce, T. J., Danny und Charlie standen allein am staubigen Corral zusammen. Charlie erzählte ihnen, Crowe hätte gedroht, sie alle umzulegen, und davon müsse er abgebracht werden. Er sagte: «Ich fahre hin. Kommt einer mit?» Es ist nicht bekannt, ob sich Hände zustimmend hoben oder nicht.

«Komm, gehn wir» – so Charlie zu T. J., dem Schrecklichen.

Charlie stieg in den Wagen und legte den Revolver zwischen die beiden Vordersitze – es war die Buntline Special, die später Jay Sebring töten sollte. Der Wagen war der gelb-weiße Ford (1959), der Johnnie Schwartz, dem Pferdehändler, gehörte – derselbe Wagen, mit dem sie zu Gary Hinman, zur Polanski-Villa und zum LaBianca-Haus fahren sollten.

Auf dem Freeway brauchte man für die Strecke von der Spahn Movie Ranch zu Miss Kroners Wohnung dreißig Minuten. Charlie stieg aus dem Wagen und ging auf die Haustür zu. T. J. nahm die Waffe vom Vordersitz und folgte Manson. Er gab Charlie den Revolver, und Charlie steckte ihn in seinen Gürtel.

Bernard Crowe war nicht in der Wohnung. Rosina machte ihnen auf. Zwei Männer waren in dem Apartment, Dale Fimple und Bryn Lukashevsky, ein Freund von Dennis Wilson. Sie erzählten Charlie, Crowe sei wütend, weil man ihn gelinkt habe. Er verlange sein Geld, oder er werde sich an Rosina rächen und die Ranch verwüsten.

Beim Hereinkommen hatte Charlie den Revolver auf den Tisch gelegt. Wenige Minuten später erschien Crowe, und Charlie und er unterhielten sich in aller Ruhe. Charlie sagte dem Sinne nach: Du kannst nicht einen Freund von mir umbringen, du mußt mich umbringen. Als Crowe erklärte, er wolle nicht mit Charlie, sondern nur mit den Leuten abrech-

nen, die ihn gelinkt hätten, hatte Charlie ihn dort, wo er ihn haben wollte.
Laut Dale Fimple vollführte Charlie nun eine Art ‹Ritualtanz› und schickte sich dann an, aufzubrechen. Er nahm den Revolver an sich. Rosina saß auf dem Bett; T. J. und die beiden anderen Männer standen in der Nähe der Tür. Charlie stand ungefähr zweieinhalb Meter von Bernard Crowe entfernt, den Revolver in der Hand. Crowe stand auf und sagte: «Willst du mich umlegen?» – er legte die Hand auf den Unterleib, auf den die Waffe offenbar gerichtet war.
Charlie drückte ab – klick. Nichts passierte. Charlie, vielleicht spielte er Theater, lachte und sagte: «Wie kann ich dich mit einem ungeladenen Revolver umlegen.» Der Abzug klickte wieder, ein Schuß knallte – Crowe sackte zusammen, die Hände vor den Leib gepreßt.
Charlie wandte sich an einen der Männer und sagte, sein Hemd gefiele ihm, er wolle es haben. Es war ein Lederhemd; Charlie liebte Lederhemden. Der Bursche rückte es sofort heraus, weil er Angst vor einer Kugel hatte. Dann ging Charlie zu Bernard Crowe hinüber, küßte ihm seine Füße und sagte zu ihm, er liebe ihn. Nach einer anderen Version soll er die Füße des Mannes mit dem Lederhemd geküßt haben. Dann verschwand er.
Manson glaubte, Crowe sei tot.
T. J. behauptete, Manson habe auf der Rückfahrt zur Ranch zu ihm gesagt, er solle ihn nicht so ansehen, denn das ließe ihn an sich selbst zweifeln, und er dürfe nicht an sich zweifeln. Er, Jesus, nicht. Es war seine erste Schießerei vor fremden Augenzeugen, eine Tat, der zwei Monate Gewalttätigkeit folgen sollten, zwei Monate, die fünfzehn Menschen das Leben kosten sollten.
Als sie zur Ranch zurückkamen, saßen Tex, Bruce und Danny auf dem Plankenweg vor der Rancharbeiterbaracke. Charlie erzählte von der Schießerei, und T. J., der über den (offenbaren) Mord durchdrehte, ging zum Corral hinüber, wo er die ganze Nacht bei Pferden meditierte. Am nächsten Tag verließ er die Ranch.
Ein Krankenwagen holte Crowe um 4 Uhr 15 morgens ab und brachte ihn zum USC General Hospital Medical Center. Crowe gab an seine Schwester in Philadelphia ein Telegramm auf, mit dem er sie über seine bevorstehende Operation unterrichtete, dann wurde er von zwei Chirurgen operiert. Offenbar blieb er bis zum 17. Juli im Krankenhaus, dann kehrte er in seine Wohnung, 7008 Woodrow Wilson, zurück.
Die Kugel steckt bis heute in Bernard Crowes Unterleib. Im Frühjahr 1970 wurde Bernard Crowe ins New County-Gefängnis von Los Ange-

les eingeliefert, wo er Manson wiederbegegnete. Wenn es stimmt, daß Charlie geglaubt hatte, Crowe sei tot, so dürfte es für ihn eine schaurige Überraschung gewesen sein, ihn im Gefängnis wiederzusehen. Als der Staatsanwalt erfuhr, daß die Kugel noch in Crowe steckte, veranlaßte er alles mögliche, um in ihren Besitz zu kommen, da er nur so eine eindeutige Verbindung zwischen Manson und der Mordwaffe hätte herstellen können. Es wurde vorgeschlagen, Crowe in die Mayo Clinic zu schicken und dort die Kugel schmerzlos extrahieren zu lassen, doch Crowe lehnte ab.

Am nächsten Morgen machte sich auf der Spahn Movie Ranch Panikstimmung breit. Tex, Charlie und Bruce Davis wirkten verängstigt. Tex zog ein Bündel Banknoten aus der Tasche, von dem er behauptete, es seien 2500 Dollar, und fächelte damit vor De Carlos Nase herum.

T. J. war in finsterer Stimmung. Er verkündete, mit ‹Killern› wolle er nichts zu tun haben. Und Charlie «biß sich in den Hintern», nach De Carlos Worten, weil sich jemand «in seine Angelegenheiten einmischte».

Die Geschichte von der Schießerei machte in der ganzen Family die Runde, allerdings in verschiedenen Fassungen. Immer war die Rede davon, daß es sich um ein sogenanntes ‹Panther-Treffen› gehandelt habe; von einer Prellerei unter Rauschgifthändlern wurde nicht gesprochen. Es gibt so viele verschiedene Versionen, daß manche den Verdacht haben, es seien mehrere Neger erschossen worden und nur die Sache mit Crowe sei ans Tageslicht gekommen.

Eine Version zum Beispiel behauptet, daß bei einem ‹Treffen› an einem Ort in der Nähe eines College-Campus, an dem ungefähr zehn Leute teilnahmen, ein Schwarzer auf bestialische Weise umgebracht worden sei. Diese Version stammt von einem Mädchen, das die Family angeblich darüber hat reden hören. Danny De Carlo berichtete, Manson habe behauptet, daß die beiden Augenzeugen einige Tage später angerufen und Manson gesagt hätten, sie hätten die Leiche in einen Park geschafft.

Jedenfalls hat Manson im Laufe der Zeit mehrere Versionen von der Schießerei verbreitet; in allen spielte eine angebliche Versammlung der Black Panthers eine Rolle.

Manson scheint jeden selbstbewußten Neger für einen Black Panther gehalten zu haben. Doch mit ziemlicher Sicherheit hatte er keine Ahnung von der Panther-Bewegung; aus einem Interview, das er im Gefängnis gab, geht hervor, daß er nicht einmal wußte, wer Huey Newton war. Er lebte in einer paranoiden Angst vor Vergeltungsmaßnahmen von seiten des ‹Schwarzen Rauschgiftsyndikats›.

Genauer gesagt lebten die Mitglieder der Family in der Angst, daß die schwarzen Freunde von Bernard Crowe die Ranch stürmen und sie alle zusammenprügeln würden. Jede Nacht wurden bewaffnete Patrouillen aufgestellt, die das Gelände bewachen sollten. Oft standen Männer mit Handfeuerwaffen auf dem Dach über dem Plankenweg, um die erwarteten Black Panthers abzupassen. Little Larry verbrachte die Nacht als Wache auf dem Dach des Heuschobers.

Eines Tages entdeckte De Carlo die Buntline Special, mit der Crowe angeschossen worden war, im Halfter in der ‹Waffenkammer› über seinem Radio. Er sollte die Waffe reinigen, aber er zögerte es zu tun, weil er befürchtete, diese Waffe sei dafür benutzt worden, den Schwarzen kaltzumachen.

Anfang Juli zogen Bob Beausoleil und seine schwangere Freundin von ihrer Bleibe im Laurel Canyon auf die Spahn Movie Ranch. Bob und Kitty bezogen eine der *outlaw*-Hütten, möglicherweise jene mit dem Schild «Alice's Restaurant». In den Nachbarhütten wohnten zwei Typen, Little Joe und Fat Frank; das zumindest hat ein Dope-Dealer angegeben, der hier in der Gegend seine Geschäfte abwickelte.

Bei seinem zweiten Mordprozeß sagte Beausoleil aus, er sei auf die Spahn Movie Ranch zurückgekehrt, da Gregg Jakobson ihn angerufen und gesagt habe, der Film gehe klar, Terry Melcher wolle ihn machen. Jakobson wollte Beausoleil laut dessen Aussage auf der Ranch haben, damit er bei der Musik für den Soundtrack half.

Kurz bevor er auf die Spahn Movie Ranch zurückging, entwendete Beausoleil in der Gerard Agency seinen Vertrag und seine ‹Rohaufnahmen›. Angestellte der Gerard Agency hatten gesehen, wie er aus einem Fenster im zweiten Stock kletterte. Kurz darauf wurde aus der Gerard Agency ein Video-Aufnahmesystem gestohlen, und ehemalige Angestellte der Gerard Agency vermuten, es sei von Beausoleil oder Manson gestohlen worden.

Es ist bekannt, daß Manson an seinen alten Freund, den ehemaligen Manager des ‹Galaxy Club› und Bühnen-Hypnotiseur William Deanyer, herangetreten ist und ihm ein Video-Aufnahmesystem verkaufen wollte. Manson sagte ihm, das Gerät könne ihm, Deanyer, bei seinen Hypnosevorstellungen helfen.

Am 2. Juli erschien Tex Watson im Butler's Buggy Shop am Topanga Canyon Boulevard, um einen speziell für die Wüste ausgestatteten Strand-Buggy zu kaufen. Er wollte einen Hundertfünfzig-Liter-Tank eingebaut haben, damit der Wagen einen Bewegungsradius von tausend

Meilen hätte. Das Chassis sollte so gebaut sein, daß Raum für eine Schlafgelegenheit wäre. Tex zahlte 350 Dollar an.
Am 4. Juli besuchte Gypsy alias Yippie alias Cathy Share alias Manon Minette ihren bärtigen Freund Charlie Melton an der Topanga Lane, in der Nähe vom Strand im Topanga Canyon, der dort in einem mit einer Persenning überdachten Lastwagen lebte; das Besondere daran war, daß auf dem Führerhaus ein Autositz montiert war. Dort verfiel Gypsy auf einen Plan, der den Helter Skelter-Spendenkrug im Saloon der Ranch zum Überlaufen bringen sollte.
Linda Kasabian, ihr Mann Bob, Blackbeard Charles, Jim und Juli Otterstrom – sie alle hausten in diesem Lastwagen und bereiteten sich auf die Reise nach Südamerika vor. Charles Melton hatte an die 23 000 Dollar geerbt, und mit einem Teil der Summe sollte diese Reise bestritten werden. Den Rest hatte er weggeschenkt, zur Freude verschiedener Topanga-Bewohner.
Drinnen in dem Lastwagen nahm Gypsy Meltons Gitarre und stimmte den Song ‹Cease To Exist› an. Dann erzählte sie Linda von der Spahn Movie Ranch, vor allem von Charles Manson. Sie sagte, das Allerwichtigste auf der Spahn Movie Ranch seien die Kinder, alles gehöre dort allen, und alle würden sie in die Wüste ziehen, um dort zu leben. Sie erzählte ihr von dem ‹Loch› und von dem Goldfluß, von dem Linda bereits aus Hopi-Sagen gehört hatte. Es klang phantastisch.
Wie Linda angegeben hat, erzählte ihr Gypsy, Charlie stünde jenseits aller Wünsche und Begierden – er sei tot. Daß er nicht mehr Charlie sei. Daß er die *Seele* sei. Und sie alle seien Charlie, und Charlie sei sie. Und die Männer! Da gäbe es Männer, die ganz groß im Bett seien, eine ganze Menge wären so, bereit zu einer totalen Liebe. Die anderen im Wagen lachten Gypsy aus, aber Gypsy sagte, ihre Egos machten sie der *Wahrheit* gegenüber taub.
Mrs. Kasabian, obgleich mit ihrem Mann erst seit sieben Tagen wieder versöhnt, hatte Streit mit ihm. Anscheinend hatten er und Charlie Melton ihr die Reise nach Südamerika bereits ausgeredet. Gypsy lud sie ein, mit auf die Spahn Movie Ranch zu kommen.
Linda hatte vorgehabt, an diesem Tag, dem Unabhängigkeitstag, zum Love-in am Topanga Strand zu fahren, doch statt dessen fuhr sie zur Spahn Movie Ranch und nahm ihre sechzehn Monate alte Tochter Tanya mit. Alle umarmten sie, als sie und Tanya auf der Ranch eintrafen. Man nahm ihr ihre Kennkarte ab und was sie sonst an persönlicher Habe mitgebracht hatte. Alles Liebe und Friede.
Und sie war bereit, denn sie war in der Dope-Love-Generation aufge-

wachsen, und von ihrem siebzehnten Lebensjahr an war sie von einer Kommune zur andern gezogen. Tanya wurde natürlich zu Pooh Bear gebracht. Man erklärte Linda, Tanyas Ego müsse frei bleiben von der Programmierung durch die Mutter, und deshalb dürfe sie mit ihr nicht Englisch sprechen.

Mrs. Kasabian wurde bald wieder schwanger, nachdem sie Verkehr gehabt hatte mit Beausoleil, Manson, Tex, Bruce, Danny, Karate Dave, Clem et al. Allerdings behauptet Beausoleil von sich, der Vater des Kindes zu sein.

Es ist interessant, daß die Family alle Ausweispapiere und Kreditkarten einkassierte und an einer zentralen Stelle aufbewahrte, gewöhnlich bei Squeaky in George Spahns Haus. Wenn jemand Neues kam, wurde das Abnehmen des Ausweises wie ein Ritual vollzogen. Linda Kasabian war keine Ausnahme. Und als ihr Charlie befahl, zu Sharon Tates Haus zu fahren, mußte sie sich erst ihren Führerschein bei der zentralen Sammelstelle geben lassen.

In dieser Nacht machte Linda Kasabian ihre erste mystische Erfahrung durch. Sie und Tex Watson liebten sich in einem dunklen Schuppen, und es sei, so sagte sie später aus, anders gewesen als alles, was sie bis dahin erlebt hatte, total und unheimlich zugleich, so als wäre sie von einer Kraft, die außerhalb ihrer selbst war, besessen gewesen. Ihre Hände hätten sich neben ihr zur Faust geballt und ihre Arme seien wie gelähmt gewesen, als sie den Höhepunkt erreichte.

Später fragte sie Gypsy nach der Bedeutung einer solchen Lähmung. Gypsy soll ihr gesagt haben, so etwas passiere, wenn man sich dem Mann nicht völlig hingebe; ihr Ego sei im Sterben begriffen.

Während sie miteinander schliefen, erfuhr Tex von dem geerbten Geld, das Charlie Melton in seinem Laster bei sich hatte. Er war ganz Ohr. Sofort begann er mit der alten Leier, daß es weder Gut noch Böse gäbe und daß alles allen gehöre. Sie akzeptierte es und beschloß, Charlie Melton zu beklauen.

Linda schlief in dieser ersten Nacht auf einer Matratze auf dem Dach des ‹Long Horn Saloon›. Es war die letzte Nacht, in der Charlie irgend jemandem erlaubte, auf dem Dach zu schlafen. «Da können uns die Panthers zu leicht ausmachen und abknallen», sagte er.

Der 5. Juli war ein Freudentag für die Family. Am Montag fuhren Tanya, Linda, Gypsy und Mary Brunner zum Topanga Canyon, um dort an den Strand zu gehen. Hinter dem Topanga Shopping Center am kleinen Fluß stießen sie auf Charles Melton und Bob Kasabian. Sie rauchten etwas ‹Flachs› zusammen, dann fuhren Bob und Charles nach

Los Angeles, um dort ihre Pässe für die Reise abzuholen.

Linda und die Mädchen fuhren zu Meltons Lastwagen-Behausung, um Lindas Sachen abzuholen. Sie grub einen irgendwo in der Erde versteckten Beutel mit dreißig rosafarbenen LSD-Tabletten aus, die sie aus dem Osten mitgebracht hatte.

Dann packte sie ihre Sachen zusammen, darunter auch einige Haushaltsgegenstände und das am Griff mit einem Klebeband umwickelte Messer, das später Abigail Folger töten sollte, sowie jenes alte Buck-Klappmesser, das Sadie in einem Polsterstuhl in der Polanski-Villa verlieren sollte. Dann wühlte sie in Meltons Seesack herum und zog einen Velvet-Tabakbeutel heraus, der fünfzig Hundert-Dollar-Noten enthielt, die sie nach Chatsworth mitnahm, um sie dort dem Hexer zu übergeben. 5000 Dollar.

Charlie arbeitete mit Snake und Brenda gerade an seinem Strand-Buggy, als man ihm Linda vorstellte. Linda fand, daß Manson phantastisch aussehe in seinem Lederzeug. Charlie fragte sie, warum sie zu ihnen gekommen sei. Linda sagte, ihr Mann wolle nichts mehr von ihr wissen, und Gypsy habe ihr gesagt, sie sei hier willkommen. Charlie nahm das Geld entgegen. Er musterte Lindas Beine – «Er betastete meine Beine; offenbar dachte er, sie sind okay», sagte sie später lächelnd aus. Er war zufrieden.

Man sagte Manson, es bestünde die Möglichkeit, daß Charles Melton und seine Freunde auf der Ranch auftauchten, um das Geld zurückzufordern. Daraufhin beschloß Manson, Linda zu der Höhle unten am Fluß, hinter der Ranch, zu schicken, um sie vor dem Zorn ihres Mannes in Sicherheit zu bringen.

Für ihre Verdienste wurde Linda mit einem Grottenbums belohnt. Manson besuchte sie in dieser Nacht des 5. Juli in der Höhle und trieb es mit ihr, unter den Augen von Gypsy, Ouish und Brenda. Wieder einmal griff er zu seiner alten Masche und erklärte Linda, ihre Probleme rührten von ihrem Vater her. Sie gab zu, daß sie einen Stiefvater hatte, den sie nicht mochte.

Den ganzen nächsten Tag über saßen die Mädchen oben am Berg, bei der Höhle, und beobachteten mit einem Fernrohr die Zufahrt zur Spahn Movie Ranch. Und wie vorausgesagt kamen Charles Melton, Bob Kasabian und Jim Otterstrom mit ihrem Lastwagen zur Ranch.

Charles Melton fragte jemanden am Plankenweg nach Gypsy und Linda. Der Betreffende verschwand und kam mit Manson zurück, der vor Melton die Killst-du-mich/Kill-ich-dich-Nummer abzog.

Laut Melton sagte Manson: «Wer sind Linda und Gypsy? Ich kann mich

nicht einmal an ihre Namen erinnern.»
Melton erwiderte: «Sie haben mir 5000 Dollar gestohlen.»
Manson meinte: «Was ist Geld? Nichts gehört dir.» Dann zog Charlie sein Messer heraus, gab es Melton und forderte ihn auf, Charlie mit Charlies eigenem Messer zu töten.
Melton wies das Messer zurück. Manson sagte: «Dann sollte vielleicht ich dich töten, um dir zu zeigen, daß es so etwas wie den Tod nicht gibt?»
An diesem Punkt beeilten sich Melton und seine Leute, das Weite zu suchen.
Bryn Lukashevsky, der Mann, der die Schießerei mit Bernard Crowe miterlebt hatte, rief einige Tage später Dennis Wilson an und erzählte ihm davon. Gregg Jakobson war bei diesem Gespräch dabei und berichtete offenbar Melcher davon. Melcher war sehr empört, und das mag der Grund dafür gewesen sein, daß alle Pläne, von Manson eine Platte oder einen Film zu machen, ins Wasser fielen. Manson aber rechnete allen Ernstes mit Melcher.
Eines Tages fragte Manson Jakobson, ob Terry ein grünes Fernrohr vor seinem Strandhaus in Malibu stehen habe.
«Ja», erwiderte Jakobson.
«Das war einmal», frohlockte Charlie.
So war es also Doris Days Fernrohr, mit dem die Family von den Santa Susanna Mountains aus nach den Black Panthers Ausschau hielt.
Allmählich wurde Manson wütend auf Melcher; er drücke sich vor seinen Verpflichtungen. Eines Tages schickte Manson Leslie und ein anderes Mädchen zu Melcher in den Malibu Canyon. Melcher ließ sie nicht ins Haus, sprach aber mit ihnen über eine Sprechanlage. «Sie redeten davon, daß sie ihn kidnappen wollten», erinnerte sich Miss Lutesinger.
Linda Kasabian paßte sich dem Lebensstil der Family völlig an. Tex Watson und Linda Kasabian wurden enge Freunde, worin die Antwort auf so manche verwirrende Aspekte der sogenannten Tate–LaBianca-Morde liegen mag.
Als Gypsy bei dem Prozeß aussagte, erwähnte sie Linda Kasabians Beflissenheit nach dem Diebstahl der 5000 Dollar.
«Sie erntete dafür eine Menge Aufmerksamkeit. Sie brachte ständig irgendwelche Geschenke mit.»
Manson akzeptierte Linda Kasabian rasch, wie sie behauptet, und betraute sie, wie sie sagt, mit besonderen Aufgaben. Er erzählte Linda von der guten alten, lange vergangenen Zeit, als er mit seinem Bus voll

Mädchen frei und ungebunden herumfuhr. Das waren noch Zeiten. Manson paraphrasierte gern einen Song von John Lennon:

> *Christ you know it ain't easy,*
> *You know how hard it can be,*
> *They're gonna crucify me.*
> [Gott, du weißt, es ist nicht leicht,
> Du weißt, wie schwer es sein kann,
> Sie werden mich noch kreuzigen.]

Für Manson war das der absolute Beweis dafür, daß Lennon das Kreuz auf sich nehmen würde. «Das letzte Mal haben sie mich gekreuzigt, aber jetzt tritt John Lennon an meine Stelle», frohlockte Charlie.
Charlie ernannte sich selbst zum Wunderheiler. Als er sich einmal in den Arm schnitt, sagte er zu Linda Kasabian so was wie: «Eines Tages werd ich mich selbst heilen können.» Ein anderes Mal setzte er sich angeblich zu einem sterbenden Pferd, Zane Grey, und sprach zu ihm, und wunderbarerweise genas das Pferd. Dann war da noch das Wunder mit dem Klumpfuß. Ein Mann, dessen Namen man bis zum heutigen Tag nicht weiß, erschien auf der Ranch; er hatte einen zu großen Fuß und hinkte. Charlie hat ihn angeblich im Laufe der folgenden Tage durch eine Reihe von Geboten geheilt.
Nach außen hin hatte alles noch Züge von Normalität, während das eigentliche Leben der Family rasch einen rohen und brutalen Charakter annahm. Jeden Abend fuhren George Spahn, Ruby Pearl und jemand von der Family, gewöhnlich war es Squeaky oder Ouish, zum International House of Pancakes in Chatsworth, um dort zu essen. Auf dem Rückweg hielten sie an und beluden den Laster mit Hafer für die Pferde. Dann fuhr Ruby zu ihrem eigenen Haus hinüber, während der betagte George in seinem Haus beim Filmgelände vor dem Fernseher einschlief, umgeben von seinem Teenager-Pflegepersonal.
Die Mädchen verbrachten viel Zeit damit, Werkzeuge und Strand-Buggy-Teile zu putzen, sie zusammenzupassen und beim Bau der Buggies mitzuhelfen. Leslie, Katie, Little Patty und Brenda kümmerten sich meist um die Kinder.
Aber Charlie war regelrecht nervös.
Als Snake es einmal wagte, während einer seiner Vorlesungen beim Mittagessen zu sprechen, geriet Charlie außer sich und riet ihr, nie wieder dazwischenzusprechen, wenn er rede.
Eines Tages, es war im Juli, kam Charlie zu spät zum Essen, und die

Family hatte bereits angefangen – eine Sünde! Er wurde furchtbar wütend, als er dazukam, und stürmte aus dem Haus. Tex, Bob, Clem und Bruce folgten ihm und baten ihn um Vergebung. Kurz darauf kamen sie alle zurück, Charlie spielte Gitarre, und sie feierten ein Songfest. Alles war wieder eitel Freude.

Und sein Gerede über das bevorstehende Gemetzel der Schwarzen löste – vor allem auf LSD-Trips – Wellen der Paranoia aus. Charlie liebte die Angst, die der stumme Kreis aus paranoiden jungen Menschen ausstrahlte, die da im ‹Long Horn Saloon› saßen und auf die heranschleichenden Schritte der Mordbrenner warteten.

Am 10. Juli kam Charlie Manson mit einem Bündel Hundert-Dollar-Noten in den Butler Buggy Shop und kaufte für 2400 Dollar vier Strand-Buggies für sein Bataillon. Seine zuverlässigen Assistenten Bill Vance, Danny De Carlo, Tex und Bob sollten ab sofort eigene, rechtmäßig erworbene Helter Skelter-Stahlrösser besitzen – und sofort machte man sich daran, diese Strand-Buggies für den Zug nach Norden in die Wüste umzubauen.

Am 10. oder 11. Juli hielt ein Schwarzer mit einem Hund auf der Straße bei der Spahn Movie Ranch und nahm die Ranch genau unter die Lupe. Dann fuhr er über das Gelände zum Müllplatz, wo sich das Strand-Buggy-‹Montageband› befand. Tanya und Pooh Bear spielten bei der ‹Waffenkammer› auf dem Plankenweg. Die Family bekam es mit der Angst, die Black Panthers würden die Kinder niederschießen, und so wurde der Befehl erlassen, alle Kinder in ein neues Lager zu bringen, das sich bei einem Wasserfall in den Bergen, ungefähr eine Meile nördlich von der Spahn Movie Ranch, jenseits der Santa Susanna Pass Road befand. Dort errichteten sie ein Zelt und eine Kochstelle. Alle von zu Hause Durchgebrannten, alle Kinder und auch einige von den älteren Mädchen wurden dorthin verfrachtet.

Man konnte das Lager von der Spahn Movie Ranch aus durch das Flußbett erreichen. Charlie legte Wert darauf, daß man mit den Strand-Buggies dort hinauffahren konnte, was wegen der Felsen und Klippen im Flußbett schwierig war. Er befahl den Mädchen, die Felsen zu beseitigen. Sie taten es.

Linda war stolz, als sie von M. mit der Aufgabe betraut wurde, die Mädchen im Flußbett zwischen Wasserfall und Ranch hin und her zu transportieren.

Eines Tages bekamen sie Besuch: zwei Personenwagen voll Schwarzer mit Kameras. Charlie versteckte sich am Corral in dem leeren Heuschober; die Mädchen rannten davon, um sich hinter dem Strand-Buggy-

Werk beim Müllplatz zu verbergen. Die Schwarzen, acht an der Zahl, machten Aufnahmen, durchforschten die ganze Ranch, dann fuhren sie davon. Die Family-Paranoia folgerte, daß es ein Voraustrupp der Black Panthers-Killer gewesen sei, die darauf aus seien, die wachsamen weißen Welterlöser auszulöschen. Und als sie auf der anderen Straßenseite, gegenüber von der Ranch, im Gras Bonbonpapier fanden, sahen sie darin ein weiteres Zeichen dafür, daß sie von den Black Panthers beobachtet wurden.

Am 14. Juli fuhren Danny De Carlo und Bruce Davis zu einem Geschäft, den sogenannten Surplus Distributors am Van Nuys Boulevard in Van Nuys. Sie kauften mehrere Waffen, darunter eine 45-Kaliber-Pistole und eine Neun-Millimeter-Radon-Pistole. Sie erwarben diese Waffen unter falschen Namen – ein Verstoß gegen das Waffengesetz. Davis gab den Namen Jack McMillan und De Carlo den Namen Richard Allen Smith an.

Davis erklärte später der Polizei gegenüber, Crowe hätte gesagt, er würde sie umbringen, deshalb hätten sie die Waffen gekauft.

Am 15. Juli flog Officer Breckenridge vom Sheriff's Office in Los Angeles mit einem Helikopter mehrmals über die Spahn Movie Ranch und bemerkte dort ‹mindestens drei› VW-Fahrgestelle, was auf die Möglichkeit eines Autodiebstahls hinwies. Das Sheriff's Office sammelte daraufhin Informationen im Hinblick auf Autodiebstähle. Vier Wochen später sollte eine Razzia stattfinden.

Während der fünf Tage, die die Family am Wasserfall kampierte, beschäftigten sich die Mädchen eines Abends noch spät damit, auf Charlies Strand-Buggy Ozelotfelle zu nähen. Brenda McCann hatte aus dem Kleiderschrank ihrer Mutter mehrere Felle mitgehen lassen. Ihre Mutter sollte ausflippen, als sie ein paar Monate später auf einem Foto in der Titelgeschichte von *Life* ihre Felle im Wert von mehreren tausend Dollar wiedererkannte; sie schmückten Charlies Strand-Buggy.

Kurz bevor der Morgen graute, schickte Charlie Brenda mit einer Schere von der Ranch herauf mit der wunderbaren Botschaft, nun sei es an der Zeit für das heilig-verhexte Tonsur-Ritual. Charlie meinte, sie seien nun reif dafür, sich die Haare abzuschneiden – denn endlich seien ihre Egos tot. Die Zeit der Auszeichnung war gekommen. Snake sagte, sie wolle sich ihre langen roten Flechten nicht abschneiden lassen. Doch als man ihr sagte, man würde sie festhalten und es so oder so tun, unterwarf sie sich. Patricia blieb verschont, weil ihre üppige Hexenmähne als magische ‹Hülle› dienen sollte, wenn sie im ‹Loch› Zuflucht suchten. Juujuujuu.

Am nächsten Tag traten die Geschorenen vor den Hexer. Bei jeder von ihnen hatte man eine lange Locke stehen lassen. Die Legende berichtet, daß jede von den jungen Damen eines ihrer Haare begraben und eines im Feuer verbrannt habe. Sie ‹erretteten› ihr abgeschnittenes Haar, indem sie es zu kleinen Bündeln banden, die sie der *Seele* übergaben. Das gefiel Charlie. «Es sieht gut aus», meinte er. Dann befahl er vier oder fünf anderen Mädchen, sich ebenfalls ihr Haar abschneiden zu lassen.

Mitte Juli beschloß Charlie, die gesamte Family an einen abgeschiedenen Ort zu schaffen, der drei Meilen weiter oben im Devil Canyon etwas abseits von einer Feuerschneise im Wald lag. Dort hielten sie sich ungefähr eine Woche auf, bis sie von einer Motorradstreife der Polizei vertrieben wurden.

Von der Ranch, von der Höhle und von dem Lager an den Fern Ann-Wasserfällen kamen an die zwanzig Manson-Anhänger und schlugen an einem neuen Platz ihr Lager auf. Es war ein liebliches, grasbewachsenes Gelände, über das sich an der einen Seite ein Birke neigte, die ihnen als natürlicher ‹Zeltpfosten› diente. Die Mädchen errichteten ein Zehn-Mann-Zelt und spannten zur Tarnung einen Fallschirm über das Strand-Buggy-Werk.

Unglücklicherweise wurde die nahe gelegene Straße von Feuerwehrwagen benutzt, und außerdem verlief oberhalb des Camps ein Reitpfad am Hügel, so daß ihr Lager bald entdeckt wurde. Fast gleichzeitig wurde es von einem Polizeihubschrauber aus erspäht. Anscheinend hat Manson oder jemand anderes von der Family Feuerwehrleute, die in den trockenen Feuerschneisen patrouillierten, mit einer «Tommy Gun» – so nannte die Family ihre Maschinenpistolen – bedroht.

Den kurzen Fahrweg, der von der Feuerschneise zum Camp führte, tarnten sie mit Buschwerk. Die Mädchen legten eine ungefähr einein-halb Kilometer lange Telefonleitung den felsigen Devil Canyon hinunter, so daß Feldtelefone für die Außenwachposten installiert werden konnten.

An der Mündung des Canyon hatten sie auf einem Hügel, der die Spahn Movie Ranch überblickte, eine Wache rund um die Uhr eingerichtet. Diese Wache sollte nach der Polizei und den Black Panthers Ausschau halten. Für den Fall einer Invasion sollte der Wachposten das Lager telefonisch warnen. Der Wachposten wurde alle acht Stunden abgelöst.

Charlie beschloß, die NBC-Kamera hervorzuholen und Lampen aufzuhängen, um den Eindruck zu erwecken, sie bereiteten einen Film vor.

Das sollte der Polizei gegenüber als Grund angegeben werden, falls es tatsächlich zu einer Razzia kam.

Einmal befahl Charlie Linda und Vance, sie sollten einen großen Laster, der einen Generator geladen hatte, kurzschließen und zum Lager bringen. Mit einem Wagen fuhren sie zu dem Laster; Linda sollte den Wagen, Vance den Laster zurückfahren. Die Mission scheiterte, weil es Vance nicht gelang, den Laster anzulassen und Linda Kasabian Angst bekam. Dann fuhren Charlie und Vance noch einmal zu dem Laster, bekamen ihn in Gang und fuhren ihn den steilen Canyon hinauf zum Camp. Tex brauchte den Generator, damit er seinen Strand-Buggy fertig installieren konnte.

Sie benutzten den Generator drei oder vier Tage lang, dann brachte Vance ihn zurück und stellte ihn, einen Block von dem Haus des Besitzers entfernt, ab. Linda und ein unbekannter Besucher holten Bill und fuhren ihn zur Ranch zurück.

Als alle hinaus in den Canyon zogen, ließen sie auf der Ranch eine kleine Pflegetruppe zurück, die sich um George Spahn kümmern und beim Kochen für die Rancharbeiter helfen sollte. Zu dieser Gruppe gehörten unter anderem Little Patty, Zezo, Squeaky und Ouish.

Charlie sagte den Mädchen, sie sollten ‹Hexensachen› (die gewöhnlich aus Perlen, Federn und Leder bestanden) an den Bäumen aufhängen, damit sie mit Hilfe dieser ‹Wegweiser› nachts zum Lager zurückfänden. Die Mädchen richteten eine Lagerküche ein. Als eiserne Ration hatten sie einen Zentner braunen Reis besorgt. Sie waren angewiesen, zusätzliche Nahrungsmittel aus der Wildnis zu sammeln, was sich in diesem trockenen, unfruchtbaren Gelände als schwierig erwies. Linda Kasabian entdeckte eine heiße Schwefelquelle, die mit ihrem Schlamm zur Heilung von Entzündungen und Verletzungen, die in der Family häufig waren, beitrug.

Die Mitglieder der Family pflegten in einem großen, hölzernen Wasserturm in der Nähe zu baden. Bei Nacht lagen sie auf Schlaffellen und Schlafsäcken, während Danny Schlagzeug spielte und Bob und Charlie sangen und Gitarre spielten. Und der gruslige-grausige Krauch-Choral erhob sich unisono zum Himmel.

Der Devil Canyon ist üblicherweise ziemlich trocken, doch im Winter 1968/69 hatte es viel geregnet, so daß die Creeks auch noch im Sommer voller Wasser waren, Wasser, in dem man baden und Geschirr spülen konnte, hatten sie also in Hülle und Fülle, doch durften sie diese Wasserstellen weder tagsüber noch in größerer Anzahl aufsuchen.

Am Sonntag, dem 20. Juli 1969, hörten einige Mitglieder der Family über Danny De Carlos Radio in der ‹Waffenkammer› auf der Ranch die Mondlandung von Apollo 2.

Am 20. Juli wurde der sechzehnjährige Mark Walts am Straßenrand in Topanga tot aufgefunden. Spuren deuteten darauf hin, daß er mehrere Male überfahren worden war. Sein Bruder kam laut Danny De Carlo auf die Spahn Movie Ranch gestürmt, um Manson zur Rede zu stellen, da der Junge sich angeblich auf der Ranch aufgehalten hatte. Mehrere Polizeibeamte erschienen auf der Ranch, um in diesem Todesfall zu ermitteln.

Irgendwann in dieser Zeit wurde ein junges Mädchen, das in Polizeiberichten als Jane Doe 44 bezeichnet wird, ermordet und in einem flachen Grab bei Castaic einige Meilen nordöstlich von der Spahn Movie Ranch, an der Whitaker-Feuerschneise, begraben. Das Mädchen, das bei seinem Auffinden Monate später nicht mehr zu identifizieren war, hatte ein kurzes Kleid mit Puffärmeln an, das mehrere Leute als ein Kleid wiedererkannten, das sie auf der Spahn Movie Ranch gesehen hatten.

Am 20. Juli, also an dem Tag, als Mark Walts in Topanga starb, hatte Charlie einen seiner Wutanfälle. Der einzige bekannte Grund dafür war, daß Gypsy damit, daß sie eine Kongatrommel den Hang hinunterrollte, eine Sünde begangen hatte.

Ella, Sadie, Mary und Ouish eilten aufgeregt und verschwitzt vom Devil Canyon-Lager zur Ranch hinab. Charlie verprügelte Gypsy. Er drehte völlig durch. Er trat sie in die Rippen, schlug sie auf den Kopf, bis sie sich nicht mehr rühren konnte. Mary hatte er – dem Sinne nach – angebrüllt: «Warum bringst du Pooh Bear nicht zu deiner Mutter? Das ist es doch, was du willst!» Dann zerschmetterte er seine Gitarre und sein Schlagzeug und sagte etwas wie: «Hier kümmert sich ja doch keiner um Musik.» Er zerstörte sogar das Tonaufnahmegerät, das zu der gestohlenen NBC-Kamera gehörte.

Die Polizei fand den Behälter für das Aufnahmegerät in der Nähe des Lagers im Devil Canyon. Die Transistoren aus dem zerstörten Gerät wurden in Säcke gesteckt und im Canyon und auf der Ranch als nächtliche ‹Hexenwegweiser› aufgehängt.

Zwei Tage nach Mansons Wutanfall veranstaltete die Polizei in dem Devil Canyon-Grusel-Lager eine Razzia, und alle mußten zur Ranch zurückkehren. Manson hatte Glück: der Künstler John Friedman und seine Familie, die im hinteren Teil der Ranch gewohnt hatten, waren eben dabei auszuziehen und nahmen auch den ausrangierten International Scout mit, den die Family von Juanita bekommen hatte. Helter

Skelter hatte also wieder eine Heimat.

Charlie schloß mit George Spahn Mietvereinbarungen. Er brachte den Trailer wieder zur Ranch, und eine Zeitlang lebten sie alle, auch die Kinder, im Ranchgebäude. Matratzen auf dem Boden waren das modische Interieur des kahlen Ranchgebäudes.

Als die Polizei wieder eine Razzia veranstaltete, ließ Charlie ein paar Mädchen unten am Fluß, gegenüber dem Haus, in einem Dickicht das Zelt aufschlagen. Es handelt sich um die Bleibe, die Barbara Hoyt in ihrer Zeugenaussage als *wickiup* (Indianerhütte) bezeichnete. Barbara Hoyt war eine Anhängerin der Family und wurde in Honolulu mit einem mit LSD gewürzten Hamburger gefüttert, um sie an ihrer Zeugenaussage zu hindern. Die Kinder und alle von zu Hause durchgebrannten Mädchen mußten in diesem *wickiup* schlafen.

Das Strand-Buggy-Werk wurde wieder beim Müllplatz errichtet. Manson traf Sicherheitsmaßnahmen. Niemand außer denen, die von Satan spezielle Aufgaben zugeteilt bekommen hatten, durften sich auf dem der Straße zugewandten Gelände der Ranch aufhalten.

Manche von ihnen erinnerten sich wehmütig der guten alten Zeit 1968, als sie zum erstenmal dort gehaust hatten. Wie toll war damals alles gewesen, mit den Teppichen und Kissen, die sie für Juanitas Geld gekauft hatten. Sie erzählten sich auch wieder die Geschichte von der Feuerorgie im Oktober 1968, bei der sie sich gegenseitig in die Flammen geworfen hatten, und doch war niemand verbrannt.

Aber jetzt ging's hart zu. Es sei daran erinnert, daß die Transcontinental Development Corporation scharf darauf war, für das deutsch-amerikanische Erholungszentrum verschiedene Grundstücke im Gebiet der Spahn Movie Ranch zu erwerben. Bedauerlich für Manson – und eine weitere Sorge war, daß die Grenze der Spahn Movie Ranch mitten durch das hintere Ranchgebäude verlief, so daß Unklarheit darüber herrschte, wem es eigentlich gehörte. Die Transcontinental Development Corporation hatte ein Stück Land erworben, das an diesen Teil der Ranch angrenzte, und behauptete nun, der Bereich gehöre zu ihrem Besitz. Die maßgeblichen Leute von der Transcontinental Development Corporation waren natürlich eifrig darauf bedacht, die Hippies aus der Gegend zu vertreiben, und setzten darum die Family unter Druck, die Spahn Movie Ranch zu verlassen.

Zur Feier des Wiedereinzugs auf die Ranch ordnete Charlie eine Orgie an. Sie hat in den Annalen der Family große Berühmtheit erlangt, weil bei dieser Gelegenheit die ‹Initiation› von Simi Valley Sherri stattfand. Simi Valley Sherri war ein fünfzehnjähriges einheimisches Mädchen,

das auf der Ranch die Pferde versorgte. Ihr Familienname soll hier nicht erwähnt werden, da sie inzwischen wieder die High School besucht.
An dieser Orgie nahmen an die zwanzig Family-Mitglieder und vier ‹Gäste› teil, deren Namen bisher nicht bekannt sind.
Die Orgie fand wahrscheinlich am 22. Juli 1969 statt. Manche haben behauptet, sie sei gefilmt worden. Charlie stellte die Fünfzehnjährige in die Mitte der Versammlung und zog sie dann bis auf ihren schmalen Slip aus. Alles starrte. Kameras surrten. Das Mädchen war alles andere als willig. Charlie stieß sie zu Boden und betatschte sie von Kopf bis Fuß. Er küßte ihren Hals und ihre Brüste. Simi Sherri biß Manson in die Schulter, worauf er ihr mit der Faust ins Gesicht schlug.
Laut Linda Kasabian, die bei der Orgie eine Schlüsselrolle spielte, sagte Manson: «Sherri, weißt du noch, wie ich dich damals mit einem Stein in der Hand das Flußbett entlanggejagt und gerufen hab, wenn du nicht mit mir schläfst, dann schlag ich dir den Schädel ein und vergewaltige dich?»
Sie lag still da, und Manson riß ihr den Slip herunter. Er forderte Beausoleil auf, mit ihr zu schlafen. Das tat Beausoleil.
Dann gab Charlie das Signal zum allgemeinen Hoch- und Zapfenstreich. «Die ganze Szene war von einer Perversion, wie ich es nie zuvor erlebt habe», erklärte Linda Kasabian. Und sie beteiligte sich aktiv.
Es kam zu einer ‹Triole› zwischen Linda Kasabian, Leslie Van Hauten und Tex Watson. Dann legte sich Clem zusammen mit Linda hin. Auch Snake/Lake wälzte und wand sich in den Armen der zwanzigjährigen Linda. «Manchmal warf ich einen Blick um mich», sagte Linda Kasabian bei dem Prozeß aus, als sie gefragt wurde, ob sie beobachtet habe, was in anderen Teilen des Raums geschah.

13
Die große Angst

Eine von Mansons ständigen Redensarten im Sommer 1969 war, was für eine tolle Sache die Angst sei. «Die große Angst kriegen», wie er es nannte, das sei eine exquisite physische Erfahrung. Im Grunde handelt es sich um ein altes LSD-Phänomen – das Durchleben einer Periode intensiver Angst. Doch Manson entschied, daß das eigentliche Wesen des erweiterten Bewußtseins Angst sei – die «unendliche Weite der Angst, bis in die Unendlichkeit hinein».

Er sagt, die Mädchen hätten ihn immer gefragt, was er mit der Angst meine. Manson antwortete ihnen dann im wesentlichen: «Du gehst zum Beispiel nach Malibu und suchst dir ein reiches Haus aus. Du klaust nicht, du gehst einfach rein in das Haus, und die Angst, die dir entgegenkommt, ist wie eine Sturzflut. Es ist fast wie wenn man auf Wogen aus Angst geht.»

Er riet seinen Anhängern, in reiche Häuser einzudringen, wo Licht brannte. Er lehrte, daß die ‹reichen Piggies› drinnen viel zu verängstigt sein würden, um irgend etwas zu tun. Er zeigte seinen Jüngern, wie man die leichten Sommertüren mit einer dünnen Plastikkarte aufklemmen konnte. Er demonstrierte, wie man ein Fliegengitter mit dem Messer aufschneiden kann.

«Tut das Unerwartete», sagte er. «Das Unsinnige ergibt einen Sinn. Keiner wird euch erwischen, wenn ihr den Gedanken in eurem Kopf entwischt.»

Und alle getreuen Jüngerinnen stürzten sich schnurstracks in diese Wogen der Angst, indem sie in Häuser eindrangen und Schmuck und Pelze stahlen. Sie trugen schwarze Kleider, öffneten lautlos die Fenster und krochen herum in den Wohnzimmer-Angstfluten der Malibu-Häuser. Dann zogen sie mit ihrer Beute ab.

Der eigentliche Begriff *creepy-crawl* wurde vom Juli 1969 an benutzt und war von den Mädchen erfunden worden. «Ich hab sie nicht zum Gruselgeistern aufgefordert. Sie haben's von selbst getan», erklärte Manson am 24. Juni 1970.

Sadie, so scheint es, war der Gruselgeist aller Gruselgeister. In einem schwarzen Umhang und in ihren neu erworbenen Roebuck-Jeans machte sie sich auf die Suche nach Zielen, indem sie in die Fenster der Häuser spähte. De Carlo sagt: «Und das ist alles, was sie taten: Die ganze Zeit dort oben in dem reichen Viertel rumhängen, in Beverly Hills und in der Brentwood-Gegend. Überall da, wo die Reichen rum-

hängen. Und die Idee dabei war, eine ganz grausige Sache draus zu machen; zum Beispiel wollte er soweit gehen, diese Leute an ihren Füßen aufzuhängen und aufzuschlitzen.»
Sonderbar, wie sie auf einmal alle schwarze Umhänge zu tragen begannen. Die Mädchen nähten für Charlie einen, der bis zum Boden reichte. Strahlend probierte Charlie ihn an und äußerte, daß ihn jetzt bestimmt niemand mehr sehen würde, wenn er gruselgeisterte. Mary Brunner hatte einen schwarzen Umhang. Sadie hatte einen Umhang. Und Squeaky färbte nach Danny De Carlo in der Küche der Spahn Movie Ranch Kleidungsstücke in einem Topf schwarz.

Unter den Personen, die in den Manson-Fall verwickelt sind, gibt es einige, die so durchdrungen sind vom Bösen, daß allein die Tatsache, von ihnen zu wissen, schon wie ein Albtraum ist.
Die verschiedensten Leute, darunter Beausoleil, Manson, Vern Plumlee und andere haben zugegeben, daß hin und wieder von irgend jemandem Filme vom Leben und Treiben der Family gedreht worden sind. Auch die Family machte Filme – im Topanga Canyon, im Malibu Canyon, im Death Valley, in Hollywood und auf der Spahn Movie Ranch.
Vern Plumlee sagte in diesem Zusammenhang folgendes: «Sie machten Privatfilme; ja – ich war dabei, als die Family Filme drehte; völlig verrückte Filme.»
«Von was handelten die Filme?» fargte man ihn.
«Na, von allem, von allem, was gerade passierte. Wenn zum Beispiel einer auf einem richtig irren LSD-Trip war, dann filmten sie das. Lauter so komische Sachen eben.»
Laut Plumlee besaß die Family drei Super-8-Filmkameras.
Man fragte ihn nach Brutalfilmen. «Ja, der mit dem Tanzen zum Beispiel. Sie tanzten mit Messern, und dann taten sie so, als wollten sie sich gegenseitig abstechen oder so. Ich hab ehrlich nicht viel davon gehalten – auch eine von diesen unheimlichen Sachen, die sie machten.» (Er lacht.)
Jemand anderes, der der Family nahestand, beschrieb unabhängig davon dieselbe Art von Fleischhackerfilm. Allerdings war dieser Bericht etwas reicher an Details als der Plumlees: «Ein regelrechter Tripfilm – na, vielleicht sieben Minuten lang – und Charlie und alle rennen im Kreis herum... mit Messern – das Messer vom Gürtel, und sie halten die Messer und fuchteln damit rum, na ja – das geht so drei Minuten lang, und dann fangen sie plötzlich an, auf alles und jedes loszugehen mit ihren Messern, auf die Bäume, das Haus und so weiter.»

Plumlee berichtete von verschiedenen Freunden der Family, die für sie Filme entwickelten, unter anderem von jemandem, der an einem Feldweg in Granada Hills, östlich der Spahn Movie Ranch, wohnte und möglicherweise tatsächlich Filme für die Family entwickelte. Über längere Zeit hin scheinen die Family-Filme ausschließlich sexuellen Inhalts gewesen zu sein – gewürzt mit ein paar berühmten Gesichtern und Körpern. Jeijeijei.
Einmal spielte der Verfasser in Los Angeles die Rolle eines New Yorker Pornohändlers, der Andy Warhol-Standfotos zum Verkauf anbot. Bei dieser Gelegenheit stieß er auf die Möglichkeit, selber eine Kollektion erotischer Filme von insgesamt sieben Stunden Spieldauer zu erwerben, darunter Manson-Pornofilme, die im Verlauf der Ermittlungen vor dem Prozeß zusammengetragen worden waren. Aber der Preis betrug 250000 Dollar. Und dann gab es einen Brief, den ein Reporter von einem gewissen Chuck erhielt, einem Freund von Gary Hinman, der behauptete, Filme von in Malibu und San Francisco begangenen ‹Axtmorden› zu besitzen.
Später stellte sich heraus, daß ein Dope-Dealer aus Los Angeles an einen berühmten New Yorker Künstler, dessen Name hier nicht genannt sein soll, einen Film über den Ritualmord an einer Frau verkauft haben soll.
Schließlich wurde jemand befragt, der ungefähr zweieinhalb Jahre lang im Umkreis der Family herumgehangen hat. Dieser Mann erzählte eine Geschichte, die, falls sie stimmt, und sie scheint zu stimmen, den Anfang der grausigen Epoche des Video-Vampirismus darstellt. Er berichtete von Filmen, welche die Family nachts vorzuführen pflegte – offenbar in den Wäldern hinter oder oberhalb der Spahn Movie Ranch. Es war eine Art Freilichtschau, bei der mehrere Filme gleichzeitig gezeigt wurden.
«Die Family veranstaltete so Dinge wie Filmvorführungen, so eine Art von *light shows*; dabei spulten sie vier oder fünf verschiedene Filme gleichzeitig ab; und sie ließen auch Tonbänder laufen.»
Er sagte, als Soundtrack hätten sie verschiedene Tonbänder gespielt. Und als Leinwand hätten sie weiße Bettücher aufgehängt. Für diese gespenstischen Veranstaltungen mieteten sie in Los Angeles vier oder fünf batteriebetriebene Acht-Millimeter-Filmprojektoren. Die Batterien reichten jeweils ungefähr eine halbe Stunde. Bei den vorgeführten Filmen scheint es sich unter anderem um Streifen von Family-Happenings, Musikveranstaltungen, von dem schon erwähnten Messertanz und viel Sex gehandelt zu haben.

Nach einer Untersuchung von E. M. Loeb mit dem Titel ‹The Blood Sacrifice Complex› (erschienen im Band 30 der ‹Memoirs of the American Anthropological Association›) kannte man in weiten Teilen des prähistorischen Amerika Menschenopferungen, Kalifornien allerdings schien ausgenommen – ausgenommen offenbar bis vor kurzer Zeit.
Die befragte Person soll hier aus verständlichen Gründen anonym bleiben.
Nach seinem High School-Abschluß im Mittelwesten 1968 kam der Betreffende nach Haight-Ashbury, wo er die Family kennenlernte, als diese ihr Pennquartier in der Clayton Street hatte. Er verfügt über eine Menge Informationen über den Haight, die Haight-Ashbury Free Clinic, das Devil House in der Waller Street usw. Manson, sagt er, habe ihn nach Los Angeles eingeladen. Seit damals, so behauptet er, habe er hin und wieder mit der Family herumgegammelt.
Er erklärte im wesentlichen, daß Mitglieder einer internationalen satansverehrenden Organisation und Mitglieder eines obskuren Bike-Club zusammen mit Mitgliedern der Family Filme gemacht hätten von Ritualopferungen im Freien und am Strand. Weiterhin erklärte er, diese Filme habe man heimlich auf der Spahn Movie Ranch vorgeführt.
Im Verlauf einjähriger Ermittlungen stieß man auf zahlreiche Gerüchte und Berichte befragter Leute, nach denen an mehreren abgelegenen Strandabschnitten im Norden und Süden von Los Angeles okkulte und magische Zeremonien veranstaltet worden waren.
Unser Informant gibt an, daß an einem Strand beim Highway 1 mehrere dieser Zeremonien gefilmt worden seien, in der Nähe eines Restaurants namens ‹Pete's Beef›, gegenüber der County Line Mobil-Tankstelle. Er sprach auch noch von anderen Schauplätzen.
Er scheint drei Arten von Filmen mit eigenen Augen gesehen zu haben: 1. Die Family beim Tanzen und Lieben; 2. Tieropferungen; und 3. Menschenopferungen.
Die Daten, die er für die Entstehung der Filme angab, variierten. Er behauptete, einige darunter seien 1969 entstanden und andere, mein Gott, im Sommer 1970.
In den meisten Filmen, so erzählte er, seien viele der Teilnehmer schwarz gekleidet gewesen und hätten Kreuze getragen, doch manche von ihnen seien auch weiß gekleidet gewesen. Manche hätten schwarze Kapuzen getragen, andere nicht. Der Hundeblut-Streifen habe damit begonnen, daß Mitglieder der Family herumsaßen und sangen. Der Rest war eine einzige Scheußlichkeit.
Hier seine Beschreibung:

«Die Sache schien in der Nacht stattzufinden. Zuerst saßen alle nur so rum – und sie saßen so da, ja, und eine von den Katzen kam und ... es war ungefähr elf Uhr abends, und dann fingen sie an mit ihrem Trip, so richtig – und ... dann ging's so weiter. Sie saßen rum, und ein Kerl kam mit so einem Ding mit Blut zum Vorschein und jeder trank davon. Und dann war da wieder der Kerl und schüttete es über allen aus. Danach kam diese andere Katze und ... und dann kam dieser ganze verrückte Trip ...
Sie schlachteten einen Hund. Dann brachten sie ein Mädchen an – zwei Mädchen. Sie zogen sie aus und gossen über die Mädchen das Hundeblut. Hielten den Hund einfach über sie. Und dann nahmen sie die Mädchen, und die beschmierten sie über und über mit Blut. Und alle bumsten die beiden Mädchen ... erst war es ein Pärchen, dann zwei Pärchen – sie haben sie – aber ich nicht, und das ist alles auch schon lange her. Aber ich weiß noch, wie sie alle von dem Blut tranken. Es war richtig unheimlich ... Ich erkannte in dem Film vielleicht acht bis zehn Leute wieder. Na ja, Leute, die ich kenne, Leute, die ich auf der Ranch gesehen habe, Leute, die zum Wochenende oder so gekommen sind ... Sie hatten noch zwei oder drei andere Filme, die ähnlich waren wie der, den ich da gesehn hab.»
Er gab die Namen von zwei Hauptanhängerinnen von Manson an, die an der Bluttrinkerei teilgenommen hätten, und eine von ihnen hätte Geschlechtsverkehr gehabt, während sie mit Blut übergossen wurde. Alles auf einem Filmstreifen.
«Ich hab nur ein paar Opferungen gesehn», sagte er. «Ich hab eine mit dem Hund gesehn. Ich hab eine mit 'ner Katze gesehn – die mit der Katze war die grausigste.»
Hier ein Ausschnitt aus dem Interview über die Katze:
F.: Wo war das?
A.: Im Freien. Es war das eine Mal, von dem ich Ihnen erzählt hab, am Strand.
F.: Wo das mit der Katze war?
A.: Ja, und mit dem Hund.
F.: Dieselbe Stelle?
A.: Ja. Ich glaube, da hatten sie ihre monatlichen Treffs. Ihre Freiluft-*freak-outs*.
F.: Wissen Sie, an welchem Strand das war? Am Malibu-Strand?
A.: Nein. An einem Privatstrand ... ungefähr an der Grenze zwischen dem Beginn von Los Angeles und Ventura. Highway 1.
F.: Wie heißt das Haus?

A.: Das ist kein Haus. Bloß ein Strand.
F.: Wem gehört der Strand?
A.: Weiß ich nicht. Keinem. Er sieht aus wie ein Privatstrand, aber ich weiß nicht, wem er gehört.
F.: An welchem Tag im Monat (treffen sie sich)?
A.: Mittwochs.
F.: Bei Vollmond?
A.: Auch bei Vollmod, wie's kam.
F.: Jeden zweiten Mittwoch?
A.: So ungefähr, aber wissen Sie, ich hab drei oder vier solcher Filme gesehen, und der Katzenfilm war der dümmste, den ich gesehn hab; er war grausig. Sie hatten Knallfrösche, und die zündeten sie an, und dann haben sie die Katze draufgesetzt. Es hat sie völlig zerfetzt. Das war einfach grausig. Zum Übelwerden.
F.: Was taten sie mit dem Blut?
A.: Sie beschmierten sich damit und sie begossen sich damit... sie hatten, na, vielleicht einen halben Liter Blut, ja, und den ließen sie rumgehn, und jeder nahm einen Schluck davon. Diese Filme waren ehrlich grausig.

Er berichtete ausführlich über einen kurzen Filmstreifen mit einem toten weiblichen Opfer am Strand. Dieser Film, so behauptete er, sei Teil eines größeren Films gewesen.

Anfangs wurde er gefragt, ob er etwas über solche Filme wisse. Hier seine Antwort:

A.: Ich... ich... ich wußte, ich weiß, ich weiß nur von einem einzigen solchen Tötungsfilm. Ich... wissen Sie...
F.: Von welchem Tötungsfilm wissen Sie etwas?
A.: Ich weiß nur, wie eine junge Frau, vielleicht siebenundzwanzig, kurzes Haar... ja... und sie haben ihr den Kopf abgehackt, das war...
F.: Wo war das?
A.: Wahrscheinlich, na, der Landschaft nach irgendwo am Highway 1, am Strand.
F.: Wie sahen sie aus? Wer war noch in dem Film zu sehen, außer dem geköpften Mädchen?
A.: Gesichter wurden nicht gezeigt. Alle hatten schwarze Gruselgeisterumhänge und schwarze Kapuzen auf und...
F.: Was meinst du mit schwarz? Meinst du schwarze Kapuzen mit Augenschlitzen?
A.: (Nickt.) ... und ...
F.: Was noch?

A.: So lange Gewänder, wissen Sie.

F.: Mit Kreuzen drauf?

A.: Nein, alles schwarz, und mit diesen geraden Dingern über dem Kopf, mit Schlitzen drin, und sie... die Leute tanzten immer drum herum. Keiner hat gesagt, was das genau war. Es war eine kurze Sache, vielleicht fünf Minuten.

F.: Wie sah das Mädchen aus? Wie war das Szenarium?

A.: Wie was war?

F.: Das Szenarium? War sie gefesselt? Sah sie willig aus?

A.: Sie war tot. Sie lag nur so da.

F.: Sie war schon tot?

A.: Ja. Mit gespreizten Beinen... Sie war nackt, aber keiner fickte sie. Sie sagten, den Kopf hätte man ihr eben abgehauen, und sie lag nur so da.

F.: Das war, als der Film anfing? Sie haben nicht die eigentliche Opferung gezeigt?

A.: (Schüttelt verneinend den Kopf.) Sie zeigten Leute, die alles mit Blut überschütteten, den ganzen Kreis.

F.: Sah jemand wie der Anführer aus?

A.: Nein; vielleicht war das so ein kurzer Film. Sie verstehen, was ich meine? Vielleicht war es nur irgendso eine Sache, die sie gedreht haben, und dann haben sie sie in keinen von den anderen Filmen aufgenommen. Es hat nur fünf Minuten gedauert. Das war bloß eine kleine Sache.

F.: Fünf Minuten, das sind Tausende von Einzelbildern. Klingt nach einem, von dem ich weiß. Gehört das zu dem Filmmaterial, das in diesem Sommer gedreht wurde?

A.: (Keine Antwort.)

F.: Wie war der Rest von dem Film?

A.: Den hab ich nicht gesehn. Ich war nur... wissen Sie...

F.: Rothaarig?

A.: Ja.

F.: Und der Kopf lag einfach so da?

A.: Direkt neben dem Körper. (Veranschaulicht das mit einer Kopfbewegung.)

F.: Wie viele Leute waren in dem Film schwarzgekleidet?

A.: Fünf. Sie gingen um die Leiche herum.

F.: Hatten sie ein Lagerfeuer?

A.: Das Lagerfeuer war ungefähr da (deutet auf einen Punkt), und man sah noch ein paar andere Leute, die herumgingen, aber wissen Sie...

F.: Hatten die auch lange Gewänder an, die anderen Leute?

A.: Das war vielleicht eine Fortsetzung von was anderem, aber ich hab nicht... War ganz interessant, der Filmstreifen. (!!)

F.: Lag sie auf einem Felsen?

A.: Nein, sie lag nur so da, an einem Strand, verstehen Sie?

F.: Auf dem Sand?

A.: Ja. Richtig unheimlich.

F.: Sah die Gegend nach einem Naturschutzgebiet aus?

A.: Mann, so was kann man doch woanders gar nicht machen.

F.: Glauben Sie, daß es die Strandgegend am Highway 1 ist, da, wo das Restaurant ist?

A.: Sieht nicht so aus... ich meine... da war so... wissen Sie... normalerweise erkennt man doch eine Stelle wieder, wenn man sie einmal gesehen hat, aber... das war nicht die Stelle – es könnte irgendwo anders am Highway 1 gewesen sein; sie hätten das da schon machen können, und dann konnten sie ein Loch graben und die Überreste hineintun. So kann man Scheiße beseitigen. Das war nur eine kurze Sache. Nur fünf Minuten. Der einzige Unterschied zwischen dem Apogäum-Film und dem Hundefilm war der, daß es da keine Kreuze gab.

F.: In dem Hundefilm, hatten sie da auch Kapuzen auf?

A.: Jedenfalls nicht die ganze Zeit. Manchmal haben sie sie nicht aufgehabt.

F.: Aber manchmal hatten sie diese spitzen Kapuzen auf?

A.: Aber die Sache ist die, daß man nach den Gesichtern sagen kann, wer da ist. Es waren nicht immer dieselben.

F.: Sie glauben nicht, daß es dieselben Leute waren?

A.: Wahrscheinlich... außer daß sie keine Kreuze hatten. Einmal hatten sie Kreuze und einmal nicht.

F.: Trugen sie Handschuhe?

A.: Nein.

F.: Und was für Messer hatten sie?

A.: Bowiemesser. Fünfundzwanzig Zentimeter lange Jagdmesser. Das sind die, die ich gesehen hab. Ich hab Bowiemesser gesehen und ein Beil. Einer von den Leuten hatte ein Bowiemesser auf dieser Seite und ein Beil auf dieser Seite.

Falls diese Informationen der Wahrheit entsprechen, gibt es kein Mädchen, keine Frau, keinen Hitchhiker an einer Autobahnauffahrt, gibt es niemanden in Südkalifornien, der seines Lebens sicher sein kann, solange diese Menschen noch frei herumlaufen.

2
Die Morde

25. Juli 1969 bis 15. August 1969

14
Der Tod Gary Hinmans

Verglichen mit der Spahn Movie Ranch war das Haus am Cielo Drive eine feste Burg geistiger Gesundheit.

Es ging recht zwanglos zu am Cielo Drive Nr. 10 050, während sich der Besitzer des Anwesens, Rudy Altobelli, und seine Mieter, die Polanskis, in den Monaten April, Mai, Juni und Juli 1969 in Europa aufhielten.

John Phillips, der *songwriter*, erzählte einem Reporter, daß sich in diesem Sommer am Cielo Drive sonderbare Typen herumgetrieben hätten, Typen von der Art, wie er sie seit Jahren bewußt gemieden hätte.

Im April und Mai 1969 engagierte sich Abigail Folger aktiv für die Wahlkampagne des Bürgermeisterkandidaten Tom Bradley. Wie sein Mitarbeiter berichtete, war sie in den Youth Headquarters am Wilshire Boulevard tätig. Sie arbeitete auch einige Monate in Watts, und zwar als freiwillige Kinderfürsorgerin. Während der Wahlkampagne begann sich Abigail Folger für eine Gruppe von Schwarzen zu interessieren, die sich Street Racers nannte und bei Bradleys Versammlungen und vor seinen Büros offenbar als Schutztruppe auftrat.

Irgendwann im Juni, nach Mr. Bradleys Niederlage am 26. Mai, reisten Miss Folger und ihre Mutter für einige Zeit nach New York. Abigail war häufig unterwegs und pendelte fast ständig zwischen Los Angeles und San Francisco hin und her.

Im Frühjahr und Sommer 1969 machte Frykowski tagtäglich lange Eintragungen in sein Notizbuch, um die englische Sprache noch besser in den Griff zu bekommen. Er hoffte, er könne Drehbuchautor werden.

Anfang Juni sah man Sharon Tate auf einer Party im Londoner Mayfair-Bezirk. Nach dieser Party wurde sie in ihrem neuen Rolls-Royce heimgefahren. «Den hat mir Roman zum Geburtstag geschenkt», erzählte sie. «Wir nehmen ihn mit nach Hollywood zu unseren siebzehn Katzen, drei Hunden und unserem Baby. Ich kann's gar nicht erwarten, zurückzufahren, weil ich das Kinderzimmer herrichten will.»

Am 7. oder 8. Juli erfuhr Frykowski, daß Sharon um den 20. Juli zurückkommen würde. Er und Miss Folger begannen ihre Garderobe vom Cielo Drive zu ihrer eigenen Wohnung an der Woodstock Road zu schaffen.

Ein polnischer Künstler namens Witold Kaczanowski alias Witold K. war mit Unterstützung von Roman Polanski nach Amerika gekommen. Natürlich zog er nach Los Angeles, wo er bald zum Freundeskreis Polanskis zählte. Den ganzen Mordsommer über lebte er in der Wohnung von Abigail Folger und Voityck Frykowski in der Woodstock Road. Im Frühling und Sommer 1969 war er ein häufiger Gast am Cielo Drive. Ein mit Voityck befreundeter Schauspieler namens Mark Fine hat ebenfalls eine Woche lang in der Woodstock Road gewohnt, doch zog er in der zweiten Juliwoche wieder aus.

Anfang Juli versprachen einige kanadische Freunde Frykowski, ihm von einer neuen Droge namens MDA oder Methylendioxylamphetamin Proben zu schicken; es handelte sich um ein euphorisierendes Stimulans mit leicht aphrodisischen Nebenwirkungen, das gerade in Mode kam. Laut Polizeiberichten sollte Frykowski als Großhändler für die in Toronto hergestellte Droge fungieren.

Beide, Mr. Frykowski und Miss Folger, standen in der Nacht, in der sie starben, unter MDA.

Mitte Juli reisten Frykowskis kanadische Freunde nach Ocho Rios auf Jamaika, angeblich um einen Film über den dortigen Marihuana-Konsum zu drehen. Dieses Filmprojekt war Vorwand für eine Marihuana-Import-Operation großen Stils, bei der der Stoff mit Privatflugzeugen heimlich via Mexiko und Florida in die Vereinigten Staaten geschafft wurde. Durch die Ermittlungen nach den Morden kam man einer der größten Rauschgiftaffären in der Geschichte Jamaikas auf die Spur.

Auch am Cielo Drive wurde gefilmt. An einem Julitag sah William Carretson, der Hauswart, wie Voityck Frykowski von einer nackten Frau im Swimmingpool Bilder machte. Ein Fernsehmechaniker namens Villela, der zur Villa der Polanskis kam, sah sich unvermittelt Nackten beim Liebesspiel gegenüber.

Am 11. Juli überfuhr Voityck Frykowski Sharons Yorkshire-Terrier Saperstein. Der Hund hatte seinen Namen von dem Arzt in ‹Rosemary's Baby›, der der Titelheldin während ihrer teuflischen Schwangerschaft einen unheimlichen Kräutertrank verordnet. Voityck rief in London an. Roman Polanski kaufte einen neuen Yorkshire-Terrier, den sie Prudence tauften.

Mitte Juli gab Brian Morris in der Polanski-Villa eine Party für 150 Gäste, anscheinend um Mitglieder für die ‹Bumbles› zu werben, einen neuen Privatclub, der dem Kreis der Polanskis nützlich sein sollte.

Am Sonntag, dem 20. Juli, sahen sich Abigail, Voityck, Jay Sebring, Lieutenant Colonel Tate und Sharon Tate am Cielo Drive die Mondlandung an.

Mrs. Polanski bat Abigail Folger und Voityck Frykowski, ihr bis zur Ankunft von Roman am 12. August am Cielo Drive Gesellschaft zu leisten. Polanski war in London geblieben, um das Drehbuch ‹Day of the

Dolphins› fertigzustellen und wollte außerdem bei dem Taormina-Festival in Sizilien einen Preis für ‹*Rosemary's Baby*› in Empfang nehmen.

In den Tagen vor ihrem Tod wurde Sharon beim Einkauf von Babysachen in der Stadt gesehen. Ihr weißer Rolls-Royce war von London unterwegs. Roman hatte ein englisches Kindermädchen engagiert, das Mitte August in Los Angeles eintreffen sollte.

Sharon war überglücklich. Sie freute sich auf ihr Baby. Sie machte Schwangerschaftsgymnastik. Sie kaufte Bücher über Kinderpflege und Sachen für das Kinderzimmer, das im Nordflügel des Hauses eingerichtet wurde.

Jay Sebring war ein häufiger Gast in der Polanski-Villa, wenn er sich nicht gerade um seine weitreichenden Geschäftsinteressen kümmerte.

Jay Sebring hatte im Korea-Krieg in der U.S. Navy gedient. Er war von kleiner, schlanker Statur, ungefähr einsfünfundsechzig groß, wog schätzungsweise 55 Kilo und war ein äußerst energiegeladener Mensch. Paul Newman hat laut dem *San Francisco Chronicle* behauptet, Sebrings Methode habe ihn vor dem Haarausfall bewahrt. Der Filmschauspieler George Peppard ließ angeblich Sebring für 2500 Dollar per Flugzeug an einen Drehort kommen, damit er ihm seine Locken stutze. Und Frank Sinatra ließ Sebring häufig nach Las Vegas kommen, um sich von ihm die Haare schneiden zu lassen. «Er genoß einen legendären Ruf als Haarkünstler», sagte sein Freund Art Blum.

Sebring war der Sohn eines staatlich zugelassenen Wirtschaftsprüfers in Detroit und hieß eigentlich Kummer. In Hollywood ließ er seinen Namen ändern und nannte sich, so unwahrscheinlich das auch klingen mag, nach einer Autorennstrecke.

Schauspieler, Sänger und Geschäftsleute spielten in Sebrings Salon gern Schach. Stellte sich ein besonders berühmter Kunde ein, so eilte Sebring herbei, um ihm persönlich das Haar zu schneiden. Zu der Zeit, als er starb, lag der Preis für einen solchen ‹persönlichen› Haarschnitt bei 50 Dollar. Schnitt dagegen ein Angestellter das Haar, brauchte der Kunde nur ein Drittel zu bezahlen. Man stelle sich vor – 50 Dollar für einen Haarschnitt.

Die Büros der Sebring International befanden sich über dem Friseursalon am North Fairfax Nr. 725 in Hollywood.

Zusammen mit Art Blum, seinem Public Relations-Mann, eröffnete Sebring im Sommer 1969 ein weiteres Geschäft in San Francisco, in der Commercial Street Nr. 629. Wenig später mietete Sebring in Sausalito

(California), etwas nördlich von San Francisco, ein Hausboot. Während des ganzen Sommers flog er häufig nach Norden, um sich um seine neuen Geschäfte zu kümmern. Bei mehreren Gelegenheiten besuchte er Colonel Tate und dessen Familie in Fort Barry. Mr. und Mrs. Tate wohnten auf Sebrings Hausboot in Sausalito, wenn sie nach San Francisco kamen. Am letzten Samstag im Juli oder am ersten Samstag im August gab Sebring nachmittags in seinem neuen Friseursalon in San Francisco eine Party, an der Paul Newman, Miss Folger und eine Menge anderer Gäste teilnahmen. An den darauffolgenden Tagen hielt sich Sebring in Los Angeles auf und verbrachte viele Stunden in der Polanski-Villa mit Abigail Folger, Voityck Frykowski und Sharon Tate.

Sebring hatte seine sogenannte ‹dunkle› Seite. Nach seiner Ermordung fand die Polizei in seiner Wohnung Filme, die auf ein Interesse an Kapuzen, Peitschen, Handschellen und an wehrlos an Kamine Gekettete hinwiesen.

Charlie schickte ungefähr eine Woche lang Tag für Tag Mary, Bruce Davis, Bob und mehrere andere los, damit sie mit gestohlenen Kreditkarten eine große Menge von Helter Skelter-Ausrüstungsgegenständen zusammenkauften. Für Hunderte von Dollars besorgten sie Schlafsäkke, Strand-Buggy-Werkzeug, zahlreiche lange Klappmesser, Kochgeschirr und Kleinkinderkleidung.

Jedes Mädchen mußte seine Maße aufschreiben. Jede sollte, so wollte es Charlie, ein einfaches Kleid und dunkle Gruselgeisterutensilien besitzen. Zu ihrer Bekleidung gehörten auch an die zehn dunkelblaue T-Shirts und echte Roebuck-Jeans.

Hendrix, ein Junge aus dem Simi Valley, stieß in San Bernardo auf ein Autowrack, dessen Fahrer, ein gewisser Dries, tödlich verunglückt war; die Kreditkarten des Toten lagen auf der Straße verstreut. Hendrix schnappte sich die Karten und brachte sie zur Spahn Movie Ranch.

Der siebzehnjährige Hendrix, den die Family nur als Larry kannte, war ein Beispiel dafür, wie sich psychopathische junge Leute zur Family hingezogen fühlten. Auch er war ein Waffenfan, und er betrieb einen ‹Straßenhandel› mit Waffen. Außerdem hatte er sich auch schon als ‹Sprengmeister› hervorgetan; er behauptete, er hätte einmal ein Loch in einen Berg gesprengt. Einmal wurde er festgenommen, weil man ihn verdächtigte, ein Haus in die Luft gejagt zu haben.

Hendrix zog sich Charlies Zorn zu, weil er ein schweres Motorrad gestohlen und dabei einen Wagen der Family benutzt hatte. Irgend

jemand hatte ihn beobachtet. Er vergrub das Motorrad im Sand. Später behauptete er, sobald er aus der Nervenheilanstalt entlassen werde, wolle er es ausgraben, und dann gehöre es ihm.
Ende Juli kaufte die Family Bajonette und ließ sie in einem Laden in Devonshire schleifen. Mit ihnen wurde das Arsenal in De Carlos ‹Waffenkammer› vervollständigt. Die Bajonette und Schwerter usw. lagen alle in einem Hohlraum zwischen Tür und Wand bereit.
Im Juli 1969 diskutierte man ein ‹Ding›, bei dem es um einen Raubüberfall auf ein Spielcasino in der Nähe vom Box Canyon ging. Linda Kasabian hat erzählt, sie und Manson seien auf einer steilen, unbefestigten Straße zu diesem Casino hinaufgefahren, um sich die Örtlichkeiten anzusehen. Dieser Plan sah schließlich folgendermaßen aus: Eines der Mädchen sollte sich an einem Stopschild in der Nähe aufstellen und jemanden, der das Casino verließ, bitten, sie mitzunehmen. Manson würde sich an ihre Fersen heften, den Mann zum Anhalten zwingen und ihm die Brieftasche abnehmen. Ein anderer Plan sah vor, daß man jemandem bis zu seiner Wohnung folgte und ihm dort seine Wertsachen abnahm.
Im Juli verbrachte ein Mann, der von der Family «Karate Dave» genannt wurde, mehrere Wochen auf der Spahn Movie Ranch. Er gab den Mitgliedern der Family Karateunterricht – Tex Watson wandte an, was er gelernt hatte, als er auf die Bewohner der Polanski-Villa einschlug.
Der Family fehlte es Ende Juli an Autos. Der Plymouth Roadrunner war zurückgeholt worden. Die leichten Strand-Buggies waren im normalen Straßenverkehr nicht zugelassen. De Carlos Brotwagen war noch nicht wiederaufgetaucht. Das einzige brauchbare Fahrzeug war der gelbweiße Ford (1959), dessen Rücksitze entfernt worden waren, damit man dort die Kisten mit den Lebensmittelresten verstauen konnte. Er gehörte dem Rancharbeiter namens Johnny Schwartz, der in einem Wohnwagen lebte. Mit diesem Ford fuhren sie zur Polanski-Villa und zum LaBianca-Haus.
Manson schien außerhalb seiner sogenannten Family noch einige persönliche Bekannte zu haben, die er auf seine Weise quälte. Darunter war eine junge Frau, die im Moonfire-Gasthaus in Topanga arbeitete und der er eine Terrorszene bereitete. Er drohte ihr an, er werde ihr Baby kidnappen und es in die Berge entführen. Als eines Tages auf der Ranch ein Feuerwehrmann namens Witt erschien und Manson aufforderte, aus Gründen der Brandverhütung das Gras zu schneiden, erklärte Charlie, er werde ihm die Augäpfel ausdrücken. Manson

drohte auch, Dennis Wilsons Sohn Scotty umzubringen, als sich Wilson weigerte, ihm Geld zu geben. Und dann war da Hinman.

Der zweiunddreißigjährige Gary Hinman stand knapp davor, an der University of Los Angeles seinen Doktor der Soziologie zu machen. Er hatte der Manson Family immer geholfen. Oft schickte man ihm Leute, die er dann für eine Nacht beherbergte. Seit ungefähr einem Jahr hatte er sich intensiv mit dem Nichiren Shoshu-Buddhismus auseinandergesetzt, einer militanten Sekte, die ihren Hauptsitz in Japan und in Los Angeles eine Filiale am Coast Highway in der Nähe der Santa Monica Beach hatte.

In Hinmans Haus fand man eine lange Liste mit Namen potentieller Nichiren-Anhänger, ferner eine Unmenge *gohonzas* für neue Mitglieder. Bei diesen *gohonzas* handelt es sich um religiöse Schriftrollen, die von dieser Sekte benutzt werden.

Hinman hatte in seinem Haus eine kleine Anlage zur Herstellung von synthetischem Meskalin. Ein junges Ehepaar, das mit Gary bis einige Tage vor seinem Tod zusammen lebte, half ihm bei der Meskalinherstellung. «Wir machten Meskalin. Das war ein unglaublich langwieriger Prozeß, aber der Vorteil bestand darin, daß das Verfahren wirklich billig war. Man kaufte die Zutaten, und keiner würde je draufkommen, was du damit machst. Man kann sie pfundweise bei jeder Chemikalienhandlung bestellen, und keiner wird an der Sache was faul finden, falls er sich nicht hinsetzt und wirklich darüber nachdenkt. Gary hatte einen akademischen Grad in Chemie.» Die Frau seines Partners hat angedeutet, Hinman hätte ein Herstellungsverfahren entwickelt, das den ganzen Prozeß um zwei Stufen verkürzte.

Ungefähr vier Tage bevor Gary Hinman ermordet wurde, besuchte ihn Eric, sein Meskalinpartner, in der Old Topanga Canyon Road. Als er das kleine Haus am Berghang betrat, hörte er, wie Hinman am Telefon mit Manson stritt. Er erklärt: «Als ich ins Haus kam, stritten sie. Es war so, daß Gary tatsächlich in diesem Nichiren Shoshu-Buddhismus drinsteckte; er war überzeugt von dem Konzept der Führerschaft und dem Konzept, daß Menschen geführt werden müßten; Charlie war völlig dagegen, und so hatten sie einen hitzigen Wortwechsel darüber, und dann kam von Charlies Seite anscheinend eine lange Antwort, und es ging ziemlich heiß er, und danach fragte ich, was Charlie gesagt hätte. Er hatte irgend etwas gesagt wie: hör zu, das ist deine letzte Chance, Gary. Und Gary antwortete darauf: ‹Tut mir leid, Charlie. Ich denke nicht daran, meine ganze Habe zu verkaufen und zu dir zu kommen und dir nachzufolgen.› Das waren genau seine Worte.

Und Charlie sagte darauf, dann sei er für das Karma, das auf Gary zukäme, nicht verantwortlich. Und er sagte noch einmal, daß es Garys letzte Chance sei. und Gary sagte: ‹Das ist meine Sache ... Ich kümmere mich um mein eigenes Karma.›»

Manson hat Leuten gegenüber, die ihn im Gefängnis gesprochen haben, behauptet, Hinman habe Drogen hergestellt, und gewisse Leute hätten Hinman bedroht, weil er schlechten Stoff verkauft habe. Hinman, so sagte er, habe bei ihm Schutz gesucht.

Am Donnerstag, dem 24. Juli, schickte Manson Ella Bailey alias Ella Sinder zu Gary Hinman; sie sollte das Geld beschaffen und ihn umbringen. Ella Sinder war mit Hinman eng befreundet gewesen. Obgleich sie schon seit langem zu Mansons Anhängerinnen gehörte, war sie nicht bereit, jemanden für ihn umzulegen. Bill Vance, der Ella liebte, versuchte Charlie umzustimmen, aber Charlie wurde wütend. Und so verließen Ella und Bill Vance zusammen die Ranch und gingen nach Texas. Die Family tobte, und sie munkelten, sie würden Bill und Ella umbringen, wenn sie es wagen sollten, zur Spahn Movie Ranch zurückzukehren.

Mord lag in der Luft. Als Cathy Meyers eines Tages fortging, ohne etwas zu sagen, drohte ihr Tex bei ihrer Rückkehr: «Geh ja nie wieder weg, ohne jemandem Bescheid zu sagen, wohin du gehst. Das nächste Mal bring ich dich um, dein Leben ist mir schnuppe.» So gab es Linda Kasabian wieder.

Am nächsten Tag, dem 25. Juli, fragte Kitty Lutesinger Beausoleil, ob sie fortgehen dürfe. Sie hatte es irgendwie satt, auf der Ranch zu leben, satt auch die ständigen Streitereien, die Razzien und das drohende Unheil, das in der Luft lag. Bob sagte, er wolle Charlie fragen, ob sie gehen dürfe. Er fragte Charlie, und Charlie sagte, sie dürfe unter gar keinen Umständen die Ranch verlassen.

Charlie und Kitty kamen anscheinend nie besonders gut miteinander aus; Charlie sagte immer, sie sähe seiner Mutter zu ähnlich, sie sei genauso mager, klein und rothaarig. Manson beschuldigte Kitty, sie versuche Bob dazu zu überreden, die Family zu verlassen. Er drohte ihr an, er werde sie foltern und töten. An diesem Nachmittag wurde Manson gesehen, wie er auf dem Plankenweg auf und ab marschierte und mit einem Schwert auf seinen Schatten losging und wütend auf Heuballen einstach.

Am gleichen Nachmittag fuhren Bob und Charlie in dessen Strand-Buggy zum Devil Canyon hinauf. Sie entdeckten ein altes, verlassenes Bergwerk, und laut Beausoleil äußerte Charlie, das sei ein guter Ort, um eine Leiche zu verstecken. Manson war bewaffnet. Und wie bewaffnet er war: das magische Schwert steckte in einer metallenen Scheide an der Steuersäule des Strand-Buggys, zwischen seinen Beinen auf dem Schalensitz lag eine Pistole in einem Halfter, und an den Unterschenkel hatte er ein Messer geschnallt.

Es gibt Aussagen, nach denen das Haar, das man den Mädchen abgeschnitten hatte, zusammengebunden und am Rollbügel von Mansons Strand-Buggy befestigt worden war. Der Ozelot-Baldachin schmückte den hinteren Teil des Verdecks, wo die Maschinengewehrhalterungen befestigt waren. Manson wandte sich in seinem Schalensitz Beausoleil zu und fragte ihn, ob es wahr sei, daß Bob die Ranch verlassen wolle. Und als Bob ja sagte, sagte Charlie laut Bob: «Ich sollte dir eigentlich deine Scheißgurgel durchschneiden.» Manson bediente sich der alten Mafia-Masche, indem er behauptete, Bob wisse zu viel, als daß er jetzt verschwinden dürfe.

Plötzlich, so berichtete Bob, wechselte Manson das Thema und kam auf Hinman zu sprechen, und er fragte Bob, ob er bereit sei, hinzufahren und zu versuchen, ihm Geld abzuknöpfen.

Beausoleil sagte bei seinem zweiten Mordprozeß aus, das Geld von Hinman hätte der Family für ihren Ausflug in die Wüsten dienen sollen. «Ich sollte Gary davon erzählen, daß in der Wüste ein Platz für viele Menschen geschaffen werden sollte. Gary sei der Typ, der sich für so etwas interessieren würde. Leuten einen Platz zu schaffen, wo sie sich in Musik ausdrücken konnten.»

Linda Kasabian erinnerte sich, wie sie bei beginnender Dunkelheit draußen stand, während sich Bob und Charlie in der Arbeiterbaracke unterhielten. Sadie und Mary standen vor der Baracke und warteten geduldig, sie wollten mit Bob irgendwohin gehen. Sadie sagte Linda Kasabian, sie sollten Geld beschaffen, und sie, Sadie, und Mary seien ausgewählt worden, in einen persönlichen Konflikt einzugreifen.

Manson hat mehrere Male erklärt, daß es bei der ganzen Hinman-Affäre um ein verpfuschtes Dope-Geschäft gegangen wäre.

Die Geschichte, die unter den meisten Family-Mitgliedern kursierte, war die, daß Gary Hinman bei sich zu Hause eine Erbschaft von 20000 Dollar versteckt hielt und daß man sich die beschaffen wollte.

Nach einer Version der finsteren Geschichte wurden Beausoleil, Sadie und Mary von Bruce Davis in Johnny Schwartz' Ford zu Hinmans Haus gefahren – in demselben Wagen also, den sie bei der Ermordung von Sharon Tate und ihren Gästen benutzen sollten. Sadie und Mary gingen offenbar zuerst allein ins Haus, um zu sehen, ob jemand da war. Sadie

gab aus dem Fenster ein Zeichen, anscheinend indem sie sich eine Zigarette ansteckte, und daraufhin ging auch Beausoleil ins Haus.
Aber es ist eine Geschichte, die mit seltsamen Abweichungen erzählt wird. So behauptet zum Beispiel ein schwarzer Jazzkomponist, ein enger Freund von Hinman, der im Topanga Canyon wohnt, er habe in jener Nacht Manson und zwei Mädchen zu Hinmans Haus gefahren.
Und während Beausoleil, Sadie und Mary bei Hinman waren, hielt die Family auf der Spahn Movie Ranch mit ihren Walkie-Talkie-Geräten vom Filmgelände aus die Verbindung zum hinteren Teil der Ranch aufrecht. Ein Mädchen stand vorn auf der Straße Wache und sollte sofort Bescheid geben, falls es zu einer Invasion von seiten der Polizei oder der Schwarzen kam.
Hinman hatte bis an sein Lebensende mit einem jungen rothaarigen Mädchen namens Diane zusammen gelebt. Man hat sie und Gary, einen Tag bevor die drei zu ihm kamen, lachend und händewinkend in Hinmans rot-weißem Kleinbus (1958), durch den Topanga Canyon fahren sehen. Dieser Bus war an der Seite mit einem roten Donnervogelwappen bemalt. Es ist zu hoffen, daß Diane, ein angeblich aus San Diego durchgebranntes Mädchen, nicht auch noch von der Family umgebracht worden ist.
An diesem Nachmittag war Gary Hinman nach Los Angeles hinuntergefahren, um seinen Paß abzuholen. Zwei Wochen später wollte er eine Pilgerreise nach Japan antreten. Er hatte Glen Krell mitgenommen, dem die Musikschule gehörte, an der Hinman Klavier, Dudelsack, Posaune und Schlagzeug lehrte. Hinman hatte Krell angerufen und ihn gefragt, ob er ihm als Zeuge bei der Ausstellung seines Passes zur Verfügung stehe. So fuhren sie gegen zwei Uhr nachmittags von Hinmans Haus hinunter nach Los Angeles, und ungefähr um fünf Uhr kehrten sie zu Krells Haus zurück. Hinman blieb dort bis zehn nach sieben, sagte dann, er müsse irgendwo zu einer Versammlung, und das war das letzte Mal, daß Hinman lebend gesehen wurde.
Krell hatte sich für das Wochenende Hinmans Kleinbus leihen wollen, aber Hinman hatte gesagt, das ginge nicht, er müsse Steine für seine Auffahrt holen. Krell könne den Wagen am nächsten Wochenende haben.
Beausoleil, Mary und Sadie redeten einige Stunden auf Hinman ein, doch ohne Erfolg. Hinman sagte ihnen mehr oder weniger nur, sie sollten verschwinden. Beausoleil hatte die Neun-Millimeter-Radon-Pistole mitgebracht, die Bruce Davis einige Wochen zuvor in Van Nuys gekauft hatte. Beausoleil richtete die Waffe auf Hinman und sagte, sie

spaßten nicht. Beausoleil beschloß, das Haus nach dem Geld zu durchsuchen. Er gab Sadie die Pistole und ging in die anderen Zimmer. Dann hörte Beausoleil ein Handgemenge und rannte zurück ins Wohnzimmer. Hinman und Sadie kämpften miteinander, und es löste sich ein Schuß aus der Waffe, der in die Wand schlug. Beausoleil riß die Pistole an sich und schlug mit ihr mehrmals auf Hinman ein. Hinman blutete am Kopf. Sie riefen auf der Spahn Movie Ranch an und sagten zu Charlie, es habe eine Schlägerei gegeben und ein Schuß habe sich gelöst, aber Hinman wolle nichts für sie tun. Wenig später, kurz vor Mitternacht, erschienen Bruce Davis und Manson, der sein Schwert schwang, in Hinmans Haus. Charlie war zornig. Sofort bellte er Hinman an, er wolle «über das Geld reden». Hinman brüllte zurück, er solle verschwinden und seine Leute mitnehmen, und Manson erhob sein Schwert und hieb Hinman ins Ohr. Es war eine häßliche, zwölf Zentimeter lange Wunde quer durch das Ohr und bis hinunter zum Kieferknochen.

Manson und Davis fuhren daraufhin offenbar in Hinmans Fiat davon. Bevor sie verschwanden, sagte Manson zu Hinman, er solle lieber das Geld hergeben, sonst... Die Zurückgebliebenen fesselten Hinman und legten ihn auf den Teppich im Wohnzimmer, bei dem Bücherregal. Dort lag er, verfluchte Manson und schwor Rache. Sie beschlossen, die ganze Nacht dortzubleiben und auf ihn aufzupassen, damit er ihnen nicht entwischte. Sie stellten einen Stuhl neben dem Verletzten auf. Sie gaben ihm Wein oder Bier zu trinken, dann nahm Mary Brunner ein Stück Zahnseide und nähte ihm die klaffende Wunde. Beausoleil und Mary durchsuchten noch einmal gründlich das Haus; sie stellten alles auf den Kopf, brachen eine Geldkassette auf, suchten hier und suchten da, aber das Geld konnten sie nicht finden. Sadie verließ das Haus, um etwas zu essen und Verbandszeug zu besorgen.

Sie ließen sich Hinmans zwei Wagen – den VW-Bus und den hochgetrimmten Fiat – übereignen, datierten die Papiere auf den 26. Juli 1969. Es gibt einen Bericht, in dem es heißt, sie hätten auch Hinmans Dudelsack gestohlen und mit zur Ranch genommen, nachdem sie Hinman getötet hatten.

Sie wachten die ganze Nacht bei dem verletzten Hinman. Am Samstag, dem 26. Juli, versuchten zwei Freunde von Hinman, beide auch mit der Family bekannt, mit Gary in Verbindung zu treten. Der eine, ein Junge namens Jay, rief am Nachmittag des 26. Juli bei Hinman an. Offenbar war ihm daran gelegen, Gary dazu zu bringen, ihm die untere Wohnung in seinem Haus zu vermieten. Am Telefon meldete sich ein Mädchen, vermutlich Sadie Mae Glutz, das einen englischen Akzent hatte. Die englische Stimme erklärte Jay, Gary sei in Colorado, seine Eltern seien in einen Autounfall verwickelt worden. Vielleicht war es tatsächlich eine junge Engländerin, die den Hörer abnahm. Der andere der Freunde, ein gewisser Dave aus Santa Barbara, erschien persönlich. Eine weiße Blondine, die laut Dave nicht der Family angehörte, öffnete die Tür, ließ ihn aber nicht ein.

Am späten Samstagabend oder frühen Sonntagmorgen riefen sie auf der Spahn Movie Ranch an, und Manson soll, so Danny De Carlo, ihnen befohlen haben, Hinman zu töten: «Er weiß zu viel.»

Fest steht, daß Hinman gedroht hatte, die Family bloßzustellen und auf ihre Aktivitäten hinzuweisen – vielleicht sogar die Polizei zu informieren. Das wäre das Ende der Family gewesen. So wurde beschlossen, daß er sterben müsse. Eine andere Version besagt, Hinman habe plötzlich angefangen zu schreien, und das habe sie bewogen, ihn zu töten.

Manson behauptete, sie wären alle entschlossen gewesen, Hinman hinaus zur Ranch zu bringen und ihn dort gesund zu pflegen, doch hätte Beausoleil, als Hinman zum Fenster hinauszubrüllen begann, die Nerven verloren. Wie dem auch sei, Hinman wurde zweimal in die Brust gestochen, und einer dieser Stiche verletzte den Herzbeutel, so daß Hinman verblutete. Robert Beausoleil sitzt heute wegen dieses Mordes verurteilt in San Quentin.

Sie legten den Sterbenden im Wohnzimmer neben dem Bücherregal auf den Boden. Ihm zu Häupten errichteten sie einen improvisierten Schrein, wie ihn die Nichiren Shoshu-Buddhisten verwenden. Als Gary Hinman im Sterben lag, gaben sie ihm seine Gebetsperlen, und er sang: «Nam Myo Renge Kyo – Nam Myo Ho Renge Kyo», den Gesang seines Glaubens, bis er ins Unbewußte hinüberglitt.

Mary und Sadie entfernten die blutigen Verbände von Hinmans Gesicht. Sie sammelten die blutigen Handtücher und Kleider und nahmen sie mit, um sie irgendwo zu beseitigen. Auch ein blutbefleckter schwarzer Umhang – vielleicht Marys, vielleicht Mansons – wurde aus dem Haus geschafft und weggeworfen.

Sie bedeckten Hinman mit einer grünen Bettdecke. In der Ecke des Zimmers, direkt über Hinmans Kopf, malte jemand mit Hinmans Blut POLITICAL PIGGY an die Wand. Links daneben malte jemand mit blutigem Finger eine Katzenpfote, die wahrscheinlich eine Pantherpranke darstellen sollte. Die Krallen dieser Pfote wurden mit einem dünnen Pinsel gezeichnet. Sie wollten die Polizei glauben machen, daß militante Schwarze den Mord begangen hätten.

Sie machten sich daran, im Haus alle Fingerabdrücke zu beseitigen und

verbrannten im Wohnzimmerkamin einige Papiere, aus denen Hinmans Verbindung zur Family hervorging. Sie verschlossen alle Türen und krochen durch das Seitenfenster ins Freie. Beim Verlassen des Hauses hörten sie, daß Hinman ächzende Laute von sich gab; daraufhin kletterte Beausoleil durch das Hinterfenster wieder ins Haus, ging zu Hinman und bedeckte ihn mit Schlägen, und auch Sadie kam und nahm ein Kissen und hielt es auf Hinmans Gesicht gepreßt, bis er regungslos dalag. Mary zog Hinmans Brieftasche heraus, entnahm ihr 20 Dollar und schob sie anschließend halb in seine Gesäßtasche zurück.
Dann eilten sie die steile Holztreppe zur Straße hinunter, schlossen Hinmans VW-Bus mit dem Donnervogel kurz und fuhren davon.
Laut Mary Brunner fühlten sie sich, nachdem sie das Haus verlassen hatten, hungrig und fuhren deshalb zur ‹Topanga Kitchen› im Einkaufszentrum, wo sie sich Kirschkuchen und Kaffee bestellten. Anschließend fuhren sie zurück zur Spahn Movie Ranch. Als Hinmans Kleinbus auf der Ranch ankam, stellten einige der Mädchen fest, daß auf dem Rücksitz Farben lagen; sie nahmen sie und malten Bilder damit. Mary Brunner, Linda Kasabian und Kitty Lutesinger fuhren mit Hinmans Fiat sofort nach Simi, um dort einen Streifzug nach Lebensmittelresten zu unternehmen.
An diesem Abend kam die Family zu einem Songfest zusammen. Dabei nahm man eine Darstellung der Ermordung Gary Hinmans in musikalischer Form auf Tonband auf. Jeder übernahm eine Rolle. Einer spielte den sterbenden Gary Hinman, der mehrere Male gemurmelt haben soll: «Ich wollte leben, ich wollte leben.» Das Tonband mit diesem Spiel von der Ermordung Gary Hinmans ist unter den Bändern, die Bill Vance in seinem Versteck hat.
Am 27. Juli, dem Tag, an dem Hinman ermordet wurde, führte die Polizei in Jean Braytons okkulter, bluttrinkender Kommune nördlich von Blythe (California) eine Razzia durch.
Ein gewisser Father Ryan vom Augustiner-Orden behauptete, daß Charles Manson oder Mansons Doppelgänger, ein kleiner, struppiger Hippie mit einem frisch gewachsenen Bart, am Sonntag, dem 27. Juli 1969, an der Hintertür seines Pfarrhauses erschienen sei; dieses Haus liegt ungefähr einen Dreiviertelkilometer von der LaBianca-Wohnung entfernt. «Ich bin Jesus Christus», hatte der kleine, wilde Bursche laut Ryan verkündet. Der vorgebliche Jesus musterte den Geistlichen unter dichten Augenbrauen hervor mit einem kalten, harten Blick. Er fragte ihn, warum er Geistlicher geworden sei und ließ eine heftige Abneigung gegen die gesamte Geistlichkeit erkennen. Ryan behauptet, er habe dem

Besucher die Tür vor der Nase zugeschlagen. Der Vorfall hat Ryan zweifellos Stoff für so manche Sonntagspredigt geliefert.

Später an diesem ereignisreichen Tag, in der Nacht vom 27. zum 28. Juli, stand Charlie noch gegen ein Uhr in der Nähe der Spahn Movie Ranch Wache und lauerte auf Black Panthers. Er hatte sich mit seinem Strand-Buggy im Unterholz dicht bei der Abzweigung versteckt, die vom Topanga Canyon Boulevard zur Santa Susanna Pass Road führt, und erwartete dort die Invasion feindlicher Streitkräfte.

Fünf Streifenwagen von der California Highway Patrol und vom Sheriff's Office in Malibu bogen in die Santa Susanna Pass Road ein: ihr Ziel war die zweieinhalb Kilometer entfernte Spahn Movie Ranch, auf der sie eine weitere Razzia vornehmen wollten. Als sie Mansons versteckten Buggy entdeckten, hielten die Polizeibeamten bei der Abzweigung zu einer letzten Lagebesprechung an.

Officer Sam Olmstead näherte sich Manson und fragte ihn, was er da täte. Olmstead sagte bei dem Prozeß aus, Manson habe erklärt, er hielte Ausschau nach Black Panthers, die vermutlich die Spahn Movie Ranch angreifen würden.

Der stellvertretende Sheriff George Grap sagte aus, Manson habe erklärt: «Wir haben Ärger mit ein paar von diesen *motherfuckers* gehabt, und einen haben wir ins Krankenhaus geschafft.» Und dann habe Manson gesagt, die Schwarzen würden bestimmt kommen, um sich zu rächen. Die Black Panthers seien schon mehrmals auf der Ranch gewesen und hätten sie unter dem Vorwand, sie wollten reiten, ausgekundschaftet.

Hierauf zog Manson vor den versammelten Beamten die große Mafia-Masche ab: die Leute hinten auf der Ranch seien schwerbewaffnet, und wenn die Beamten so plötzlich zu einer Razzia erschienen, würden sie vielleicht glauben, sie würden von Black Panther-Horden angegriffen und das Feuer eröffnen. Auf diese Weise erhielt Charlie die Erlaubnis, zur Ranch vorauszufahren und seine Waffengefährten zu beruhigen. Charlie warf sich in seinen Strand-Buggy, gab Gas und raste zur Ranch; dort sprang er aus dem Buggy, rannte in den Saloon und warnte seine Leute, worauf diese wie ein aufgestörtes Rudel in alle vier Winde davonstoben und nur ihre Schlafsäcke zurückließen.

Die fünf Streifenwagen trafen gleich nach Manson ein, doch als die Beamten die Gebäude durchsuchten, war niemand mehr da.

Grap und Olmstead unterzogen die Autos auf der Ranch einer Kontrolle, um zu prüfen, ob keines gestohlen war. Sie stießen auf den roten VW-Bus mit dem weißen Donnervogel auf der Seite, der dem gerade erst

verstorbenen Gary Hinman gehörte. Als sie über Funk die Autonummer durchgaben und erfuhren, daß der Bus Hinman gehörte, sagte einer der Beamten: «He, den kenn ich doch, diesen Hinman; der muß hier draußen zu Besuch sein.»
Charlie schüchterte die Beamten zum Teil dadurch ein, daß er ihre Aufmerksamkeit auf die dunklen, steilen Berge nördlich von der Spahn Movie Ranch lenkte. Er sagte zu ihnen, er hätte dort oben Leute aufgestellt, die die Beamten im Schußfeld hätten; er brauche nur ein Zeichen zu geben und die Polizisten wären erledigt. Er sagte Olmstead, man könne nur mit Strand-Buggies zu seinen versteckten Truppen gelangen; er solle es sich nur aus dem Kopf schlagen, mit dem Streifenwagen da hinauffahren zu wollen.
In dem amtlichen Bericht von Grap heißt es, Manson habe ihm vorgeschlagen, sie sollten sich zusammentun und die Black Panthers erledigen. «Ihr Bullen solltet clever sein und euch mit uns zusammentun; diese Burschen wollen euch genauso umlegen, wie sie uns umlegen wollen. Ich weiß, daß ihr sie genauso haßt wie wir, und wenn wir uns zusammentun, könnten wir dieses Problem lösen.»
Der Pferdehändler Johnny Schwartz wurde bei dieser Razzia verhaftet, weil die Zulassungspapiere für seinen Ford (1959) gefälscht waren.
Am Montag, dem 28. Juli, ging Bob Beausoleil nachmittags in die Barakke, die Arbeitshaus/Waffenkammer/Büro und Bestattungsunternehmersalon in einem war, und gesellte sich zu Charlie, Danny und Sadie. Sadie nähte gerade an einer Messerhülle für Charlie. Plötzlich kam Mary Brunner hereingestürmt; sie war äußerst aufgebracht über Gerüchte, nach denen Sadie zu Shorty Shea gesagt habe, «Charlie hat einen Schwarzen getötet und ich weiß nicht wen sonst noch alles». Wie Beausoleil und Snake später berichteten, sagte Mary zu Sadie, sie würde sie umbringen, wenn sie nicht die Schnauze hielte.
Charlie griff ein, packte Sadie und stieß sie mit dem Kopf gegen die Wand, wobei er etwas murmelte wie «Shorty weiß zuviel». Zu Mansons Unglück sollte es drei Monate später im Sybil Brand-Gefängnis keine Wand geben, gegen die er den Kopf der geschwätzigen Sadie Mae Glutz stoßen konnte, nachdem sie Virginia Graham alles gebeichtet hatte.
Am 30. Juli um 15 Uhr 07 rief von der Polanski-Villa jemand das Esalen Institute in Big Sur (California) an. Drei Tage später stattete Charles Manson dem Institut einen Besuch ab.
Am Mittwoch, dem 30. Juli, fuhr Bob Beausoleil noch einmal zu Gary Hinmans Haus, um eventuell noch vorhandene Fingerabdrücke zu beseitigen. Das Haus war voller Fliegen. Beausoleil versäumte es, einen

Fingerabdruck von der Küchentür zu entfernen: der Abdruck mit den 26 Hautlinien verkettete ihn mit dem Haus und mit der Todeszelle.

Am selben Tag, als Bob zu Garys Haus ging, lief seine Freundin, die schwangere und attraktive Kitty Lutesinger, von der Ranch fort. Charlie hatte ihr laut Miss Lutesinger angedroht, sie in Stücke zu schneiden und ihr vorgeworfen, sie wolle Bob von der Family weglocken.

Frank Retz, der Beauftragte der Transcontinental Development Corporation, befand sich gerade auf dem Besitz im Nordwesten der Spahn Movie Ranch, als Kitty das Weite suchte. Sie ging am Gebüsch entlang in Richtung des hinteren Teils der Ranch; sie wollte auf den Teil der Straße gelangen, der abseits vom Hauptkomplex der Ranch lag, um sich von dort aus per Autostop in Sicherheit zu bringen.

Mr. Retz hatte das Grundstück zusammen mit der damaligen Besitzerin, einer Mrs. Kelly, aufgesucht, um mit ihr über den Erwerb des Besitzes zu verhandeln. Nur wenige Minuten zuvor waren sie im hinteren Teil der Ranch aufgetaucht, wo, wie man sich erinnert, die Grundstücksgrenze verlief, und hatten gefordert, Manson und seine Leute sollten das Grundstück verlassen. Als Mr. Retz und Mrs. Kelly zu dem Wagen von Mr. Retz zurückkehrten, entdeckten sie, daß man daraus Mrs. Kellys Notizbuch gestohlen hatte. In diesem Augenblick kam Miss Lutesinger durch das Buschwerk gerannt und bat um Schutz vor Manson.

Frank Retz fuhr Miss Lutesinger zu einer Polizeiwache, von wo sie Polizeibeamte zur Pferderanch ihrer Eltern brachten. Das legte den Keim für die Auflösung von Helter Skelter – noch bevor die Morde begangen wurden. Denn die Polizei kam nun häufig zu ihrem Elternhaus und fragte nach Informationen über die Spahn Movie Ranch. Die Beamten hielten die Ranch für einen illegalen Zufluchtsort für Ausreißer und für eine Sammelstelle für gestohlene Strand-Buggies.

Nach der Rückkehr in ihr Elternhaus lebte Miss Lutesinger in ständiger Angst, und mehrere Tage lang hielt sie alle Türen des Hauses verschlossen, weil Charlie, so erzählte sie, gesagt hatte, er werde ihre Mutter und ihre Schwester umbringen, wenn sie die Family verließe. Sie weigerte sich, ans Telefon zu gehen, auch als Bob anrief, um ihr zu sagen, daß er nach San Francisco fahre.

Gary Hinman wurde am 27. Juli bei einer Dudelsack-Parade in Santa Monica vermißt, und seine Freunde begannen sich Sorgen zu machen. Am Donnerstag, dem 31. Juli, kamen drei gute Freunde von ihm, genau wie er Musiker und Nichiren-Anhänger, zu seinem kleinen, mit braunen Schindeln verkleideten Haus und gingen die steile, efeuberankte

Außentreppe hinauf, wo sie die vielen Todesfliegen erblickten, die durch das offene Fenster im ersten Stock des Hauses ein und aus flogen. Sie riefen die Polizei an.

Am Spätnachmittag klingelte das Telefon im Morddezernat beim Sheriff's Office des Bezirks von Los Angeles, das sich im dritten Stock der Hall of Justice in der reizvollen Downtown von Los Angeles befindet – ein Todesfall im Topanga Canyon, die Leiche schon ziemlich zersetzt, ein Hippie sozusagen, möglicherweise Selbstmord. Das erwähnte Morddezernat befaßt sich mit allen Mordfällen, die sich in nicht eingemeindeten Gebieten des Bezirks von Los Angeles zutragen, und die beiden Beamten, die an diesem Nachmittag Dienst taten, waren Sergeant Paul Whiteley und der stellvertretende Sheriff Charles Guenther, zwei hervorragende Beamte.

Sie hätten den Fall auch dem Nachtdienst überlassen können, da ihre Schicht fast vorbei war, doch sie beschlossen, zum Topanga Canyon hinauszufahren und sich mit dem möglichen Verbrechen zu befassen. Nachdem sie den Schauplatz in Augenschein genommen und sich von dem Zustand der Leiche überzeugt hatten, kamen sie zu dem Schluß, daß es sich um einen Mord handle und daß der Täter mindestens eine Woche Vorsprung hatte.

Sie ließen sich zwei Sechserpackungen Bier und mehrere Dosen Frischluftspray bringen. Der Geruch im Haus war unerträglich. Fünf Tage lang verbrachten die Kriminalbeamten Whiteley und Guenther von morgens bis abends in dem Haus. Stück für Stück sahen sie Hinmans persönliche Sachen durch, um Hinweise auf den Schuldigen zu finden. Der Verdacht fiel zuerst auf jenes Pärchen, das mit Hinman Meskalin hergestellt hatte, doch erwies sich dieser Verdacht bald als unbegründet.

Diese beiden Kriminalbeamten haben den Hauptanteil am Sturz des Hauses Manson. Doch sollte es neunzig Tage dauern. Die von Peter Sellers, Warren Beatty, Yul Brynner, John Phillips und anderen ausgesetzte Belohnung in Höhe von 25 000 Dollar hätte wahrscheinlich den Beamten Guenther und Whiteley gebührt, statt daß sie, wie es der Fall zu sein scheint, Danny De Carlo und Shelley Nadell zugesprochen wurde.

15
Vom Amboß in den Tartarus

Am 1. August waren die Zeitungen voll mit Nachrichten aus dem Weltraum – da gab es die ersten Mondaufnahmen, einen Bericht von Mariner 6 über die klimatischen Bedingungen auf dem Mars sowie die Astronauten auf ihrer triumphalen Rundreise durch Amerika.
Elvis Presley mit seinen fünfzig Goldenen Schallplatten hatte den Premierenabend seines vierwöchigen Gastspiels im ‹International› in Las Vegas. In San Francisco gab es fünf Morde.
Anfang August gingen Linda Kasabian und die schwangere Sandy Good eines Tages an den Strand von Topanga, um dort zu schnorren und sich zu amüsieren. Der Filmschauspieler Saladin Nader, der einen alten weißen Jaguar fuhr, las sie auf. Nader hatte in dem libanesischen Film ‹Broken Wings› mitgespielt; dieser Film handelte von der Jugend des Dichters Kahlil Gibran. Sandy und Linda fuhren mit Saladin Nader zu dessen Wohnung an der Ocean Front Nr. 1101 in Santa Monica. Nader zeigte den Mädchen Fotos von den Filmen, in denen er mitgespielt hatte. Danach stiegen er und Linda ins Bett, während Sandy sich hinlegte und schlief.
Später fuhr er die Mädchen zu einem Einkaufszentrum im San Fernando Valley. Am frühen Morgen des 10. August fuhren Linda, Manson, Sadie und Clem zu Naders Haus an der Ocean Front und wollten ihn töten.
Inzwischen hatte Charlie auf der Ranch die Neun-Millimeter-Radon-Pistole, die sie bei der Ermordung von Gary Hinman benutzt hatten, bei Hendrix, dem Jungen aus Simi, gegen eine blaue, viertürige Chevy-Limousine (1955) getauscht.
Hinmans VW-Bus vermachte Charlie einem gewissen Mark Arneson. Arneson hätte auch gern Hinmans hochgetrimmten Fiat genommen, aber den brauchte Beausoleil. Die Family hätte Mark gern zu ihren Mitgliedern gezählt. Leslie Van Houten bearbeitete ihn und strich ihn von der Sexliste, um ihn unter Druck zu setzen.
Am 1. August sprach Charlie von einer Reise nach Norden, die er machen wollte, um neue Anhänger zu rekrutieren. Beausoleil sagte bei dem Prozeß aus, er sei in einen der Trailer gerufen worden und habe dort ein Gespräch mit Bruce Davis und Manson gehabt. Laut Beausoleil hat Charlie zu Bruce gesagt, er (Bruce) müßte bereit sein, dasselbe zu tun, was «er» (Beausoleil) in Garys Haus getan habe; er sagte zu Bruce, jetzt sei Terry Melcher an der Reihe; es sei sein Karma.

Charlie hatte sein Schwert, mit dem er Hinman am Ohr verletzt hatte, dabei und sagte laut Beausoleil zu Bruce, er müsse einwilligen, in die Stadt zu fahren und um sich zu säbeln, bis er bis hier in Blut und Gedärmen stünde – dabei zeigte er auf sein Kinn.

Um 18 Uhr sah ein Bewohner der Crest Haven Ranch, die an der Fern Ann Falls Road, oben am Wasserfall-Lager, liegt, einige Biker die Straße entlangpirschen, und aus der Gegend des Devil Canyon und des Ybermo Canyon hörte er das Knattern von automatischen Handfeuerwaffen. Wenn George Spahn zum Abendessen ging, fanden immer Schießübungen statt. Der Karabiner war offenbar Charlies Lieblingswaffe. Am liebsten ließ er alle 30 Schuß in einem Feuerstoß aus der Waffe knattern, und dann stand er dort – in der Woge der Angst.

Am Abend säuberten die Mädchen den Hostess Twinkie Continental-Brotwagen und statteten ihn dann für die wichtige Reise des Hexers nach Big Sur mit einem Bett aus.

Danny De Carlo sagte, Charlie hätte davon gesprochen, er werde an die drei Monate fortbleiben. Andere sagen, er habe davon gesprochen, er wolle in den Norden fahren, um Mädchen anzuwerben. Laut Beausoleil soll Manson zu dieser Reise ungefähr um Mitternacht von der Spahn Movie Ranch aufgebrochen sein.

Die Berichte über Mansons Verbleib zwischen dem 1. und dem 8. August sind lückenhaft.

Aus Interviews ist jedoch bekannt, daß Manson am Sonntag, dem 3. August, zwischen sieben und acht Uhr morgens an einer Tankstelle in Canoga Park, in der Nähe der Spahn Movie Ranch, tankte. Danach muß er mit ziemlich hoher Geschwindigkeit nach Norden gefahren sein, denn für einen Doppelmord, der sich am Sonntagnachmittag in San Jose zutrug, konnte er als Alibi seinen Besuch im Esalen Institute anführen, wo er die heißen Quellen und Dampfbäder genoß.

Am Sonntag, dem 3. August, besuchte Randy Reno, ein Musiker und gelegentlicher Gast auf der Ranch, die Family; man erzählte ihm, Charlie sei oben am Devil's Hole. Bei seinem Prozeß im April 1970 sagte Beausoleil aus, er habe gespürt, wie ihn die Leute, als Charlie losgezogen war, nicht aus den Augen ließen, so als wollten sie verhindern, daß er die Ranch verließ. Jedesmal wenn Charlie fort war, ergriffen einige Leute die Gelegenheit, zu verschwinden. Tex und Bruce Davis schienen ihn zu beobachten. Bob wartete. «Ich lächelte immerzu, versuchte mir nichts anmerken zu lassen. Offenbar haben sie mir dann vertraut, und dann zog ich ab.» Er befahl den Mädchen, Hinmans Fiat, der «voller Plunder war», sauberzumachen – so hat er ausgesagt.

Warum fuhr Beausoleil mit dem Wagen eben jenes Mannes, an dessen Ermordung er beteiligt war, von der Ranch nach San Francisco?
Es war offenbar am Dienstag, dem 5. August, daß sich Robert Beausoleil in Hinmans Fiat, der einen Toyotamotor und einen Kühler im Fünfundvierzig-Grad-Winkel ohne Gitter hatte, auf den Weg nach San Francisco machte, ahnungslos, daß man Hinmans Leiche bereits gefunden hatte.
Er fuhr durch Santa Barbara und hielt an einem Restaurant, wo er von einem Polizisten aufgefordert wurde, sein mexikanisches Messer abzuschnallen. Beausoleil legte das Messer in den Kofferraum. Dann fuhr er weiter nach Norden, doch in der Nähe von San Luis Obispo, es war bereits Nacht, hatte der Fiat auf dem Highway 101 eine Panne.
Um 10 Uhr 50 am nächsten Morgen stoppte hinter dem geparkten Wagen eine Autobahnstreife. Als der Wagen hielt, richtete sich Beausoleil auf dem Rücksitz in seinem Schlafsack auf. Er hatte keinen Führerschein, doch eine auf den Namen Jason Lee Daniels ausgestellte Kennkarte, ferner eine Kreditkarte sowie eine Geschäftskarte der Lutesinger Ranch.
Officer Humphrey von der Highway Patrol übermittelte Hinmans Zulassungsnummer über Funk an den Computer und erfuhr, daß es sich bei dem Fiat um einen in Los Angeles gestohlenen Wagen handelte. Er zog seine Pistole und nahm Beausoleil fest. Als er mit Beausoleil beim nächsten Posten der California Highway Patrol erschien, lag dort bereits ein All Points Bulletin aus Los Angeles vor, wonach der Wagen zu beschlagnahmen und die Insassen wegen Mordes an Gary Hinman in Gewahrsam zu nehmen seien.
Wie zuvor vereinbart, erklärte Beausoleil, er hätte den Wagen vor einer Woche von einem Schwarzen gekauft. Man verschloß den Fiat, um keine Fingerabdrücke zu verwischen, und ein Abschleppdienst schaffte den Wagen zur Verwahrung nach San Luis Obispo.
Am selben Abend trafen um 20 Uhr 30 die Kriminalbeamten Paul Whiteley und Charles Guenther sowie ein Fingerabdruckexperte namens Jake Jordan in San Luis Obispo ein, um Beausoleil zu vernehmen. Sie brachten die Karte mit Beausoleils Daumenabdruck mit, den sie vom Rahmen der Küchentür in Hinmans Haus abgenommen hatten. Sie hatten den Mann.
Beausoleil blieb während des Verhörs ziemlich ruhig, obwohl er schließlich zugab, daß er mit zwei Weißen in Hinmans Haus gewesen war. Er behauptete später, er hätte ihre Namen nicht preisgegeben, sondern nur erklärt, daß Hinman, als sie ankamen, verletzt dagelegen habe, daß sie

ihm geholfen und die Gesichtswunde genäht hätten usw. und daß sie dann gegangen wären. Er gab an, Hinman habe ihnen als Dank dafür, daß sie ihm die Gesichtswunde genäht hätten, seinen Wagen übereignet. Hinman habe ihnen erzählt, er sei in politische Streitigkeiten mit Negern verwickelt, und einer der Schwarzen habe ihn mit dem Messer im Gesicht verletzt.

Am nächsten Tag, dem 7. August, brachte man Robert Beausoleil nach Los Angeles, wo man ihn wegen Mordverdachts inhaftierte. Nach kalifornischem Recht durfte er auf der Spahn Movie Ranch anrufen. Linda Kasabian hatte an diesem Tag Telefondienst; Beausoleil sagte ihr die böse Nachricht, versicherte aber, alles sei okay und er lasse sich nicht aus der Ruhe bringen.

Beausoleil hat erklärt, Linda sei sehr aufgeregt gewesen und habe ihn gefragt, was sie tun könnten, um ihm zu helfen; es fand eine Diskussion statt, bei der über mögliche Aktionspläne gesprochen wurde. Unter anderem wurden laut Beausoleil weitere Morde im gleichen Stil erwogen und außerdem die Ermordung derjenigen, die von der Hinman-Sache vielleicht etwas wußten. Derartige Diskussionen, die möglicherweise zum Ziel hatten, Beausoleil frei zu bekommen, mögen die Family zu weiteren Mordtaten angestachelt haben – ein anderes Beispiel dafür, wie die Prophezeiung zwangsläufig in Erfüllung ging.

Sadie Mae Glutz sagte beim Tate–LaBianca-Prozeß aus, sie, Leslie, Linda, Patricia und andere hätten sich unmittelbar nach Bobs Anruf zu einem Mordklatsch zusammengesetzt, um zu beraten und festzustellen, wie sie Bob, ihren Bruder, aus der Haft herausholen könnten. Laut der Aussage von Sadie Mae Glutz hatte eine von ihnen einen Film gesehen, in dem über längere Zeit hin mehrere einander sehr ähnliche Morde begangen wurden, was es einem Killer ermöglichte, aus dem Gefängnis zu entkommen.

Sie brauchten Geld, um einen Anwalt für ihn zu nehmen. Die Mädchen beschlossen, eine Nacht auf den Strich zu gehen. Sie donnerten sich auf, schlüpften in ihre Stöckelschuhe, bemalten sich die Lippen und betraten das Pflaster.

Doch wo war Charlie in dieser ganzen Zeit?

Manson hat das Esalen Institute anscheinend am Sonntag zu später Stunde verlassen. Dann kutschierte er zusammen mit zwei unbekannten männlichen Begleitern in seinem Hostess Twinkie-Brotwagen in der Big Sur-Gegend herum.

Am 4. August traf Manson um drei oder vier Uhr früh an einer Tankstelle ein siebzehnjähriges schwangeres Mädchen namens Stephanie, die gerade in die Damentoilette gehen wollte. Er nahm sie aufs Korn. Hier ihre Aussage:

«Ich war da mit diesem Jungen unterwegs, und wir waren nach Nevada gefahren, hatten seinen Onkel dort besucht und kamen dann zurück über San Francisco und über Big Sur. Der war komisch; er war nicht mein Freund, ich fuhr nur mit ihm, um ihm Gesellschaft zu leisten. Er machte alles nach Regeln, und das hat mich krank gemacht. So kamen wir spät nachts oder früh morgens zu der Tankstelle da, und dieser Kerl in seinem Brotwagen pfiff hinter mir her, als ich auf die Toilette ging. Als ich kam, fragte er, willst du einen Drops, und ich nahm einen, und er redete auf mich ein und raspelte so richtig Süßholz.

Dann fragte er mich, ob ich mit ihm kommen wolle. Er sagte, ich bring dich nach San Diego zurück, wir sehen uns morgen Big Sur an, vorausgesetzt, daß du auf meine Ranch mitkommst. Ich sagte okay, und ich war ehrlich ganz weg und zog mit ihm los. Niemand hat mich gezwungen, ich ging – einfach so.»

Auf Manson wirkte das hübsche Mädchen mit der Zeit anziehend. Er mußte ihr schwören, daß er sie zwei Wochen lang nicht verlassen werde, ein Versprechen, das unter seinen Anhängerinnen, die so etwas nicht für möglich gehalten hatten, Bestürzung und Ungläubigkeit hervorrief. Charlie weihte das Mädchen auf einem langen Trip in den LSD-Sex ein. Laut ihren Aussagen fuhr Manson mit ihr in einen Canyon bei Big Sur, wo er ihr eine LSD-Pille in den Mund schob und ihr befahl, das Zeug zu schlucken. «Mach deinen Mund auf und reib deine Zunge drin herum», sagte er.

«Er wollte sicher sein, daß ich das Zeug auch nehme», erzählte sie einige Monate später auf Befragen. «Der hat mich vielleicht auf 'n Trip geschickt an diesem Tag.»

Die beiden Männer, die Manson begleiteten, als er Stephanie vor der Damentoilette auflas, sind laut ihren Aussagen Hitchhaiker gewesen, die sich wenig später verabschiedeten. Die beiden jungen Liebenden fuhren zwei Tage lang in der Gegend von Big Sur herum und dann südwärts zur Spahn Movie Ranch, wo sie am Nachmittag des 6. August 1969 anlangten.

Manson und Stephanie verbrachten einen Teil des Nachmittags und Abends auf der Ranch und fuhren dann weiter nach San Diego, wo Manson, wie vereinbart, Stephanie bei ihren Verwandten abliefern sollte. Sie kamen allerdings nicht weit, dann parkten sie den Wagen und verbrachten die Nacht in seligem Schlummer im Laderaum des Twinkie-Lasters. Am nächsten Morgen ging's weiter Richtung Süden, nach Jamul

(California), wo Stephanie bei ihrer Schwester und ihrem Schwager, Mr. und Mrs. Hartman, lebte.
Um 16 Uhr 15 wurden Manson und Stephanie in der Nähe von Oceanside (California) von einer Polizeistreife angehalten. Manson bekam eine Vorladung, weil er keinen Führerschein besaß.
Sie fuhren weiter zur Wohnung von Stephanies Schwester. Sie aßen mit den Hartmans zu Abend, und Charlie redete wie gewöhnlich eine ganze Menge. Charlie trug verwaschene blaue Jeans und seine mit Hexenzeichen besetzte Weste. Er schwatzte ungefähr zwei Stunden lang. Es war das übliche Manson-Gewäsch über Blutbäder, Musik, Hypnotismus und die Beatles.
Manson versetzte die Hartmans in Schrecken, wie Mrs. Hartman berichtet hat, indem er zum Beispiel sagte, daß bald «Leute abgeschlachtet und tot auf ihren Rasen liegen würden». Stephanie befürchtete, ihr früherer Freund könnte auftauchen; deshalb zogen sie und Manson es vor, nicht über Nacht zu bleiben. Charlie überredete sie, mit ihm ins Spahn-Land zurückzukehren.
Sie parkten den Hostess Twinkie im Garten eines Freundes von Stephanie, und dort verbrachten die Verliebten die Nacht vom 7. auf den 8. August auf dem Rasen.
Stephanie blieb bis zum Oktober 1969 bei der Family. Das neunzehnjährige Mädchen ist heute Besitzerin eines Hundesalons.
Am Morgen des 8. August fuhren Manson und Stephanie nordwärts, zurück zur Spahn Movie Ranch, wo sie gegen 13 Uhr eintrafen – bis zu den Morden waren es nur noch elf Stunden.

Am Freitag, dem 1. August 1969, besuchten eine Modefriseuse namens Carol Solomon und ein Mädchen namens Linda, die Tochter eines Arztes aus Beverly Hills, die später an einer Überdosis Doraden starb, eine kleine Party, die Voityck Frykowski am Cielo Drive gab. Sharon Tate und Abigail Folger nahmen nicht daran teil. Linda war Voitycks Mädchen, und man weiß von ihr, daß sie in diesem Sommer in der Villa ‹herumgegangen› hat. Am Swimmingpool wurden Hühnchen und Champagner serviert. Es war ein friedlicher Abend mit ungefähr zehn Leuten, von denen manche einige Zeit im Schlafzimmer vor dem Fernseher zubrachten. Miss Solomon hat erzählt, man habe sie und Linda auch für das Wochenende darauf eingeladen.
Es ist möglich, daß an dem Wochenende vom 1. und 2. August 1969 sich entweder Abigail Folger oder Sharon Tate im Esalen Institute in Big Sur aufhielt, um dort eines jener berühmten Esalen-Weekends zu absolvie-

ren, bei denen die Leute für erlesene Sitzungen zum Zweck der Erhaltung der geistigen Gesundheit ihr Geld hinlegen.
Bekanntlich hat das Esalen Institute äußerst scharf reagiert, als zur Sprache kam, daß Manson dort jenes Wochenende verbracht hat. Und der Verfasser hat von einem Interessenvertreter des Instituts eine indirekte Morddrohung erhalten.
Wie der Vizepräsident der Sebring International ausgesagt hat, war Jay Sebring in der Woche vor den Morden am Sonntag, Dienstag und Donnerstag in der Polanski-Villa zu Besuch.
Am 4. August mietete Sharon von der Airways Rent-a-Car einen Chevrolet Camaro (1969) – «vermietet vom 4. August 1969 bis zum 8. August 1969», wie es im Vertrag heißt. Ihr roter Ferrari befand sich nach einem Unfall zur Reparatur in der Werkstatt.
Am 4. August wurde Voityck von seinem Schauspielerfreund Mark Fine angerufen und daran erinnert, daß er am 6. August wegen des Verkaufs einer Story einen Termin mit einem Filmproduzenten hätte. Frykowski sagte zu Fine, daß er am 6. August Freunde aus Kanada am Flughafen abholen müsse.
Irgendwann in dieser Woche, vielleicht am Dienstag oder Mittwoch, wurde ein Rauschgifthändler aus Toronto namens Billy Doyle am Cielo Drive Nr. 10 050 ausgepeitscht und sexuell mißbraucht. Das Ganze wurde auf Video-Streifen aufgenommen. An einem der Tage vor seinem Tod hatte sich Sebring in seinem Friseursalon bei einer Empfangsdame beklagt, daß ihn jemand bei einem Kokaingeschäft um 2000 Dollar gelinkt habe und gesagt, er wolle sich rächen. Billy Doyle hatte mit einer Dope-Import-Operation großen Stils zu tun, die von Jamaika aus mit Privatflugzeugen abgewickelt wurde. Damals, in der Zeit der Tate–LaBianca-Morde, scheint es im Rauschgifthandel zu einer ganzen Reihe von Betrugsaffären gekommen zu sein.
Dennis Hopper sagte in einem Interview mit der *Los Angeles Free Press* über die Video-Orgie und über die Umstände, unter denen sie stattfand:
«Sie waren auf Sadismus, Masochismus und Bestialitäten verfallen – und sie filmten alles mit einer Video-Kamera. Ich habe das von der Polizei in Los Angeles erfahren. Ich weiß, daß drei Tage bevor sie umgebracht wurden, 25 Leute in diesem Haus eingeladen waren, um der Auspeitschung eines Dealers vom Sunset Strip beizuwohnen, der ihnen schlechten Stoff angedreht hatte.»
Am Dienstag oder Mittwoch, dem 5. oder 6. August, fand am Cielo Drive offenbar eine Party zu Ehren des französischen Filmregisseurs

Roger Vadim statt, der einen Film fertiggestellt hatte und in Kürze nach Europa zurückkehren wollte. Dieses Ereignis ist in tiefes Schweigen gehüllt. Alle Versuche, Informationen darüber zu beschaffen, haben bei denen, die dabeigewesen sein sollen, äußerstes Unbehagen ausgelöst.

Sharon, Voityck und Abigail waren am 6. August bei Michael Sarne zum Abendessen eingeladen. Sharon war müde und verabschiedete sich kurz nach dem Dinner. Bei ihr drehte sich alles nur noch um das Baby. Tagsüber ließ sie sich in einem Gummiring in ihrem Swimmingpool treiben – um die Last ihres Leibes weniger zu spüren.

Voityck Frykowski scheint zwei oder drei Tage vor seinem Tod eine frische Sendung MDA erworben zu haben. Mrs. Chapman, die Haushälterin am Cielo Drive, hatte am Mittwoch und Donnerstag frei. Sebring ließ am Mittwoch, dem 6. August, im General Film Labor einige Filme entwickeln; es können also Streifen gewesen sein, die am Dienstagabend gedreht worden waren.

Ein anderer kanadischer Rauschgifthändlerfreund von Voityck kreuzte am 6. August auf und behauptete später Reportern gegenüber, es sei für Frykowski der fünfte Tag eines ‹zehntägigen Meskalinexperiments› gewesen. Er erklärte, beide, Jay Sebring und Frykowski, hätten sich auf einem Meskalintrip befunden. Der Rauschgiftkrämer sprach mit Frykowski über eine demnächst eintreffende Sendung MDA. Derselbe Dealer besuchte Frykowski am nächsten Tag um 16 Uhr und trank mit ihm eine Flasche Wein. Er lernte an diesem Tag Sharon Tate kennen und deutete an, er sei ein neuer Freund von Frykowski.

Der Romancier Jerzy Kosinski und seine Frau sollten am 7. August in der Polanski-Villa in Los Angeles eintreffen; sie wollten dort bis zu Romans Rückkehr zu seinem Geburtstag und bis zur Ankunft von Sharons Baby bleiben. Doch Kosinskis Gepäck war auf dem Weg von Europa nach New York verlorengegangen, und anstatt gleich nach Los Angeles zu fliegen, blieben sie in New York und warteten dort auf ihre Koffer. Das hat ihnen wahrscheinlich das Leben gerettet, da sie so am 7. oder 8. August nicht in Los Angeles waren.

Am Freitag, dem 8. August 1969, kam die Haushälterin Winifred Chapman um 8 Uhr morgens zur Polanski-Villa.

Ungefähr um 8 Uhr 30 erschien ein gewisser Mr. Guerrero, um das Kinderzimmer zu streichen. Er arbeitete bis zum Nachmittag und vollendete den ersten Anstrich. Am Montag sollte er den zweiten Anstrich auftragen.

Vor dem Mittagessen putzte Mrs. Chapman die Haustür, deren oberer Teil sich gesondert öffnen läßt; die Hunde hatten sie schmutzig gemacht. Das Wort «Pig» und ein Fingerabdruck sollten sie später beschmutzen.

Mrs. Chapman sagte aus, sie habe am Dienstag, dem 5. August, die Glastür in Sharons Schlafzimmer abgewaschen, dieselbe Tür, an der am Freitag um Mitternacht ein Mörder seinen Fingerabdruck hinterlassen sollte. Am Mittwoch und am Donnerstag hatte Mrs. Chapman frei.

Ungefähr um 11 Uhr morgens rief Roman Polanski aus London an. Mrs. Chapman nahm den Hörer ab. Dann sprach Sharon.

Sharon fragte ihn, ob er sich nach seiner Rückkehr eine Geburtstagsparty wünsche. Sie wollte, daß er bald käme, damit er einen Kurs für ‹werdende› Väter besuchen konnte. Mrs. Polanski wollte eine ‹natürliche› Geburt. Sie erzählte ihrem Mann, ein Kätzchen sei ihnen zugelaufen und sie füttere es mit einem Augentropfenfläschchen.

Am Nachmittag kamen die beiden Männer, die sich um den Garten und das Anwesen kümmerten: Joe Vargas und Dave Martinez.

Joanna Pettit und Barbara Lewis, zwei alte Freundinnen von Sharon Tate, kamen um 12 Uhr 30 zum Mittagessen. Abigail und Voityck erschienen ebenfalls. Mrs. Chapman kochte also ein Mittagessen für Joanna, Barbara, Sharon, Abigail, Voityck und sich selbst.

Joanna Pettit und Barbara Lewis verabschiedeten sich um 15 Uhr 30. Um 15 Uhr 45 verließ Dave Martinez, einer der Gärtner, das Anwesen. Er bat Bill Garretson, am Wochenende den Garten zu sprengen.

Jay Sebring rief um 15 Uhr 45 an. Einige Minuten später fuhr Abigail Folger in ihrem roten Firebird fort. Voityck verließ das Anwesen um 16 Uhr in Sharons gemietetem gelbem Camaro. Um 16 Uhr 30 suchte Miss Folger wie jeden Tag ihren Psychiater, Dr. Marvin Flicker, auf.

Frykowski fuhr zu Sebrings Haus am Easton Drive und nahm von dort eine gewisse Susan Peterson mit, mit der Sebring die Nacht zuvor verbracht hatte. Frykowski fuhr mit ihr zur Galerie-Boutique des Collagenkünstlers Witold K. beim Hotel ‹Beverly Wilshire›, um sich dort die Schlüssel für seine und Abigails Wohnung in der Woodstock Road, wo auch Witold K. wohnte, zu holen. Mr. K. hatte die Schlüssel jedoch in der Wohnung seiner Freundin liegengelassen. Schließlich holte Frykowski die Schlüssel von dort, und anschließend fuhr er mit Miss Peterson zu seinem Haus an der Woodstock Road.

Dort amüsierten sich die beiden und hörten Platten.

Um 16 Uhr 30 bestätigte Joe Vargas, der Gärtner, den Empfang von Roman Polanskis beiden Überseekoffern, da er Sharon, die in ihrem Zimmer schlief, nicht wecken wollte.

Es war sehr heiß und trocken, und da Sharon dachte, Mrs. Chapman würde sich in ihrer Wohnung nicht wohl fühlen, lud sie sie ein, am Cielo Drive zu bleiben. Nein, vielen Dank.

Gegen 16 Uhr 45 verließ Joe Vargas das Anwesen und nahm Mrs. Chapman in seinem Wagen mit zur Bushaltestelle. Als sie gingen, war Sharon allein im Haus; sie schlief.

Ein Nachbar am Easton Drive sah Sebring, wie er in seinem schwarzen Porsche, gefolgt von einem anderen Sportwagen, um 17 Uhr 30 davonbrauste.

Zwischen 18 Uhr 30 und 19 Uhr lieferte ein gewisser Dennis Hearst ein Leichtmetallfahrrad am Cielo Drive ab. Abigail Folger hatte es am Nachmittag gekauft. Jay Sebring öffnete ihm die Tür, eine Weinflasche in der Hand.

Sharon Tate hatte für den Abend mehrere Gäste eingeladen, doch rief sie sie später an und sagte ihnen, sie fühle sich nicht wohl.

Offenbar sollte Sharon diese Nacht in der Wohnung einer alten Freundin, Sheilah Welles, verbringen. Sharon und Sheilah hatten in Hollywood ein Jahr lang ein Apartment geteilt. Irgend etwas bewog Sharon jedoch, es sich anders zu überlegen.

Der Regisseur Michael Sarne wollte Sharon am Freitagabend besuchen. Ebenso Dino Martin jun. und eine Reihe anderer Leute, darunter auch John Phillips. Ein beliebter Folksänger hat laut Leonard Lyons behauptet, er habe an jenem Abend in das Mordhaus kommen sollen; Jay Sebring hätte ihm dort die Haare schneiden wollen.

Wenn all die Leute, die behaupten, am Abend des 8. August am Cielo Drive eingeladen gewesen zu sein, sich tatsächlich eingefunden hätten, wäre dort für einen Mord kein Raum gewesen.

Wie Mrs. McCaffrey, eine Empfangsdame in Sebrings Frisiersalon, ausgesagt hat, brachte ihr Freund Joel Rostau in der Mordnacht Kokain und Meskalin zu dem Haus am Cielo Drive. Sie sagte, Frykowski und Sebring hätten mehr Stoff verlangt, doch Rostau, der nicht mehr auftreiben konnte, sei nicht noch einmal hingefahren.

Irgendwann am Abend rief Frykowski seinen Freund Witold K. an und lud ihn ein herüberzukommen, doch Witold K. war damit beschäftigt, in seiner neuen Kunstgalerie am Wilshire Boulevard Nr. 9406 einen Teppich zu legen.

Jay, Voityck, Abigail und Sharon aßen zu viert in einem spanischen Restaurant, dem ‹El Coyote›, am Beverly Hills Boulevard, zu Abend – um dieselbe Zeit, als Kojotenverehrer Charles Manson sein Teufelswerk plante.

Miss Folgers Mutter rief aus San Francisco an. Miss Folger sollte am

nächsten Vormittag mit der Zehn-Uhr-Maschine der United Airlines nach San Francisco fliegen, um dort mit ihrer Mutter deren Geburtstag zu feiern.
Es war Mitternacht. Sie waren alle zu Bett gegangen. Voityck schlief offenbar auf dem mit einer Flagge drapierten Sofa im Wohnzimmer. Abigail las ein Buch im Schlafzimmer im Nordostflügel. Sharon Tate und Jay Sebring unterhielten sich im Schlafzimmer im Südwesttrakt, als im entlegenen Nordflügel das Messer in das graue Fliegenfenster vor dem leeren Kinderzimmer stieß und das Drahtgeflecht aufschlitzte.

Am frühen Nachmittag des 8. August 1969 kam Charles Manson auf der Spahn Movie Ranch an; mit ihm kam Stephanie, die schwangere siebzehnjährige Ausreißerin und Absolventin der Anaheim High School. Charlie nannte Stephanie ein «Produkt von zweitausend Jahren guter Zucht». Er war stolz auf sie. Charlie wurde sogleich von Robert Beausoleils Verhaftung unterrichtet. Die ganze Reise in den Norden war für Charlie ein Fehlschlag gewesen – und er haßte Niederlagen. Und jetzt, nach Beausoleils Verhaftung, war Mansons ganzes Imperium bedroht.
Kaum war Charlie mit dem Continental Bakery Hostess Twinkie-Brotwagen zurückgekommen, schickte er zum Einkaufen in einem Sears-Geschäft Mary Brunner und Sandy Good mit einer falschen Kreditkarte los. Ehe sie aufbrachen, nahmen sie Stephanie Kreditkarten und Kennkarte ab und ergänzten damit das Kreditkartenlager in George Spahns Haus.
Um 16 Uhr beendeten Mary Brunner und Sandy Pugh – sie benutzte zu jener Zeit den Namen ihres verstorbenen Mannes – ihre Einkäufe im Sears-Geschäft in der Celis Street Nr. 1030 in San Fernando (California). Sie bedienten sich einer Kreditkarte, die man erst kürzlich Vern Plumlees Schwager in Bothwell (Washington) geklaut hatte. Mary Brunner fälschte die Unterschrift auf der Kreditkarte: Mary Vitasek. Dann gingen die beiden jungen Damen auf den Ausgang zu. Wären sie auf der Stelle verduftet, hätte man sie wahrscheinlich nicht verhaftet. Doch anstatt den Laden zu verlassen, beschlossen sie, noch weitere Einkäufe an einer anderen Kasse zu machen und legten wieder die gestohlene Kreditkarte vor. Die Kassiererin, eine aufgeweckte Dame namens Mrs. Ramirez, stellte fest, daß die Karte auf der ‹Warnliste› stand. Mrs. Ramirez wurde mißtrauisch, als sie bemerkte, wie ihr die schwangere Sandy die ganze Zeit über die Schulter blickte.
Der Geschäftsführer griff ein, und die Mädchen flohen. Der Geschäfts-

führer verfolgte sie in seinem Wagen und versuchte sie zu zwingen, den Brotwagen am Straßenrand anzuhalten. Sandy und Mary rasten durch eine Tankstelle und versuchten ihre Verfolger abzuhängen. Die Verfolgungsjagd endete in Chatsworth an der Auffahrt zum San Diego Freeway, wo die Mädchen einen Unfall hatten und halten mußten. Sandy war es zwar gelungen, die Kreditkarte aus dem Fenster zu werfen, doch war den Verfolgern dieses Manöver nicht entgangen.

Doch zu dem Fang gehörten nicht nur die Mädchen, sondern auch eine vollständige Gruselgeisterserie verschiedenster Kreditkarten von Firmen wie Hancock Gasoline, J. C. Penney, Sears, Gulf, Texaco und Richfield, dazu mehrere Kennkarten. Drei der Karten gehörten John Dries, der bei einem Autounfall ums Leben gekommen war.

Die Polizei fand auch die Vorladung, die Manson am Tag zuvor in Oceanside (California) bekommen hatte. Mary und Sandy wurden wegen Verstoßes gegen die Paragraphen 459 und 484e des kalifornischen Strafgesetzbuchs angeklagt. Mary Brunner gab zu, die Kreditkarte gefälscht zu haben; Sandy Good dagegen beteuerte ihre Unschuld.

Zur gleichen Zeit, als auf dem Polizeirevier Marys und Sandys Personalien aufgenommen wurden, verabschiedete sich Abigail Folger, dreißig Meilen entfernt, von ihrem Psychiater.

Im Laufe des Abends wurden die beiden Mädchen nach Los Angeles gebracht, und um 22 Uhr 21 wurden sie ins Sybil Brand-Gefängnis eingeliefert.

Inzwischen beherrschte Mord die Gedanken der Leute auf der Spahn Movie Ranch. Mary Brunner verhaftet. Sandy Good verhaftet. Bob Beausoleil verhaftet. Charles Manson hatte in Big Sur eine Niederlage einstecken müssen. Es war eine tragische Zeit für Kalifornien.

Im Laufe des Nachmittags zog jemand los, um Lebensmittelreste für das Abendessen heranzuschaffen, das sie im hinteren Ranchgebäude auf dem vierflammigen Coleman-Campingherd zubereiteten. Alle waren aufgeregt, daß Charlie zurück war. Charlie sagte, daß die Leute im Norden wirklich nichts auf dem Kasten hätten, daß sie nur an ihre eigenen kleinen Trips dächten und sich nicht zusammentäten. «Die Zeit für Helter Skelter ist gekommen», verkündete Charlie Manson.

Beim Essen ordnete Charlie an, daß alle Leute unter achtzehn im *wickiup* auf dem hinteren Teil der Ranch schlafen müßten. Nach dem Abendessen spülten die Sklavinnen das Geschirr, während Tex Watson und Charlie berieten, was man wegen Beausoleils Verhaftung unternehmen könnte.

Als Sandy und Mary um 22 Uhr 21 ins Sybil Brand-Gefängnis eingeliefert wurden, riefen sie wahrscheinlich auf der Ranch an, um der Family die böse Neuigkeit mitzuteilen. Es dauerte keine Stunde, und die Killer waren unterwegs.

Ungefähr eine Stunde nach dem Abendessen brachte Charlie Stephanie in einen der Trailer und sagte ihr, sie solle dort bleiben. «Er sagte, er würde bald zurück sein», sagte sie beim Manson-Mordprozeß aus.

Ungefähr eine Stunde nach dem Essen zog Manson Sadie beiseite und befahl ihr, sich ein Messer und Kleidung zum Umziehen zu holen. Sadie rief sofort über das Feldtelefon im hinteren Ranchgebäude an und forderte Barbara Hoyt auf, drei Sets dunkler Kleidungsstücke zusammenzupacken und herüberzubringen.

Linda Kasabian hatte bei der Zubereitung des Essens und beim Geschirrspülen geholfen, dann war sie zum vorderen Teil der Ranch gegangen, und nun stand sie beim ‹Rock City Café›. Da kam Charlie auf sie zu, ging mit ihr ans Ende des Plankenwegs, und dort befahl er ihr, sie solle sich ein Messer, Kleidung zum Umziehen und ihren Führerschein besorgen. Da Mary Brunner verhaftet worden war, war Linda Kasabian offenbar die einzige Person auf der Ranch, die einen gültigen Führerschein besaß, und eine der wenigen, die man mit einer so schwierigen Mission wie Mord betrauen konnte. Linda Kasabian überquerte den staubigen Fahrweg beim Filmgelände und ging in George Spahns Haus mit den Sätteln an den Wänden, um sich ihre Gruselgeisterutensilien zu holen. Sie wühlte in einer Kiste, fand dort einen blauen Minirock aus Baumwolldrillich, der aus abgeschnittenen Bluejeans genäht war, sowie ein lavendelfarbenes, gestricktes Oberteil. Sie fragte Squeaky, die oft den Quartiermeister der Family spielte, wo ihr Führerschein sei.

Squeaky sagte ihr, sie solle in den Schubladen danach suchen. Da war er nicht. Dann solle sie in der Schachtel auf dem Kaminsims nachsehen. Da war er auch nicht. Dann ging sie in den Saloon, um ihr Messer zu suchen. Konnte keins finden. Sie suchte nach dem Buck-Messer, das sie mit auf die Ranch gebracht hatte. Sie ging in östlicher Richtung den Plankenweg entlang, betrat die Küche des ‹Rock City Café›, stieß dort auf den kleinen Larry Jones und ließ sich von ihm ihr Küchenmesser geben – der Griff dieses Messers war gesprungen und deshalb mit einem dunklen Isolierband umwickelt. Lindas altes Buck-Klappmesser hatte Sadie.

Patricia Krenwinkel schlief bereits und erholte sich von einem LSD-Trip, als man sie weckte und ihr sagte, sie solle sich ein Messer und Sachen zum Umziehen nehmen. Sie stand nur sehr ungern auf, folgte aber dem Befehl des *Teufels*.

Irgend jemand muß vorher in der Polanski-Villa angerufen haben, um herauszufinden, wer sich im Haus aufhielt bzw. ob dort eine Party gefeiert wurde. Vern Plumlee zum Beispiel hat behauptet, sie hätten geglaubt, Sharon Tate sei nicht im Hause.

In dieser heißen Augustnacht saßen die Leute von der Spahn Movie Ranch plaudernd auf den Steinen und Stühlen und hatten keine Ahnung, was vor sich ging. Manson war zugegen, als Brenda kam und Linda den Führerschein gab. Alles war vorbereitet.

Der Wagen, ein alter gelb-weißer Ford (1959), versehen mit einem falschen Nummernschild, stand startbereit zwischem dem ‹Rock City Café› und George Spahns Haus. George Spahn war nicht zu Hause. Um diese Zeit pflegte er im ‹International House of Pancakes› in Chatsworth zu Abend zu essen. Aber vielleicht besuchte er auch, nachdem er gegessen hatte, seine Verwandten.

Linda Kasabian stieg vorn rechts in den Wagen. Sadie und Katie saßen hinten. Ebenfalls im Fond lag eine Bolzenschere mit roten Griffen und ein langes, zusammengerolltes, ungefähr zwei Zentimeter dickes Nylonseil. Tex stieg in den Wagen, stieß zurück, dann fuhr der Ford die ungeteerte Auffahrt hinab zu der Ausfahrt im Westen, beim Corral. In der Ausfahrt wurden sie von Manson gestoppt. Er kam zum Wagen, streckte den Kopf auf Lindas Seite zum Fenster herein und sagte laut Linda: «Hinterlaßt ein Zeichen. Ihr Mädchen wißt schon, was. Irgendwas Hexenartiges.» Manson blieb stehen und blickte dem davonfahrenden Wagen nach.

Der Wagen gehörte Johnny Schwartz, dem Pferdehändler von der Spahn Movie Ranch. Er saß in seinem Trailer neben George Spahns Haus, als er plötzlich das Motorengeräusch seines Wagens erkannte. Er trat ans Fenster und sah gerade noch, wie die Rücklichter seines Autos entschwanden.

Tex sagte Linda, das Schießeisen liege im Handschuhfach. Drei Messer lagen vorn rechts auf dem Boden des Wagens. Tex forderte sie auf, die Messer und die Waffe zusammenzubinden und das Bündel aus dem Fenster zu werfen, falls die Polizei versuchte, sie anzuhalten. Linda tat es und wickelte die Sachen in ihr Hemd. Linda Kasabian sagte später aus, sie habe geglaubt, sie führen nur zu irgendeinem Klettereinbruch in Beverly Hills. Ein Einbruch mit einem dreizehn Meter langen Seil, einer Schußwaffe, Sachen zum Umziehen und mit drei scharfen Messern?

Nachdem der Ford mit dem Nummernschild GYY 435 zu dem furchtbaren Vorhaben davongefahren war, kam Barbara Hoyt mit den drei

Sets dunkler Kleidung, die Susan Atkins über das Feldtelefon angefordert hatte, zum vorderen Teil der Ranch geschlendert. Charlie war wütend und schrie sie an: «Was tust du hier?» Denn es war Vorschrift, daß sich niemand, schon gar nicht seelenlose weibliche Personen, auf dem der Straße zugewandten Teil der Ranch aufhielt, sofern nicht ein bestimmter Grund gegeben war. Barbara Hoyt sagte ihm, worum Sadie sie gebeten hatte, und Manson antwortete, die anderen seien bereits abgefahren.

Die Mädchen in dem die Straße entlangjagenden Wagen waren offenbar barfuß. Sadie hatte blaue, echte Roebuck-Jeans aus Baumwolldrillich und ein weites blaues T-Shirt an. Linda war barfuß und trug einen dunkelblauen Baumwolldrillichrock und ein lavendelfarbenes Oberteil. Tex hatte Mokassins, Jeans und einen schwarzen Rollkragenpullover aus Velourstoff an. Katie trug Jeans und ein schwarzes T-Shirt.

Im Wagen sagte Tex, daß sie zu Terry Melchers früherem Haus führen, aber Melcher wohne dort nicht mehr. Er beschrieb das Haus einschließlich der inneren Räumlichkeiten und erwähnte offenbar auch das kleine Gästehaus auf dem Anwesen; vielleicht wollte er darauf hinweisen, daß sie auch dort gruselgeistern würden.

Laut Sadie sagte Tex, sie würden alle, die sich im Haus aufhielten, umbringen und das Geld, das sie bei ihnen fänden, mitnehmen.

Sie fuhren auf direktem Wege zur Polanski-Villa. Gegen 23 Uhr waren sie aufgebrochen. Sie fuhren vermutlich über den Ventura Freeway, dann über den San Diego Freeway, bogen bei Mulholland links ab in den Benedict Canyon Boulevard, fuhren dann auf der Talseite des Canyons hinauf, überquerten die Höhe und fuhren dann bergabwärts Richtung Cielo Drive, wo sie rechts einbogen und sich dem Haus am Hügel näherten.

16
Tod am Cielo Drive

Bill Garretson, der auf Wunsch von Rudy Altobelli das Gästehaus bei der Polanski-Villa bewohnte, fühlte sich unwohl, nachdem er am Donnerstagabend, dem 7. August, vier Dosen Bier, ein Dexedrin und zwei Marihuanazigaretten zu sich genommen hatte. Deshalb blieb er den ganzen Freitag über bis abends zu Hause.

Bill Garretsons Job auf dem Anwesen ging zu Ende. Der Besitzer, Rudy Altobelli, der den ganzen Sommer in Europa verbracht hatte, sollte in Kürze zurückkehren. Zusätzlich zu dem Wochenlohn von 35 Dollar hatte Altobelli dem jungen Garretson ein Flugticket zurück in seine Heimatstadt, Lancaster (Ohio), versprochen.

Garretson ging üblicherweise spät zu Bett und stand erst am frühen Nachmittag auf und sah nach der Post. Wie vereinbart kümmerte sich Garretson um Sharons Yorkshire-Terrier und um Abigails Dalmatiner. Das Gästehaus liegt oben an einem steilen Hang und stand quer zum Haupthaus. Zwischen den beiden Häusern befindet sich der Swimmingpool. Mit seinen vier Eingängen und seinen zahlreichen Fenstern war das Gästehaus ein besonders geeignetes Gruselgeisterobjekt. Es gibt dort eine Hintertür, eine Tür zur Hundekammer, eine Tür zum Hinterhof sowie den Vordereingang.

Um 20 Uhr 30 wurde Garretson von unbekannten Leuten abgeholt, die mit ihm durch den Canyon zum Sunset Strip hinunterfuhren. Dort suchte Garretson den Turner's Drugstore auf, wo er sich ein Fertiggericht, ein Coke und eine Schachtel Zigaretten kaufte. Anschließend schlenderte er den Strip einmal hinauf, einmal hinunter. Langeweile. Garretson ließ sich von einem Wagen vom Sunset Strip zum Benedict Canyon Drive und von dort den Benedict hinauf bis zum Cielo Drive mitnehmen. Dann ging er zu Fuß den Cielo Drive hinauf und weiter zum Gästehaus. Es war ungefähr 22 Uhr. Er schaute sich einen Film im Fernsehen an, dann schob er das Fertiggericht in den Backofen. Bis es gar wurde, aß dieser typisch amerikanische junge Mann Kartoffelchips und trank eine Coca-Cola. Gegen 23 Uhr 45 kam unangemeldet Steve Parent zu ihm. Parent hatte ein AM/FM-Radio mit eingebauter Uhr dabei, das er verkaufen wollte. Sie unterhielten sich. Parent fragte offenbar, wer die beiden hübschen jungen Damen im Haupthaus seien.

Garretson war immer der Meinung gewesen, Voityck Frykowski sei Roman Polanskis jüngerer Bruder, und so erklärte er Parent, Miss Folger sei die Freundin des «jüngeren Polanski», und die andere sei Polanskis Frau, worauf Parent fragte: «Soll das heißen, daß Polanski eine Freundin und eine Frau hat?» Darauf sagte Garretson: «Nein, der jüngere Polanski hat eine Freundin, und die andere ist die Frau vom älteren Polanski.» Endlich hatte Parent kapiert.

Steve Parent telefonierte um 23 Uhr 45 oder 23 Uhr 55 mit einem gewissen Jerrold Friedman in der Romaine Street in Hollywood, dem er erzählte, daß er im Haus eines ‹ganz großen› Filmstars zu Besuch sei. Friedman fragte ihn, ob dort eine Party sei, und Parent sagte nein. Parent sollte Friedman beim Bau einer Stereoanlage helfen, und so verabredeten sich die beiden in Friedmans Wohnung für ungefähr vierzig Minuten später, das heißt für zirka 0 Uhr 30. Garretson lud Parent ein, zu einer Dose Budweiser Bier. Das Stereogerät, das sich neben der Couch im Wohnzimmer des Gästehauses befand, spielte.

Als Garretson Parent zur Tür brachte, begann Christopher, der Weimaraner, zu bellen, und Parent fragte: «Warum bellt Christopher?» – «Keine Ahnung», sagte Garretson, «der bellt doch immer.» Laut Altobellis Zeugenaussage beim Prozeß hatte Christopher zwei verschiedene Arten zu bellen; das eine war ein allgemeines Bellen, und das andere schlug er an, wenn jemand sich dem Haus näherte. Wahrscheinlich konnte Garretson diese beiden Arten nicht unterscheiden. Der Weimaraner zeichnete sich nicht gerade durch Sanftmut aus. Einmal hatte er sogar Rudy Altobelli gebissen.

Um 0 Uhr 15 verabschiedete Garretson den jungen Mann aus El Monte, Steve Parent. Der Hund jaulte und bellte. Garretson gab an, er habe Parent nur bis zur Tür gebracht. Von dem Gemetzel auf dem Rasen, von dem aus es bis zum Gästehaus keine fünfzig Meter sind, hörte er weder Schüsse noch Angstschreie, noch Hilferufe. Er gab an, er habe an seinen Freund Darryl Kistler einen Brief geschrieben und Platten gehört, wobei der Plattenspieler auf mittlere Lautstärke eingestellt war. Irgendwann in der Nacht bellte der Weimaraner, und als Garretson von seiner Couch im Wohnzimmer aufblickte, sah er, daß die Türklinke von irgend jemandem oder irgend etwas herabgedrückt worden war. Er sprang auf, ging ins Bad und sah aus dem Fenster; er wollte wissen, ob irgend jemand versucht hatte, die Tür zu öffnen. Vom Fenster des Badezimmers aus konnte man auf die mit Fliegengittern versehene Veranda hinausblicken, wo sich der Vordereingang zum Gästehaus befand. Garretson stellte dann fest, daß in einem anderen Teil des Hauses, nahe der Küche, an einem der Fenster von irgend jemandem oder irgend etwas das Fliegengitter losgerissen worden war.

Als Garretson am Sonntag, dem 10. August, von Lieutenant Burdick einem Test mit dem Lügendetektor unterzogen wurde, räumte er ein, es könne sein, daß er irgendwann im Laufe der Nacht in den Hinterhof hinausgegangen sei.

Patricia Krenwinkel hat ausgesagt, sie hätten auch das Gästehaus heimgesucht, dort aber niemanden angetroffen. Es ist also denkbar, daß Garretson die Angstschreie, die Schüsse und die Hilferufe hörte, daß er durch den Hintereingang flüchtete und sich versteckte – sei es, daß er um sein Leben bangte, sei es, daß er befürchtete, man werde in ihm den Schuldigen sehen – und daß er sich am frühen Morgen wieder in das Haus zurückschlich.

Um 0 Uhr 15 brachte Garretson Parent zur Tür. Bevor Parent ging, zog er den Stecker seines nichtverkauften Sony-Radio mit der eingebauten Uhr heraus und nahm den Apparat mit. Als die Polizeibeamten das Gerät am nächsten Morgen auf dem Vordersitz des Ambassador fanden, sahen sie, daß die Uhr um 0 Uhr 15 stehengeblieben war.

Steve Parent verließ das Haus über die Vorderveranda, ging an dem Picknicktisch aus Rotholz und an dem kleinen Swimmingpool vorbei, dann den Ostpfad hinunter, den Gehweg am weißen Lattenzaun entlang und anschließend die gepflasterte Auffahrt hinab. Er stieg in den Wagen. Sebrings Porsche, Abigails gelber Firebird sowie Sharons Camaro-Mietwagen parkten dort.

In der Auffahrt muß er den Wagen so schnell zurückgesetzt haben, daß er den Zaun beschädigte, der den Parkplatz umgibt. Von Sergeant McGann wurden am nächsten Morgen Farbspuren vom Zaun an der Unterseite seines Wagens gefunden. Es mag sein, daß Parent die Killer im Haus gesehen hat oder wie sie auf dem Fahrweg auftauchten oder wie sie die Telefonkabel durchschnitten. Es kann auch sein, daß er die Telefonkabel auf den Boden klatschen hörte, als Watson sie durchtrennte. Er schaltete die Scheinwerfer seines Wagens ein. Er fuhr den Parkplatz hinab. Kurz vor dem Tor verengt sich der Parkplatz. An dieser schmalen Stelle befindet sich auf der linken Seite das Kästchen mit dem Knopf, der das Haupttor elektronisch betätigt. Parent hat diesen Knopf nicht mehr erreicht; er hat nicht mehr darauf gedrückt. Der Tod war schneller.

Die weiß-gelbe, viertürige Ford-Limousine (1959) fuhr die gepflasterte, gewundene Zufahrt am steilen Abhang hinauf und hielt oben vor dem Zaun aus spanischem Rohr. Beim Tor wendete der Wagen. Die Scheinwerfer waren ausgeschaltet. Es war die Stunde der Kojoten... Sie parkten den Wagen so, daß er mit dem Kühler nach unten wies, auf der rechten Seite, neben dem Haupttor, unmittelbar bei dem Telefonpfosten, der auf einer klippenartigen, nach Norden abfallenden Erhebung steht. Dort oben, fünfeinhalb Meter über der Erde, befanden sich die Telefonleitungen.

Tex ließ sich die Bolzenschere mit dem roten Griff geben, die auf dem Rücksitz lag. Man gab sie ihm, und der einsfünfundachtzig große, 85 Kilo schwere ehemalige Läufer des Football-Teams der High School in Farmersville (Texas) kletterte den Pfosten hinauf und durchschnitt zwei Kabel – ein Telefonkabel, das nicht herunterfiel, und eine alte Leitung, die noch aus der Zeit stammte, als Mark Lindsay und Terry Melcher 1966 das Haus gemietet hatten. Klatsch, die alte Leitung fiel zu Boden, doch zu einem Teil fiel sie über die rechte Hälfte des eisengerahmten, drahtgeflochtenen, elektronischen Tors.

Tex Watson rutschte vom Pfosten herab, sprang, erreichte den Weg, stieg in den Wagen und fuhr ohne Licht den Hügel hinab. Unten angelangt bog er rechts ab und parkte, um jeden Verdacht zu vermeiden, am Cielo Drive. Sie stiegen alle aus dem Wagen – Linda Kasabian, Tex Watson, Sadie Mae Glutz und Katie Krenwinkel. Alles lief wie am Schnürchen.

Der Eingang zum Cielo Drive Nr. 10050 liegt am Nordwestrand des Anwesens und besteht aus einem Eisentor mit Drahtgeflecht. Das Tor ist einsachtzig hoch, dreisechzig breit und befindet sich etwa in der Mitte des Zauns. Zu beiden Seiten des Tors erstreckt sich ein Zaun aus spanischem Rohr. Links vom Tor geht es steil den felsigen Hang hinab, während zur Rechten ein Steilhang im Winkel von fünfzig bis sechzig Grad aufwärts führt.

Das Tor kann von innen wie von außen elektronisch betätigt werden. An dem Telefonpfosten, den Tex gerade hinaufgeklettert war, war der elektrische Druckknopf angebracht. Er befand sich in einem Metallkästchen auf einer einen Meter hohen Metallsäule. Man konnte das Kästchen abschließen, aber man tat es nie. In der Regel drückte man einfach auf den Knopf, worauf das Tor nach innen aufschwang und sich, wenn man es passiert hatte, automatisch wieder schloß.

Tex wußte nicht genau, was für eine Leitung es war, die auf das Tor gefallen war. Sie war in nord-südlicher Richtung direkt übers Tor gefallen, und sie befürchteten, es sei möglicherweise eine elektrisch geladene Leitung. Aus Angst, einen elektrischen Schlag zu bekommen, zögerten die jungen Mörder, das Grundstück durch das Vordertor zu betreten. Ihre Angst war unbegründet, da die Leitung seit dem Einzug der Polanskis stillgelegt war. Diese Leitung hatte die Sprechanlage zwischen Haus und Tor verbunden.

Sie machten sich also mit ihren Umziehsachen, ihren Waffen und ihrem Seil den Hang hinauf auf den Weg. Sie erreichten die Höhe und fanden rechterhand, drei bis fünf Meter oberhalb der steilen Böschung, zwischen Buschwerk eine Stelle, wo sie über den Zaun klettern konnten. Sadie zerriß sich an dem Stacheldraht ihr Hemd. Krr, krr. Dann, als sie über den Zaun gestiegen waren und das steile Gelände zur Auffahrt hinunterkrochen, tauchten plötzlich Scheinwerferlichter auf, und ein Wagen bewegte sich die Auffahrt hinunter. Tex sagte: «Hinlegen, still.»

Alle legten sich hin. Tex sprang vorwärts; das aufgerollte Seil, das er sich über die linke Schulter gehängt hatte, hatte er offenbar abgelegt, in der Rechten hielt er seinen Revolver, und sein Messer hatte er Gott weiß wo – vermutlich in der Linken, oder es steckte in einer Scheide.

Parent hatte sie anscheinend auf das Grundstück kommen sehen, und er sagte: «He, was macht ihr hier?» Watson scheint – ein Glück für Garretson – Parent für den Hausmeister gehalten zu haben. Parent muß sein Tempo verlangsamt haben, um den Knopf zu betätigen, und im gleichen Augenblick muß Tex vor der weißen, zweitürigen Nash Ambassador-Limousine (1966) aufgetaucht sein und gerufen haben: «Stop! Halt!» Das alles muß sich um ungefähr 0 Uhr 20 zugetragen haben. Durch das offene Fenster auf dem Fahrersitz stieß Tex seine furchtbare Waffe gegen Parents Kopf. Eine Waffe ganz aus dem Geist des amerikanischen Westens: ein 22-Kaliber, neunschüssiger, langläufiger, blaustählerner, 35 Zentimeter langer Ned Buntline und Wyatt Earp-Gedächtnis-Revolver mit Walnußknauf, geladen mit 22er Gewehrkugeln. Parent sagte: «Bitte, tu mir nichts. Ich sag nichts.»

Peng, peng, peng, peng.

Mrs. Seymour Kott, die auf der anderen Seite der Fahrstraße, direkt jenseits des Hügelkamms, ungefähr eine Footballplatzlänge entfernt, wohnte, hörte um zirka 0 Uhr 30, als sie gerade ins Bett gehen wollte, vier Schüsse, die in rascher Reihenfolge abgefeuert wurden. Peng. Die Kugel traf Parent oben in die Brust. Peng. Die Kugel schlug von hinten in den linken Unterarm ein und trat aus der anderen Seite aus. Ein Schuß in die linke Wange – durch den Mund. Ein Schuß in den unteren Teil der Brust. Irgendwie wurde Parents Schweizer Armbanduhr abgerissen – vielleicht stach Tex mit dem Messer auf ihn ein, während er die Schüsse abgab. Die Uhr wurde mit zerrissenem Armband auf dem Rücksitz gefunden. Parents linke Hand wies eine Verletzung auf, die auf eine Abwehrbewegung schließen ließ – eine tiefe Wunde zwischen Ring- und kleinem Finger, die Sehnen waren durchtrennt.

Steve Parent, der Junge aus El Monte (California), trug ein rot-, blau- und weiß-kariertes Hemd, eine blaue Drillichhose, schwarze Schuhe und weiße Socken. Sein Körper sackte leicht in die Richtung des Beifahrersitzes, sein Gewicht verlagerte sich zu einem Teil auf die Lehne zwischen den Vordersitzen, und der Kopf glitt nach rechts in den Zwischenraum zwischen den Sitzen. Blut spritzte auf das Armaturenbrett, Blut und Knochensplitter, Patronensplitter schlugen auf die Gummimatte auf dem Boden und gegen die rechte Vordertür aus Detroit.
Tex griff in den Wagen, drehte Scheinwerfer und Motor aus, stellte die Gangschaltung auf Leerlauf, schob den Wagen in einem Winkel von neunzig Grad ein paar Schritte zurück, um den Weg freizumachen. Dann legte er den zweiten Gang ein und rannte zurück zu den am Zaun kauernden Mädchen. Tex nahm das Seil, hängte es sich über die Schulter und sagte: «Los!»
Ihre Kleider hatten sie, gemäß Charlies Helter Skelter-Anweisungen, auf dem Grundstück, beim Zaun, im Gebüsch versteckt.
Watson trug das weiße, zwei Zentimeter dicke, dreifache Nylonseil in ungefähr sieben Schlingen über der Schulter – sieben oder acht Schlingen, insgesamt dreizehn Meter Seil. Und warum trug der Texaner das Seil über der Schulter? Ein Teil des Plans, den sie später in ihrer Hast aufgaben, bestand darin, die Opfer an die Deckenbalken zu hängen und zu vierteilen. Sie gingen an dem Porsche vorbei, an dem Firebird, sie gingen unter den Bäumen hindurch, die sich über den Rand des Rasens neigen; und dann gingen sie den Gehweg hinauf, wo sie stehenblieben um das Haus auszukundschaften. Tex befahl Linda Kasabian, um das Haus herum zur Rückseite zu gehen und nach offenen Türen oder Fenstern Ausschau zu halten. Linda ging zwischen der Nordseite des Hauses und der Garage für drei Autos entlang und untersuchte den Hintereingang, blickte durch die Küchenfenster ins Haus und durch die hintere Tür ins Wohnzimmer, aber nichts war offen. Auf dem Weg zurück sah sie anscheinend den Blumenstrauß auf dem Tisch im Eßzimmer – jedenfalls sagte sie das ein Jahr später aus. Sie ging wieder nach vorn und sah Tex an dem frischgestrichenen Fenster des noch nicht möblierten Kinderzimmers am Ende des Nordflügels des Hauses, gleich bei der Garage, stehen. Er war dabei, den unteren Teil des Fliegenfensters mit seinem Bajonett aufzuschlitzen.
Tex befahl Linda, am Zaun entlang hinunterzugehen und aufzupassen, ob Leute kämen. Sie gehorchte und ging hinunter zum Parkplatz, wo sie sich am Zaun in der Nähe des Tors auf ein Knie niederließ und wartete. Von dort aus konnte sie Steve Parent sehen, den jungen Kerl, wie er in

in seinem Sitz hing. Sadie und Katie gingen den elliptischen Seitenweg hinauf, der aus einer nord-südlichen Richtung in eine ost-westliche Richtung wechselt und zur überdachten, gefliesten Vorderveranda führt. Frag nie, warum. Hör auf, zu sein. Du kannst das Töten nicht töten.

Nachdem Tex das Fliegengitter aufgeschlitzt und aus dem Rahmen gerissen hatte, kroch er durchs Fenster. In dem Kinderzimmer, das für das Ende August erwartete Baby hergerichtet wurde, roch es nach frischer Farbe. Am Nachmittag hatte es den ersten Anstrich erhalten. Tex wandte sich nach Süden, betrat die Küche, ging durch das Eßzimmer und in die Eingangshalle, öffnete die Haustür und ließ die beiden Mädchen ein. Von der Halle aus gingen sie links in das geräumige Wohnzimmer mit den weißen Wänden und dem cremefarbenen Teppich. An der Westseite des Wohnzimmers zog sich eine Galerie entlang, die mit Teppichen, Sesseln und einem Telefon ausgestattet war. Diese Galerie begann links neben dem großen, steinernen Kamin an der Westwand, und man erreichte sie über eine Leiter aus Rotholz. In der Südostecke des Wohnzimmers stand ein Stutzflügel, auf dem sich links ein Metronom befand. Auf dem Notenständer lagen zwei Kompositionen. Auf der linken Seite ein Song mit dem Titel ‹*Straight Shooter*› von John Phillips von den Mamas and Papas – sie hatten ihn auf ihrer ersten Platte herausgebracht. Der Song auf der anderen Seite war Edward Elgars ‹*Pomp and Circumstance*›.

Rings um das Haus waren sämtliche Lichter der Außenbeleuchtung eingeschaltet. Das kleine Licht an der Nordseite der zweistöckigen Garage brannte. Ebenso mehrere Lampen auf dem vorderen Rasen. Ebenso das Licht am Swimmingpool. Und auch die beiden Lampen in der vorderen Veranda.

Das in dem Schrank unterhalb der Regale mit den Filmen und Video-Bändern eingebaute Stereogerät dröhnte, und das mag der Grund dafür gewesen sein, daß man die vier Schüsse, die Steve Parent töteten, nicht hörte.

Mitten an der Ostwand stand ein großer Schreibtisch, der ins Wohnzimmer hineinragte. Auf diesem Schreibtisch befanden sich ein Kandelaber, Blumen, verschiedene Manuskripte und Papiere sowie ein weißes Tastentelefon.

Auf dem Stuhl mit der hohen Rückenlehne neben dem Schreibtisch lag Jay Sebrings blaue Lederjacke mit seiner Brieftasche, die vier Zwanzig-Dollar-Noten enthielt, sowie ein Röhrchen mit weißem Puder. In der Nähe befand sich Jays Aktenmappe, die einen Fön, einen Spiegel, eine elektrische Haarschneidemaschine und ein Adreßbuch enthielt, ferner eine Art Pilotenlandkarte und verschiedene Rasiergeräte.

An der Ostwand hingen Stereoboxen aus dunklem Holz. Der Teil des Wohnzimmers, der zum Schauplatz der Morde bestimmt war, war ein gleichsam abgegrenzter Bereich vor dem breiten, steinernen Kamin in der Mitte der Westwand, vor dem ein großes Zebrafell lag. Vor der Feuerstelle lagen Stöße von Büchern und Filmscripts und mehrere Sitzkissen. Gegenüber vom Kamin, ein paar Schritte von dem Zebrafell entfernt, stand ein breites, dreisitziges, mit beigefarbenem Samt bezogenes Sofa.

Unmittelbar links neben dem Sofa stand ein kleiner Beistelltisch. Im rechten Winkel zu diesem Sofa standen auf beiden Seiten je ein bequemer, eierschalenfarbener Polstersessel, so daß dieser Teil des Wohnzimmers wie ein geschlossener Raum wirkte, der sich zum Kamin hin öffnete. Neben dem Sessel zur Rechten standen ein brauner Weidenkorb als Zeitschriftenbehälter sowie eine Stehlampe.

Über dem Sofa und parallel zu ihm verlief von der Ostwand bis zur Westwand ein sehr solide wirkender dreißig mal zehn Zentimeter starker weiß gestrichener Balken; über diesen Balken sollte der satanistische Texaner das Nylonseil werfen.

Die Rückenpolster des Sofas waren mit einem Sternenbanner drapiert; allerdings lag die Flagge verkehrt herum. Das war, ungeachtet dessen, was die Polizeibeamten wenige Stunden später von sich gaben, mehr oder weniger das einzige ins Auge fallende symbolische Element im Raum. Wie Mrs. Chapman aussagte, war das Sternenbanner, das ungefähr einen Meter fünfzig mal einen Meter maß, erst seit zwei Wochen im Haus.

An der Nordseite des Wohnzimmers befand sich eine Hausbar. Dort standen, neben der Tür zur Halle, die beiden großen, blau schimmernden Überseekoffer von Roman Polanski, die am Nachmittag, als Sharon schlief, angeliefert worden waren. Man hatte sie direkt neben der Tür aufeinandergestellt.

Voityck Frykowski lag vor dem Kamin auf dem Sofa und schlief, berauscht von dem milden Halluzinogen MDA. An dem Schreibtisch vorbei schlich sich der auf Tod sinnende Schlächter von hinten an das Sofa heran. Offenbar ging Watson um das Sofa herum, und als er auf dem Zebrafell, mit dem Rücken zum Kamin, stand, richtete er seinen Wyatt Earp-Revolver auf Voitycks Kopf. Mit der anderen Hand, in der er das Messer hielt, bedeutete er Katie und Sadie, sie sollten hinter dem Sofa Aufstellung nehmen und sich bereitmachen, ihre Helter Skelter-

Nummer abzuziehen. Voityck erwachte, streckte sich und fragte:
«Wieviel Uhr ist es?»
«Rühr dich nicht oder du bist tot.»
«Wer sind Sie?»
«Ich bin der Teufel. Ich bin hier, das Werk des Teufels zu verrichten. Gib mir all dein Geld», sagte Tex Watson, groß und haarig, das Messer in der einen, die Schußwaffe in der anderen Hand. In diesem Augenblick muß Voityck auch die beiden Mädchen erblickt haben, die schweigend hinter der Flagge standen. Katie, mit ihrem langen braunen, magischen Haar, das als schirmende Hülle dienen sollte, wenn der Killerclan sich in das ‹Loch des Teufels› begab. Und Sadie, mit ihrem dunkelbraunen, inzwischen kurzgeschorenen Haar, von dem nur eine lange Strähne übriggeblieben war, die ihr jetzt hexenhaft über die linke Schulter hing. Und der Bursche aus dem Süden sollte später, im Death Valley, der sechzehnjährigen Snake/Lake erzählen: «Es war ein richtiger Spaß» – in der Polanski-Villa zu wüten.

Die elegante Abigail Folger lag allein in dem antiken Bett in ihrem Schlafzimmer im entlegenen Südosttrakt des Hauses. Sie hatte ein weißes langes Nachthemd an, und da sie las, trug sie ihre Lesebrille. Sie war ebenfalls leicht berauscht von der euphorischen Wirkung des MDA. Den größten Teil ihrer und Voitycks Habe hatte man bereits zurück in das Haus an der Woodstock Road gebracht. Doch wollten sie und Voityck so lange bei Sharon bleiben, bis Roman Polanski aus London zurück sein würde. Ihre Nikon-Kamera lag sichtbar auf der Kommode. In dem kleinen Nachttisch in der Nähe befand sich die Schachtel mit den MDA-Pillen und ein Beutelchen mit Cannabis zur seelischen Erquickung.

Im Wohnzimmer fragte Voityck Frykowski die Gruselgeister wieder und wieder, wer sie seien und was sie wollten. «Mein Geld ist in der Brieftasche, auf dem Schreibtisch», sagte er.

Sadie ging zum Schreibtisch, um sie zu suchen, und verkündete, sie könne sie nicht finden. Im Gefängnis sollte sie später Virginia Graham, die sie verpfiff, erzählen, sie hätte auf dem Schreibtisch, als sie nach der Brieftasche suchte, einen Handabdruck hinterlassen, doch mittels ihrer Hexenkraft habe sie verhindern können, daß er sich als der ihre identifizieren ließ. Sie erklärte: «Mein Geist ist so stark, daß der Abdruck offenbar nicht einmal zu erkennen war, denn wäre er es gewesen, dann hätten sie mich jetzt in der Zange.»

Tex befahl Sadie, im Badezimmer ein Handtuch zu holen, um Frykowski zu fesseln. Sadie ging und sah sich nach dem Badezimmer um.

Sie kehrte mit einem Handtuch zu dem Sofa am Kamin zurück und fesselte Voityck mit einem lockeren Knoten die Hände auf dem Rücken. Dann mußte sich Frykowski auf den Rücken legen. Tex befahl ihr, das Haus nach anderen Leuten zu durchsuchen. Sadie stieg anscheinend die Leiter aus Rotholz hinauf, um einen Blick auf die Galerie zu werfen. Dann ging sie hinaus auf den Südflügel zu und kam in den Flur, von dem die beiden Hauptschlafräume des Hauses abgehen. In dem Schlafzimmer linkerhand lag Abigail Folger und las. Sie blickte auf, sah Sadie, und Abigail winkte ihr zu! Winkte und lächelte, und Sadie lächelte zurück und entschwand. Hallo, Tod.
Sadie machte kehrt, überquerte den Flur und warf einen Blick in das nach Westen gelegene Schlafzimmer von Sharon Polanski. Auf Kissen gestützt lag Sharon auf dem Bett, das blonde Haar fiel ihr über die Schultern, und ihr von dem Kind gewölbter Leib war gebräunt. Sie hatte einen blau-gelb blumengemusterten BH und ein dazu passendes Höschen an. Sie trug ihren Ehering und goldene Ohrringe. Das limonengrüne und orangefarbene Leinentuch war zurückgeschlagen. Es war ungefähr 0 Uhr 25. Am Rand des Bettes, auf dem die schöne Sharon Tate lag, saß Jay Sebring. Er hatte ein blaues Hemd an, schwarze Stiefel und eine weiße Hose mit schwarzen Streifen. An seinem Handgelenk trug er eine Cartier-Uhr. Sie plauderten. Sie sahen Sadie nicht.
Zu beiden Seiten des Bettes stand ein halbkreisförmiges Marmortischchen. Auf dem rechten befand sich ein Luxustelefon und ein oval gerahmtes Hochzeitsfoto von den Polanskis, auf dem rechten Marmortischchen stand eine Flasche Heineken-Bier, Jay Sebrings Lieblingsgetränk.
An der Südwand des Schlafzimmers führte eine weiße, mit Blenden versehene Doppelglastür zum Swimmingpool hinaus. An den Fenstern, die auf den Swimmingpool hinausgingen, waren die weißen Blenden heruntergelassen. Durch diese Tür sollte Abigail Folger wenige Minuten später, um ihr Leben laufend, hinausrennen und Katie Krenwinkel sollte hier ihren Fingerabdruck hinterlassen, der sie in die Todeszelle brachte.
Zu Sharon Tates Schlafzimmer gehörte ein großer Wandschrank sowie ein Bad und ein Ankleidezimmer. An der Ostwand des Schlafzimmers stand ein großer Kleiderschrank, mit Schubladen am unteren Ende. Eine der Schubladen war voller Fotos von Miss Tate. Oben auf dem Kleiderschrank stand – für das Baby – ein neues weißes Korbbettchen, noch in durchsichtiges Plastik gehüllt; rechts davor eine mit Ornamenten versehene Wasserpfeife. Links vom Kleiderschrank standen ein

Fernsehgerät und ein Sony-Videotape-Monitor.
Sadie ging zu Watson ins Wohnzimmer zurück und sagte ihm, daß in den Schlafzimmern Leute seien. Tex war ärgerlich. Wo war das Geld? Er befahl Sadie, in die Schlafzimmer zu gehen und die Leute in den Wohnraum zu holen. Sadie klappte ihr Buck-Messer auf, ging in Abigails Schlafzimmer und forderte sie, die Waffe schwenkend, auf: «Geh ins Wohnzimmer. Stell keine Fragen.» Gegenüber in Sharon Tates Zimmer verfuhr sie ebenso.
Sie fuchtelte vor Jay und Sharon mit dem Messer herum, und verwirrt und aufgebracht gingen alle ins Wohnzimmer. Jay Sebring fragte: «Was ist denn los?»
«Hinsetzen!»
Sebring weigerte sich. An diesem Punkt machte Katie eine Krise durch. Sie hatte kein Messer! Sie verließ das Haus und ging zum Tor hinunter, vorbei an Steve Parents Ambassador, um sich Linda Kasabians Messer mit dem unförmigen, umwickelten Griff zu holen. Sie sagte zu Linda: «Paß auf, ob du was hörst»; dann ging sie, den Hügel hinauf, wieder zum Haus.
Sebring – der kühle, erfahrene Geschäftsmann – und Frykowski – der das Hitler-Regime überlebt hatte – müssen jedenfalls zunächst versucht haben, weder in Panik auszubrechen noch es auf einen Kampf ankommen zu lassen. Doch als Tex allen befahl, sich am Kamin bäuchlings auf dem Boden und die dort liegenden Kissen zu legen, protestierte Sebring und sagte: «Laßt sie sich hinsetzen, seht ihr denn nicht, daß sie schwanger ist?» Dann machte er einen Satz nach dem Revolver, und Tex reagierte mörderisch und schoß ihn in die Achselhöhle. Jay Sebring stürzte zu Boden und Tex versetzte ihm einen Tritt gegen das Nasenbein. Abigail Folger schrie auf.
Die Kugel drang in Sebrings linke Achselhöhle ein, durchschlug die linke fünfte Rippe, die linke Lungenhälfte und trat links am Rücken wieder aus. Die Kugel wurde von dem amtlichen Leichenbeschauer gefunden; sie hatte sich, mehrere Zentimeter von der Austrittswunde entfernt, zwischen Haut und Hemd verfangen.
Christopher, der Weimaraner, hatte bellend und aufgeregt den Hinterhof des Gästehauses verlassen. Jetzt kam der Hund offenbar durch den Vordereingang ins Haupthaus gelaufen. Sadie erzählte Virginia Graham, ein ‹Jagdhund› sei hereingekommen. Sadie meinte sogar, der Hund habe irgendwie ihr Messer zu fassen gekriegt: «Wir suchten überall ... Ich glaube wirklich, der Hund hat's verschleppt.»
Der Anblick von Jay Sebring, wie er auf der Seite am Boden lag, verlieh

dem ehemaligen Baumwollpflücker Charles Watson sogleich Glaubwürdigkeit: «Also, wo ist nun das Geld?»
Abigail sagte, ihr Geld sei in ihrem Portemonnaie auf der Couch im Schlafzimmer. Sadie drückte Miss Folger ihr Messer in den Rücken und ließ sie vor sich her ins Schlafzimmer gehen, wo Abigail ihre schwarze Schultertasche aus Segeltuch öffnete und ihr 72 oder 73 Dollar für die Satanistin entnahm. Die Kreditkarten, die Abigail ihr anbot, lehnte Sadie ab. Sie gingen ins Wohnzimmer zurück. Fünf Seelen, 72 Dollar.
Nun schlang Tex ihnen nacheinander das Nylonseil um den Hals und warf das Seilende über den weißen Deckenbalken und befahl Sadie, an dem Seil zu ziehen, so daß Abigail und Sharon, wollten sie nicht erwürgt werden, aufstehen mußten. Der bewußtlose Jay, dem sie das andere Ende des Seils um den Hals geknüpft hatten, diente als Gegengewicht. An seinem linken Auge bildete sich ein großes, schwellendes Hämatom.
Tex befürchtete, Voityck Frykowski könnte sich befreien und befahl darum Sadie, seine Hände mit einem größeren Handtuch zu fesseln. Sadie ging ins Schlafzimmer und holte ein größeres Handtuch, ein beigefarbenes, einsfünfzig langes Martex-Badetuch, mit dem sie ihm die Hände auf dem Rücken noch fester zusammenband. Dann stieß sie ihn auf das Sofa zurück und hielt Wache über ihm.
Während Tex ihnen das Seil um die Hälse schlang, hatte er Katie befohlen, alle Lichter im Haus zu löschen. Sie tat dies, laut Susan Atkins. Die einzigen brennenden Lampen, die von der Polizei am Morgen vorgefunden wurden, waren die in dem Flur zu den hinteren Schlafzimmern und die Schreibtischlampe an der Ostseite des Wohnzimmers.
Katie übernahm – an dem einen Ende des Seils – die Aufgabe des Würgens. Eine der Frauen fragte: «Was habt ihr mit uns vor?»
Charles, der adrette, muskulöse Junge aus Copeville, hatte sie in seinem telefonlosen ‹Hamburger›-Universum in der Falle. «Ihr werdet alle sterben.» Und wieder sagte er ihnen, daß er der Teufel sei. Sogleich stiegen Jammerlaute und Schreie und flehendes Gestammel von den gebundenen Opfern auf. Sie kämpften, versuchten sich zu befreien.
Tex befahl Sadie, Voityck Frykowski zu töten. Voityck lag, sich aufbäumend, da und versuchte verzweifelt, den Knoten hinter seinem Rücken zu lockern. Sadie erhob ihr Messer, und ihrem Bericht nach zögerte sie. Voityck riß mit einem Ruck seine Hände frei und fuhr hoch und packte Sadie von dem Sofa aus am Haar und zerrte sie herunter, wobei er ihren Messerarm packte. Er schlug sie auf den Kopf, sie stürzten gegen das Tischchen links von dem Sofa und rollten dann auf den Polstersessel.

Sadie bekam ihren Arm frei und stieß blindlings zu, ein-, zwei-, drei-, viermal, parallel zum Schienbein seines linken Beines. Er wandte sich zur Halle, wie um zu fliehen. Es gelang ihr, ihm das Messer einmal in den Rücken zu stoßen, aber es traf auf Knochen. Dann versetzte sie ihm von hinten einen tiefen Stich in die rechte Lunge. Die Stichwunden an der Hautoberfläche waren fast zwei Zentimeter breit, ebenso breit wie die Klinge ihres Buck-Klappmessers. In dem Handgemenge verlor sie irgendwie ihr Messer, und die kleine Terrorsüchtige meinte, der Hund habe es verschleppt. Die Polizei fand das Messer mit nach oben gerichteter Klinge zwischen dem Sitzpolster und der Rückenlehne des Sessels, zwei Meter von der Nord- und einen Meter zwanzig von der Westwand des Raumes entfernt. Ohne Messer jetzt klammerte sie sich an Voitycks Rücken und brüllte.

Trotzdem taumelte Voityck weiter. Tex kam angerannt, zerrte Frykowski herum und schoß ihn in die linke Achselhöhle; die Kugel blieb in der Mitte des Rückens stecken. Außerdem schoß er ihn von vorn durch den rechten Oberschenkel. Trotzdem ging Voityck weiter. Tex schoß noch einmal – der Revolver versagte. (Die Schußwaffe hatte eine Geschichte der Ladehemmungen, so hatte sie zum Beispiel versagt, als Manson am 1. Juli Bernard Crowe niederschoß.) Den Lauf umklammernd, schlug Tex mit dem Revolvergriff auf Voitycks Gesicht und seinen Kopf ein. Man fand Blutspuren von Voitycks Blutgruppe an der intakten linken Seite des Revolvergriffs und an der Innenseite des gespannten Revolverhahns. Die rechte Hälfte des Walnußknaufs zersplitterte in drei Teile; zwei Teile fielen in der Halle zu Boden, den winzigen dritten Teil fand man draußen auf der vorderen Veranda.

Was tat William Garretson während dieser Schreie und Schüsse? Laut seinen Aussagen saß er in seinem Wohnzimmer, keine fünfzig Meter weit entfernt, und hörte Platten von den Doors und von Mama Cass. Und zwei Autobahnstrecken weiter, am Nordwestrand des San Fernando Valley, wartete Charles Manson an der staubigen Auffahrt vor dem ‹Long Horn Saloon› auf die Rückkehr seines Stoßtrupps.

Als Tex auf die Tür zur Halle zulief, um Voitycks habhaft zu werden, versuchten Sharon, Jay und Abigail, sich aus den um ihren Hals geknoteten Schlingen zu befreien. Katie hielt das Seil dort, wo es auf der anderen Seite des Balkens herunterhing. Abigail kam frei und stürzte auf das hintere Schlafzimmer zu, wo die Tür zum Swimmingpool hinaus in die Freiheit führte.

Katie Krenwinkel ließ das Seil fallen und jagte hinter ihr her. Abigail, größer und stärker, kämpfte um ihr Leben. Inzwischen sah Tex, daß

Sebring sich zu befreien versuchte, und kam angelaufen. Stich, Stich, Stich, Stich – viermal hieb ihm Watson das Messer links in den Rücken, in die Lunge. Die Wunden waren an der Oberfläche über dreieinhalb Zentimeter breit, sie gingen tief. Tex' Messer war nicht nur an seiner normalen Schneide scharf geschliffen, auch zweieinhalb Zentimeter der oberen Kante waren geschärft. Der amtliche Leichenbeschauer konnte das lange vor den Festnahmen erklären, da er festgestellt hatte, daß lebenswichtige Organe von einem doppelschneidigen Instrument durchstoßen worden waren, während die Wunden an der Hautoberfläche darauf schließen ließen, daß die obere Messerkante stumpf war. Tex trat ihm ins Gesicht, dann wandte er sich, durch Katies Schreie aufmerksam geworden, um. Sein schwarzer Rollkragenpullover war blutig, seine Augen glänzten. Er lief zu Abigail, die sich bis zu diesem Zeitpunkt nur bei dem Versuch, sich zu wehren, verletzt hatte, an Händen und Armen. Abigail ergab sich. «Ich gebe auf. Nimm mich.» Er tat es, indem er ihr den Hals aufschlitzte und den Revolvergriff auf ihren Kopf schmetterte. Er versetzte ihr mehrere Stiche in die Brust und in den Unterleib. Sie umklammerte eine klaffende Wunde an ihrer rechten Seite. Sie fiel zu Boden.

Watson blickte auf, als er Voityck vorn, beim Rasen vor dem Haus, schreien hörte. Er lief zur vorderen Veranda und sah, wie Voityck sich aus dem Busch, in den er gefallen war, erhob und schreiend über das Gras wankte, in südöstlicher Richtung. Sadie Satan erzählte ihrer Zellengefährtin Shelley Nadell darüber: «Er kam bis zu dem Rasen, und dort stand er und schrie ‹Hilfe! Hilfe!›, und keiner hörte ihn.» Eine sehr unwahrscheinliche Geschichte. Die Polizei nahm auf dem Gelände der Polanski-Villa Lärmtests vor – du kannst Schreie von dort im ganzen Benedict Canyon, von einem Gästehaus mit offenen Fenstern ganz zu schweigen, hören. Hast du die Schreie gehört? Halt den Mund, schlaf weiter.

Versunken in Flower Power kniete die junge Mutter Linda Kasabian an dem dunklen Zaun. Als sie die Schreie hörte, blickte sie, so hat sie behauptet, zu dem toten Steve Parent hinüber, und auf einmal dämmerte es ihr, daß jetzt die Bewohner des Hauses getötet wurden. Dann, wie eine Kaulquappe, die auf eine Lichtquelle zuschlängelt, lief sie in Richtung der Schreienden, «um zu versuchen, dem ein Ende zu machen» – wie sie später aussagte. Sie lief den Gehweg hinauf, über das Gras. «Ich rannte zu der Hecke hinüber» – wahrscheinlich meinte sie die fast S-förmige Hecke unmittelbar nördlich vom Vordereingang. «... wartete eine Minute – dann sah ich, wie Frykowski durch die Tür heraustaumelte – bluttriefend – ich blickte in seine Augen – er blickte in meine – ich sah das Bild Christi in ihm, ich weinte, und ich betete von ganzem Herzen.»

In ihrer Aussage beim Prozeß erwähnte sie zwei geistige Erlebnisse, die sie hatte, als ihrer beider Blicke sich trafen: ihr stummes Gebet: «O Gott, es tut mir so leid, bitte mach, daß es aufhört», und zum andern, daß sie inmitten dieses entsetzlichen Blicks zum erstenmal fühlte, daß Charles Manson nicht mehr Jesus Christus, der Sohn Gottes, war. Er war ein Teufel.

Der große Voityck Frykowski stand an dem hölzernen Stützpfosten an der Nordostecke der vorderen Veranda und versuchte, sich an den Pfosten klammernd, von dem Fliesenboden auf den Gehweg zu gelangen. Er verlor das Gleichgewicht; er drehte sich um den Pfosten und fiel kopfüber in den Schmutz.

Sadie kam aus dem Haus gelaufen, außer sich, daß sie ihr Messer eingebüßt hatte. Linda hat ausgesagt, daß sie versuchte, Sadie zu überreden, der Sache ein Ende zu machen, ihr sagte, sie hätte Stimmen gehört. Sadie sagte: «Es ist zu spät.» Sie sprachen noch, und während die Hexen plauderten, kam Voityck irgendwie noch einmal auf die Beine und fing an, in den Smog des Canyons hineinzubrüllen. Jemand mußte es hören.

Hier sei angemerkt: Linda behauptete zwar, sie sei zum Parkplatz zurückgelaufen, nachdem sie Frykowski ins Gebüsch hatte fallen sehen, doch Patricia Krenwinkel hat ausgesagt, Linda Kasabian habe in dem Augenblick, als sie selber mit Abigail Folger kämpfte, das Haus betreten. Patricia rief Linda zu Hilfe. Linda starrte sie, laut Patricia, an, machte kehrt und ging zur Tür hinaus.

Tex kam wie ein Bluthund durch die Haustür nach draußen geschossen, fiel über Frykowski her und stach auf die ungeschützte linke Seite seines Körpers ein. Frykowski erlitt am linken Unterarm sechzehn Wunden bei dem Versuch, das Böse abzuwehren. 51 Wunden fügte Tex der Milz, dem Unterleib, der Lunge, der rechten Rückenhälfte, dem Herzen, der Brust und den Händen Frykowskis zu. Und trotzdem kroch der Mann, der 25 Jahre zuvor die Nazigreuel in Polen überlebt hatte, weiter – bis er zusammenbrach.

Drinnen im Haus war Abigail irgendwie auf die Beine gekommen und schwankte, eine Blutspur hinter sich lassend, auf die Glastür zum Swimmingpool zu. Katie, die Sharon und Jay bewacht hatte, jagte ihr nach und hackte mit dem Messer auf sie ein. Abigail klammerte sich an die mit Blenden versehene Tür und befleckte sie bei dem Versuch, sie zu öffnen, mit ihrem Blut. Katie brachte sich in die Todeszelle, als sie zu verhindern versuchte, daß die Tür geöffnet wurde, und dabei unmittelbar über dem Türknauf einen Abdruck ihres linken kleinen Fingers mit zwölf Identifikationsmerkmalen hinterließ.

Abigail Folger gelang es, aus dem Haus zu kommen. Ihr Blut tropfte auf den Seitenweg, der zum Swimmingpool führt. Sie rannte nach links, und ihr Blut spritzte auf den grünen Gartenschlauch im Gras. An dem Lampenpfosten bei der hohen Tanne gelangte sie fast bis zu dem Lattenzaun. Kollaps. Sie brach zusammen. Die weißgewandete, reiche Erbin, die an die Rassenintegration glaubte, die hochgewachsene, erfahrene Reiterin, niedergemetzelt von dem rassistischen Haremsgirl aus dem Höllenschlund.

Linda konnte es mitansehen, als sie durch die Veranda über die Büsche hinweg herüberblickte. Linda machte kehrt und rannte den Hügel hinab, vorbei an Sebrings Porsche, vorbei an Parent, die schmale Stelle der Auffahrt entlang, lief dann nach links, die Böschung hinauf, kletterte über den Zaun und rannte den Hang zu dem Ford hinab und legte sich keuchend irgendwo ins Gebüsch.

Als Linda davonlief, waren alle Killer im Freien; drinnen waren Sharon, noch unverletzt, und der tote Jay Sebring. Mrs. Polanski, unbewacht, wollte sich gerade auf die Haustür zu bewegen, als Katie Krenwinkel durch die hintere Tür am Swimmingpool wieder das Haus betrat und in das Wohnzimmer ging.

Sharon lebte, sie flehte um das Leben ihres Kindes. Irgendwie mußte sie aufgestanden sein, und Sadie nahm sie in die ‹Kopfzange›. Tex sagte zu ihr, es sehe so aus, als ob Sharon sitzen wolle. «So brachte ich sie hinüber und setzte sie auf das Sofa.»

«Ich möchte nur mein Baby.»

Sadie befürchtete, Sharon könnte hysterisch werden, und redete auf sie ein, um sie zu beruhigen, redete darüber, daß sie kein Erbarmen mit ihr hätte. Worte, um sie abzulenken. Schließlich wollte Sadie wirklich nicht, daß die Frau, die sie gleich umbringen würde, hysterisch wurde, nicht wahr?

Sie töteten Sharon als letzte. Ungefähr einen Monat nach den Morden hörte Barbara Hoyt, das Mädchen, das zu spät mit den Kleidern gekommen war, wie Sadie auf der Meyers Ranch im Naturschutzgebiet des Death Valley mit Ouish sprach und sagte, daß Sharon als letzte sterben mußte, weil sie «die anderen sterben sehen sollte». Das war eine der bevorzugten Schwärmereien von Manson: jemanden vor den Augen eines Beobachters zu töten.

Sharon saß still auf dem Sofa. Sie warteten einige Minuten. Man weiß nicht, was sie in dieser Zeit taten. Schließlich geschah es. Sadie erzählte Virginia Graham, sie habe Sharon die Arme auf den Rücken gehalten. Dagegen sagte sie im Death Valley zu Snake, sie habe ihre Beine gehalten. Was für ein schwaches Erinnerungsvermögen. Sie hielt Sharons Arme, und Sharon drehte den Kopf zu ihr herum, sah Sadie an und flehte: «Bitte, töte mich nicht, bitte, töte mich nicht. Ich will nicht sterben.» Sie weinte.

«Bitte, ich bekomme ein Kind.»

Sadie, grausam wie immer, erwiderte, laut Virginia Graham: «Paß auf, Miststück! Mir ist das egal, ob du ein Kind kriegst. Mach dich lieber fertig. Du wirst jetzt sterben...» Sadie zu Virginia Graham: «Dann, ein paar Minuten später, töteten wir sie.»

In einem letzten Versuch wandte sich Sharon an Sadie und bat sie, das Kind zu nehmen, den ungeborenen Richard Paul Polanski. Unmöglich. Sadie konnte metzeln, aber das konnte sie nicht.

Tex befahl Sadie, sie zu töten.

Nein, Tex, ich kann sie nicht töten, tu du es. Katie? Nein, Tex, tu du es; aber sie war bereit, ihre Beine festzuhalten. Tex, eifrig wie immer, war es dann: er stach sie mehrere Male in die linke Brust, durch den Büstenhalter. Schreie. Stiche. Aorta. Tod.

Dann stachen sie alle auf sie ein, sechzehnmal mit beiden Messern. Für Sadie war es erregend: «Es tat so gut, als ich sie das erste Mal stach.» Dann leckte sie, der kleine LSD-Vampir, sich das Blut von den Fingern.

Aber es war ihr noch nicht abenteuerlich genug. «Wir wollten sie alle verstümmeln, aber wir hatten nicht die Gelegenheit dazu.» Beiden Zellengefährtinnen vertraute Sadie an, ein Teil des geplanten Spiels habe vorgesehen, den Opfern die Augen herauszudrücken und sie an die Wand zu schmieren.

Auf einmal sagte Tex: «Los, raus.» Die Mädchen verließen das Haus, und dann kam Tex heraus und schickte sich an, pflichtbewußt die letzte Runde zu machen und zu wüten, um sich des Todes aller zu vergewissern. Er rannte los, gegen den Uhrzeigersinn. Er lief hinüber zu Abigail: Stich, Stich, Stich. Er lief weiter zu Frykowski, der leblos dalag, die eine Hand ins Gras gekrallt, während sein linker Arm noch im Tod senkrecht von der Stelle aufragte, wo er zusammengebrochen war. Tex praktizierte etwas von seinem Footballtraining an ihm. Dann lief der Höllengruselgeist wieder ins Haus, um die Szene herzurichten.

Während Tex drinnen war, gingen Sadie und Katie umher und riefen

wispernd nach Linda. Sie konnten sie nicht finden. Tex kam aus dem Haus, sah die Mädchen und befahl Sadie, hineinzugehen und etwas an die Tür zu schreiben. Irgend etwas Hexenartiges, hatte Charlie gesagt, Tex hinterließ an der vorderen Eingangstür einen Fingerabdruck, der ihn in die Todeszelle brachte.
Tex und Katie gingen den Gehweg hinab, und Sadie ging durch die vordere Tür ins Haus. Sie betrat das gespenstische Wohnzimmer. Offenbar hatte Tex das Nylonseil zweimal um Sharons Hals geschlungen. Um Sebrings Hals lag ebenfalls eine Doppelschlinge; die zweite Schlinge war zu einem einfachen Knoten geknüpft. Das Seil verlief von dem einen Ende aus, das unter Jay Sebrings Leiche lag, in zwei Schlingen um seinen Hals und hinüber zu Sharon, die vor dem Sofa unter der Flagge lag, zweimal um ihren Hals, dann zurück am Sofa entlang und schließlich über den Deckenbalken, auf dessen anderer Seite es eben noch den Boden berührte.
Sharon wirkte auf Sadie noch mehr verstümmelt als zuvor, wahrscheinlich hatte Tex das getan. Sadie nahm ein Handtuch. Dann ging sie zu Sharon Tate, kniete sich neben das mit Samt bezogene Sofa, legte den Kopf an Sharons Bauch und horchte. Sadie zog Sharon ein wenig vom Boden hoch, legte Sharons Kopf in ihren Schoß und umarmte sie. Schließlich stand Sadie auf, holte das gelbe Handtuch, mit dem sie Voityck die Hände gefesselt hatten, kam zurück, tränkte es mit Blut aus Sharons Brust, ging in die Halle und kniete sich auf den Boden, um mit Blut der Blutgruppe O-M in Druckbuchstaben das Wort PIG zu malen. Dann machte sie kehrt, ging zurück ins Wohnzimmer, warf das Handtuch in Richtung des Kamins und ging davon. Sie ließ die Tür weit offen, und als sie ostwärts durch die Veranda hinausging, hinterließ sie zwei blutige Fußabdrücke.
102 Stichwunden hatten die Körper durchbohrt. Dreißig Minuten lang, alle zwanzig Sekunden ein Stich. Und Sharons schwarzes Kätzchen lief miauend zwischen den Leichen umher.
Sadie ging zum Tor, wo die anderen auf sie warteten. Tex vergaß die Angst vor einem elektrischen Schlag und drückte auf den Knopf; er hinterließ einen Schmierfleck. Es war Blut von Sebring. Das Tor öffnete sich. Sie nahmen ihre Sachen zum Umziehen an sich und gingen gereizt den Hang hinunter. Mord ist harte Arbeit. Das Tor schloß sich.
Inzwischen hatte Linda ungefähr fünf Minuten lang in der Nähe des Fords im Gebüsch gelegen. Dann stand die Floweroide, die heute eine freie Frau ist, auf, stieg in den Wagen und ließ den Motor an. Wollte sie sich aus dem Staub machen? Die anderen kamen mit ihren Messern und

ihren Sachen in der Hand. «Sie sahen aus wie Zombies», schrieb sie später; tote Augen, lebende Leichname.

Tex, finster vom Morden, brüllte sie an. Er stellte den Motor ab und stieß sie auf den Beifahrersitz. Dann beschimpfte er Sadie, daß sie ihr Buck-Messer verloren hatte. Er ließ den Wagen an, fuhr langsam los und rechts in den Benedict Canyon Drive ein. Dann schaltete er die Scheinwerfer ein. Sie fuhren den Benedict Canyon Drive entlang, die vier Gruselgeister, frisch zurück vom Kampf, und wechselten ihre Kleider, während sie den Hang hinauffuhren. Linda übernahm das Lenkrad, als Tex sich aus seinem nassen schwarzen Pullover und aus seinen Jeans wand.

Sie sprachen aufgeregt. Es war heiß.

Linda nahm alle Kleider und band sie zu einem Bündel – den schwarzen Rollkragenpullover aus Velours, die schwarzen Jeans, die echten Roebuck-Jeans, die blauen Jeans, das blutige weiße T-Shirt, mit dem wahrscheinlich die Waffen gesäubert worden waren, das schwarze T-Shirt und die blauen T-Shirts. Ein in die Todeszelle führendes Haar, das von Susan Atkins stammte, hing an dem Bündel. Ferner hingen an dem Bündel, als die Beamten der Sonderkommission die Sachen am 16. Dezember 1969 fanden, viele dreißig Zentimeter lange Haare von einer Unbekannten.

Da der Wagen mehr oder weniger das einzige funktionierende Fahrzeug auf der Spahn Movie Ranch war, ist anzunehmen, daß eines der anderen Mädchen, die nicht dem Tonsur-Ritus der Family unterzogen worden waren, sich irgendwann darin die Haare gebürstet und dabei einige Strähnen hinterlassen hatte, die jetzt an dem nassen Kleiderbündel haften blieben.

Tex befahl Linda, den Revolver und die beiden Messer von den Fingerabdrücken zu säubern. Dann hielt er rechts am Benedict Canyon an. Linda warf das Bündel rechts in die Schlucht hinab. Ohne sich aufzurollen blieb es – in Sichtweite von der Straße aus – an einem Busch liegen. Sie mußte auch die Messer hinauswerfen. Sie tat es – zuerst das eine, das einen Steilhang hinabfiel, dann das andere, das, da der Wagen anfuhr, auf den Bordstein fiel. Offenbar hatte Tex den Wagen gewendet, bevor Linda die Messer hinauswarf, denn Linda sagte aus, der Wagen sei hügelwärts gefahren. Tex verkündete, als nächstes müßten sie eine Stelle suchen, wo sie sich waschen könnten. Er bog vom Benedict Drive nach links in den Portola Drive ein, nur etwa einen Häuserblock nördlich der Straße, in der Jay Sebring gewohnt hatte.

Ungefähr zweihundert Meter von der Abzweigung entfernt entdeckten sie einen Gartenschlauch, der an dem Haus von Rudy und Myra Weber hing. Sie wendeten den Wagen und parkten ihn, damit sie schnell davon fahren konnten, so, daß er in Richtung der Straße durch den Canyon wies. Sie gingen zu dem Haus. Es lag acht Meter von der Straße zurück.

Rudolph Weber schlief, aber das Geräusch fließenden Wassers weckte ihn. Er dachte, es handle sich um einen Wasserrohrbruch, und so nahm er eine Taschenlampe und ging hinunter ins Erdgeschoß. Er öffnete die Garagentür und ging hinein, um nach den Rohren zu sehen. Nirgendwo trat Wasser aus, und so glaubte er, alles sei in Ordnung. Dann hörte er Stimmen von der Straße her. Verdammte Gesellschaft. Er ging hinüber und richtete den Schein seiner Lampe auf sie. «Was denkt ihr euch eigentlich?» Sie sahen wie Teenager aus.

Der große Tex mimte den lächelnden Psychopathen und sagte: «Tag – wir wollten nur 'n Schluck Wasser trinken, es tut uns leid, daß wir Sie gestört haben.» Rudolph ging hinüber und drehte das Wasser ab; die Mädchen gingen zum Wagen hinaus.

«Ist das euer Wagen?»

«Nein. Wir gehen zu Fuß.»

Weber folgte den jungen Leuten; inzwischen war auch Myra aufgewacht und zu ihm gestoßen, und sie verkündete, ihr Mann sei Mitglied der Sheriff's Reserve. Tex öffnete den Mädchen die Wagentür, und Weber nahm Anstoß an der Unordnung im Wagen. Tex stieg ein, ließ aber den Motor absaufen. Weber machte Anstalten, als wollte er die Wagenschlüssel an sich nehmen, indem er, während Tex den Motor anzulassen versuchte, in den Wagen langte. Schließlich sprang der Motor an, und Tex fuhr los. Mr. Weber, der nicht loslassen wollte, verrenkte sich die Hand. Er prägte sich die Nummer des davonbrausenden Wagens ein und notierte sie sich anschließend: GYY 435.

Tex schaltete die Scheinwerfer erst ein, als sie ins San Fernando Valley kamen, wo sie für 2 Dollar tankten. Tex ging zur Toilette, um sich zu waschen; Sadie und Katie taten es ebenfalls. Als Sadie zurückkam, entdeckte sie Blut außen am Wagen. Sie hoffte, daß der Tankwart nichts bemerkt hatte. Tex forderte Linda auf, sich ans Steuer zu setzen. Unterwegs warf er offenbar den Longhorn-Revolver aus dem rechten Fenster in eine Schlucht hinunter, ungefähr zweieinhalb Kilometer vom Schauplatz des Gemetzels entfernt. Seltsam ist allerdings, daß anscheinend keiner der Mörder das Fortwerfen des Revolvers erwähnt hat. Vielleicht hat ihn Manson später weggeworfen.

Im weiteren Verlauf der Fahrt entspannten sich die vier offenbar und wurden sogar lustig. Die Waffen, das Blut, die Kleider – alles war weg, oder etwa nicht? Sie waren Helter Skelters beste Metzger. Und sie kamen ins Plaudern.

Der arme Tex – damit fing es an – hatte sich den Fuß verletzt und der Schmerz brachte ihn um. Sadie tat die Kopfhaut furchtbar weh, wo Frykowski sie am Haar gezogen hatte. Katie plapperte davon, wie weh ihr der Messergriff jedesmal beim Zustechen getan hätte. Einmütig stellten sie fest, daß die Messer nicht das richtige waren. Das nächste Mal brauchten sie eine massivere Ausrüstung. Sadie beklagte sich darüber, wie ihr die harten Beine von Voityck zu schaffen gemacht hätten, als sie darauf einstach. Sie hatten ihren Spaß daran, das Stöhnen der Ermordeten zu beschreiben und wie Sharon immerfort zu Gott gerufen und wie Abigail nach ihrer Mutter geweint hatte.

«Wieso kommt ihr so früh zurück?» fragte Charlie, als sie auf der Spahn Movie Ranch eintrafen. Er erwartete sie an der Auffahrt, wo er beim Saloon saß. Es war zwei Uhr morgens.

Sadie berichtete Charlie, sie hätte an dem Ford Blut entdeckt. Er schickte sie in die Küche, damit sie Wasser und einen Schwamm holte und das Blut abwusch. Linda und Katie mußten das Wageninnere nach Flecken absuchen. Sie fanden nichts, und Manson befahl ihnen, in die Arbeiterbaracke zu gehen, während Sadie den Wagen wusch. Dann zog Charlie Tex beiseite und ließ sich von ihm berichten.

Clem und Brenda waren in der Baracke, als Katie und Linda, beide völlig erschöpft, eintraten. Wenig später erschienen auch Tex und Charlie zu einer allgemeinen Besprechung über den Verlauf des Abends. Tex erzählte Charlie, daß alles verwüstet sei; Leute lägen dort herum, aber alle seien tot. Charlie war glücklich.

Tex löste Gelächter aus, als er erzählte, er habe zu den Leuten im Haus gesagt: «Ich bin der Teufel, ich bin hier, das Werk des Teufels zu verrichten, wo ist euer Geld?» Haha. Dann befragte Manson die Schlächter, ob sie irgendwelche Gewissensbisse empfänden. Katie: «Nein.» Sadie: «Nein.» Linda: «Nein.»

Einiges deutet daraufhin, daß irgend jemand an der Mordstätte eine Voityck Frykowski gehörende Kreditkarte gestohlen hat. Ein Zeuge behauptet, diese Kreditkarte sei später manchmal bei Versammlungen der Family wie eine Reliquie von Hand zu Hand gegangen.

Alle waren müde. Linda Kasabian ging zum hinteren Ranchgebäude, um sich schlafen zu legen. Sadie schlief mit irgendwem – sie meint, es könnte Clem gewesen sein –, und sackte danach sofort weg. Katie und Tex schliefen, laut Linda Kasabian, im Saloon.

Es war vorüber. Aber noch nicht ganz.

Es bestehen beträchtliche Unterschiede zwischen dem Schauplatz der Morde, so wie Susan Atkins, Patricia Krenwinkel, Tex Watson und Linda Kasabian ihn verließen, und der Szenerie, wie sie die Polizei am nächsten Morgen vorfand. Allem Anschein nach hat weder Susan Atkins noch jemand von den anderen Jay Sebrings Kopf mit einem Gesichtstuch verhüllt, und doch fand die Polizei ein solches Tuch über seinem Kopf.

Das Seil zwischen Sharon Tate und Jay Sebring hatte zu wenig Spielraum, als daß Sharon hätte aufstehen und sich fortbewegen können, und doch sagen die Killer, sie habe sich in dem Raum umherbewegt. Das Seil wurde also möglicherweise nach Sharon Tates Tod gestrafft. Die Mörder, einschließlich Susan Atkins, erwähnen mit keinem Wort, daß das Seil gestrafft wurde, obwohl die redselige Susan Atkins jedem, der es hören wollte, detaillierte Berichte über jeden Aspekt der Verbrechen gab. Auch sprach Susan Atkins mit keinem Wort von der Brille, mit dem braunen Gestell, die bei den blutbefleckten Überseekoffern gefunden wurde. Die Brille lag mit den Gläsern nach unten, und die geöffneten Bügel ragten senkrecht nach oben. Sie stammte von jemandem mit erheblichen Sehschwierigkeiten.

In der vorderen Veranda fanden sich zwei große Blutlachen, eine links von der Fußmatte – Blut von Sharon Tates Blutgruppe O-M – die andere an der Nordseite der Veranda – Blut von Jay Sebrings Blutgruppe O-Mn. Alle beteiligten Frauen, Linda, Katie und Sadie, haben behauptet, Sharon Tate und Jay Sebring hätten sich zu keinem Zeitpunkt der Veranda genähert. Wie kam das Blut dorthin?

Steve Parent, Frykowski und Miss Folger hatten alle die Blutgruppe B-Mn, es konnte also keine der beiden Blutlachen auf der Veranda von ihnen stammen. In einem Polizeibericht über die Mordszenerie heißt es im Hinblick auf die Blutlache von Sharon Tate in der Veranda: «Aus der Blutmenge dort würde man schließen, daß sie sich an dieser Stelle mindestens einige Minuten aufhielt, bevor sie sich bewegte.»

Dem Zustand der Leiche nach meinten die Polizeibeamten auch, Mrs. Polanski sei nach ihrem Tod möglicherweise von einem Platz zu einem andern geschafft worden. Man fand mehrere Spritzer von Sharon Tates Blut in der Halle und auf der Türschwelle, doch ist sie, solange sich die Killer auf dem Anwesen aufhielten, zu keinem Zeitpunkt in der Halle gewesen.

Im Wohnzimmer, neben der Tür zur Halle, standen die beiden Überseekoffer, die im Laufe der Nacht weggestoßen wurden. Das rechte Ende des oberen Koffers ruhte auf dem linken Ende des unteren, während das linke Ende des oberen Koffers auf den Boden gekippt war. Dort war ein offenbar von ein und demselben Blutstrahl verursachter Blutfleck, der sich von der linken Seite des oberen Koffers bis zu der Oberseite des unteren Koffers erstreckte. Es war Jay Sebrings Blut, doch haben die Mörder behauptet, Sebring sei an ein und derselben Stelle erschossen und erstochen worden und hätte sich von dieser Stelle nicht mehr fortbewegt.

Manson hat einmal behauptet, er sei nach den Morden zur Polanski-Villa gefahren. «Ich fuhr hin, um mir anzusehen, was meine Kinder getan hatten», soll er gesagt haben. Später bestritt Manson, daß er das Haus aufgesucht habe. Wie dem auch sei, fest steht, daß der Schauplatz des Verbrechens im Laufe der Nacht, bevor die Polizei eintraf, von jemandem verändert wurde.

Einer der von Manson für das Spiel entwickelten Pläne sah vor, ‹reiche Piggies› in ihren Hauseingängen aufzuhängen und aufzuschlitzen. Möglicherweise hat er oder jemand anders das Haus aufgesucht. Möglicherweise wurden die Leichen von Jay Sebring und Sharon Tate zu eben jenem Zweck zum Eingang geschleppt; doch es gab dort nichts, woran man das Seil so hätte befestigen können, daß es dem Gewicht der Leichen standgehalten hätte. Darauf hat man vielleicht in panischer Hast beschlossen, die ursprüngliche Szene wiederherzustellen und hat die Leichen wieder hineingeschafft, was weitere Blutspuren hinterließ. Irgend jemandem hat Manson auch erzählt, er habe die braune Brille in einem Leihhaus gekauft und bei den Überseekoffern placiert, um Verwirrung zu stiften.

Wahrscheinlicher ist jedoch, daß Manson, ein Meister der Verkleidung, oder einer seiner Anhänger die Brille trug, und als er den toten Sebring auf die Veranda hinausschaffte oder von draußen wieder hineinbrachte, gegen die Überseekoffer stieß, weil es schwierig ist, mit der für einen extrem Kurzsichtigen angefertigten Brille zu sehen. Dabei rutschte der obere Koffer mit der einen Kante auf den Boden. Blut tropfte von der Leiche auf die eine Seite des oberen Koffers und auf die obere Seite des unteren Koffers. Und bei dem Stoß gegen den Koffer fiel auch die Brille zu Boden und wurde liegen gelassen.

Dann wurden die Leichen wieder an ihren ursprünglichen Platz beim Sofa und bei dem Sessel gebracht, das weiße Nylonseil wurde wieder um ihre Hälse geschlungen und das Seilende wieder über den weißen Deckenbalken geworfen, so daß es auf der anderen Seite des Balkens gerade den Boden berührte. Dann nahm jemand das beigefarbene Handtuch, hüllte es um Jay Sebrings Kopf und befestigte die Enden des Handtuchs unter den Seilschlingen. Es gibt keine Möglichkeit, das Geschehene anders zu erklären.

Danny De Carlo hat der Polizei berichtet, daß Tex, Charlie und Clem in der Nacht vom 8., 9. oder 10. August fortfuhren und erst am nächsten Morgen zurückkehrten. Sie fragten De Carlo, ob er mitkommen wolle, aber er sagte: nein, danke. Als sie am Morgen zurückkamen, sah De Carlo, wie Clem ziellos auf dem schmutzigen Weg bei George Spahns Haus umherwandelte. De Carlo ging zu ihm und fragte: «Was habt ihr letzte Nacht gemacht?» Im gleichen Augenblick blickte De Carlo sich um und sah Charlie lächelnd hinter sich stehen. Dann legte Clem De Carlo die Hand auf den Arm – so De Carlo – und sagte: «Wir haben fünf Piggies fertiggemacht.» Darauf drehte sich Clem um und ging grinsend davon.

Stephanie, Mansons neue Liebe, sagte aus, Manson habe sie nach der Mordnacht bei Morgengrauen geweckt und sie in den Devil Canyon gebracht – wahrscheinlich zu dem Lager am Wasserfall –, wo sie ungefähr eine Woche geblieben sei.

Es war vorüber. Vorüber für fünf Funken des Universums. Fünf Leben, niedergemetzelt durch eine neue Form von programmiertem Zombi-Fanatismus.

17
Angst an den Swimmingpools

Es war die Rede von mehreren Schreien und Schüssen im Benedict Canyon in jener Nacht. Verschiedene Leute an verschiedenen Stellen in der Nähe des Anwesens der Polanskis hatten sie zwischen 2 und 4 Uhr morgens gehört. Die meisten Schreie wurden nach den Morden gehört. Nichts Besonderes, nur ganz gewöhnliches Freitagnachtgeschrei.
Zwischen 4 Uhr 30 und 5 Uhr brachte Steven B. Shannon die Morgenausgabe der *Los Angeles Times* zur Toreinfahrt der Polanskis und bemerkte, daß über dem Zaun ein heruntergefallenes Kabel hing. Um 7 Uhr 30 kam Mr. Seymour Kott, der vorübergehend in der Nr. 10070 am Cielo Drive wohnte, aus dem Haus, um sich seine Zeitung zu holen, und bemerkte ebenfalls das herabhängende Kabel und sah in der Ferne die kleine Lampe an der Garage der Polanskis leuchten.
Mrs. Winifred Chapman, eine redegewandte Dame, die bereits seit über einem Jahr als Haushälterin bei den Polanskis in Diensten stand, nahm einen städtischen Bus nach Santa Monica und zum Canyon Drive am Südende des Benedict Canyon, wo sie um 8 Uhr ankam. Sie hatte sich verspätet und überlegte gerade, ob sie sich für den Rest des Weges zur Polanski-Villa ein Taxi nehmen sollte, als sie einen Bekannten, einen Mann namens Jerry traf, der sie den Benedict Canyon hinauf zum Cielo Drive brachte, wo er sie am Tor des Anwesens absetzte. Es war 8 Uhr 30.
Mrs. Chapman drückte auf den Knopf für das elektronische Tor, bemerkte das herabhängende Leitungskabel, nahm die *Los Angeles Times* und ging den Fahrweg hinauf. Sie kam zur Garage, schaltete die kleine Lampe aus, ging dann vorn an der drei Wagen fassenden Garage vorbei, bog nach rechts ab, von wo aus man die Leichen nicht sehen konnte, ging an der Nordseite des Hauses entlang, bog links ein und betrat das Haus durch einen Dienstboteneingang.
Sie langte zu dem Balken über der Tür hinauf und nahm den Schlüssel von seinem üblichen Platz, schloß die Tür auf, legte den Schlüssel zurück, betrat den Dienstbotentrakt des Hauses, ging rechts in die Küche, wo sie das Hinterhoflicht ausknipste und ihre Handtasche ablegte. Sie nahm den Telefonhörer ab. Die Leitung war tot.
Sie ging südwärts, durchs Eßzimmer, um jemanden zu wecken und Bescheid zu sagen, daß das Telefon nicht funktioniere. Sie sah den Blumenstrauß, den Linda in der Nacht gesehen hatte, auf einem Tischchen im Eßzimmer stehen.

Als sie in die Halle kam, sah sie ein Handtuch, sah sie die Überseekoffer, sah sie Blut, sah sie eine offene Tür, sah sie hinaus auf die Veranda, sah die blutige Fußmatte, sah Frykowski. Panik.

Sie lief den gleichen Weg, den sie gekommen war, aus dem Haus, nahm nur in der Küche ihre Handtasche an sich. Schreiend lief sie den Parkplatz am Hügel hinab, drückte auf den blutigen Knopf an der schmalen Stelle der Auffahrt, das Tor ging auf, und sie floh hinaus. Sie klingelte am Nachbarhaus, wo sie den fünfzehnjährigen Jim Asim traf; Jim gehörte der Law Enforcement Troop 800 der Boy Scouts Amerikas an.

«Da sind Leichen und Blut überall! Ruf die Polizei!» Mrs. Chapman war so verstört, daß der junge Pfadfinder die Notrufnummer der Polizei wählte, um Schutz für sich selbst anzufordern. Er rief dreimal an, und schließlich kam ein Streifenwagen, dann noch einer und noch einer und noch einer, mit heulenden Sirenen.

Um 9 Uhr 14 wurden Officer J. J. De Rosa von der Einheit West Los Angeles 8L5 und Officer W. T. Whisenhunt von der Einheit West Los Angeles Unit 8L68 von der Zentrale informiert: «Code 2, eventuell Mord, 10050 Cielo Drive.»

De Rosa traf als erster ein und fand den jungen Jim Asim und die hysterische Haushälterin Mrs. Chapman vor. Sie erzählte ihm von dem Blut und der Leiche und zeigte dem Beamten, wie man das elektronische Tor betätigte.

Das Gewehr in der Hand betrat De Rosa das Anwesen und erblickte den in dem Ambassador zusammengesackten Steve Parent. Der Motor und die Scheinwerfer waren ausgeschaltet. Während De Rosa Parents Wagen untersuchte, traf Officer Whisenhunt ein; er hatte «einen Ruf bekommen, einem Kollegen bei der Ermittlung eines eventuellen Mordfalls zu helfen», wie er später aussagte.

Sie forderten per Funk einen Krankenwagen an und bestätigten den Tod des jungen Mannes. Dann betraten sie wieder das Anwesen, drangen ein in das Chaos zum Schweigen gebrachter Seelen. Sie warfen einen Blick auf Parent, dann gingen sie, die Gewehre schußbereit, auf die Garage zu. Über die Seitentreppe stiegen sie zu dem Raum über der Garage hinauf, wo Polanski sich sein Arbeitszimmer einrichten wollte, und sahen sich um. Nichts.

Sie gingen an Sebrings schwarzem Porsche, dem Firebird und dem Camaro in der Garage vorbei, überquerten auf dem Weg zum Hauseingang den Rasen und trafen auf Frykowski, der eine bunte, unten ausgestellte Hose, ein purpurfarbenes Hemd und braune, hochgeschlossene

Schnallenschuhe anhatte. Ein paar Meter weiter südlich erblickten sie Miss Folger, das weiße Gewand rot von Blut.
Officer Burbridge von der Einheit 8V5 kam als nächster, um die beiden Beamten bei der Ermittlung zu unterstützen. Die drei Beamten sahen die großen Blutlachen auf der Veranda und natürlich auch die offene Haustür. Sie zögerten. Wer wußte, ob drinnen im Haus nicht ein Wahnsinniger lauerte? Gedeckt von De Rosa gingen Whisenhunt und Burbridge um das Haus herum zur Hinterseite, um nach eventuellen anderen Eingängen zu sehen, aber die Hintertür war verschlossen. Whisenhunt und Burbridge beschlossen, durch das offene Kinderzimmerfenster ganz rechts am Haus zu klettern – dasselbe Fenster, durch das Tex Watson gekrochen war. Das aufgeschlitzte Fliegengitter lehnte an der Hauswand.
Wenige Sekunden später bemerkte De Rosa seine Kollegen im Haus; er wollte sich ihnen anschließen und ging über die gefliste Veranda in die Halle, einen Bogen um die Blutlache machend. Er sah das häßliche, hingeschmierte «PIG» in seiner ganzen Scheußlichkeit. Und er drang ein in die häßliche, gespenstische Trostlosigkeit von Mansons Tableau. Die Beamten sahen die Leichen und das Seil, und rasch durchsuchten sie das Haus, die Schlafzimmer, die Galerie. Später konnte sich De Rosa nicht mehr daran erinnern, die beiden roten Fußabdrücke auf der Veranda gesehen zu haben.
Ihre Aufgabe bestand darin, den Schauplatz abzusichern, alle Einzelheiten aufzunehmen, ohne etwas zu verändern.
Nach der Durchsuchung des Hauses gingen die Beamten offenbar daran, das übrige Anwesen, das Gelände um den Swimmingpool, zu erkunden und näherten sich dem Gästehaus, da hörten sie Hundegebell. Dann hörten sie, wie im Gästehaus eine Männerstimme die Hunde anbrüllte, sie sollten ruhig sein. Fünf Tote und jemand, der einen Hund anschreit.
Bill Garretson hatte die Hunde, als die Polizisten sich dem Haus näherten, anschlagen hören und gebrüllt: «Ruhig!» Dann stand er von der Couch im Wohnzimmer auf, wo er sich, wie er aussagte, bald nach Morgengrauen hingelegt und geschlafen hatte. Der neunzehnjährige Garretson, klein von Gestalt, sonnengebräunt, mit halblangem braunem Haar, ohne Hemd, nur mit einer Nadelstreifenhose bekleidet, warf einen Blick durch das Fenster auf die vordere Veranda, und er erblickte einen Polizisten, der sein Gewehr auf ihn angelegt hatte. Der Beamte forderte ihn auf, sich nicht von der Stelle zu rühren. Christopher, der Weimaraner, bellte wütend. Garretson sah einen zweiten Polizisten,

der am Picknicktisch auf der Veranda stand und ebenfalls sein Gewehr auf ihn anlegte. Jetzt wurde es ernst.

Der erste Bulle, Officer De Rosa, stieß mit einem Fußtritt die Haustür auf; der Weimaraner kam angestürmt und biß ihn ins Bein. Sie warfen Garretson in der Veranda zu Boden – seine Hose riß am Knie auf –, bogen ihm die Hände auf den Rücken und legten ihm Handschellen an. Garretson fragte immer wieder: «Was ist denn los? Was ist denn los?» «Was los ist, willst du wissen? Das werden wir dir gleich zeigen.»

Sie führten Garretson an den Handschellen über den Rasen zu Abigail Folger, die dort in ihrem Nachtgewand auf dem Rücken lag. Garretson glaubte, es sei die Haushälterin, so entstellt war die Leiche. Sie führten ihn weiter zu Voityck Frykowski. Garretson wandte den Blick ab von dem nicht identifizierbaren Opfer. Dann führten sie ihn zu dem Ambassador. Er konnte die Leiche nicht identifizieren.

Da er der Meinung war, bei der ersten Leiche habe es sich um die Haushälterin gehandelt, durchfuhr es ihn, als er die lebende Mrs. Chapman am Tor erblickte, in der Obhut eines Officer Gingras. Als er fragte, wer die Tote gewesen sei, wurde ihm irrtümlich gesagt, das sei Mrs. Polanski gewesen.

Die Polizei hatte die Person festgenommen, die vermutlich die Opfer zuletzt lebend und zuerst tot gesehen hatte. Ein klassischer Ermittlungsfall, bei dem es nur darauf ankam, eine Menge Druck auszuüben, bis der Täter oder die Täterin gestand.

Mrs. Chapman und William Garretson wurden von De Rosa und Whisenhunt zur Polizei gebracht, während Burbridge zurückblieb, um den Schauplatz abzusichern. Mrs. Chapman wurde, da sie alle Anzeichen eines hysterischen Anfalls bekundete, zum UCLA Medical Center gefahren, wo sie Beruhigungsmittel erhielt, und dann von Richard Gingras zum Verhör ins Police Headquarter von West Los Angeles gebracht. Der vor sich hin starrende Bill Garretson wurde ins Haftlokal geführt; bald darauf erschien ein Beamter und sagte: «Das ist der Bursche, der die Leute umgebracht hat.»

Angst stellte sich an den Swimmingpools von Los Angeles ein, als an dem heißen Augustmorgen die ersten Nachrichten von den Morden über das Telefonnetz durchsickerten.

Mitarbeiter von Massenmedien, die den Polizeisender abhörten, merkten, daß am Cielo Drive etwas geschehen war. Reporter erfuhren etwas von Schüssen im Benedict Canyon und daß fünf Menschen getötet seien, darunter Jay Sebring. Daraufhin rief einer der Reporter bei Jay Sebring an; am Apparat meldete sich ein Angestellter von Sebring, der sich im Haus aufhielt, um es zu streichen und zu renovieren. Nach dem Anruf des Reporters telefonierte der Angestellte mit John Madden, dem Vizepräsidenten der Sebring International, der seinerseits Sharons Eltern in San Francisco anrief. Mrs. Tate rief am Cielo Drive an. Obwohl die Telefonleitung gekappt war, schien das Rufzeichen zu funktionieren, so daß sie den Eindruck hatte, es sei niemand zu Hause. Das war nicht weiter verwunderlich, Sharon hatte ja die Nacht bei einer Freundin verbringen wollen.

Plötzlich kamen sechs Streifenwagen zum Tor des Anwesens gerast. Dann kamen noch mehr.
Sergeant Klorman, der erste uniformierte leitende Beamte, traf zusammen mit Officer Gingras ein, der Mrs. Chapman zur Polizei gebracht hatte.
Luftaufnahmen, die wenige Minuten nach Ankunft der Polizei gemacht wurden, zeigen, wie es am Haupttor von Reportern wimmelte; keinem wurde gestattet, das Grundstück zu betreten.
Die Reporter bedrängten die ein und aus gehenden Polizeibeamten. Trotz strenger Sicherheitsmaßnahmen hielt es Sergeant Klorman für angebracht, den Reportern über den Zustand der Betten folgendes zu erklären: «Alle Betten, auch die im Gästehaus, scheinen benutzt worden zu sein ... Es sieht wie ein Schlachtfeld aus dort oben.»
Und daraufhin gaben auch die ein und aus gehenden Polizisten Bruchstücke von Informationen preis. Einer der Beamten sagte über den Schauplatz der Morde, es sähe «nach einem Ritus» aus. Dieser Ausspruch bestimmte den Ton der ersten Reportagen über die Morde. Die *Los Angeles Times* kam an diesem Nachmittag mit einer großen Titelgeschichte über ‹Ritualmorde› heraus.
Die Polizisten gaben viele Informationen preis, darunter auch mögliche ‹Lügendetektorschlüssel› – Schlüsselinformationen über Verbrechen, die nur den Verbrechern selbst bekannt sein können, so daß man bei einem Test mit dem Lügendetektor den möglichen Täter danach fragen kann. Solche Informationen sind für diesen Zweck in dem Augenblick, in dem sie veröffentlicht werden, unbrauchbar.
Einer der Beamten erzählte Presseleuten, die Opfer seien ‹hippieartig gekleidet› gewesen. Ein anderer hielt es für angebracht, zu erklären, eines der Opfer habe keine Hose angehabt. Ein dritter meinte, das Ganze sähe nach einem ‹typischen Homosexuellenmord› aus. Unklar ist, was die Reporter oder Polizeibeamten zu der Behauptung veranlaß-

te, Sebring habe eine schwarze Kapuze über dem Kopf gehabt. Immerhin besteht ein großer Unterschied zwischen einem hellen, blutigen Handtuch und einer schwarzen Kapuze.
Überall auf dem Grundstück, selbst auf dem Dach, waren Polizisten tätig, die schabten und scharrten, pinselten und sich Notizen machten. Es sah aus, als habe sich an diesem Tag die Hälfte der Polizeibeamten von Los Angeles am Cielo Drive versammelt. Über vierzig Beamte, darunter der Leiter der Polizei von Beverly Hills, dazu Krankenwagenfahrer und vier amtliche Leichenbeschauer hielten sich auf dem Anwesen auf.
Polizeifotografen machten im Haus und auf dem Grundstück Hunderte von Fotos. Eine der Aufgaben bestand darin, so bald wie möglich so viel wie möglich über die Opfer herauszufinden – insbesondere über eventuelle Feinde und mögliche Tatmotive. Es gab buchstäblich Tausende von Dingen, die gleich erledigt werden mußten. Als erstes sah man in den Brieftaschen und Handtaschen nach, um die Identität der Toten festzustellen.
Gegen 10 Uhr rief die Polizei Sharons Mutter in San Francisco an. Sie wurde kurz und bündig informiert. Von ihr bekamen die Beamten den Namen von Sharons Agenten, William Tennant. Anschließend scheint die Polizei Tennant in seinem Tennisclub ausfindig gemacht zu haben. Er fuhr unverzüglich zum Cielo Drive, wo er, immer noch in seinem Tenniszeug, gegen 12 Uhr mittags eintraf.
Er identifizierte Mrs. Polanski, Miss Folger, Jay Sebring und Mr. Frykowski und verließ sofort danach das Anwesen. Schluchzend und sich krümmend, weigerte er sich, mit den sich am Tor drängenden Reportern zu sprechen. Eine Klatschtante vom Fernsehen fragte ihn, ob es «wirklich Sharon» sei.
«Stellen Sie sich doch nicht so dumm an», war seine gequälte Antwort.
Als Tennant in London anrief, war es dort bereits Abend, und Roman Polanski befand sich in der Wohnung von Victor Lownes, dem Geschäftsführer des Londoner ‹Playboy Club›. Zuerst glaubte Polanski, es sei ein übler Scherz und hängte auf. Das Telefon klingelte wieder. Es war kein Scherz. Der Rest ist Schmerz und Tränen. «Sie war ein so guter Mensch», sagte Polanski immer wieder unter dem ersten Schock.
Vor 10 Uhr traf eine Gruppe von Kriminalbeamten ein. Sie übernahmen die Ermittlung. Ihre Namen – um der historischen Genauigkeit willen –: Lieutenant R. C. Madlock, der Leiter der Mordkommission, sowie Lieutenant J. J. Gregoire, Sergeant F. Gravante und Sergeant T.

L. Rogers. Außerdem befanden sich zahlreiche Streifenbeamte vom Police Department West Los Angeles auf dem Anwesen.
Der Officer Rivera breitete Tücher über die Leichen. Man durchsuchte das Gästehaus nach Waffen, da Garretson zu diesem Zeitpunkt als Hauptverdächtiger galt. Außerdem durchsuchte man alles nach Anzeichen, die auf Raubüberfall oder Plünderung hindeuteten. Man fand keine offenen Schubladen, und an Sebrings Handgelenk war noch seine Tausendfünfhundert-Dollar-Uhr. Man stieg zum Dach hinauf, um festzustellen, wohin die gekappten Kabel führten. Und man fand – östlich neben den blutbefleckten Überseekoffern – die Brille, die mit den Gläsern nach unten lag und deren geöffnete Bügel nach oben ragten.
Der gravierte 45-Kaliber-Revolver, den Polanski von den Schauspielern von ‹Rosemary's Baby› geschenkt bekommen hatte, wurde zur Untersuchung mitgenommen. Ebenfalls nahm man alle Messer mit, um sie nach Blutspuren untersuchen zu lassen.
Als zwischen 10 und 11 Uhr Mr. Raymond Kilgrow von der Telefongesellschaft erschien, drängten sich draußen vor dem spanischen Rohrzaun die Reporter bereits in Scharen. Mr. Kilgrow entdeckte sogleich die vier herabgefallenen Leitungen, die oben, unmittelbar an der Halterung am Pfosten, durchgetrennt worden waren. Er reparierte zwei Telefondrähte und ließ die beiden anderen für die Ermittlung der Polizei unangetastet. Die Polizei wollte wissen, womit die Leitungen durchtrennt worden waren. Mr. Kilgrow untersuchte den Draht und prüfte, womit sie gekappt worden sein konnten.
Später fand Sergeant Varney in der Auffahrt einen Nietenzieher und im Gästehaus eine Zange und eine Blechschere. Man nahm auch diese Werkzeuge zu den möglichen Beweismitteln. Der Beamte durchschnitt mit diesen Werkzeugen das Telefonkabel, um herauszufinden, ob die Schnittflächen die gleichen wären. Das war jedoch nicht der Fall. Von der Leitung mit der ursprünglichen Schnittstelle schnitt man einen halben Meter ab und fügte dieses Stück Kabel dem Beweismaterial zu.
Man forderte von der Special Investigation Division (S. I. D.) in Los Angeles Blutspezialisten an. Um 10 Uhr traf Sergeant Granado ein und nahm von 43 Stellen im Haus und auf dem Grundstück Blutproben. Der Beamte legte vom Schauplatz der Morde eine Art Blutkarte an, die sich bei der Rekonstruktion der Verbrechen als nützlich erwies. Sie entfernten die Flagge vom Sofa, da sie ebenfalls blutbefleckt war. Sie fanden die drei von dem Griff des Wyatt-Earp-Revolvers abgesplitterten Stücke.
Alles war unheimlich: Die blutige Flagge. Die blutigen Fußabdrücke

auf dem Seitenweg, der zur Auffahrt führt. Die blutigen, rosa Bänder, die an der Haustür hingen. Das blutgetränkte, purpurfarbene Halstuch, das bei Frykowski gefunden wurde.
Einer der Polizeibeamten trat in die Blutlachen auf der Veranda und hinterließ drei Schuhabdrücke. Das führte später, als die Polizei versuchte, den Schauplatz zu rekonstruieren, zu Problemen. Man mußte herausfinden, was für eine Art Sohlen die Beamten an den Schuhen gehabt hatten, um mit Sicherheit sagen zu können, daß die Schuhabdrücke tatsächlich von einem Polizeibeamten stammten.
Teil des unlösbaren Rätsels scheint der blutige Abdruck eines Stiefelabsatzes auf der gefliesten Veranda zu bleiben. Er stammt nicht von der Polizei. Von wem aber dann? Offenbar weder von Watson noch von Manson, da sie allem Anschein nach Mokassins getragen haben.
Um die Mittagsstunde übertrug das Police Department von West Los Angeles die Ermittlungen dem Raub- und Morddezernat. Inspector McCauley beauftragte Lieutenant R. J. Helder vom Raub- und Morddezernat Los Angeles mit dem Fall. Lieutenant Helder ernannte zu seinen verantwortlichen Mitarbeitern die Sergeants Michael J. McGann, J. Buckles, E. Henderson, D. Varney und Danny Galindo. Diese Kriminalbeamten erschienen schließlich zwischen 13 Uhr 30 und 15 Uhr 30.
Die Fingerabdruckspezialisten Jerome Boen und Girt kamen um zirka 12 Uhr 30 und machten sich sofort auf die Suche nach Fingerabdrücken. Die Hautleisten oder Papillarlinien der Finger, Handflächen und Fußsohlen dünsten ständig eine ölige, flüssige Substanz aus. Wo immer Oberflächenkontakte stattfinden, entsteht ein Hautleistenabdruck. Von harten, glatten Oberflächen können solche Abdrücke abgenommen werden.
Zunächst wird die Oberfläche mit einem grauen Puder bestreut. Dann wird der Puder fortgebürstet, und an den Hautleistenabdrücken bleiben Puderspuren hängen. Der Abdruck wird dann mit Jod besprüht und mit einem Spezialklebeband auf eine Karte übertragen. Die Fundstellen werden fotografiert.
Zu den Fingerabdruckexperten stießen um 17 Uhr 30 Officer Dorman und der zivile Fingerabdruckexperte Wendell Clements. Bei den Abdrücken, wo der Puder die ‹feuchten Hautleisten› wegen der Schwäche des Abdrucks nicht deutlich genug erkennen ließ, wurde ein anderes Verfahren angewandt. Man sprühte eine jodhaltige Chemikalie auf, und innerhalb von 24 bis 48 Stunden trat der Abdruck klar hervor.
Man fand insgesamt fünfzig Fingerabdrücke. Davon schied man zwei-

undzwanzig aus, drei ließen sich nicht abnehmen und fünfundzwanzig blieben fürs erste unidentifiziert. Mehrere von diesen fünfundzwanzig befanden sich am frisch gestrichenen Fensterbrett des Kinderzimmers, was darauf hindeutete, daß sie vom Nachmittag oder Abend des Mordtags stammten.

Der Chief Medical Examiner vom Bezirk Los Angeles, Dr. Thomas Noguchi, nahm sich der Leichen an. Noguchi gab Weisung, die Toten nicht anzurühren, ehe er und seine drei Assistenten kämen. Das Nylonseil, das Jay Sebring und Sharon Tate verband, wurde auf Anordnung von Noguchi durchtrennt. Später schnitt es die Polizei in mehrere Stükke, um Herkunft, Hersteller und den möglichen Käufer zu ermitteln. Es war alles grausam.

Einer der Assistenten maß die Lebertemperaturen der Opfer, um mit ihrer Hilfe den Zeitpunkt des Todes zu bestimmen. Den Händen der Toten wurden Beutel übergestreift: auf diese Weise sollten möglicherweise vorhandene, vom Kampf mit den Mördern herrührende Haare und Hautteilchen erhalten werden. Die Fahrer der Krankenwagen erschienen mit Rollbahren und brachten die Opfer fort; rosafarbene Totenscheine blieben zurück.

Als Dr. Noguchi beim Verlassen des Grundstücks an den drängelnd fragenden Reportern vorbeikam, erklärte er, er werde am Sonntagmittag, dem 10. August, die Autopsieergebnisse bekanntgeben.

Einige Beamten eilten zu Sebrings Wohnung, um dort nach Beweismaterial zu suchen. Doch waren ihnen offenbar mehrere Freunde von Sebring zuvorgekommen, die alle Schmuggelware aus dem Haus am Easton Drive fortgeschafft hatten.

Sergeant Varney sammelte im Gästehaus und im Haupthaus alle auffindbaren Messer ein. Anschließend fuhr er zu der Wohnung von Abigail Folger und Frykowski in der Woodstock Road, wo er zehn Adressen- und Notizbücher beschlagnahmte, die teils oder allesamt in Polnisch abgefaßt waren. Ebenfalls beschlagnahmt wurden verschiedene persönliche Papiere der beiden Verstorbenen sowie eine Schachtel mit ‹diversen Fotos und Negativen›, wie der Posten Nr. 65 in der polizeilichen Aufstellung der Beweismittel lautet. Hierbei handelt es sich um eine berühmt-berüchtigte Fotosammlung mit erotischen Aufnahmen von einigen der angesehensten Hollywood-Größen.

Später beorderte die Polizei einen Lieferwagen zur Polanski-Villa und schaffte eine Wagenladung von Gegenständen zur Untersuchung ins S. I. D.-Hauptquartier. Einen Großteil davon brachte man offenbar einige Tage später wieder zurück. Man placierte die Gegenstände an ihrem Fundort, um den ursprünglichen Zustand des Schauplatzes wiederherzustellen.

Irgend jemand hob die Brille auf und legte sie auf den Tisch im Foyer. Man gab sie Mrs. Polanskis Vater; er behielt sie zwei Wochen lang und versuchte, ihren Besitzer ausfindig zu machen, der einer der Hauptverdächtigen gewesen wäre.

William Garretson wurde um 16 Uhr im West Los Angeles-Gefängnis «von Ermittlungsbeamten verhört». Man informierte ihn über seine Rechte, und er erklärte sich bereit, ohne Rechtsberater auszusagen. Nach inoffiziellen Angaben der Polizei gab er «stumpfsinnige und ausweichende Antworten auf sachdienliche Fragen». Nach dem Sechzehn-Uhr-Verhör nahm er sich Barry Tarlow, einen Rechtsanwalt in Los Angeles, zum Rechtsberater. Anschließend wurde er ins Parker Center gebracht, das Headquarter der Polizei von Los Angeles, wo man ihn, diesmal im Beisein von Mr. Tarlow, noch einmal verhörte. Das Verhör war ergebnislos. Man einigte sich darauf, daß sich Garretson im Beisein seines Anwalts am Sonntag, dem 10. August, einem Lügendetektortest unterziehen sollte.

Die Polizei richtete auf dem Anwesen für fast zwei Wochen eine Tag- und-Nacht-Wache ein. Die Tierschutzbehörde holte die Hunde und das Kätzchen ab.

Die Polizei suchte nach Rauschgift. Man fand einen halbvollen Beutel mit 26 Gramm Marihuana in einem Schränkchen an der Westwand im Wohnzimmer. In Voityck Frykowskis und Abigail Folgers Zimmer fand man im Nachttisch in einer Schachtel 30 Gramm Haschisch sowie zehn MDA-Pillen. In Sebrings Porsche wurde Kokain und Marihuana gefunden, und in seiner Manteltasche fand man ein Fläschchen, das ebenfalls Koks enthielt.

Steve Parents Leiche blieb zunächst eine Zeitlang unidentifiziert, wurde gewissermaßen übersehen in all der Eile. Einem Reporter am Tor gelang es, das Nummernschild an Parents Ambassador zu lesen; er ermittelte den Besitzer und besorgte sich Parents Adresse. Ein mit Parent befreundeter Geistlicher kam nach Los Angeles und identifizierte den Toten. Steve Parents Eltern erfuhren vom Tod ihres Sohnes offenbar durchs Fernsehen. Aus den Morden wurden inzwischen bereits die ‹Tate-Morde›.

Alles ging seinen Gang. Einige Polizeibeamte sollten drei oder vier Tage lang kein Auge zutun, so intensiv wurden die Ermittlungen vorangetrieben.

Es gab tausenderlei Dinge zu tun. Da waren vom Schmerz überwältigte

Verwandte und Freunde. Da herrschte Angst wie nie zuvor. Unzählige Gerüchte wurden verbreitet. Bekannte der Opfer – manche von ihnen hatten Feinde – fragten sich: «Bin ich der nächste?» Welcher Wahnsinnige mochte es sein, der haßerfüllt im Smog umherschlich?

18
Die zweite Nacht

Als Sadie am nächsten Morgen aufwachte, ging sie in den Trailer und sah sich die Nachrichten an. Sie sah sich sogleich mit Berichten über die Morde konfrontiert. Aufgeregt lief sie hinaus, um Katie, Clem und Tex zu holen, damit auch sie ein paar erregende Schauer genießen konnten. Tex schien befriedigt, als die Namen der Opfer bekanntgegeben wurden, und er machte die Bemerkung: «Diesmal hat die *Seele* eine gute Wahl getroffen.»
Alles auf der Spahn Movie Ranch verlief wie an einem gewöhnlichen Samstag. Die üblichen Wochenendgäste erschienen zum Reiten. Ouish und ein anderes Mädchen hielten sich im Büro am Corral auf und kassierten von den Reitern das Geld. Man fuhr nach Simi hinunter und durchstreifte die Umgebung nach Lebensmittelresten. Ein paar von den Mädchen kümmerten sich um George Spahn. Andere holten eine Ladung Hafer für die Pferde. Einige arbeiteten an den Strand-Buggies und bereiteten sie für den Aufbruch in die Wüste vor. Schlafsackgerangel. Aber trotz der üblichen Arbeit war die Stimmung von Einsilbigkeit geprägt. Maureen, ein junges Mädchen, das von zu Hause durchgebrannt war, hörte, wie Charlie mehrere der Hauptbeteiligten wegen der Schlampigkeit der Morde abkanzelte.
Es war allgemein bekannt, daß man einige Leute als Leichen hatte ins ‹Loch› befördern müssen. Aber nur wenige wußten, wer es getan hatte und wo. Alle gaben sich ruhig und gelassen. Tex lächelte wie immer.
Am Spätnachmittag kam Sadie in Johnny Schwartz' Trailer und wollte die Achtzehn-Uhr-Nachrichten sehen. Gleich nach dem Bericht über die Morde ging sie und meinte: «Wir kriegen sie alle, diese Schweine» – sie bezog sich anscheinend auf den Nachrichtensprecher. Juan Flynn, Barbara Hoyt, Katie, Linda und Tex befanden sich ebenfalls in dem Trailer. Die Killer lachten und schienen den Bericht zu genießen. Barbara Hoyt sagte später aus, sie habe in dem Trailer genügend mitbekommen, um den Fall klären zu können – wenn sie die anderen hätte verpfeifen wollen.
Das Abendessen wurde aus Lebensmittelresten bestritten. Man sang zusammen und rauchte etwas Pot. Dann wurde die Küche aufgeräumt. Linda Kasabian sagte, Gypsy sei vom Wasserfall heruntergekommen und habe davon gesprochen, sie wolle noch mehr Mädchen mit hinübernehmen. Sie gab Linda ein paar Zu Zus – Mansons Ausdruck für Bonbons –, und Linda schob sie in die Tasche, um sie nach der langen,

arbeitsreichen Nacht, die vor ihnen lag, zu lutschen. Eigentlich hatte Linda mit Gypsy zum Wasserfall fahren wollen, doch dann erschien Charlie am Plankenweg und rief sie, Leslie und Katie nach draußen.
Er befahl Linda, sich ihren Führerschein und Kleidung zum Wechseln zu holen. Linda hat behauptet, sie hätte ihn mit ihren Blicken angefleht, er möge sie aus dem Spiel lassen: «Ich blickte ihn an – sah ihm in die Augen – und sagte ihm mit meinen Blicken, daß ich nicht gehen wollte, aber ich hatte Angst, es ihm zu sagen.» Es half nichts.
Charlie forderte die Mädchen auf, sie sollten sich anschließend mit ihm in Danny De Carlos Arbeiterbaracke/Waffenkammer treffen. Dort steckten in einem Mauerschlitz neben der Tür vier Bajonette und das Schwert der Straight Satans. De Carlo war nicht anwesend, als Charlie seinen Jüngern Anweisungen gab. Doch als er später an diesem Abend in die Waffenkammer zurückkam, bemerkte er, daß die Waffen aus dem Mauerschlitz herausgenommen worden waren.
Da waren sie: Tex, Sadie, Clem, Katie, Leslie, Linda und der Hexer. Charlie sagte, sie würden wieder losziehen. Er schien verärgert wegen der schlampigen Arbeit in der vergangenen Nacht. Diesmal werde er die Sache selber in die Hand nehmen und ihnen zeigen, wie man so etwas mache. Vern Plumlee, begierig, an dem Ding mitzudrehen, kam dazu und fragte Charlie, ob sie Hilfe brauchten, doch war im Wagen kein Platz mehr für ihn.
Tex beklagte sich über die mangelhafte Qualität der Waffen, die man in der Nacht zuvor benutzt hatte. So beschlossen sie, die stabilen Bajonette und das Schwert der Straight Satans zu benutzen. Auch diesmal sollten sie in dem gelb-weißen Ford losfahren. Charlie saß mit Linda und Clem auf den Vordersitzen. Leslie saß hinten auf Tex' Schoß, neben Katie und Sadie.
In der Ausfahrt hielten sie noch einmal an. Charlie rief nach Bruce Davis. Ein paar Minuten später kam Bruce aus dem Wald, wo er geschlafen hatte. Charlie stieg aus dem Wagen und redete eine Zeitlang mit Bruce, und Bruce gab ihm Geld zum Tanken. Obgleich sich die Beteiligten nur sehr zögernd über diese zweite Nacht geäußert haben, weiß man doch, daß alle unter LSD standen. Charlie fuhr die Santa Susanna Pass Road hinunter zum Topanga Canyon Boulevard, bog nach rechts ab, fuhr weiter nach Devonshire, wo er sich links hielt. In Devonshire tankten sie, und anschließend setzte sich Linda ans Steuer. Sie gelangten auf den San Diego Freeway und fuhren zum Ventura Freeway. Bei der Fair Oaks-Ausfahrt in Pasadena verließen sie den Ventura Freeway. Die ganze Fahrt über redete Manson ständig ermutigend auf

sie ein.

Die Fahrt, die schließlich beim LaBianca-Haus endete, führte über viele Umwege. Charlie verkündete, er werde sie bei dieser Mission in zwei Dreier-Gruppen aufteilen. Die Straßen von Pasadena hinauf und hinab fuhr der 59er Ford auf der Suche nach einem ruhigen, abgelegenen, geeigneten Ziel. Sie hielten bei einem Haus, und Charlie stieg aus. Er befahl Linda, einmal ums Karree zu fahren, und als sie zurückkam, stand Charlie da und wartete. Er stieg wieder in den Wagen und sagte ihnen, sie sollten abwarten und die Augen offenhalten.

In einer Auffahrt ein paar Häuser weiter stiegen gerade ein rundlicher Herr und eine Dame aus einem Wagen. Charlie sagte, fahr weiter. Er eröffnete ihnen, daß er durch die Fenster Bilder von Kindern gesehen hatte. Irgendwann müßten sie vielleicht auch Kindern etwas antun, doch vorläufig sollten sie noch verschont bleiben. Immer noch in Pasadena, fuhren sie durch ein hügeliges Gebiet, wo größere Häuser standen. Charlie beschloß, sich wieder ans Steuer zu setzen. Er fuhr einen Hügel hinauf und erwog dort oben, in ein zweistöckiges Haus einzusteigen. Doch dann besann er sich wegen der allzu nahen Nachbarhäuser anders. Jemand könnte es hören.

Weiter ging die Mordtour. Wenig später kamen sie an einer Kirche vorbei, und Charlie hielt auf dem gepflasterten Parkplatz davor. Gott, man stelle sich die Schlagzeilen vor. Aber weit und breit war niemand zu sehen. Die Kirche war verschlossen. Charlie stieg wieder in den Wagen.

Er fuhr zum Pasadena Freeway und dann westwärts weiter. Dann wechselte er auf einen anderen Freeway über, der sie zum Sunset Boulevard brachte. Dort ließ er wieder Linda ans Steuer. Sie fuhr in westlicher Richtung, bog in eine unbefestigte Straße am Will Rogers Park ein, nicht weit von Dennis Wilsons Haus aus der guten alten Zeit. Aus Spaß dirigierte Manson Linda durch eine Reihe von Kurven und Abzweigungen, so daß sie am Schluß von den Manövern ganz verwirrt war.

Sie fuhr einen steilen Hügel hinauf und kam vor ein geschlossenes Tor vor einem größeren Besitz. Dann bog sie mehrmals nach links und nach rechts ab, bis sie ein Haus erreichte. Charlie befahl ihr, denselben Weg zurückzufahren. Er drängte sie, sich zu beeilen. Schließlich zeigte er ihr den Weg zum Sunset Boulevard zurück.

Sie fuhren den Sunset Boulevard in östlicher Richtung entlang, dort, wo er sich durch den Brentwood Park schlängelt, und siehe, da entdeckte Manson einen kleinen weißen Sportwagen mit einem jungen Mann am Steuer, der in derselben Richtung fuhr wie sie. Manson befahl Linda:

«Sieh zu, daß du bei der nächsten roten Ampel neben ihm zu stehen kommst.» Charlie schickte sich an, zuzuschlagen.
Er stieg aus dem Wagen. Wollte Satan seine Handschrift auf dem weißen Blech des Sportwagens hinterlassen? Doch der junge Mann hatte Glück, die Ampel schaltete auf Grün, und der Wagen kam davon.
Von nun an schien der Hexer genau zu wissen, wohin es gehen sollte. Ohne Umwege dirigierte er Linda nach Silverlake. Sie fuhr den Sunset Boulevard hinunter, über den Sunset Strip, fuhr entlang an der kilometerlangen Reihe greller Reklametafeln, die für die neuesten Rock'n'Roll-Platten warben, passierte die Vorberge von Dope-Land.
Genau am Süden des Griffith Park gelangten sie in den Los Feliz-Bezirk, wo sie auf der anderen Straßenseite gegenüber der Wagenauffahrt vor dem Haus von Leno und Rosemary LaBianca hielten. Sadie und Linda erkannten das Haus rechts neben der LaBianca-Villa wieder. Linda sagte bei dem Prozeß aus, daß sie dort im Sommer der Rassenunruhen in Chicago eine Peyotl-Fruchtbowle getrunken hatte. Damals hatte Harold True in dem Haus gewohnt.
Laut ihrer Zeugenaussage sagte Linda: «Charlie, ich bin da schon mal gewesen. Du willst dir doch nicht dieses Haus vorknöpfen, oder?»
Laut Linda sagte Manson darauf: «Nein, das Nachbarhaus.»
Charlie stieg aus dem Wagen, nahm eine der Waffen und schlich die steile Auffahrt hinauf. Zwei Lederriemen hingen ihm um den Hals. Im Wagen zündete sich Linda eine Pall Mall King Size an, die sie herumgehen ließen, während sie auf die Rückkehr der *Seele* warteten.
Am 5. August waren Mr. und Mrs. Leno LaBianca zur Wohnung von Lenos Mutter, Corina LaBianca, gefahren; sie hatten ihr Schnellboot geholt, das sie dort in der Garage abzustellen pflegten. Sie fuhren mit dem Boot nordwärts zum Lake Isabella, wo ihr sechzehnjähriger Sohn, Frank Struthers, bei Freunden der Familie zu Besuch war. Sie ließen das Boot für Frank dort und kehrten nach Los Angeles zurück.
Am Samstag, dem 9. August, fuhren die LaBiancas zusammen mit Rosemarys attraktiver, einundzwanzigjähriger Tochter, Susan Struthers, wieder zum Lake Isabella. Sie wollten die Familie Saffie besuchen, bei der Frank wohnte, und dann mit ihm und dem Boot nach Los Angeles zurückfahren. Sie verbrachten den Tag am See, aßen dort zu Abend und machten sich für die Heimfahrt fertig. Frank Struthers wurde von seinem jungen Freund Jim Saffie gebeten, bis zum Sonntag zu bleiben. Die Eltern waren einverstanden, und Susan Struthers und die LaBiancas verließen das Haus der Saffies am Lake Isabella gegen 21 Uhr. Sie fuh-

ren einen grünen Thunderbird (1968); das Wasserskiboot hatten sie auf einen Hänger gepackt.

Sie fuhren direkt nach Los Angeles. Um 1 Uhr früh setzten sie Susan an ihrer Wohnung im Block 4600 des Greenwood Place ab. Von dort war es bis zu ihrem eigenen Haus nicht mehr weit. Kurz nach 1 Uhr bemerkte John Fokianos, der in der Nähe vom LaBianca-Haus, an der Kreuzung Hillhurst und Franklin Avenue, einen Zeitungsstand hatte, den grünen Thunderbird mit dem Bootsanhänger, der auf der Franklin Avenue ostwärts fuhr. Der Wagen bog in die Standard-Tankstelle ein, wendete dort und hielt anschließend neben Fokianos' Zeitungskiosk.

Die LaBiancas blieben im Wagen. Leno kaufte die Sonntagsausgabe des *Herald-Examiner* und des *National Daily Reporter*, ein Pferdewettblatt. Rosemary LaBianca sprach davon, daß sie sich für den Mord an Sharon Tate und den anderen interessiere; daraufhin gab ihr Fokianos eine Sonntagsnummer der *Los Angeles Times*, die auf der ersten Seite über ‹Ritualmorde› berichtete.

Sie unterhielten sich mehrere Minuten lang über die Morde und waren entsetzt über die grausigen Einzelheiten. «Sie wirkte ziemlich betroffen», erzählte Fokianos später Reportern. Vom Zeitungsstand fuhren Mr. und Mrs. LaBianca nach Hause, wo sie den Wagen mit dem Bootsanhänger am Waverly Drive, an der Westseite des Hauses, parkten.

Das weiße, einstöckige Haus am Waverly Drive Nr. 3301 liegt in einer ruhigen, bürgerlichen Wohngegend, nicht weit vom Griffith Park entfernt. Das Haus, das früher einmal, wie United Press International berichtete, Walt Disney gehört hat, war einige Jahre lang im Besitz von Lenos Mutter gewesen. Leono hatte eine Zeitlang in dem Haus gelebt, war jedoch 1959, als er Rosemary heiratete, ausgezogen. 1968 erwarben Leno und Rosemary das Haus von Lenos Mutter, Mrs. LaBianca. Im November 1968 bezogen sie die Villa, zusammen mit Frank Struthers, Rosemarys Sohn aus einer früheren Ehe.

Westlich von der LaBianca-Villa befand sich der frühere Besitz von Troy Donahue, dem einstigen Filmstar. Nach Norden hin zog sich ein unbebauter Hügel. An der Ostseite, am Waverly Drive Nr. 3267, lag das geräumige Haus, das vom September 1967 bis zum September 1968 Freunde von Charles Manson gemietet hatten. Die drei Mieter waren Harold True, Ernest Baltzell und Allen Swerdloff gewesen. In diesem Haus hatten einige Mitglieder der Family im Sommer zuvor einen LSD-Gruppentrip mitgemacht.

Leno LaBianca war Hauptaktionär der State Wholesale Grocery Company, ein Unternehmen, zu dem die Gateway-Lebensmittel-Supermarkt-Kette gehörte. Die Firma war von seinem verstorbenen Vater gegründet worden, und Leno hatte das Unternehmen zu weiterem Erfolg geführt. Leno LaBianca besaß ausgedehnte Besitzungen in Kalifornien und Nevada. Er war Eigentümer der Arnel Stables und besaß neun reinrassige Rennpferde, darunter Kildare Lady, eine Stute von einiger Berühmtheit. Er war Mitglied des Aufsichtsrats der vom Pech verfolgten Hollywood National Bank gewesen. Er hinterließ unter anderem mehrere Lebensversicherungen im Wert von insgesamt 100 000 Dollar.

Er war ein großer Münzensammler und besaß zeitweilig seltene Münzen im Wert von 10 000 bis 20 000 Dollar. Als er starb, hatte er 400 Dollar in prägefrischen Fünf-Cent-Stücken im Kofferraum seines Thunderbird. Er stand gerade in Verhandlungen wegen des Erwerbs einer Ranch in Vista (California) für 127 000 Dollar. Obwohl seine Vermögensverhältnisse schwer durchschaubar waren, läßt sich doch eines mit Bestimmtheit sagen: Mr. LaBianca war reich. Leno war ein leidenschaftlicher Spieler und besuchte häufig Pferderennen. Wenn er wettete, tat er es stets im großen Stil – oft verwettete er an einem einzigen Tag bis zu 500 Dollar. Aus irgendeinem Grund wurde das Telefon der LaBiancas abgehört. Das wurde bekannt, da am Tag vor den Morden der Störungsdienst wegen einer Störung in der Leitung benachrichtigt worden war und der Mechaniker die Zapfstelle entdeckt hatte. Man nimmt an, daß das Telefon abgehört wurde, weil Mr. LaBianca vielleicht gelegentlich die Dienste eines berühmten Buchmachers in Anspruch nahm, der als ‹The Phantom› bekannt war und etwas weiter unten in der Straße wohnte.

Leno LaBianca war erst 44 Jahre alt.

Rosemary LaBianca war 38 Jahre alt. Sie war Mitinhaberin eines florienden Geschäfts für Bekleidungs- und Geschenkartikel, der Boutique Carriage, die in North Figueroa Nr. 2625 im Gateway-Einkaufszentrum lag, das ihrem Mann gehörte. Sie selbst war eine erfolgreiche Geschäftsfrau und spekulierte mit Aktien und Vermögenswerten. Sie hinterließ ihren Kindern ein Vermögen im Wert von schätzungsweise 2 600 000 Dollar.

Um einem Diebstahl vorzubeugen, nahmen sie die Wasserski aus dem Boot und trugen sie zum Hintereingang des Hauses, wo sie sie an den Kotflügel von Mrs. LaBiancas Thunderbird (1955) lehnten, der bei der Garage stand. Im Haus legte Mrs. LaBianca ihre Handtasche auf die Hausbar im Eßzimmer. Sie ging ins Schlafzimmer, schlug die Bettdecken zurück und schickte sich an, zu Bett zu gehen.

Einige Minuten später saß Leno im Pyjama bei einer Dose Bier an der Südseite des Wohnzimmers, wo er im Sportteil des *Herald-Examiner* und in dem Rennblatt blätterte. Der andere Teil der Zeitung und seine Lesebrille lagen auf dem Tisch vor dem L-förmigen Sofa, auf dem er saß.

Die Gruselgeister kamen. Er blickte auf und sah vor sich einen kleinen, behaarten Weißen, der einen schwarzen Rollkragenpullover, eine Monteurhose und Mokassins trug und eine Machete schwenkte. Charlie sagte zu Leno: «Rühr dich nicht, setz dich wieder und verhalte dich ruhig.» Er fand Mrs. LaBianca im Schlafzimmer. Er befahl beiden aufzustehen und fesselte sie Rücken an Rücken mit den zwei über einen Meter langen Lederriemen, die er um den Hals trug, aneinander. Er erklärte ihnen, alles sei in Ordnung und es würde ihnen nichts passieren. Er ließ sie sich auf das Sofa setzen, dann ging er zu der Hausbar, holte aus Mrs. LaBiancas Handtasche die Geldbörse heraus und ging zur Haustür hinaus, ohne sie zu schließen.

Linda Kasabian hatte eben ihre Pall Mall-Zigarette zu Ende geraucht, als Charlie die Auffahrt herunter zum Wagen kam. Er hatte sich im Haus nicht länger als fünf Minuten aufgehalten.

Sadie behauptete später, daß sie, als Charlie sie ansah, ihn mit ihren Blicken angefleht habe, er möge ihr diese Mission ersparen, und Charlie hätte ihre Gedanken lesen können und genau gewußt, daß sie es nicht tun wollte. Auch Linda hat mehrere Male behauptet, sie habe Charlie in stummen ‹Vibrations› mitgeteilt, er möge sie nicht in die Mörder-Gang einbeziehen.

Charlie forderte Tex, Leslie und Katie auf, auszusteigen und gab ihnen einige letzte Anweisungen. Die im Wagen Zurückgebliebenen konnten nur einen Teil seiner Befehle verstehen. Er sagte ihnen, es befänden sich zwei Leute im Haus und er habe sie gefesselt. Die Leute verhielten sich ruhig, und sie sollten ihnen keine Angst einjagen. Dann sollten sie sie töten. Anschließend sollten sie per Autostop zur Ranch zurückkehren. Katie sollte sich ins Wasserfallager begeben.

Charlie öffnete die Tür, Linda rutschte auf den Beifahrersitz, und er stieg ein und gab ihr Rosemarys Geldbörse. Er ließ den Motor an und fuhr mit der zweiten Hälfte seiner Crew davon.

Die anderen gingen mit ihren Sachen zum Umziehen in das Haus. Als sie von der Eingangshalle in das Wohnzimmer traten, sahen sie das entsetzte Paar. Sie gingen in die Küche, um sich die Waffen auszusuchen. Aus einer Schublade nahmen sie eine 25 Zentimeter lange, zweizinkige Fleischgabel mit weißem Griff, die zu einem Set gehörte, sowie ein 20

Zentimeter langes, gezacktes Messer mit Holzgriff. Sie ließen die Küchenjalousien herunter, damit man sie von draußen nicht sah. Alles war ruhig. Kein Wort fiel über den *Teufel*.

Katie und Leslie banden Rosemary LaBianca los und brachten sie ins Schlafzimmer; dort legten sie sie mit dem Gesicht nach unten auf das Bett. Sie trug ein kurzes Nachthemd, darüber einen Morgenrock. Sie zogen von einem der Kissen den Bezug ab und streiften ihn ihr über den Kopf. Dann zogen sie einen Stecker heraus und banden das Kabel um ihren Hals. Es war das Kabel einer schweren Bettlampe, die mit einer zweiten Bettlampe verbunden war. Sie schlugen das Ende des Kabels zu einem Knoten. Es sei alles in Ordnung, sagten sie zu ihr.

Tex stieß Leno LaBianca auf das Sofa, riß das Oberteil seines Pyjamas auf und entblößte den schweren Leib des Geschäftsmannes. Sergeant Danny Galindo von der Mordkommission sollte am nächsten Abend einen abgerissenen Knopf in einem Knopfloch des Pyjamas finden. Tex Watson stach auf ihn ein, und Leno, die Hände auf den Rücken gefesselt, wand sich und schrie und brüllte. Er stürzte vom Sofa und schlug gegen den Tisch; die Bierdose und die Zeitungen fielen zu Boden. Blut bedeckte die Kissen.

Er lag auf dem Rücken und Tex hatte ihn unter sich und schnitt ihm viermal die Kehle durch; dann ließ er das gezackte Messer tief darin stecken. Er versetzte ihm vier Stiche in den Unterleib, die den Dickdarm trafen – jeder Stich eine tödliche Wunde. Leno verblutete. Das Sofakissen, das Tex ihm, um seine Schreie zu ersticken, aufs Gesicht preßte, tat ein übriges.

Als Mr. LaBianca das erste Mal aufschrie, fing Mrs. LaBianca an zu kämpfen. Sie fiel auf den Boden, das Kabel straffte sich und die Lampe kippte um. Immer und immer wieder schrie sie: «Was tut ihr meinem Mann?»

Später, als alle zur Spahn Movie Ranch zurückgekehrt waren, ließ sich Sadie von Katie sofort berichten, was sich im Haus der LaBiancas abgespielt hatte. Zu den Schreien meinte Katie: «Das ist das, was sie in die Unendlichkeit mitnehmen wird.» Sadie stimmte ihr zu.

Leslie hielt Rosemary LaBianca, und Katie stach zu. Sie kroch ungefähr einen halben Meter weit, die Lampenschnur um den Hals und zog die schwere Lampe hinter sich her. Ihre Wirbelsäule wurde durchtrennt, und gelähmt lag sie auf dem Gesicht, parallel zu dem Bett und Frisiertisch.

Tex verließ den sterbenden LaBianca und eilte den Mädchen zu Hilfe. Einundvierzigmal verwundeten sie Rosemary LaBianca, zumeist am

Rücken; drei Wunden befanden sich in der Brustgegend. Der Rücken wies ferner drei streifenförmige Hautabschürfungen auf, die von einem stumpfen Instrument, möglicherweise dem elektrischen Stecker, herrührten. Die Stichwunden waren ihr alle mit demselben Messer beigebracht worden.

Sie zogen ihr das Nachthemd und den Morgenmantel über die Schultern und den Kopf und entblößten ihren Rücken und ihr Gesäß. Leslie hatte sich an allem nicht beteiligt.

Tex wollte, daß auch Leslie zustach. Auch Katie wollte es. Leslie zögerte, aber sie drängten immer weiter auf sie ein. Sie versetzte ihr einen Messerstich in das Gesäß. Und dann stach sie wieder und wieder zu – sechzehnmal. Später sollte die Neunzehnjährige aus Cedar Falls (Iowa) Gedichte darüber schreiben.

Sie waren tot. Es war an der Zeit, der Welt einige Zeichen zu hinterlassen. Tex nahm das Bajonett – möglicherweise verwendete er auch die beiden metallenen Dorne des Steckers – und ritzte einige Kratzer in Leno LaBiancas Körper, die vom Nabel zur Brust führten und aus der Entfernung aussahen wie eine Reihe sich überschneidender X. Aus der Nähe betrachtet verwandelte sich diese Bajonettkeilschrift jedoch in das Wort *WAR*.

Um hinter den anderen nicht zurückzustehen, nahm Katie die Tranchiergabel und stach damit auf beide Körper ein. Sieben Doppelstiche versetzte sie LaBianca in den Unterleib. Dann ließ sie die Gabel in der Nabelgegend tief in seinem Körper stecken. Katie sagte später, sie sei fasziniert gewesen von der Gabel, wie sie da aus LaBiancas Bauch ragte, und sie hätte ihr einen kleinen Stoß gegeben, so daß sie vibrierte.

Ein Messer in der Kehle, eine Gabel im Bauch, Wahnsinnstaten, auf wahnsinnige Weise inspiriert von dem Beatles-Song ‹Piggies›: «*You can see them out for dinner with their piggie wives, clutching forks and knives to eat their bacon*» (Du kannst sie beim Essen sitzen sehen mit ihren Piggie-Frauen, wie sie Gabeln und Messer umklammern und sich über ihren Speck hermachen).

Sie nahmen die weiße Leitungsschnur einer massiven Stehlampe am Sofa, banden sie ihm um den Hals und schlangen sie zu einem Knoten. Sie legten ihm das kleine Kissen auf das Gesicht. Dann zogen sie einen Kissenbezug, den sie aus dem Schlafzimmer holten, über seinen Kopf und das Kissen. Sie ließen ihn auf dem Rücken liegen, so daß das Wort *WAR* und die Gabel gleich ins Auge fielen.

Dann bemalten sie die Wände. Sie nahmen einen langen, schmalen Wandteppich gegenüber der Tür von der Nordwand ab und legten ihn auf den Boden. Mit Leno LaBiancas Blut schrieben sie für jeden, der hereinkam, sofort sichtbar, *DEATH TO PIGS* (Tod den Schweinen) an die Wand. Später, als Sadie sich von Katie berichten ließ, erzählte Katie, sie habe Bilder von Kindern im Haus gesehen. Katie sagte, sie habe sich ausgemalt, daß die Kinder am Sonntag wahrscheinlich zum Mittagessen kommen und die Leichen finden würden.

An der Südwand des Wohnzimmers, gleich links von der Haustür, schrieben sie in zwei Meter Höhe, über ein Gemälde, das Worte *RISE* (Erhebe dich). Sie falteten ein Stück Papier und benutzten es als Blutpinsel. Dieser ‹Pinsel› wurde, blutig und an einem Ende ausgefranst, im Eßzimmer gefunden.

In der Küche bemalte Katie die Doppeltür des Kühlschranks. Sie wollte HELTER SKELTER darauf schreiben, doch unterlief ihr dabei ein psychologischer Fehler: sie schrieb HEALTER SKELTER.

Leslie beseitigte im Haus die Abdrücke und ließ sich Zeit dabei; sie wischte alle Oberflächen ab, die sie berührt hatten, so daß die Polizei keine Spuren von der Family fand. Anschließend nahmen sie zusammen im nach hinten hinaus gelegenen Badezimmer ein Duschbad und wechselten ihre Kleider.

Sie gingen in die Küche. Mann, waren sie hungrig! Doch zuerst gaben die Mädchen den Hunden zu fressen. Sie tätschelten die drei Hunde, die das Massaker stumm mitangesehen und die blutigen Hände der Mörder geleckt hatten. Dann, nachdem sie im Kühlschrank einige Lebensmittelvorräte gefunden hatten, aßen die menschlichen Wesen. Sie warfen die Schale einer Wassermelone in den Spülstein, und dann entdeckten sie Schokoladenmilch, die sie tranken und mitnahmen, als sie durch die an der Ostseite des Hauses gelegene Tür, die sie angelehnt ließen, ins Freie traten. Mit ihren blutigen Kleidern unter dem Arm gingen sie, die Schokoladenmilch trinkend, den Hügel hinab.

Die kostspielige Filmausrüstung, die Diamantenringe, die Gewehre, die Schrotflinten, die wertvollen Münzen – nichts davon war angetastet worden. Leslie Van Houten scheint einen Beutel mitgenommen zu haben, der seltene amerikanische und ausländische Münzen im Wert von ungefähr 25 Dollar enthielt. Diese Münzen sortierte sie später auf der Ranch.

Die Kleidungsstücke warfen sie ein paar Straßen weiter in eine Mülltonne. Zu Fuß gingen sie bis zum Golden State Freeway. Sie fanden eine Auffahrt und wurden von einem Wagen vom Griffith Park bis zur Santa Susanna Pass Road bei der Ranch mitgenommen. Der Fahrer kannte die Spahn Movie Ranch, und er fragte die drei sogar, ob sie vielleicht dorthin wollten. O nein, sagten sie. Wer der Fahrer war, ist einigen Leuten zwar bekannt, doch die Polizei hat es nicht ermitteln können.

In der Zwischenzeit war das zweite Killertrio in dem gelb-weißen Ford davongefahren. Nachdem Manson ihr die Geldbörse gegeben hatte, zog Linda Kasabian die Kreditkarten heraus, ihr Blick fiel auf die Kennkarte – Rosemary und irgendein italienischer Nachname.
Sie fuhren den Golden State Freeway ein größeres Stück entlang und dann hinunter ins Tal nach Sylmar, dort bogen sie in den Encinatus Boulevard ein. Sie hielten bei einer Standard-Tankstelle, und Linda Kasabian ging in die Damentoilette, um Mrs. LaBiancas Geldbörse loszuwerden. Sie warf sie in den Wasserbehälter über dem Spülmechanismus; dort blieb sie vier Monate liegen, obwohl alle Tankstellen polizeilich verpflichtet sind, das Waschblau in den Toiletten einmal pro Tag zu erneuern.
Als Linda zurückkam, war Charlie ungehalten darüber, daß sie die Geldbörse an einem so zweifelhaften Ort wie dem Wasserbehälter versteckt hatte. Sie fuhren zu einem Strand südlich von Venice, nahe bei einigen Öltanks, wo sie den Wagen auf einem Hügel abstellten. Manson und Linda und Sadie und Clem stiegen aus. Hand in Hand gingen die jungen Mütter mit Clem und Charlie zum Strand hinunter.
Laut Linda Kasabian fragte Manson sie am Strand, ob sie und Sandy in dieser Gegend nicht irgendein *pig* kennengelernt hätten. Manson dagegen behauptete, Linda alias Yana die Hexe habe verkündet, sie wolle in Venice irgendein ‹fettes Schwein› fertigmachen; daraufhin erklärte er sich angeblich bereit, sie hinzufahren, doch hatte sie keine Waffe.
Es handelte sich um den Schauspieler Saladin Nader, den Sandy Good und Linda einige Tage zuvor an der Topanga Beach kennengelernt hatten. Er hatte in dem Film über die Jugend des Dichters Kahlil Gibran mitgespielt. Mr. Nader wohnte im fünften Stock des Hauses Nr. 1101 in der Ocean Front Street, in der Nähe des Beach House Market in Venice.
Von jenem Strand südlich von Venice fuhren die vier zur Ocean Front. Als sie ankamen, erklärte sich Linda bereit, Manson Naders Wohnung zu zeigen. Sie hat ausgesagt, sie habe Charlie in das Stockwerk unter Naders Wohnung geführt und ihm eine falsche Tür gezeigt, anscheinend, um Nader zu retten. Dann seien sie wieder ins Erdgeschoß hinuntergegangen.
Clem oder jemand anderes aus dem Terzett suchte einen Biker auf, von dem er sich einen Revolver borgte.

«Wenn irgendwas schiefgeht, laß die Sache sausen», sagte Charlie.
Manson befahl Linda Kasabian, an die Tür zu klopfen, während Sadie und Clem unten im Hauseingang warten sollten. Wenn es ihr gelang, in die Wohnung einzudringen, sollten sie alle losspringen und killen. Charlie gab ihr ein Taschenmesser und zeigte ihr, wie man einem Menschen die Kehle durchschneidet.
Dann stieg Exterminans in den 59er Ford und fuhr offenbar zurück zur Spahn Movie Ranch.
Linda Kasabian, die im zweiten Monat schwanger war und insgeheim bereits beschlossen hatte, Nader zu retten, führte Clem und Sadie zu einer Wohnung, die ein Stockwerk tiefer lag. Auch dort scheint sie den Bewohner des Apartments bewußt verschont zu haben. Sie klopfte an die Tür, die jemand einen Spaltbreit öffnete. Linda Kasabian entschuldigte sich und sagte, sie habe sich in der Wohnung geirrt. So wurde nichts aus dieser Mission.
Sie gingen den Strand entlang. Sadie ging bei einer Pier in eine Damentoilette. Clem scheint den Revolver in einem Sandhaufen oder bei einer Pier vergraben zu haben. Dann fuhren sie per Autostop auf dem Pacific Coast Highway nach Norden. Jemand nahm sie mit bis zur Mündung des Topanga Canyon.
Anschließend suchten sie ein Haus neben einem Laden auf, den man unter dem Namen Malibu Feed Bin kennt. Sie gingen hinein, saßen eine Weile im Wohnzimmer herum und rauchten einen Joint. Dann machten sich Sadie, Linda und Clem wieder auf den Weg, um per Autostop zur Ranch zurückzukehren. Ein zweiter Wagen nahm sie mit. Sie fuhren mit ihm den Topanga Canyon hinauf und jenseits ins Tal hinab.
Ein dritter Wagen nahm sie mit: sie fuhren den Topanga Canyon Boulevard hinauf, durch Chatsworth, und an der Santa Susanna Pass Road stiegen Linda und Clem aus. Bei dieser dritten Fahrt sangen Sadie und Clem Bruchstücke aus George Harrisons Song ‹Piggies›.
Sadie ließ sich etwas weiter oben absetzen, an der Straße, die hinten herum zum Wasserfallager führt. Dort unterhielten sie und Katie sich über die Einzelheiten der zweiten Schreckensnacht.

3
Die Ergreifung Mansons

16. August 1969 bis 1. Dezember 1969

19
Die Suche

Die Ermittlungen der Polizei waren äußerst kompliziert und erwiesen sich zu einem großen Teil als ein Labyrinth von Sackgassen und langwieriger Kleinarbeit. Die ganze Polanski-Villa, einschließlich der Papierkörbe, mußte nach Material untersucht werden. Adreßbücher, persönliche Unterlagen, Haus und Garten, alles wurde nach Hinweisen auf mögliche Feinde durchforscht. Die Polizei durchkämmte die buschbewachsenen Abhänge des Benedict Canyon auf der Suche nach den Mordwaffen. Andere Beamte versuchten den Revolvertyp zu ermitteln, zu dem die blutigen Revolvergriffsplitter aus Walnußholz, die man im Haus gefunden hatte, paßten. Ungefähr zwei Wochen lang stand das Anwesen am Cielo Drive unter ständiger Polizeiaufsicht.
Am Sonntag, dem 10. August, überwachte Dr. Thomas Noguchi, der ärztliche Leichenbeschauer des Bezirks Los Angeles, die Autopsien; er selbst übernahm die Autopsie Sharon Tates. Mehrere Kriminalbeamte waren zugegen, darunter auch einer der Beamten vom Sheriff's Office, die in Sachen Hinman ermittelten. Er wandte sich an die mit den Polanski-Morden befaßten Beamten und wies sie auf Ähnlichkeiten zwischen den Umständen der beiden Morde hin, auf die mit Blut geschriebenen Inschriften, die Messerwunden usw. Doch die Beamten, die im Tate-Fall ermittelten, hielten diese Übereinstimmungen für unerheblich, zumal ein der Ermordung Hinmans dringend Verdächtiger zu dem Zeitpunkt, als die Morde in der Polanski-Villa begangen wurden, bereits verhaftet worden war.
In Presseberichten über die Ergebnisse der Autopsien wurde hervorgehoben, daß Sharon Tates Baby völlig normal ausgebildet war; offenbar wollte man damit möglichen Spekulationen im Zusammenhang mit einem der Filme Polanskis vorbeugen. In amerikanischen Blättern waren die wildesten Behauptungen über den physischen Zustand der Verstorbenen veröffentlicht worden, die auf ungenauen, vermutlich von einem Mitarbeiter des amtlichen Leichenbeschauers stammenden Informationen beruhten. In der ganzen Welt spekulierte man in Zeitungsartikeln und Rundfunksendungen über die Umstände der Verbrechen und die Verhältnisse, in denen die Verstorbenen gelebt hatten. In Los Angeles drängten sich vor den zuständigen Polizeidienststellen die auf neue Nachrichten wartenden Reporter.
Da alles, was irgendein Beamter äußerte, sofort veröffentlicht wurde, war Vorsicht geboten. Am Sonntag gab Lieutenant Robert J. Helder,

der leitende Ermittlungsbeamte, bei einer Pressekonferenz bekannt, daß man sich bei den Bemühungen, den Mörder beziehungsweise die Mörder aufzuspüren, nunmehr auf den Bekanntenkreis des kleinen, schmächtigen Hausverwalters William Garretson konzentriere. Sergeant Buckles erklärte später, die Kriminalbeamten seien «nicht ganz überzeugt» von Garretsons Antworten auf ihre Fragen. Am Nachmittag wurde Garretson im Beisein seines Anwalts Barry Tarlow einem einstündigen Test mit dem Lügendetektor unterzogen.
Lieutenant A. H. Burdick von der wissenschaftlichen Ermittlungsabteilung der Polizei von Los Angeles leitete das Verhör, das am 10. August um 16 Uhr 25 im Parker Center stattfand. Die Ermittlungsbeamten hatten erklärt, Garretson reagiere «stumpfsinnig und vage», so als stünde er unter dem Einfluß eines Narkotikums. Bei dem Verhör am Lügendetektor wirkte er immer noch verwirrt und schien unfähig, sich an irgend etwas zu erinnern.
Garretson äußerte sich nur höchst vage über das, was sich am Abend der Morde auf dem Anwesen am Cielo Drive zugetragen hatte. Aus dem Verhör am Lügendetektor ging hervor, daß offenbar, unmittelbar bevor er sich auf den Weg zum Sunset Strip machte, wo er etwas zu essen kaufte, jemand auf dem Anwesen eingetroffen war. Hier seine Worte: «Und so blieb ich den ganzen Freitag, den 8. August, zu Hause, und ich machte im Haus ein bißchen sauber und wusch das Geschirr ab und so, und sie kamen gegen halbneun, neun oder so. Und ich machte mich auf den Weg, etwas zu essen zu holen, und zog zum Strip hinunter; ich hatte da unten was, und ich konnte das Licht von ihr sehen den ganzen Weg hinunter vom Cielo Drive – nein, nicht Cielo, sondern Benedict Canyon, den ganzen Weg hinunter zum Strip.»
Wer waren ‹sie›, die gegen 20 Uhr 30 kamen? Die Opfer, die von ihrem Abendessen im ‹El Coyote› zurückkehrten? Oder Gäste? Noch unbestimmter drückte sich Garretson über das aus, was er tat, während die Morde begangen wurden. Bei dem Prozeß sagte er aus, er habe in dieser Zeit einen Brief an einen Freund namens Darryl geschrieben und The Doors und eine Platte von Mama Cass gehört. Bei dem Verhör am Lügendetektor gab er zu, es könnte sein, daß er das Gästehaus durch den Hintereingang verlassen habe. Dieser Hinterhof ist vom Haupthaus und vom übrigen Grundstück aus nicht einzusehen, vielleicht hat Garretson sich also dort versteckt. Trotz mancher Widersprüche entsprachen seine Unschuldsbeteuerungen dem Lügendetektor nach der Wahrheit, folglich wurde er aus dem Kreis der Verdächtigen ausgesondert. Allerdings ist der Fall William Garretson damit bei weitem nicht

geklärt. Es bleibt die Möglichkeit, daß er hypnotisiert, unter Drogen gesetzt und so als ‹Sündenbock› an der Mordstätte zurückgelassen wurde.

Steve Brandt, ehemaliger Presseagent von Miss Tate und Klatschkolumnist der Zeitschrift *Photoplay*, traf am Sonntag, dem 10. August, aus New York ein, wo er im Auftrag seines Blattes zu tun gehabt hatte. Er wurde wiederholt vernommen und lieferte, laut Berichten aus jener Zeit, «umfangreiche Informationen» über Sharon Tate und über ihren Freundeskreis sowie über Dope und über Frykowskis zehntägiges Meskalinexperiment. Mr. Brandt war Trauzeuge gewesen, als Mr. und Mrs. Polanski 1968 in London geheiratet hatten.

Freunde der Verstorbenen kamen per Flugzeug nach Los Angeles, und manche von ihnen wurden vernommen und dem Test durch den Lügendetektor unterzogen. Rudy Altobelli traf, von Europa kommend, am Sonntagabend ein. Da das Anwesen am Cielo Drive abgesperrt war, ging er in ein Hotel. Auch er wurde von der Polizei verhört. Man fragte ihn nach der Party im März, bei der Roman Polanski jemanden vor die Tür gesetzt hatte. Anfangs hatte man vermutet, das ‹PIG› an der Haustür bedeute ‹PIC›, und das war der Spitzname einer der Personen, die bei der Party hinausgeworfen worden waren. Man fragte ihn auch nach dem Verhältnis zwischen Mr. und Mrs. Polanski. Beim Prozeß wurde Rudy Altobelli die Frage gestellt, wann er zuerst für möglich gehalten habe, daß Manson der Verantwortliche für die Morde sein könne. Altobelli erwiderte, er habe Manson schon auf dem Rückflug in die Vereinigten Staaten, gleich nach den Morden, als Verdächtigen in Betracht gezogen. Er habe es der Polizei von sich aus nicht mitgeteilt, erklärte er, weil er nicht danach gefragt worden sei.

Einige Zeit später, ebenfalls am Sonntagabend, traf Roman Polanski auf dem International Airport in Los Angeles ein und kam schweigend durch den Zoll, als die Reporter mit Blitzlicht und Mikrofonen auf ihn eindrangen. Sein Freund und Geschäftspartner Gene Gutowski verlas vor der Presse eine kurze Erklärung, die Stellung nahm gegen sensationell aufgemachte Gerüchte von Ritualen, Ehestreitigkeiten und so weiter, wie sie von Presse, Funk und Fernsehen in Europa und Amerika verbreitet worden seien. Roman Polanski zog sich sofort in ein Apartment auf dem Gelände der Paramount-Studios zurück.

Am späten Sonntagabend fand die Polizei Polanskis roten Ferrari (1967), Zulassungsnummer VAM 559, in einer Karosseriewerkstatt, in die er zur Instandsetzung gebracht worden war. Die Möglichkeit, daß er von einem Raubmörder als Fluchtwagen benutzt worden war, entfiel

damit. Um diese Zeit etwa rief der Maler Witold K. von einer Telefonzelle in Los Angeles aus einen Freund in New York an; er sprach sehr nervös, in polnischer Sprache, und sagte, er wisse, wer die Mörder seien, und er habe Angst.
Freunde in New York riefen daraufhin einen Reporter der *New York Times* in Los Angeles an und setzten ihn davon in Kenntnis. Der Reporter wiederum rief bei der Polizei an.
Da Witold K. erklärt hatte, er fürchte um sein Leben, sicherte die Polizei ihm für den Fall, daß er reden werde, 24 Stunden Polizeischutz zu. Darauf riefen ihn seine Freunde in der Telefonzelle, wo er wartete, an, und Witold K. erklärte sich mit der Sicherheitsgarantie einverstanden. Drei Streifenwagen holten ihn ab und brachten ihn zu der Wohnung auf dem Gelände der Paramount-Studios, in die sich Polanski zurückgezogen hatte.
Witold K. berichtete der Polizei, man habe Frykowski die exklusiven Verkaufsrechte für die Droge MDA für das Gebiet von Los Angeles angeboten. Dann sei es zu Reibereien gekommen, erklärte er, und einer der Lieferanten habe Frykowski gedroht, man werde ihn umbringen. Witold K. behauptete, er kenne die eventuellen Mörder nicht dem Namen, sondern nur dem Aussehen nach. Und es seien Kanadier. Ein guter Freund behauptet, Witold K. habe, von der Polizei eskortiert, die zahlreichen Adressen von Berühmtheiten, die in Frykowskis Notizbüchern notiert waren, aufgesucht, um den Mörder ausfindig zu machen – und jedesmal seine Geschäftskarte hinterlassen. Witold K. erklärte, daß Frykowskis Notizen und Tagebucheintragungen möglicherweise Hinweise auf die Verbrecher enthielten, doch scheint er auch gesagt zu haben, daß er «zwei Wochen brauchen würde», um mit Hilfe von Frykowskis Notizbüchern die Mörder zu ermitteln.
Wie viele Neuankömmlinge aus dem Ausland machte sich auch Frykowski umfangreiche Notizen und schrieb sich viele Telefonnummern und Adressen auf. Außerdem führte er – in polnischer Sprache – ein Tagebuch.
Witold K.s Karriere als Maler erhielt durch seine Enthüllungen einen kräftigen Auftrieb. Eine Zeitung brachte in einem Bericht ein Foto von Witold K., auf dem er mit mehreren seiner Gemälde auf dem Rasen vor der Polanski-Villa posiert. Ein Freund von ihm hat behauptet, Witold K. habe sogar zwei Gemälde an zwei Polizeibeamte verkauft, die an den Ermittlungen beteiligt gewesen seien.
Diese Ermittlungen sind ein typisches Beispiel dafür, wie von der Polizei Hunderte von Hinweisen energisch verfolgt wurden, die am Ende

zu Mauern des Schweigens führten, mit denen kaltblütige Rauschgiftschieber sich umgaben. Und nichts ist verschwiegener als die große Liga des Drogenhandels.

Gegen 20 Uhr 30 am 10. August wurde der sechzehnjährige Frank Struthers, Rosemary LaBiancas Sohn aus einer früheren Ehe, von seinem Ferienaufenthalt am Lake Isabella nach Hause gefahren und am Waverly Drive Nr. 3301 abgesetzt. Er sah den am Straßenrand geparkten Wagen seiner Eltern, den 68er Thunderbird, mit dem Bootsanhänger. Er ging die Auffahrt hinauf, an den Küchenfenstern vorbei, und es fiel ihm auf, daß die Jalousien heruntergelassen waren, was offenbar ungewöhnlich war. Er ging bis zur Garage hinauf, und von dort zum Hintereingang und klopfte. Niemand öffnete. Die Tür war verschlossen. Er sah die Wasserski an dem Kotflügel des zweiten Wagens der Familie, auch ein Thunderbird, der an der Garage stand. Er klopfte an das Zimmerfenster. Nichts. Er ging zu einer Würstchenbude und wählte die Telefonnummer seiner Eltern. Keine Antwort. Er wählte noch einmal, diesmal die Nummer seiner Schwester, Susan Struthers. Nach einer Weile meldete sich Susan Struthers, und ihr Bruder berichtete ihr von seiner Besorgnis.

Gegen 22 Uhr 30 kamen Susan und ihr Verlobter, Joe Dorgan, zum Waverly Drive und trafen den sechzehnjährigen Frank Struthers. Sie holten aus Mrs. LaBiancas Thunderbird, in dem der Zündschlüssel steckte, die Hausschlüssel. Zu dritt gingen sie durch den Hintereingang ins Haus. Susan blieb in der Küche, während Frank Struthers und Joe Dorgan durch das Eßzimmer ins Wohnzimmer gingen. Dort sahen sie Leno LaBianca «in einer kauernden Stellung» auf dem Fußboden. Sie wußten sofort, daß etwas nicht stimmte. Die beiden machten auf der Stelle kehrt und flüchteten. Dorgan nahm in der Küche den Telefonhörer ab, so als wollte er telefonieren, ließ ihn jedoch fallen. Sie rannten in den Hof und schrien um Hilfe, und ein Nachbar rief die Polizei. Um 22 Uhr 45 erschienen die ersten Streifenwagen mit heulenden Sirenen am Schauplatz.

Kurz darauf wimmelte es auf dem Grundstück von Reportern und Ermittlungsbeamten des Morddezernats. Die *Los Angeles Times* brachte eine Titelgeschichte mit der Schlagzeile «Zwei Ritualmorde folgen den fünf Morden» – verknüpfte den Fall also mit den in der Nacht vom Freitag auf Samstag begangenen Morden. Die Polizei gab praktisch alle wesentlichen Einzelheiten den Vertretern der Massenmedien gegenüber bekannt. Die Zeitungen erwähnten das Messer und die Gabel in Leno LaBianca und das Wort ‹Krieg›. Sie redeten von der weißen ‹Kapuze› – dem Kissenbezug über Mr. LaBiancas Kopf. Nicht erwähnt wurden den Reportern gegenüber offenbar die mit Blut an die Kühlschrankdoppeltür gemalten Worte «Healter Skelter». Die Tatsache jedoch, daß die Kühlschranktür mit Blut beschrieben war, wurde ebenfalls bekanntgegeben. Die *Los Angeles Times* beispielsweise berichtete irrtümlich, daß «die Worte *Death to Pigs* von einem der Schlächter anscheinend mit dem Handballen auf die Kühlschranktüren geschrieben wurden...»

Mansons Freund Gregg Jakobson wurde kurz nach den Morden von der Polizei über seine Beziehung zu Rudy Altobelli vernommen. Wäre die Tatsache, daß die Worte «Healter Skelter» auf dem Kühlschrank standen, der Presse bekanntgegeben worden, dann hätte Jakobson, einer von den vielen, die wußten, was das Wort bedeutete, der Polizei sicher von der Manson Family berichtet. Dann wären Manson und seine Crew wahrscheinlich sofort verhaftet und weitere Morde verhindert worden. Doch es ist möglich, daß die Polizei, alarmiert durch die unglückseligen Enthüllungen seitens der Beamten bei den sogenannten Tate-Morden, diesmal sichergehen wollte, daß einige für den Test mit dem Lügendetektor relevante Schlüsselinformationen nicht rechtzeitig bekannt wurden. Es mag sein, daß man deshalb das «Healter Skelter» und auch das blutige Wort *Rise* im Wohnzimmer nicht erwähnt hat.

Am Nachmittag des 11. August wurde William Garretson, der Hausverwalter, nach zwei Tagen Untersuchungshaft freigelassen. Er verließ das Haftlokal in Begleitung seines Anwalts Barry Tarlow und geriet mitten in das Sperrfeuer der Kameras.

Am 11. August ‹rückte die Polizei davon ab›, eine Verbindung zwischen den Morden am Cielo Drive und denen am Waverly Drive zu sehen. «Zwar besteht eine Ähnlichkeit», bemerkte Sergeant Bryce Houchin von der Polizeibehörde in Los Angeles, «doch ob es sich um denselben mutmaßlichen Täter oder um ein Nachfolgeverbrechen handelt, können wir unmöglich sagen.» Die unterschiedliche Lebensweise, die unterschiedlichen Freundeskreise, das Fehlen eines plausiblen Zusammenhangs waren wesentliche Faktoren bei der Entscheidung, in den beiden Mordfällen gesondert zu ermitteln. Am Dienstag, dem 12. August 1969, schlossen Kriminalbeamte offiziell jede Verbindung zwischen den Tate- und den LaBianca-Morden aus.

Die LaBianca-Kommission wurde von Captain Paul LePage und Kriminal-Beamten des Raub- und Morddezernats geleitet, darunter Sergeant Phil Sartuche, Sergeant Manuel Gutierrez und Sergeant Frank Patchett, die alle beträchtlich zum Sturz des Hauses Manson beitrugen. Die

Ermittlungen konzentrierten sich auf Leno LaBiancas Geschäfte und seine Spielleidenschaft. Man fand heraus, daß in der Bilanz der Gateway Markets, die zu Mr. LaBiancas Geschäftsunternehmen gehörten, etwa 200000 Dollar fehlten. Mr. LaBianca sammelte seltene Münzen und besaß Kollektionen, die Tausende von Dollar wert waren. Eine wertvolle Sammlung seltener Münzen, von der man glaubte, sie habe Mr. LaBianca gehört, wurde in einem Haus am Waverly Drive, nur einige Häuser von der LaBianca-Villa entfernt, gefunden. Dieses Haus gehörte einem berüchtigten Buchmacher, Edward Pierce alias ‹The Phantom›, der sein Haus eine Woche nach den LaBianca-Morden verlassen hatte.

Enge Mitarbeiter von LaBianca hielten die Möglichkeit, daß er im Auftrag der Mafia ermordet worden sein soll, für ausgeschlossen. Andernfalls, sagten sie, hätten sie irgendwie davon erfahren. Die Polizei stellte in einem in halbe Stunden aufgeteilten ‹Tätigkeitsplan› zusammen, was Leno und Rosemary LaBianca in der Zeit vom 4. bis 10. August 1969 unternommen hatten. Die meisten näheren Bekannten der Verstorbenen wurden einem Test mit dem Lügendetektor unterzogen.

Im Haus der LaBiancas wurden fünfundzwanzig Abdrücke gefunden. Neunzehn konnten ausgeschieden werden, sechs blieben unidentifiziert. Der Fingerabdruck an der Hausbar, von der Manson Mrs. LaBiancas Geldbörse gestohlen hatte, wurde mit den entsprechenden Abdrücken von 41634 möglichen Tätern verglichen.

Im Falle der LaBianca-Morde ließ die Untersuchungskommission mit Hilfe des Computers vom CII (State Bureau of Criminal Identification and Investigation) im California Department of Justice in Sacramento sogenannte «M.O.-Runs» (Modus operandi-Ermittlungen) durchführen. Der Computer des CII speichert ungeheure Mengen von Informationen über Verbrechen und Verbrecher. Bei einem M.O.-Run werden alle Verbrechen der gleichen Verfahrensweise zusammengestellt. Jede Polizeidienststelle kann, wie es in diesem Fall geschah, eine Aufstellung aller Morde anfordern, bei denen der Mörder das Opfer fesselte oder etwas an die Wand schrieb, und erhält auf diese Weise die Personalien potentieller Täter.

Eines der Probleme, denen sich die Polizei bei den Morden in der Polanski-Villa gegenübersah, war die riesige Anzahl von Verdächtigen. Das Leben, das die Verstorbenen geführt hatten, war befrachtet gewesen mit persönlichen Beziehungen, die zu Mißgunst und Gewalttätigkeit hatten führen können. Die polizeilichen Ermittlungen lassen sich in drei Hauptbereiche gliedern: 1. Rauschgifthandel; 2. Jet-Set-Porno; 3. Okkultes – lauter Gebiete, über die ein äußerst schwer zu durchdringender Schleier der Verschwiegenheit gebreitet ist.

Die Morde gaben den Anlaß zur Festnahme zahlreicher Rauschgiftsüchtiger. Manchen von ihnen sicherte man Straffreiheit zu, sofern sie bereit seien, über die Toten und die möglichen Schuldigen Auskunft zu geben. Drei Kriminalbeamte fuhren nach Vancouver, um der Royal Canadian Mounted Police dabei behilflich zu sein, den von Witold K. und anderen verpfiffenen kanadischen Dope-Händlern ein Netz zu legen. Man glaubte, daß sie sich nach Edmonton (Alberta) abgesetzt oder bereits in den Wäldern des kanadischen Westens Unterschlupf gesucht hatten.

U. S. Treasury-Beamte befaßten sich mit bestimmten Aspekten des Drogenhandels, um herauszufinden, ob ein bundesweiter Rauschgiftschmuggelring existierte. An den auf die Morde folgenden Tagen wurden im ganzen Land Verhaftungen großen Stils, im Zusammenhang mit Kokain, vorgenommen, die ein mittelbares Ergebnis der Ermittlungen waren. Polizeibeamte reisten im Land umher und nahmen Tests mit dem Lügendetektor vor. Einige flogen sogar nach England, um dort Verdächtige zu vernehmen.

Lieutenant Colonel Paul Tate, Sharon Tates Vater, zog sich nach zwanzigjähriger Dienstzeit zwei Wochen vor seiner offiziellen Pensionierung ins Privatleben zurück. Von da an spürte er unablässig den Mördern nach; er konzentrierte seine Nachforschungen auf Rauschgiftmotive. Er ließ sich einen Bart wachsen und infiltrierte Dope-Klüngel. «Ich glaube, ich habe so gut wie alles gesehen, was es an Hippiekommunen gibt, als ich den Drogenaspekten der Sache nachging», meinte er bei einem Interview nach Mansons Verhaftung.

Mr. Peter Folger, Abigail Folgers Vater, setzte, wie zahlreiche interviewte Personen berichteten, eingehende Nachforschungen in Gang. Desgleichen Roman Polanski, der von mehreren namhaften Privatdetektiven in Los Angeles unterstützt wurde. «Polanski hat selber mitgearbeitet. Aber er kam nicht darauf, daß es Hippies waren. Er suchte in seinen eigenen Kreisen», berichtete einer seiner Detektive. Polanski wurde ständig von zwei bewaffneten Leibwächtern begleitet. Tatsächlich wurden in Los Angeles mindestens zehn Privatdetektive zu den Ermittlungen des Falls herangezogen, sowohl von privater Seite als auch von der Bezirksstaatsanwaltschaft.

Was die Filme angeht, so fand die Polizei im Verlauf der Ermittlungen einen ganzen Stapel von Film- und Video-Streifen. Einige fand man im Hauptschlafzimmer der Polanski-Villa in einem Wandschrank. Ein Video-Streifen wurde in einem an die Wohnzimmergalerie angrenzenden

Raum gefunden und unter der Nummer 36 in der Liste der Beweismittel registriert. Andere Filme wurden in Jamaika und in Annandale (Virginia) beschlagnahmt. Zu einem Teil stammten die Filme von einer Gruppe von Elite-Underground-Filmern in Hollywood, die untereinander einen Tauschhandel mit heißen Filmen betrieben.

Während des Manson-Prozesses wandte sich der Agent eines aufstrebenden Filmstars an Mansons Anwälte; die Schauspielerin hatte am Tag der Morde in der Polanski-Villa einen noch nicht entwickelten Film liegengelassen, der Bilder von ihr in verfänglichen Situationen enthielt. Der Agent richtete an Manson die Frage, ob die Family in jener Nacht den Film aus dem Haus entwendet habe; denn es hatte sich nicht feststellen lassen, wo der Film geblieben war, und die Schauspielerin meinte, wenn der Film bekannt würde, sei ihre Karriere verpfuscht.

Die Polizei fand auch Beweise dafür, daß Bewohner des Cielo Drive Nr. 10050 am Sunset Strip und in verschiedenen Clubs in der Umgebung Typen auflasen, mit denen sie auf dem Anwesen zwanglose Parties feierten. Eine Zeitlang glaubte man, die Morde seien möglicherweise Folge von einem *freakout* eines dieser aufgelesenen Typen.

Während die Kriminalbeamten die Ermittlungen vorantrieben, machten gleichzeitig wilde Gerüchte die Runde. Gute Freunde von Frykowski mutmaßten zum Beispiel, die Morde seien – als Racheakt wegen Polanskis ‹Verrat› an Polen – von polnischen Geheimdienstagenten verübt worden, die sofort nach dem Verbrechen ein Flugzeug von Los Angeles nach Rom genommen hätten. Über die Verstümmelung der Opfer und den ritualistischen Charakter der Morde gab es alle erdenklichen Spekulationen.

Eine Welle der Gewalt ging in der ersten Augusthälfte über Los Angeles hinweg. In der Zeit vom Freitag, dem 8., bis zum Dienstag, dem 12., wurden 29 Menschen ermordet. Das Sportgeschäft Ken's Sporting Goods Shop in Beverly Hills verkaufte an den beiden auf die Morde folgenden Tagen zweihundert Handfeuerwaffen. Die Bel Air Patrol, eine private Sicherheitstruppe für die exklusive Bel Air-Gegend, stellte zusätzlich etwa dreißig Männer ein. Die Leute schliefen in Reichweite der elektronischen Alarmauslöser, durch die man die Bel Air Patrol herbeirufen konnte. Es bestand eine starke Nachfrage nach Leibwächtern. Manche Hausbesitzer ließen ihr Anwesen rund um die Uhr von Privatdetektiven bewachen. Zu den Begräbnisfeiern der Verstorbenen erschienen manche Leute mit Schußwaffen bepackt.

Der Geist des Moloch herrschte. In aller Eile brachte man die Filme, in denen Sharon Tate mitgespielt hatte, wieder auf den Markt. ‹Das Tal *der Puppen*› wurde im Gebiet von Los Angeles in zwölf Kinos gespielt, und Mrs. Polanski stand an der Spitze der Beliebtheitsskala. Auch der ‹*Tanz der Vampire*›, in dem sowohl Sharon als auch Roman Polanski mitspielen, wurde wieder gezeigt. Ein Filmverleih brachte noch einmal den 1966 gedrehten Film ‹*Mondo Hollywood*› heraus; ein Abschnitt dieses Films ist dem Haarkünstler der Stars, Jay Sebring, gewidmet. Auch Bob Beausoleil tritt in ‹*Mondo Hollywood*› auf; er spielt in einer kleinen Sequenz den Cupido, der seinen Bogen spannt. Diese Rolle hatte Beausoleil den Spitznamen Cupido eingetragen.

Um den 15. August beauftragten zwei mit Jay Sebring befreundete Rechtsanwälte, Harry Weiss und Peter Knecht, das holländische Medium Peter Hurkos, den Schauplatz der Morde in Augenschein zu nehmen und zu versuchen, Vibrationen zu empfangen, die Aufschluß über die Identität der Mörder gäben. Am Sonntag, dem 17. August, begaben sich Peter Hurkos und einer seiner Assistenten sowie Roman Polanski, ein Schriftsteller namens Tommy Thompson und der Fotograf Julian Wasser zum Totenhaus am Cielo Drive, damit Mr. Hurkos dort seine ‹Totenschau› vollzog. Mr. Hurkos kauerte sich in dem blutbefleckten Wohnzimmer nieder und empfing die Vibrationen. Gleichzeitig gab Roman Polanski Mr. Thompson einen lückenlosen Bericht über die Mordszenerie. Der Fotograf machte Polaroidaufnahmen und einige Farbfotos. Festgehalten wurde die ganze Veranstaltung für einen Fotobericht, der einige Wochen später in *Life* erschien. Einige von den Polaroidprobeaufnahmen, die der Fotograf dem Holländer schenkte, landeten irgendwie bei den *Hollywood Citizen-News* und wurden dort publiziert. Es war John Phillips, der *songwriter*, der Roman Polanski dazu überredet hatte, Hurkos ins Haus zu lassen.

Nach seiner Schau ins Leere verkündete Mr. Hurkos, daß «drei Männer Sharon Tate und ihre vier Freunde getötet haben, und ich weiß, wer sie sind. Ich habe die Mörder der Polizei gegenüber identifiziert und gesagt, daß diesen drei Männern sofort Einhalt geboten werden muß. Sonst werden sie weitermorden.»

Man hielt es für möglich, daß die kanadischen Dope-Händler, die in jene jamaikanische Marihuana-Schmuggelaffäre verwickelt waren, auch mit einer jamaikanischen Wodu-Gruppe zu tun hatten, die man irgendwie hinter den Verbrechen vermutete. Laut einem Reporter namens Min Yee hatten er selbst und John Phillips sich an einen Wodu-Astrologen gewendet und von ihm erfahren, daß die Zeit um Mitternacht zwischen dem 8. und dem 9. August ein günstiger Zeitpunkt für ein Wodu-Opfer gewesen sei. Außerdem gab es einen Hinweis, daß

Voityck Frykowski einige Tage vor seinem Tod von einem Wodu-Anhänger bedroht worden war.
Am Dienstag, dem 19. August, gab Roman Polanski im ‹Beverly Wilshire Hotel› in Los Angeles eine Pressekonferenz, bei der er ankündigte, er werde die Stadt verlassen. Heftig verurteilte er die skandalösen Presseberichte über die Morde: «Eine Menge Zeitungsleute, die aus egoistischen Motiven unträgbare und für mich entsetzliche Dinge über meine Frau schreiben. Sie alle hier wissen, wie schön sie war, und oft genug habe ich Feststellungen gelesen und gehört, daß sie eine der schönsten, wenn nicht die schönste Frau der Welt sei, aber nur wenige von ihnen wissen, wie gut sie war. Sie war verwundbar.» Er verurteilte in aller Schärfe die Spekulationen über Orgien und Rauschgift, räumte jedoch ein, daß gelegentlich, wie in fast jedem Haus in Hollywood, Haschisch geraucht worden sei. Er bestritt, daß seine Frau Drogen genommen und daß es zwischen ihnen Ehestreitigkeiten gegeben habe, und sagte: «Ich kann Ihnen nur sagen, daß die letzten Monate und ganz allgemein die letzten Jahre, die ich mit ihr verbracht habe, die einzig wirklich glückliche Zeit in meinem Leben gewesen sind...»
Kurze Zeit danach flogen Roman Polanski und John Phillips nach Jamaika, um – laut Mr. Yee – ihre Nachforschungen, soweit sie den Drogenhandel und die Wodu-Gruppe betrafen, fortzusetzen. Ende des Monats fuhr auch ein Lügendetektorspezialist der Polizeibehörde von Los Angeles nach Jamaika und ermittelte dort eine Woche lang.
Am 2. September 1969 behauptete Rona Barrett im KT-Fernsehen, einer Metromedia-Anstalt für Los Angeles, Roman Polanski habe für die Story und die Fotos von dem Mordhaus 50 000 Dollar von *Life* erhalten. Diese Behauptung wurde von Polanski und seinen Anwälten scharf dementiert. Rudy Altobelli erregte sich über das angebliche Fünfzigtausend-Dollar-Honorar und verklagte Roman Polanski und Sharon Tates Erben später auf Zahlung von 668 000 Dollar wegen ‹hausfriedensbrecherischen Verhaltens› im Hinblick auf Abigail Folger und Voityck Frykowski, da das Haus nur an eine einzige Familie vermietet worden sei. Außerdem klagte er auf Schadensersatz wegen Wertminderung des Anwesens, seelischen Kummers und rückständiger Miete.
Am 3. September 1969 setzten Peter Sellers, Warren Beatty, Yul Brynner und andere für die Ergreifung und Überführung der Mörder eine Belohnung in Höhe von 25 000 Dollar aus. «Wir übergaben das Geld Roman Polanski und seinen Anwälten in der Hoffnung, es werde dazu beitragen, die Mörder der Gerechtigkeit auszuliefern», erklärte Sellers in einem Interview.

Nachdem man anfänglich alle möglichen Informationen über die Morde preisgegeben hatte, verhängten die Polizeibehörden von Los Angeles eine strikte Nachrichtensperre über den Fortgang der Ermittlungen. An das State Bureau of Criminal Identification and Investigation (CII) wurde nur ein drei Zeilen langer Bericht über die Morde geschickt – womit dem Gesetz, nach dem vom CII Informationen über alle Verbrechen zu sammeln sind, eben Genüge getan war. Einen Monat nach Beginn der Ermittlungen wurden als Hauptgründe für die Verbrechen ein Einbruchsdiebstahl, ein Dealer-Zwist oder ein *freakout* irgendeiner Art in Betracht gezogen.

Ein Rauschgiftbetrug, ob großen oder kleinen Stils, kann immer Gewalttaten zur Folge haben. Geht es dabei um mehrere tausend Dollar, sind Morde oder Morddrohungen keine Seltenheit. Manson hat mehrere Male gesagt, wenn die wahre Geschichte der Tate–LaBianca-Morde ans Licht käme, würde es einen ‹stinkenden› Skandal geben. Er hat erklärt, er habe sich zum Schweigen entschieden auf Grund des alten, ungeschriebenen Gesetzes, nach dem das Verpfeifen der an einem Verbrechen Beteiligten genauso schlimm sei wie das Verbrechen selbst. Manson hat natürlich auch behauptet, daß die Polanski-Morde die Idee seiner Anhänger gewesen seien. «Ich kümmere mich nicht darum. Ich hab ein Gesetz, nach dem ich lebe, und das hab ich als Kind im Erziehungsheim gelernt, und es heißt, verpfeife nie einen andern, und ich hab nie einen andern verpfiffen, und ich hab ihnen gesagt, daß alles, was sie für ihre Brüder und Schwestern tun, gut ist, solange sie es mit einem guten Gedanken tun.» Diese Aussage Mansons findet sich auf Seite 18123 der Prozeßprotokolle. Trotzdem kann ein Rauschgiftbetrug als Tatmotiv nicht ausgeschlossen werden.

Ein ehemaliger Freund der Family hat erklärt, Gypsy habe ihm erzählt, bei dem Betrug sei es um «63 keys (Kilo) Marihuana, um Heroin im Wert von ungefähr 50 Dollar und um etwas Speed» gegangen. Einer von Mansons engsten Freunden außerhalb der Family erzählte dem Verfasser am 1. Dezember 1970, es sei um einen Elftausend-Dollar-LSD-Betrug gegangen und in die Sache sei ein Freund von Manson verwickelt gewesen, ein ‹echter Millionär›, dessen Wagen Manson um die Zeit der Morde zu Schrott gefahren habe. Vern Plumlee behauptete ebenfalls, das Tatmotiv habe mit LSD zu tun gehabt. Plumlee, der zur Zeit der Morde mit Sicherheit das Vertrauen der Family besaß, arbeitete eng mit Bill Vance zusammen, mit dem er in den Tagen der Morde mehrere Raubüberfälle und Fälschungen beging. Bei einem auf Ton-

band aufgezeichneten Interview erklärte Plumlee, Bill Vance habe ihm erzählt, daß die Tate- und die LaBianca-Morde im Gefolge eines LSD-Betrugs begangen worden seien. Plumlee meinte zu dieser Erklärung seines Freundes Bill Vance über das Tatmotiv: «Sehen Sie, ich hab mit ihm 'ne ganze Zeitlang zusammengearbeitet, Sie verstehen schon, Einbrüche und solche Sachen... Und in der Zeit, wo ich es gemacht hab, war ich, na ja, da haben wir uns eben viel unterhalten.
Ich hab was gehört, daß die LaBiancas den ‹Tates› angeblich was verkauft hatten und daß die Tates angeblich der Family was verkauft hatten, und irgendwelche Leute waren sauer darüber, weil's 'ne Linkerei war... Und dann hat er mir gesagt: ‹... mach dir keine Sorgen deswegen, die kriegen nie raus, wer's gewesen ist.› Dabei hab ich's dann bewenden lassen.»
Bei einer anderen Gelegenheit erzählte Plumlee einem Reporter, daß die Family hingefahren sei, um sich Frykowski und alle sonst Anwesenden vorzuknöpfen. Laut Plumlee hatte die Family die Information bekommen, daß Sharon Tate nicht am Cielo Drive sein werde.
(Noch während des Manson-Prozesses, im Herbst 1970, untersuchten mehrere Privatdetektive, die für die Bezirksstaatsanwaltschaft tätig waren, die Möglichkeit, daß es sich um gedungene Mörder handle. Man vermutete, eine reiche Person aus Kansas City [Missouri] habe aus Groll gegen Polanski die Verbrechen begehen lassen und bezahlt. Man forschte in Kansas City bei den Banken, ob dort irgendwo Geld für Manson, Watson oder Susan Atkins, Bill Vance und drei andere deponiert worden war. Ferner erkundigte man sich bei den Banken in einer Küstenstadt in Texas, vielleicht war es Corpus Christi, nach eventuell hinterlegten Geldern, doch ohne Erfolg.)
Ein Reporter, der über die Tate–LaBianca-Morde berichtete, gelangte in den Besitz von Tex Watsons Adreßbuch und fand darin die Telefonnummer einer Wohnung, in der die Polanskis früher gewohnt hatten. Ein Privatdetektiv, der noch Monate nach den Morden im Auftrag der Familie eines der Opfer ermittelte, erklärte dem Verfasser gegenüber, das Tatmotiv sei gewesen, daß «sie zu viel wußten über das, was los war».
Sadie Mae Glutz alias Susan Atkins sagte, zweierlei habe den Anstoß zu den Morden gegeben: man habe Beausoleil aus dem Knast holen wollen, und Linda Kasabian sei beim Kaufen von MDA gelinkt worden. In Band 180, Seite 23 049 der Prozeßprotokolle findet sich ihre Aussage, nach der Linda Kasabian zu ihr kam und sich beklagte, daß man sie in der Polanski-Villa betrogen habe: «‹Erinnerst du dich an die 1000 Dollar,

die ich hatte?› Ich sagte, ja – und sie sagte: ‹Also, ich bin raufgefahren zu ein paar Leuten in Beverly Hills und wollte MDA besorgen› – das ist so eine neue Art Droge...MDA. Na ja, wie dem auch sei, sie fuhr darauflos, um was zu besorgen, und da haben sie sie um ihre Kohlen geprellt.»

Robert Beausoleil hat behauptet, Tex Watson und Linda hätten in den Wochen vor dem Mord zusammengearbeitet und daß hier des Rätsels Lösung liege. Bleibt noch die Möglichkeit, daß Manson eine größere Summe Geld beschaffen wollte, um jemanden dafür zu bezahlen, daß er Beausoleil freipaukte. Danny De Carlo sagte: «Mary und Bobby waren geschnappt. Das war alles – das Hauptziel war, Geld zu beschaffen, um sie aus dem Knast zu kriegen, damit sie sich allesamt aus dem Staub machen, nämlich in die Wüste abhauen konnten. Die Kaution für Mary betrug 500 Dollar, und sie wollten weg – sie brauchten eine phantastische Summe, um Bobby rauszukriegen. Verdammt, ich konnte das nicht begreifen. Für ihn kam eine Kaution nicht in Frage.» Es mag sein, daß sich die Family auf diese Weise nervös auf schnelle Drogengeschäfte stürzte oder auf einen Killervertrag einließ, um so schnell wie möglich große Summen Geld zusammenzubringen.

De Carlo erklärte gleich nach seiner Zeugenaussage im Tate–LaBianca-Prozeß einem Reporter vom CBS-Fernsehen gegenüber, das wahre Motiv sei nicht ausgesprochen worden, doch wolle er sich nicht darüber äußern. Damals hat De Carlo sein Waffengeschäft in Medford (Oregon) aufgegeben und ist untergetaucht.

Möglicherweise wird der bevorstehende Prozeß gegen Tex Watson wichtige Einzelheiten ans Licht bringen. Man rechnet damit, daß Tex Watson alles, was er weiß, sagen wird. Watsons Intelligenzquotient ist durch den Konsum von Telache um dreißig Punkte gesunken, er wird also unter Umständen Gedächtnisschwierigkeiten haben. Seine Tonbänder, die angeblich die ganze Geschichte der Tate–LaBianca-Morde enthalten, sind in Texas, wo er etwa acht Monate einsaß und gegen seine Auslieferung kämpfte, versiegelt worden, und nicht einmal die Bezirksstaatsanwaltschaft von Los Angeles ist in der Lage gewesen, sich diese Bänder zu beschaffen.

20
Amok! Die Spahn Movie Ranch
10. August 1969 bis 31. August 1969

Um 7 Uhr morgens kam Leslie allein zu dem hinteren Ranchgebäude zurück. Little Patty, Cathy Meyers, Barbara Hoyt und Snake schliefen. In den steinernen Kamin warf sie ein Stückchen Seil, eine Kreditkarte, eine modische Lederbörse und eine Damenbluse. Es roch entsetzlich, als das Zeug verbrannte. Sie schüttete Kleingeld aus einem Plastikbeutel und zählte es. Dann legte sie sich schlafen.
Gegen 7 Uhr 15 erschienen im hinteren Ranchgebäude drei oder vier Männer, offenbar um die Schlafenden aus dem Bett zu treiben. Leslie verkroch sich unter ihren Decken und sagte zu Snake, wie diese berichtete: «Daß mich bloß dieser Mann nicht sieht oder hereinkommt, der mich vom Griffith Park mitgenommen hat.» Einer oder zwei Männer betraten das heruntergekommene Ranchhaus, und einer fragte die Mädchen: «Wo habt ihr diese Feldtelefone her?» und wunderte sich über die vielen Männer auf der Ranch. Sie blieben ungefähr drei Minuten, dann zogen sie ab. Bevor sie in einem rosafarbenen Wagen davonfuhren, durchtrennten sie die Leitungen, die von der heimlichen elektrischen Abzapfstelle herunterführten. Als die Eindringlinge davongefahren waren, kroch Leslie Van Houten unter ihren Decken hervor.
In der Woche zwischen dem 10. bis zum 17. August, als Charlie die Sachen in die Wüste zu schaffen begann, waren die Leute auf der Spahn Movie Ranch ganz hübsch nervös. Der Auszug in die Gegend von Inyo County wurde durch die große Razzia vom 16. August unterbrochen, doch schließlich, in der ersten Septemberwoche, waren Manson und seine bewaffneten Kumpel sicher in der Wüste gelandet.
Am Sonntag, dem 10. August, suchte Sergeant William Gleason vom Sheriff's Office von Los Angeles Kitty Lutesinger auf der Ranch ihrer Eltern auf, wohin sie sich nach Mansons Morddrohungen geflüchtet hatte. Sergeant Gleason stellte damals eine Akte beunruhigender Informationen über die Spahn Movie Ranch zusammen und bereitete damit eine großangelegte Razzia vor, die in der darauffolgenden Woche stattfinden sollte. Er war auf Miss Lutesinger aufmerksam geworden, als sie am 30. Juli von der Ranch fortgelaufen und von Frank Retz zur Polizeiwache gefahren worden war. Bei ihrem Gespräch fragte sie ihn, ob die Black Panthers die sogenannten Tate-Morde begangen hätten. Er erwiderte, es sähe nicht so aus, als seien irgendwelche Schwarze in die Sache verwickelt. «Ich war darauf programmiert worden, zu glauben, daß es

die Panthers gewesen waren», erinnert sich Kitty.
Um den 11. August stellte Ruby Pearl einen neuen Rancharbeiter ein; dieser einundzwanzigjährige, blonde Bursche namens David Hannon stammte aus Venice (California), und Manson freundete sich mit ihm an. Die beiden sprachen öfter miteinander. Manson erzählte ihm von dem Black Panther, den er angeschossen hatte. Hannon kannte sich in den kalifornischen Wüstengebieten aus, und Charlie war begierig, mit ihm darüber zu sprechen. Wie üblich redete Manson davon, kleine Wüstenstädte zu überfallen und zu plündern. Einmal marschierten die beiden zusammen durch die Wüste, und Hannon tötete eine Klapperschlange. Das brachte Manson zur Raserei, und er sagte zu Hannon, er werde ihm den Kopf abschlagen.
Hannon hatte als Neuankömmling keine Ahnung, daß so viele Mädchen in der Gegend lebten. Er sah nur zwei oder drei, da sich die anderen natürlich in den verschiedenen Lagern in den Bergen verborgen hielten.
Hannon erzählte Manson von einer 26 Acre großen Ranch, die seiner Mutter gehörte und in der Wüste bei Olancha, wenige Kilometer vom Goler Wash entfernt, lag. Auf diesem Besitz befanden sich zwei Ranchhäuser. Das Anwesen lag an einer abgelegenen Landstraße, und Manson wollte gern mit seiner Family dorthin ziehen.
Am 11. August schlüpfte Linda Kasabian auf Anordnung des Hexers in ihre Stöckelschuhe, zog sich ein Kleid an, frisierte sich das Haar, borgte sich David Hannons 61er Volvo und fuhr nach Los Angeles zur Hall of Justice, um festzustellen, ob für Mary Brunner bereits ein Verhandlungstermin angesetzt war. Sie sollte auch Bob Beausoleil besuchen, hatte aber nicht die nötigen Ausweispapiere dabei. Es gelang Linda nicht, Mary Brunner ausfindig zu machen, so daß die Mission ein Fehlschlag war.
Am nächsten Tag schickte Manson sie wieder zur Hall of Justice. Dort fand eine Verhandlung statt, bei der Sandy Good freigesprochen wurde, während Mary weiter festgehalten wurde: gegen sie wurde Anklage wegen Kreditkartenfälschung erhoben. Die Kaution betrug 850 Dollar. Doch wer nicht erschien, war Linda. Nachdem sie sich wieder den weißen Volvo geliehen und bei Bruce Davis, dem Kassenwart der Family, eine Kreditkarte geholt hatte, gabelte sie zwei Hitchhaiker auf, die sie tags zuvor kennengelernt hatte, und los ging's in Richtung New Mexico. Zwei Tage später mußte sie den Wagen bei Albuquerque stehenlassen, da ein Tankwart ihre Kreditkarte für eine fällige Reparatur nicht akzeptieren wollte.

David Hannon war ziemlich sauer, als er wenige Tage später von Linda einen Brief erhielt, in dem sie ihm mitteilte, es tue ihr leid, aber sein Wagen stehe bei einer Tankstelle vor Albuquerque, und wenn er wolle, könne er ihn dort abholen.

Ihre kleine Tochter Tanya hatte Linda Kasabian im Lager für die Kinder am Wasserfall zurückgelassen, weil sie glaubte, daß diejenigen, die auf die Kinder aufpaßten, Verdacht schöpfen würden, wenn sie Tanya zu einer Fahrt zum Gerichtsgebäude mitgenommen hätte.

Rätselhaft bleibt, warum Manson Mary Brunner nicht aus dem Gefängnis holte. Die Kaution betrug lediglich 850 Dollar, eine Summe, die man leicht hätte aufbringen können; man hätte nur einen vertrauenswürdigen Zombi zu einem Banküberfall, einem betrügerischen Drogenschäft oder dergleichen auszuschicken brauchen. Da die Kreditkarte, die von Mary gefälscht worden war, Vern Plumlees Schwager gehörte bzw. diesem gestohlen worden war, erwogen die Mädchen, zu ihm hinzufahren und ihn zu überreden, das Verfahren einstellen zu lassen; sie würden ihm alles zurückbezahlen usw. Doch aus unbekannten Gründen ließ Manson Mary Brunner im Gefängnis schmoren, bis sie Ende September auf Bewährung freigelassen wurde.

Charlie fuhr umher und tat sich nach Geld um. Zweimal fuhren er und Stephanie an den Tagen, als die Morde begangen wurden, zum Beverly Glen Drive, um bei Dennis Wilson Geld lockerzumachen, allerdings ohne Erfolg. Als sie das eine Mal Wilsons Haus verließen, hat Wilson laut Stephanie Manson erzählt, die Polizei habe sich bei ihm nach einem Typ erkundigt, dem man in den Bauch geschossen habe, womit offenbar Bernard Crowe gemeint war.

Das zweite Mal, als Manson Wilson aufsuchte, um ihn um Geld anzugehen, hatte Wilson Besuch von einem gewissen Richie Martin, der mithörte, wie Manson drohte, Wilsons Sohn Scotty, ein Kind aus einer früheren Ehe, umzubringen. Scotty verbrachte üblicherweise das Wochenende bei Wilson, so daß man annehmen kann, daß es an dem Wochenende der Morde war, denn an den beiden darauffolgenden Wochenenden saß Manson im Gefängnis.

Auch Gregg Jakobson wurde von Manson um die Zeit der Morde aufgesucht, doch war nur Jakobsons Frau zu Hause, die Mansons Bitte, im Hause duschen zu dürfen, abschlug. Manson habe wie ein Wilder gewirkt und sie angefaucht, daß er ihr, wäre sie nicht Greggs Frau, etwas antun würde.

Mary Brunner rief aus dem Gefängnis eine alte Freundin der Family an, Melba Kronkite, und bat sie um Geld für die Kaution, aber Melba konnte ihr nicht helfen. In der Nacht darauf, es war wahrscheinlich der 12. August, hämmerte Manson um 1 Uhr morgens laut an Melbas Tür. Als sie aufmachte, forderte Manson Geld für Marys Kaution. Als er von Melba eine abschlägige Antwort bekam, fuhr Manson in einem «dicken schwarzen Wagen» davon, wie sie später ausgesagt hat – und war wütend. Dieser schwarze Wagen gehörte laut einem guten Bekannten von Manson einem reichen Freund von Manson – «einem echten Millionär», wie der andere sagte.

Am Dienstag, dem 12. August, drohte Manson Juan Flynn, er werde ihm die Kehle durchschneiden. Flynn hatte draußen den Pferden Hafer gegeben. Anschließend ging er ins ‹Rock City Café›, um sich etwas zu essen zu machen. Er setzte sich an den Tisch und aß. In der Küche des Cafés waren mehrere Mädchen. Andere saßen plaudernd draußen auf den Steinen und Stühlen am Vordereingang. Da kam Manson herein und gab den Mädchen in der Küche ein Zeichen; sie sollten verschwinden; indem er mit der rechten Hand eine kurze Bewegung über seine linke Schulter machte. Die Mädchen verzogen sich.

Der einsachtundsechzig große Manson packte den einszweiundneunzig großen Juan, wie er da auf seinem Stuhl saß, an den Haaren und hielt ihm ein Messer an die Kehle. «Du Schweinehund, ich bring dich um», fuhr er Juan an. «Weißt du etwa nicht, daß ich derjenige bin, der alle diese Morde begeht?» sagte er laut Flynns Zeugenaussage.

Manson wollte, daß Flynn mit in die Wüste kam und dort mit der Family im ‹Loch› lebte. Charlie hielt ihm sein Messer hin und forderte Flynn auf, ihn zu töten, aber Flynn wollte nichts davon wissen. Laut Flynn prahlte Manson, er habe innerhalb von zwei Tagen 35 Leute fertiggemacht. Manson bot dem hochgewachsenen Flynn die Stellung eines persönlichen Zombi an. Juan sollte einen Ring in der Nase tragen und ihm als Sklave dienen. Wie Flynn erzählt hat, war Manson stets darauf aus, ihn zu terrorisieren, und einmal gab er sogar auf Juan, als dieser mit einer Freundin das Flußbett entlangging, einige Pistolenschüsse ab.

Nachdem er Manson kaum drei Tage kannte, bot David Hannon, der neue Rancharbeiter, der Family die Ranch seiner Mutter in der Wüste bei Olancha als Bleibe an. Die Ranch lag am Rande des Panamint Valley, nur eine Stunde vom geheiligten Goler Wash entfernt. Ideal für die Family. Die Chance, alle Mitglieder der Family aus der Gegend von Los Angeles zu entfernen, durfte nicht versäumt werden. Im Küstengebiet Kaliforniens war für die Family der Boden zu heiß geworden.

Am 14. August beluden Tex, Juan Flynn und Hannon den Brotwagen mit Strand-Buggy-Ersatzteilen, nahmen einen Strand-Buggy mit Hilfe eines Stücks von dem berühmten weißen Nylonseil ins Schlepptau und brachen nach Olancha auf. Dort luden sie die Helter Skelter-Ausrüstung ab und kehrten zurück zur Spahn Movie Ranch. Tex blieb auf Hannons Ranch in Olancha.

Als sie in den frühen Morgenstunden des 15. August zur Ranch zurückkehrten, befahl ihnen Manson, sofort weitere Strand-Buggy-Teile und -ausrüstungsgegenstände nach Olancha zu bringen. Hannon und Flynn weigerten sich, halfen jedoch, den Laster zu beladen. Bruce Davis fuhr den Laster nach Olancha, begleitet von der melancholischen, sechzehnjährigen Snake/Lake, die bei Tex in Olancha blieb.

Der für die Razzia am 16. August auf der Spahn Movie Ranch verantwortliche Sergeant Bill Gleason war für die Gegend der zuständige Experte für Motorradgangs. Über mehrere Monate hinweg hatte er Informationen über Manson zusammengetragen. Ihm war bekannt, daß Manson verschiedene Feuerwehrleute bedroht hatte. Ihm war auch bekannt, daß behauptet wurde, Manson habe jenen Black Panther angeschossen. Er wußte von den Waffen und Maschinengewehren auf der Ranch und davon, daß Manson im Frühjahr das Mädchen aus Reseda vergewaltigt hatte. Er wußte von dem Strand-Buggy-‹Montageband› und daß sich die Family sozusagen für einen Krieg mit den Schwarzen rüstete. Durch Kitty Lutesinger wußte er von den abscheulichen Morddrohungen, mit denen Manson seine Anhänger terrorisierte. Durch die beteiligten Beamten hatte Sergeant Gleason von der kleinen Razzia am 27. Juli erfahren, bei der Manson verkündet hatte, seine im Buschwerk versteckten Leute hätten die Polizisten im Schußfeld. Es wurde der Entschluß gefaßt, eine groß angelegte nächtliche Land-Luft-Operation gegen Manson durchzuführen – mit Hilfe von Hubschraubern, Pferden, Streifenwagen, Maschinenpistolen und 102 Männern von der Polizeitruppe.

Am 12. August hatten Sergeant Gleason und ‹Kriminalbeamte von Malibu› im Büro des Bezirksstaatsanwalts von Van Nuys eine Besprechung über die geplante Razzia mit dem stellvertretenden Bezirksstaatsanwalt, Robert Schirn. Sie gingen noch einmal die Fakten durch, dann stellte Schirn den Durchsuchungsbefehl Nr. 2029 aus, gültig für den 13. August 1969 und unterzeichnet von John Merrick, Richter am Malibu Justice Court. Der Durchsuchungsbefehl war nur gültig für den genannten Tag, doch fand die Razzia nicht am 13. August statt. Für diese Razzia auf der Spahn Movie Ranch wurden Beamte des furchterregenden Special Enforcement Bureau (S. E. B.) vom Sheriff's Office herangezogen, dessen Aufgabe es ist, «Gebiete mit großer Verbrechenshäufigkeit ständig zu überwachen», wie es ein befragter Beamter formulierte.

Einige Tage vor dem 16. August erschienen ein paar Freunde der Family mit einem blauen Camaro auf der Ranch, um Manson vor der bevorstehenden Festnahme zu warnen. Unter ihnen befand sich die Tochter eines Mannes von der Polizeitruppe, die behauptete, Informationen aus erster Hand zu haben, doch Manson lachte nur darüber.

Am Freitag, dem 15. August, kamen abends die Straight Satans mit mehreren Wagen zur Ranch, um Danny De Carlo zu holen, das Clubschwert wieder an sich zu nehmen und aus anderen unbekannten Gründen. Sie drohten Manson, ihn umzubringen und die Ranch niederzubrennen. Sie wollten mit Danny noch in derselben Nacht verschwinden, doch er redete ihnen das aus. «Sie gaben mir eine Frist bis fünf Uhr am nächsten Morgen; bis dahin sollte ich meinen Arsch nach Venice in Bewegung gesetzt haben; sie sagten, sie würden alles niederbrennen», sagte er am 18. September 1970 laut Band 92, Seite 10 842 der Verhandlungsprotokolle aus.

In Venice brachen die Straight Satans das Schwert, vielleicht absichtlich, entzwei. Sie mögen befürchtet haben, daß die Waffen mit zu vielen schrecklichen Taten verknüpft war. Als später bekannt wurde, daß Mitglieder der Family Morde auf dem Gewissen hatten, wurden die Schwertteile von der Polizei in Gewahrsam genommen. Eine Schlacht schien unvermeidlich. Clem war mit einer Waffe auf den Heuschober geklettert und wollte schießen, doch gelang es Manson, die drohende Auseinandersetzung in eine Party umzufunktionieren, die bis tief in die Nacht hinein dauerte. Charlie beorderte aus den umliegenden Bergen einen riesigen Hilfstrupp von Mädchen herbei. Laut Kitty kam Charlie zum Wasserfall herauf und befahl, alle Mädchen sollten zur Ranch herunterkommen. David Hannon staunte über die vielen Mädchen, die da von den Bergen herabkamen, um mit den Bikers zu schlafen.

Die Gewalttätigkeit war erstickt, und die meisten Straight Satans zogen ab. De Carlo war so betrunken, daß ihn zwei Mädchen zu seinem Bett in der Waffenkammer schleppen mußten. Alles schlief. Die vordere Auffahrt war übersät mit Olympia-Bierdosen, ein ungewöhnlicher Anblick auf der Spahn Movie Ranch, wo man nur Hundeblut, Hasch und LSD genoß.

Am selben Abend, als die Straight Satans die Ranch heimsuchten, rief Kitty Lutesinger an und bat, jemand möge sie abholen. Sie hatte schon mehrere Male angerufen und mit Beausoleil sprechen wollen.

Sie wußte nicht, daß man ihn wegen Mordes verhaftet hatte. Schließlich kam Manson ans Telefon, der ihr sagte, Beausoleil sei verhaftet worden; es handle sich um nichts Ernstes, er werde bald wieder draußen sein, und sie solle doch zurückkommen und auf der Ranch auf ihn warten. Die Siebzehnjährige, die von Beausoleil schwanger war, hatte Schwierigkeiten mit ihren Eltern; ihr Vater oder ihre Mutter forderte, sie solle das Kind abtreiben lassen. Es gab Krach, und sie beschloß zu verduften.

Um Mitternacht erschienen Sadie, Gypsy und ein Weißer namens Junior in Schwartz' Wagen in Northridge, um Kitty abzuholen. Gleich dort, auf dem Fahrweg der Ranch ihres Vaters, schnitt Sadie Kitty die Haare ab und ließ ihr nur den baumelnden Hexenschwanz. Sie befahl ihr, ein Haar zu verbrennen, ein zweites zu vergraben und den Rest der *Seele* darzubringen.

Sie kam gerade rechtzeitig zu der Party mit den Straight Satans, schlief dann ein paar Stunden und wurde bei Morgengrauen während der Razzia vom Sheriff verhaftet.

Um 2 Uhr früh, während die Family und die Bikers sich noch amüsierten, wurde unter Inspector Graham, dem Leiter der Operation, im Sheriff's Office von Malibu eine letzte Einsatzbesprechung abgehalten. Dann fuhren sie los mit dem seit 72 Stunden verfallenen Durchsuchungsbefehl: 102 Polizisten in 25 Streifenwagen, unterstützt von mehreren Transportfahrzeugen und – so die Family – einem Kantinenwagen, aus dem Kaffee ausgeteilt wurde. Um 4 Uhr morgens erreichten sie unbemerkt die Ranch.

Zahlreiche S. E. B.-Beamte fielen von den südlichen Hügeln her in die Ranch ein; einige von ihnen schleppten sich mit ihren M-15 ab, die man über die National Rifle Association beschafft hatte, andere kamen mit aufgepflanzten Bajonetten angekrochen. Sie umzingelten die Ranch vom Westen, Osten und Süden her – eine Taktik, wie man sie laut dem stellvertretenden Sheriff Gillory zuerst beim Einkreisen von Vietcong-Dörfern angewandt hatte.

Laut einem an der Razzia beteiligten Beamten war der Befehl ausgegeben worden, nicht zu schießen. Einige der Beamten hatten große, aufgenähte Vierecke mit dem Wort ‹Sheriff› hinten auf ihrer Uniform.

Die Razzia wurde im Auftrag der Behörden gefilmt; man wollte das Material für einen Schulungsfilm verwenden. Allem Anschein nach war diese Land-Luft-Operation gegen die Spahn Movie Ranch die erste ihrer Art und sollte als Vorbild für künftige Einkreisungsmanöver gegen vermeintliche Hippie-Kommunen dienen. Auf den Fotos sieht es so aus, als trügen manche der Polizisten keine richtigen Uniformen, sondern eine Mischung aus Marine Corps-Drillichzeug und vorschriftsmäßiger Sheriffs-Uniform. Im Verlauf der Razzia posierten sie für die Kamera mit emporgehaltenen Maschinenpistolen vor den arretierten Kommunarden.

Alles war ruhig, als die Beamten, kurz bevor es dämmerte, auf dem Westerngelände die Türen zu den drei Trailers, zum Geräteschuppen, zum Fallschirmraum und zu George Spahns Haus aufstießen. Sie trieben die Verdächtigen ins Freie und ließen sie auf der Auffahrt vor dem Filmgelände im Kreis Platz nehmen. Gypsy, Kitty, Barbara Hoyt, Patricia Krenwinkel, Little Larry, Sandy Good und Vern Plumlee wurden im Saloon festgenommen.

Manson und Stephanie schliefen im ‹Rock City Café›, als die Polizei die Tür aufstieß. Zack – schon war Charlie zur Hintertür hinaus und unter der Veranda verschwunden, wo er sich im Schmutz unter dem Gebäude verkroch.

Man verhaftete Larry Cravens und David Hannon, die auf einer Matratze nördlich von den grünen Wohnwagen schliefen. Sie wurden ebenfalls zu dem am Boden sitzenden Kreis der ‹Congs› gebracht. In einem Graben, ein Stück von der Ranch entfernt, entdeckte die Polizei einen gestohlenen, ausgeschlachteten VW (1969), was eine gesetzliche Handhabe für die Verhaftung der Gruppe lieferte.

Zur Hintertür des Saloons hinaus und die Verandastufen hinunter sprangen ein gewisser Herb Townsend, Sherri aus dem Simi Valley und die schöne Ouish – sie rannten zum Fluß hinunter, der Polizei direkt in die Arme. John Friedman, der zwölfjährige Junge, dessen Eltern aus dem hinteren Ranchgebäude ausgezogen waren, wurde schlafend auf dem Dach gefunden, heruntergeholt und in den Kreis eingereiht. Clem wurde gleich zu Beginn der Razzia festgenommen, als er versuchte, unbemerkt über die vordere Veranda zu entkommen.

In dem Trailer neben einem alten, ausgedienten Dodge (1930) schliefen die Kindermädchen: Leslie Van Houten, Cathy Meyers und Little Patty. Sie ‹schliefen nackt›, nur mit ihren Höschen bekleidet, auf einer Matratze. Bei ihnen befand sich der kleine Dennis De Carlo. Man bedeckte sie mit einem Schlafsack.

Neben dem Trailer stand eine fahrbare Hütte, der ‹Gypsy Trailer›, wo Sadie, eine junge Ausreißerin namens Laura und Brenda McCann schliefen. Bei ihnen schliefen Zezo Ze-ce Zadfrak, Pooh Bear alias Valentine Michael Manson und die kleine Tanya Kasabian. Die drei Kinder

wurden, so hieß es im Razzia-Bericht, «als Nicht-Delinquenten vorübergehend in Haft genommen, und Mr. Pickens von der Probation Intake Control gab Anweisung, sie in ein Pflegeheim zu bringen».
Die Ranch quoll über von Schmutz und Müll. In einem Trailer-Kühlschrank fanden Polizisten einen Teller mit einer ‹fäkalen Substanz›.
Um 6 Uhr 15 saß George Spahn friedlich in seinem Stuhl, die Hände im Schoß gefaltet, seinen Cowboyhut auf dem Kopf, das Gesicht der Rootbeer-Reklameuhr an der gegenüberliegenden Wand über dem Plakat für den Film ‹Roman Scandals› zugewandt. Neben ihm standen zwei zusammengerückte Polstersessel mit einer Decke und einem Kissen – dort hatte möglicherweise die schlanke Squeaky geschlafen. Zwei Beamte ließen sich in George Spahns Haus mit ihrer Beute fotografieren: ein Revolver, ein Gewehr und ein Geigenkasten mit einer ‹Tommy Gun› darin. Vom Vorderfenster waren die Vorhänge heruntergerissen, wahrscheinlich um mehr Licht für die Fotos zu haben.
Vor der Waffenkammer standen zwei Motorräder, eines mit einer gemalten Flamme auf dem Benzintank, mit hoch aufragenden ‹Sissy Bars› als Rückenlehnen. Die Motorräder gehörten Robert Rinehard, einem bärtigen, am Kopf aber bereits kahl werdenden Straight Satan, und De Carlo.
Im Salon des Bestattungsunternehmers bzw. in der Waffenkammer lag De Carlo zusammengesunken auf dem Boden, dort, wo die Mädchen den Betrunkenen hingeschleppt hatten. Neben ihm lag Rinehard, in seiner ledergeschnürten Clubweste mit dem Bild des Teufels auf dem Rücken. Die Sheriffs Gillory und Neureither kamen hereingestürmt. Als De Carlo nach seiner 45er Automatic griff, trat ihm Neureither gegen den Nasenrücken. Die beiden Beamten wurden mit den Verdächtigen rasch fertig. Sie legten ihnen Plastikhandschellen an. Neureither bewachte die beiden, während Gillory die Waffenkammer durchsuchte.
Dort machten sie reiche Beute: Sie beschlagnahmten einen Motorradmotor, De Carlos Radio, eine Polaroid-Kamera, einen Feldstecher, den 45er Karabiner, einen 30-Kaliber-Winchester-Karabiner, ein Radio/Stereo/Tonband-Gerät, einen Lötkolben, eine Patronenbördelmaschine, Marke Spartan, eine Gewehrschulterstütze, Munition und andere wichtige Dinge. Klick, klick machten die Polizeikameras. Unter den Polizeifotos gibt es eines, auf dem in dem Raum, wo zehn Morde geplant wurden, Danny De Carlos Radio zu sehen ist und darauf ein verstaubtes Paperbackexemplar von Hunter Davies' Biographie über die Beatles.

Sie führten die beiden Bikers aus der Waffenkammer heraus. Draußen warfen sie De Carlo mit seiner aufgeschürften Nase in den Staub. Rinehard saß einen Augenblick daneben auf der Ladefläche eines Lasters, dann rissen ihm die Beamten seine Straight Satans-Weste mit dem Teufelskopf vom Leib. Sie breiteten sie über den Kühler eines Wagens und ließen sich davor fotografieren – beide hatten ihre automatischen Waffen emporgerichtet, und der eine trug ein Funksprechgerät über der Schulter, eine Hörmuschel am Ohr und hatte eine Antenne an seiner Marine Corps-Mütze. Man nahm die Straight Satans-Weste in Gewahrsam und hängte sie im Sheriff's Office von East Los Angeles als Memento an die Wand.

Auf dem Weg zwischen Filmgelände und Scheune stieß man auf den Trailer mit dem elektrischen Generator, einige Strand-Buggies und Johnny Schwartz' 59er Ford mit dem Nummernschild GYY 435. Im Kofferraum von Schwartz' Wagen fanden die Bullen eine ganze Waffensammlung: ein 30-06-Gewehr, eine Enfield-Büchse, eine 20-Kaliber-Schrotflinte, eine Schrotkornflinte, eine Winchester 67A, eine große Schachtel mit Munition und Schießpulver sowie einen Waffenreinigungskasten. Der Sheriff Earl Loobey fragte Schwartz nach den Waffen im Kofferraum, und Schwartz erwiderte: «Die haben sie gestern abend geholt und wollten sie heute wegschaffen.»

Alle Fahrzeuge – der 59er Ford, Randy Starrs 54er Fordlaster, die beiden Motorräder, der 62er Ford, die vier Strand-Buggies – wurden vom Howard Sommers-Abschleppdienst zur Howard Sommers-Garage in Canoga Park gebracht. Der 59er Ford – das Mordautomobil, mit dem sie zu Crowe, Hinman, Sharon Tate und den LaBiancas gefahren waren – blieb in der Garage stehen, bis der Wagen am 2. Dezember 1969 von Sergeant Granado vom S. I. D. nach Blutspuren untersucht wurde.

Das Ganze wirkte surreal. Jedermann wurde verhaftet und in den Kreis eingereiht. Zwei Hubschrauber knatterten über sie hinweg, und die Haare flatterten, wenn sie tief flogen. Einer der Hunde rannte mit einem Büstenhalter herum, den ihm jemand von der Family übergestreift hatte.

Aber wo war Manson?

«Wo ist Jesus?» Die Beamten machten sich auf die Suche nach Satan. Schließlich bückten sie sich in der morgendlichen Luft und leuchteten mit ihren Taschenlampen unter die Bodendielen des Saloons.

Sheriff Dunlop entdeckte Charlie, der mit dem Gesicht nach unten ungefähr zehn Meter von der hinteren Veranda entfernt auf der Erde lag. Sie sagten Manson, er solle besser herauskommen. Das tat er denn auch, und als er die vordere Kante der Veranda erreichte, packte ihn Dunlop bei den Haaren und zerrte ihn heraus. Beim Aufstehen fiel Charlie ein Umschlag mit Kreditkarten, die einem Dr. Weiland in der Hayvenhurst Avenue gehörten, aus der Hemdtasche. Sie schleppten ihn den Weg entlang zur Scheune. Sie bogen ihm die Arme auf dem Rücken, legten ihm Handschellen an und stießen ihn, die Arme nach oben gezerrt wie zwei Pfluggriffe, in den Kreis zu den anderen. Er war barfuß, trug eine blaue Drillichhose und ein helles, mit Schmutz bedecktes Hemd. Sie stießen ihn neben De Carlo zu Boden.

Gegen alle wurde Anklage wegen Autodiebstahls erhoben.

Manson wurde außerdem des Einbruchdiebstahls angeklagt, wahrscheinlich wegen der Kreditkarten, die ihm bei der Verhaftung herausgefallen waren. De Carlo wurde des tätlichen Angriffs mit einer tödlichen Waffe beschuldigt: laut Paragraph 245 des Strafgesetzbuches, weil er, als die Polizisten in die Waffenkammer stürmten, nach seiner 45er gegriffen hatte.

Von den fünfundzwanzig Verhafteten gaben siebzehn falsche Namen an.

Squeaky begann wie üblich zu heulen. Sie fragte, ob irgend jemand dableiben dürfe, um George Spahn das Frühstück zu machen. Simi Sherri flehte: Wer soll sich um die Pferde kümmern? Die Polizei nahm Anstoß an dem schmutzigen Zustand der Verhafteten: alle mußten duschen und wurden anschließend laut der Family mit DDT besprüht. Die Nacht mußten sie auf Decken in der Hilfsstation des Sheriff's Office in Malibu verbringen, dann wurden sie in das in der eleganten City von Los Angeles gelegene Bezirksgefängnis transportiert.

Der Hippie-Autodiebstahl- und -Ausreißerring war zerschlagen. Was man im Sheriff's Office unglücklicherweise nicht wußte, war, daß man Mörder verhaftet hatte – Mörder, die rund 72 Stunden nach ihrer Verhaftung wieder freigelassen werden sollten.

Am Tag nach der Razzia auf der Spahn Movie Ranch rief entweder Sergeant Whiteley oder Sheriff Guenther, die die Ermittlungen im Hinman-Fall leiteten, die auf der Karte der Lutesinger Ranch angegebene Telefonnummer an; sie hatten die Karte in Bob Beausoleils Jeans gefunden. Beausoleil hatte ihnen anscheinend erzählt, daß Kitty Lutesinger seine Freundin sei, und die Beamten wollten herausfinden, wo sie sich aufhielt. Sie wollten mit ihr über Beausoleil reden.

Die Beamten hatten zu diesem Zeitpunkt noch keine Ahnung von der

Spahn Movie Ranch, von Manson oder von Beausoleils Beziehung zur Family. Kitty war nicht zu Hause; sie war am Abend zuvor wieder ausgerissen. Sie saß vielmehr, aber das wußten die Beamten nicht, im Gefängnis. Mrs. Lutesinger sagte den Beamten, sie hätte nicht gemeldet, daß ihre Tochter durchgebrannt sei, weil sie «das alles schon einmal durchgemacht habe». Man sagte ihr, ihre Tochter werde im Zusammenhang mit Ermittlungen in einem Mordfall gesucht.

Mrs. Lutesinger füllte Formulare über ihre schwangere, durchgebrannte Tochter aus. Die Beamten Guenther und Whiteley vereinbarten mit dem für Kittys Wohnsitz zuständigen Polizeirevier, ihnen Nachricht zu geben, falls das Mädchen auftauche. Diese Vereinbarung legte den Keim für Mansons Sturz.

Bruce Davis kehrte von Olancha, wohin er eine Wagenladung mit Strand-Buggy-Teilen und Ausrüstungsgegenständen der Family gebracht hatte, auf die Spahn Movie Ranch zurück. Er war entsetzt, daß alle verhaftet waren. Tex und Snake/Lake waren in Olancha geblieben. Am Montag, dem 18. August, wurde Snake festgenommen, weil sie in den Felsen bei Hannons Ranch nackt ein Sonnenbad genommen hatte. In der Zeit, als sie sich auf der Ranch bei Olancha aufhielten, fuhr Tex einmal in die Stadt und brachte eine Zeitung mit, in der ‹Mau Mau-Teufelsverehrer› der Morde bezichtigt wurden. Tex lachte und sagte zu Snake, wie diese später berichtete, daß er Sharon Tate umgebracht habe: «Ich hab sie killt. Charlie hat mich aufgefordert. Es war lustig.» Dann sagte Tex, sie solle zu niemandem davon sprechen, und er wolle nicht weiter darüber reden.

Ebenfalls am Montag, dem 18. August, wurden die Beweismittel als nicht ausreichend für eine Anklageerhebung gegen die 25 Verhafteten wegen Verstoßes gegen die Paragraphen 487,3, 245 und 12200 des kalifornischen Strafgesetzes zurückgewiesen. Hinzu kam, daß der Durchsuchungsbefehl, mit dem die Verhaftungen vorgenommen wurden, keine Gültigkeit besaß. Manson, Van Houten, Krenwinkel, Clem und die anderen wurden auf freien Fuß gesetzt. Alle Kinder, Zezo, Pooh Bear, Dennis De Carlo und Tanya Kasabian, wurden in Pflegeheime eingewiesen. Einige Tage später entführte Sadie Zezo aus seinem Pflegeheim.

Johnny Schwartz rief vom Bezirksgefängnis in Los Angeles aus Shorty Shea an und bat ihn, sie alle abzuholen. Statt dessen kam Vern Plumlee in Shortys Wagen. Shorty wurde einige Tage später ermordet.

Als sie auf die Ranch kamen, war dort alles in größter Unordnung: Türen waren eingetreten, Strand-Buggies, Werkzeuge und Kreditkar-

ten beschlagnahmt worden. Außerdem hatte die Polizei das ganze Waffenarsenal konfisziert. De Carlo waren zum Beispiel nur seine Stiefel geblieben.
Manson blieb nur drei Tage auf freiem Fuß, dann wurde er wieder festgenommen.
Am Freitag, dem 22. August, waren Charlie und Stephanie nachmittags allein in einer der *outlaw*-Hütten im hinteren Teil der Ranch, wo sie es miteinander trieben. Mitten während der Nummer kam Sadie auf leisen Sohlen in die Hütte und steckte einen an einem Ende zusammengedrehten Joint in Charlies blaues Drillichhemd. Dann schlich sie sich fort vom Teufel und seiner Partnerin. Hinterher, als Manson ohne Hemd dasaß, und die füllige Stephanie auch ohne Hemd dasaß, drangen zwei Sheriffsbeamte in die *outlaw*-Hütte ein und nahmen die beiden fest.
Miss Stephanie wurde ein Jahr später gefragt, warum sie verhaftet worden sei. Sie antwortete:
«Weil wir nichts anhatten und gegen das Gesetz verstießen und weil sie ein bißchen Dope bei uns fanden. Ich weiß nicht, wer das Zeug gebracht hat. Ich könnte mir denken, daß es Sadie gewesen ist. Vielleicht hat sie gedacht, es wär eine tolle Idee. Ich weiß noch, wie ich sie aus dem Augenwinkel sah, und ich dachte, sie ist nur mal reingekommen und wieder rausgegangen, und dann haben sie plötzlich das Zeug gefunden, und ich wußte gar nicht, daß es da war.»
Die Polizei beförderte die beiden in den Fond des Streifenwagens und fuhr mit ihnen zum vorderen Teil der Ranch. Als sie am Westerngelände vorbeikamen, schrie Manson aus dem Fenster: «Ruft auf der Wache an!» Manson rief vom Gefängnis aus auf der Spahn Movie Ranch an und verlangte, derjenige, der den Joint in seine Hemdtasche getan habe, solle sich gefälligst zum Sheriff's Office Malibu begeben und für die Tat einstehen. Laut Manson waren die Beamten angewidert, daß er von einer seiner Anhängerinnen verlangte, die Schuld auf sich zu nehmen. Gypsy war bereit dazu, doch es erwies sich als unnötig.
Die Polizei ließ den Joint im Labor untersuchen, und siehe da, es stellte sich heraus, daß es gar kein Rauschgift war. Manson sagt, die Mädchen hätten etwas angebaut, was sie für Marihuana hielten, doch es sei alles andere als Stoff gewesen; vielleicht männlicher Hanf, vielleicht auch ein paar Blätter von De Carlos schwacher Potpflanze namens Elmer. Auf alle Fälle war es nicht Cannabis. Und da es offenbar auch kein Gesetz gab, das es Stephanie verboten hätte, barbusig in einer *outlaw*-Hütte zu sitzen, und da sie jeden Verkehr in Abrede gestellt hatte,

konnte der Beamte Manson keine Klage anhängen. Wieder einmal war Manson davongekommen.

Die siebzehnjährige, schwangere Stephanie wurde auf Bewährung freigelassen und auf Gerichtsbeschluß zu ihren Eltern nach Anaheim geschickt. Sie blieb ungefähr zwei Wochen dort, dann wählte sie die Nummer DI – 9026 und bat die Family, sie abzuholen. Clem und Gypsy fuhren am 5. September los und holten sie. «Trotz Charlie mochte ich sie alle so gern», sagte Stephanie vor Gericht aus, als man sie fragte, warum sie auf die Spahn Movie Ranch zurückgekehrt sei.

Manson bat im Butler Buggy Shop darum, daß man ihm Zweitrechnungen über die vier Strand-Buggies ausstellte, die sie dort gekauft hatten und die vom Sheriff's Office bei der Razzia eine Woche zuvor beschlagnahmt worden waren. Das lehnte Mr. Butler ab, und so konnten sie die Fahrzeuge von der Polizei nicht zurückbekommen. Die Buggies wurden später als Schrott an den LeMans Salvage Yard verkauft. Mansons mit Pelz überspannter Strand-Buggy landete später als besondere Attraktion auf einer Autoschau in Pomona (California). Doch machte ihnen das alles nicht viel aus, denn rasch hatte die Family Ersatz geklaut. Außerdem stahlen sie einen roten Ford (1969), der vor allem dazu diente, die Leute zur Mündung des Goler Wash zu transportieren.

Vance, Vern und Zero benutzten diesen roten Ford, als sie im San Fernando Valley einige Tankstellen ausraubten. Vance, den Revolver in einer Aktentasche, verwickelte den Tankwart in eine Plauderei, zog dann die Waffe aus der Tasche und plünderte die Kasse.

Irgendwann in dieser Zeit brachen sie in ein Haus an der Deer Vale Road ein. Es gehörte dem Sänger Jack Jones, dem Ehemann von Jill St. John. Bewaffnet mit einem Gewehr mit abgesägtem Lauf drangen sie um 2 Uhr morgens kaltblütig in das Haus ein, obwohl Licht darin brannte. Kein Sinn ergibt Sinn, hatte Manson sie gelehrt. Alles, was sie brauchen konnten, schafften sie durch ein Fenster aus dem Haus. Dann zogen sie los, um den Wagen zu holen, doch als sie zurückkamen, war die Polizei bereits da. Sie fuhren einfach weiter.

Vance hatte es jedoch fertiggebracht, etwas zu stehlen – Jack Jones' weißen Stetson-Cowboyhut, den er noch auf der Barker Ranch im Death Valley trug.

Ende August unternahmen Bill Vance und Vern einen Trip nach Norden, nach Portland (Oregon). Sie brachten ein junges Mädchen, Diane Von Ahn, und einen gewissen Ed Bailey zurück, die sich beide der Family anschlossen. Sie blieben einige Tage auf der Spahn Movie

Ranch, und dann zogen die vier in ein gemietetes Haus in einer Seitenstraße des Victory Boulevard in Burbank. Sie unternahmen weitere Raubzüge, bis sie zu Manson im Death Valley stießen.
Manson wurde nach der Marihuana-Anklage um den 26. August wieder auf freien Fuß gesetzt. In der Nacht nach seiner Freilassung brachte die Family den vierzig Jahre alten rundlichen Donald Jerome ‹Shorty› Shea um, der als Double gearbeitet hatte. «Während Charlie im Gefängnis saß, hat Shorty eine Menge häßlicher Sachen über Charlie geredet», erinnerte sich Kitty Lutesinger ein Jahr später. Charlie glaubte, Shorty habe ihm die Sheriffs auf den Hals gehetzt, als er und Stephanie in der *outlaw*-Hütte verhaftet wurden.
Shorty und Johnny Schwartz hatten gemeinsam versucht, die Family von der Ranch zu vertreiben. Manson drohte Johnny Schwartz in jener Zeit, wie dieser sagte: «Ich könnte dich jederzeit umbringen. Ich kann, wann immer ich will, nachts zu deiner Schlafstelle kommen.» Daraufhin verließ Schwartz die Ranch – er hatte Angst. De Carlo behauptete, Shorty habe für die Leute, die das deutsch-amerikanische Erholungszentrum errichteten, auf dem hinteren Ranchgebiet als Wächter arbeiten wollen. Manson hat behauptet, er habe Shorty auf Knien angefleht, nicht mehr gegen die Anwesenheit der Family auf der Ranch zu intrigieren, doch Shorty sei nicht umzustimmen gewesen, und so habe man ihn umbringen müssen.
Manche Mitglieder der Family mochten den gesprächigen Shorty Shea sehr gern. Shorty wollte Filmstar werden, und mindestens drei Freunde von ihm hatten ihm erlaubt, ihre Telefonnummern anzugeben für den Fall, daß ein Produzent oder Regisseur ihm eine Rolle anbieten wollte. Jeden Tag pflegte das Double diese Freunde anzurufen, um sich zu erkundigen, ob irgendein Filmmacher angerufen habe. Diese täglichen Telefonanrufe hörten am 27. August 1969 auf.
Eine weitere ‹Sünde› Sheas in den vom Wahnsinn geblendeten Augen der Family bestand darin, daß er eine schwarze Tänzerin geheiratet hatte, der er offenbar in Las Vegas begegnet war. Die Family war sauer, weil die schwarzen Freunde seiner Frau häufig zu Besuch kamen. Außerdem hatte er sich mit Johnny Schwartz zusammengetan, um die Family von der Ranch zu vertreiben. Doch der Hauptgrund für Shortys Ermordung dürfte wohl gewesen sein, daß er etwas über die Tate–LaBianca-Morde wußte.
Die Ermordung von Donald Jerome ‹Shorty› Shea ist wahrscheinlich das widerlichste ihrer Verbrechen, wenn man den Geschichten, die abtrünnige Family-Mitglieder erzählt haben, glauben darf. Sie folter-

ten ihn, und während sie ihn folterten, stellten sie, als veranstalteten sie ein Experiment, immer wieder seine geistige Verfassung auf die Probe. Die ganze Family war an seiner Beseitigung beteiligt. Einige mordeten, einige verscharrten, einige verbrannten und einige packten seine Sachen zusammen. «Jeder von uns hatte damals seine besondere Aufgabe», berichtete Leslie Van Houten, als die ihr zugewiesene Aufgabe, nämlich Shortys Kleidung zu verbrennen, zur Sprache kam. Als sie die Sachen anzünden wollte, kam ein Rancharbeiter herüber. Sie mußte ihre Arbeit unterbrechen, die Sachen im Gebüsch verstecken und konnte sie erst später verbrennen.

Sie verscharrten ihn nachts unten am Fluß, in der Nähe des Eisenbahntunnels hinter der Ranch, in einem in aller Eile geschaufelten provisorischen Grab, das sie mit Zweigen zudeckten.

Am 27. August um 10 Uhr morgens war Vollmond, und genau um diese Zeit gruben mehrere Mädchen den toten Shorty am hellichten Tag wieder aus. Die in Stücke gehackte Leiche wurde irgendwo unten in der Nähe der Straße nach Simi begraben, wahrscheinlich im Box Canyon.

Sie packten Sheas Habe in den Kofferraum seines Wagens, der auf der Spahn Movie Ranch stand. Bruce Davis hinterließ an einem von Shortys Koffern einen Fingerabdruck, ein für Davis bedauerliches Mißgeschick. Gypsy alias Cathy Share gab später der Polizei gegenüber zu, daß sie dabeigewesen war, als man Shortys Wagen fortbrachte und in Canoga Park stehenließ. Ein blutiger Schuh, der Shea gehört hatte, wurde vom Sheriff's Office des Bezirks Los Angeles sichergestellt, doch Leichenteile oder sein Kopf ließen sich nicht auffinden.

Nur drei Personen – Steve Grogan alias Clem, Bruce Davis und Manson – stehen heute, während dies geschrieben wird, wegen dieses Verbrechens unter Mordanklage.

Bruce Davis schuldete De Carlo Geld: er gab De Carlo die Pfandscheine für Shorty Sheas Pistolenpaar – zwei Pistolen mit Messinggriffen. De Carlo hat die offenbar abgeholt. Eine Zeitlang wurden sie auf der Spahn Movie Ranch gelegentlich gesehen. Später verkaufte er sie für 75 Dollar an eine Waffenhandlung in Culver City, wo er den Decknamen Richard Smith angab.

Während innerhalb der Family über die Hinman–Tate–LaBianca-Morde ein fast lückenloses Schweigen gebreitet wurde, hat man über die Ermordung Sheas offen gesprochen. Charlie machte am Lagerfeuer häufig seine Witze darüber. Ruby Pearl und Johnny Schwartz, der Pferdehändler, fragten Manson, wo Shorty geblieben sei. Manson sagte ihnen: «Er ist nach San Francisco gefahren. Ich hab ihm von einem Job, den er da kriegen kann, erzählt.»

Ende August schickte Charlie Sadie, Katie und Leslie zur Fountain of the World im Box Canyon. Sie sollten um Erlaubnis bitten, daß die Family dort leben dürfe. Charlie hatte vor, die Sekte nach und nach zu unterwandern und sie schließlich zu übernehmen. «Sadie hat alles verpatzt», erinnerte sich Katie, «weil sie eine der Frauen von der Fountain ‹Schwein› genannt hat.» Die verantwortliche Schwester wies sie daraufhin vom Gelände, und als die kahlköpfigen Killer abzogen, sollen sie, wie jene Schwester berichtete, George Harrisons Song ‹*Piggies*› gesungen haben.

Ein elfjähriger Junge, Steve Weiss aus der Long View Valley Road in Sherman Oaks, reparierte am 1. September im Hintergarten am Hang einen Rasensprenger und entdeckte dabei im Gebüsch die 22-Kaliber Longhorn-Mordwaffe.

Ungefähr fünfzehn Meter oberhalb von der Long View Valley Road und parallel zu ihr verläuft der Beverly Glen Boulevard, von dem aus man den Mord-Revolver ins Gebüsch hinter dem Haus der Weiss geworfen hatte.

Steve Weiss übergab die Waffe unverzüglich einem Beamten der für Van Nuys zuständigen Abteilung der Polizeibehörden von Los Angeles. Der Junge war so umsichtig, den Revolver nicht mit der Hand zu berühren, um keine Fingerabdrücke zu verwischen. Die Polizisten betatschten den Revolver und legten ihn, obwohl die Ladekammern der Waffe sieben leere Hülsen und zwei Patronen enthielten, ‹zu den Akten›. Erst im Dezember, als sich Steve nach der Waffe erkundigte, sollte sich die Polizei an den am Labor Day gefundenen Revolver erinnern.

21
Rommel – Die Barker Ranch
September 1969

Anfang September verlegte Manson seine Truppen ins Death Valley. Im Laufe mehrerer Wochen stahlen sie etwa sieben Strand-Buggies. Sie versuchten Dennis Kemps roten Toyota zu stehlen. Dennis Kemp wohnte am Loyal Trail, nicht weit von Bernard Crowes Wohnung am Woodrow Wilson Boulevard. Es gelang ihm, die Diebe zu vertreiben. Doch ein paar Tage später, am 1. September, folgten sie Kemp bis zum Ventura Boulevard, und während Kemp dort bei Freunden Karten spielte, stahlen die Kojoten den roten Toyota mit Vierradantrieb und brachten ihn in die Wüste.

Der gleiche vergnügte Klüngel, Barbara, Ouish, Kitty, Sherri, Snake und Charlie, fuhr bis zur Mündung des Goler Wash, um von dort über die durch Sprengungen eingeebneten Wasserfälle zur rund zehn Kilometer entfernten Barker Ranch hinaufzustürmen. Hin und her fuhr Charlie in den verschiedenen gemieteten oder gestohlenen Autos, um seine Family höchst persönlich ins Wüstenparadies zu geleiten. Am Ende lebten dort dreißig bis vierzig Personen. Charlie ließ Squeaky und Patricia Krenwinkel auf der Spahn Movie Ranch zurück, damit sie sich um George Spahn kümmerten.

Manson und Tex Watson besuchten Anfang September Ballarat Bob in Trona. Trona ist eine kleine Stadt, deren Prunkstück die von der American Chemical and Potash Corporation betriebene Fabrik ist. Schwaden von Schwefel hängen über der Stadt, und alles ist mit einer Schicht von Pottasche bedeckt. Ballarat Bob sagte, von ihm aus könnten sie auf der Barker Ranch bleiben. Er bat Manson, seine Esel zusammenzutreiben und zu versorgen, da er später wieder schürfen gehen wolle.

Irgendwann im September besuchte Manson auch Mrs. Arlene Barker, die Besitzerin der Ranch, in ihrem Haus in Sunland. Mrs. Barker flog an Wochenenden gewöhnlich in ihrem Privatflugzeug zu einer Ranch namens Indian Reservation, etwas nördlich von Ballarat. Manson fragte Mrs. Barker, ob er einige Tage auf der Ranch bleiben dürfe, und sie erlaubte es.

Am 4. September traf Linda Kasabian, aus New Mexico kommend, in Los Angeles ein; sie wollte ihre Tochter aus dem Pflegeheim holen, in das man sie nach der Razzia vom 16. August gebracht hatte. Mrs. Kasabian machte einen schüchternen und verstörten Eindruck, als sie mit Mr. Kroeger vom Department of Public Social Service für den Bezirk

Los Angeles sprach, der Ermittlungen darüber anstellte, wem das Kind zustand. Linda erklärte, sie hätte keine Ahnung gehabt, wie entsetzlich die Lebensbedingungen auf der Spahn Movie Ranch gewesen seien, und sie hätte ihre Tochter Tanya Mary Brunner anvertraut und sei nach Arizona zu ihrem Mann gefahren.

Sie sagte zu Mr. Kroeger: «Ich wollte in einer Woche wieder zurück sein, um Tanya abzuholen und nach New Mexico zurückzukehren, doch als ich auf der Spahn Movie Ranch anrief, sagten sie mir, daß man Tanya in ein Heim gebracht habe. Dann rief ich Sergeant Jones vom Sheriff's Office in Malibu an, und er riet mir, mich an Sie zu wenden.»

Linda sagte dem Beamten, sie habe vor, für Tanya eine feste Bleibe bei der Church of Macrobiotics, in der Nähe einer Ranch bei Taos (New Mexico), zu suchen. Daraufhin gab man ihr Tanya zurück. Die junge Mutter ging mit ihrer Tochter nach New Mexico, dann nach Miami und kehrte schließlich zu ihrer Mutter nach Milford (New Hampshire) zurück, wo sie blieb, bis sie am 1. Dezember 1969 wegen Mordes verhaftet wurde.

Am 4. September fand im Gericht von Malibu eine Verhandlung gegen Robert Beausoleil statt; es wurde beschlossen, daß der Prozeß gegen ihn am 12. November 1969 stattfinden sollte.

Ebenfalls am 4. September rief Stephanie die Family von ihrem Elternhaus aus an. Sie wollte durchbrennen und bat um Hilfe. Clem und Squeaky holten Stephanie in Anaheim ab und brachten sie zur Ranch. Zwei Wochen war es her, daß sie und Charlie verhaftet worden waren und daß man Stephanie zur Bewährung freigelassen hatte. Die drei blieben vier bis fünf Stunden auf der Spahn Movie Ranch und brachen kurz vor Morgengrauen mit einem grünen Ford (1969), den Brenda mit Hilfe einer Kreditkarte gemietet hatte, in die Wüste auf.

In der Umgebung der Barker Ranch und Meyers Ranch gab Charlie Stephanie ein Messer. Charlie erteilte allen seinen Anhängern Unterricht, wie man einem Menschen die Kehle durchschneidet. Man wollte die Barker Ranch mit Totenköpfen schmücken. Manson sprach davon, man werde die Schädel in großen Kesseln kochen, damit sich das Fleisch davon löse. «Wir saßen alle im Kreis, und er fragte, ob wir das fertigbrächten. Er fragte, ob wir es fertigbrächten, wenn es dazu käme, und alle sagten ‹O ja›, und ich sagte auch ‹O ja›», erinnerte sich Miss Stephanie zehn Monate später, als sie vor Beginn einer Unterrichtsstunde in ihrer Hundepflege-Schule gefragt wurde. «Und als ich wissen wollte: ‹Wie? Ich weiß wirklich nicht wie›, da benutzte er mich als lebendes Demonstrationsobjekt – wie man von hier nach hier schneidet –» sie fuhr sich mit dem Finger über den Hals. «Und dann sagte er: ‹Ihr müßt lernen, wie man alles so versteckt, daß es keiner findet.› Wir waren irgendwo unten in einem Canyon.»

Einige Tage später redete Stephanie mit Manson darüber, daß sie zu ihrer Schwester nach San Diego zurückfahren wolle. Die scheue junge Dame stand da und hielt ein Gewehr in den Armen. «Ich nehme an, ich sah nach Heimweh aus, und so fragte mich Charlie, ob ich heim wolle.» Sie sagte ja, sie habe Heimweh. Und Manson sagte darauf laut ihrer Zeugenaussage beim Prozeß, er gebe ihr ein letztes Mal die Möglichkeit, nach Hause zurückzukehren.

Dann bekam er einen seiner Wutanfälle. «Er packte das Gewehr und schlug es mir mehrere Male über den Kopf und sagte, den Gedanken an eine Heimkehr solle ich vergessen.»

Monate später fragte man sie, warum sie es zugelassen hätte, daß jemand sie mit einem Gewehrkolben ins Gesicht schlug. Sie antwortete: «Ich wollte nicht, daß er mich schlug, aber ich wollte, daß man mir beibringt, die Dinge von einer anderen Seite zu sehen. Und Charlie wußte keine andere Möglichkeit, wie er mir beibringen sollte, die Dinge auf andere Weise zu sehen.»

Eines der Hindernisse, die einer völligen Eroberung des Goler Wash entgegenstanden, war der sogenannte Scientologe und Goldschürfer Paul Crockett, der Manson bereits zwei Leute abspenstig gemacht hatte – Brooks Posten und Paul Watkins. Crockett und seine neuerworbenen Jünger lebten in einer mit Teerpappe bedeckten Blockhütte auf der Barker Ranch.

Manson sagte zu Brooks Posten, daß er immer noch ihm, Manson, gehöre und von keiner seiner Verpflichtungen entbunden sei. Manson versuchte es mit seiner abgedroschenen ‹Kill dich–Kill mich›-Masche auch bei Brooks, indem er ihm sein Messer gab und sagte: «Brooks, töte mich.» Und als sich Brooks weigerte, nahm Charlie das Messer und erklärte: «Dann kann ich dich töten.»

Manson hatte immer noch seinen alten Groll gegen den Sheriff von Shoshone, der im Februar 1969 die Razzia auf der Barker Ranch veranlaßt hatte, nachdem seiner Stieftochter von einigen Mitgliedern der Family etwas Marihuana gegeben worden war. Posten behauptete, Charlie habe gesagt, wenn er, Posten, Charlie liebe, dann würde er nach Shoshone gehen und den Sheriff umbringen. «Und das sollte ich tun, wenn ich ihn liebte», sagte Posten.

Auch Juan Flynn fing an, sich mit dem Scientologen und Goldschürfer Paul Crockett und den beiden Ex-Mitgliedern der Family abzugeben.

Das ging so weit, daß er zu ihnen in die von lauter Kisten voller Golderzproben umgebene Hütte zog. Noch einen weiteren Anhänger zog Crockett zu sich herüber. Crockett begann sogar, Manson bei einigen der Mädchen schlecht zu machen, eine unverzeihliche Sünde in Mansons Augen.

Eines Nachts, als Crockett, Posten, Watkins und Flynn bereits schliefen, fing plötzlich gegen Mitternacht der Schäferhund, den sie in der Hütte bei sich hatten, zu bellen an. Paul, Little Paul und Brooks gingen hinaus, konnten aber nichts Ungewöhnliches feststellen und legten sich wieder hin. Kurze Zeit darauf begann der Hund zu knurren, und Juan stand auf und blickte aus dem Fenster. Im Mondlicht sah er, daß Clem und Manson sich an die Hütte heranschlichen. Flynn hat behauptet, Manson hätte ein Messer in der Hand gehabt und die Fransen an seiner Wildlederhose wären hin und her geflattert. Nackt, eine Schrotflinte in der Hand, trat Flynn aus der Hütte, um Satan und seinen Sklaven zu stellen. Aber es wurde nichts daraus. Nach einem kurzen Wortwechsel verzog sich Charlie.

Viele Male hielt Charlie dem einszweiundneunzig großen Juan Flynn sein Messer an die Kehle und forderte ihn auf, sich dem Willen des Hexers zu unterwerfen.

Mit Hilfe einer gestohlenen Master Charge-Kreditkarte kauften Charlie und seine Gang alles mögliche für das Ende der Welt ein – Werkzeug, ganze Werkzeugkästen, Ölkanister, zwanzig Schlafsäcke, zahllose Messer, Lebensmittel, Tarnfallschirme. Immer wieder beteuerte er Crockett und den anderen Bergleuten, daß alle diese Dinge, die sie mit in die Wüste brachten, rechtmäßig erworben seien. Das klang durchaus plausibel, da Manson mehrere Male reiche junge Damen, die auf der Suche nach der Wahrheit waren, um größere Geldsummen hatte erleichtern können.

Er hatte zwei große Spulen Telefondraht besorgt, um in der Wüste ein Telefonnetz zu errichten. Von der Barker Ranch hielten sie sich vor allem deswegen etwas abseits, weil dort Watkins, Posten und Crockett in der kleinen Hütte waren. Aber immer wieder tauchten sie dort auf und lärmten herum. In manchen Nächten machte die Family ein riesiges Feuer und rauchte Pot. Charlie griff zur Gitarre und begleitete damit das gemeinsame Singen draußen vor der Ranch. Mitten in der Nacht kam Charlie, so Paul Watkins, randalierend auf die Ranch und prahlte damit, wie viele Leute er umgebracht habe und ‹sandte Bilder aus› von Blutbädern. Laut Watkins und Posten machte Manson seine Witze darüber, wie er einige von seinen Mädchen Shorty Shea hatte verscharren

lassen und wie er damals den ‹Panther› angeschossen hatte. Doch die
Hinman–Tate–LaBianca-Morde wurden nicht erwähnt.
Manson sprach von General Rommel und Wüstenfeldzügen und davon,
wie er als ‹Wüstenfuchs› vom Teufelsloch an der Spitze seiner dahinjagenden Strand-Buggy-Brigade zu seinen Raubzügen durch die Wüste
rase. Manson sprühte seinen gestohlenen Strand-Buggy mit Farbspray
ein und warf dann, solange die Farbe noch nicht getrocknet war, Erde
darauf, was einen braunen Tarnanstrich ergab.
Oft redeten sie davon, daß sie Shoshone, die kleine Stadt im Death Valley, und auch Trona erobern wollten. Manson empfand eine gewisse
Feindseligkeit gegenüber allen anderen Wüstenbewohnern und wollte
sie einen nach dem anderen abknallen. Er wollte die Polizei terrorisieren. Er wollte sich nähernde Polizisten töten, die Leichen entkleiden
und dann die Uniformen und Schuhe und Mützen so raffiniert auf dem
Wüstenboden ausbreiten, daß es aussah, als wären die Körper irgendwie
aus den Uniformen entschwunden.
Selbst wenn sie nackt waren, trugen sie alle stets Jagdmesser an der
Hüfte oder ans Bein geschnallt. Die Mitglieder der Family lebten so sehr
in ihren Blutphantasien, daß jeder von ihnen bewaffnet war, möglicherweise aber weniger aus Angst vor der Polizei als aus Furcht voreinander.
Charlie machte gern Bemerkungen über die Leute, die er für die schwachen Glieder der Family hielt. Die Mädchen müssen sich verzweifelt
bemüht haben, um nicht als ein schwaches Glied zu gelten. Ein schwaches Glied konnte am Ende selbst zum Opfer eines satanischen Rituals
werden. So kam es, daß ihr Verhalten in der Wüste brutal und unerklärlich war. Von Gypsy hat jemand, der es gesehen hat, berichtet, daß sie
vor Klapperschlangen überhaupt keine Angst hatte: «Sie nahm sie einfach auf, hielt sie in der Hand und starrte sie an... Das war echt
gekonnt.» Nein, vielen Dank.
Und es gab auch Tote, wie Sadie, Vern Plumlee und andere zu berichten
wußten. Angeblich liegen hinter der Barker Ranch, zweieinhalb Meter
unter der Erde, zwei Jungen und ein Mädchen begraben. Einige ihrer
verächtlichen Taten hat die Family gefilmt. Mehrere Augenzeugen
haben einen Tanz beschrieben, den man als den ‹Barker Ranch-Hackmessertanz› bezeichnen könnte: alle tanzten im Kreis und taten dann
so, als verfielen sie in einen Messerstecherwahnsinn – indem sie Bäume,
Felsen und sich gegenseitig mit ihren Messern attackierten. Gott allein
weiß, was sie alles mit ihrer gestohlenen NBC-Kamera filmten.
Folterungen scheinen das Hauptthema bei den meisten Unterhaltungen in den letzten Tagen vor Mansons Verhaftung gewesen zu sein. Er

wurde unsagbar wild, unsagbar gemein. In der Wildnis konnte der Mann der tausend Masken alle Masken fallen lassen und seine Lieblingsrolle als Exterminator spielen. «Etwas Wildes überkam ihn, wenn er da draußen war. Ich weiß nicht, die ganze Zeit mußte er auf Snake einschlagen – oder auf irgendwen anderes», erinnerte sich Kitty Lutesinger ein Jahr später. Auf die Frage nach den Drohungen erwiderte sie: «Ach, das Übliche, zum Beispiel: ‹Wir hängen dich an einen Baum und schneiden dir die Zunge heraus› oder ‹Wir fesseln dich an einen Baum, bestreichen dich mit Honig und lassen Ameisen über dich krabbeln›.»

Anfangs hatte die Family ihr Lager auf der Meyers Ranch aufgeschlagen, einem fruchtbaren, mit Bäumen bestandenen, 40 Acres großen Stück Land, das Cathy Meyers' Großeltern von einem einheimischen legendären Bergmann namens Seldom Seen Slim für ein Butterbrot erworben hatten. Sie belegten auch mehrere Hütten bei der Lotus-Mine mit Beschlag, die laut Ballarat Bob den Warner Brothers gehörte und ungefähr eineinhalb Kilometer unterhalb von Sourdough Springs im Goler Wash liegt. Auf Anweisung des Hexers hin zogen sie von Hütte zu Hütte und lebten eine Zeitlang bei der Newman-Hütte, die noch ein paar Kilometer weiter unten im Goler Wash liegt.

Auf der Meyers Ranch ließen sie den Swimmingpool vollaufen und reparierten mehrere Sprenganlagen für die wildwachsenden Obst- und Laubbäume, die diesen Ort zu einer Oase in der Hochwüste machten. Einmal wurde Snake dabei ertappt, daß sie ein Arbeitshemd von Shorty Shea trug: «Einmal war ich oben, am Fuß der Lotus-Mine. Ich hatte ein blaues Männerhemd an und Charlie sagte: ‹Wo hast du das Hemd her? Du hast Shortys Hemd an.› Ich war auf LSD, als er das sagte.»

Schmerz und Gewalt. Eines Abends beging Kitty den unverzeihlichen Fehler, bei einem der Monologe von Charlie am Lagerfeuer einzuschlafen, worauf er ihr einen Faustschlag ins Gesicht versetzte und sie ins Feuer stieß.

Eines Tages saßen Kitty und Sadie am Swimmingpool. Kitty war im fünften Monat schwanger, und sie war sehr unglücklich. Niemand sprach von Bob Beausoleil. Kitty versuchte das Gespräch auf Bob zu bringen, doch Sadie wich ihrem Blick aus. Charlie hatte Kitty mehrere Male gesagt, Bob sei im Gefängnis, aber es ginge nur um eine Kleinigkeit, und er tat so, als werde Bob bald wieder bei der Family sein. Kitty war entschlossen, der Sache auf den Grund zu gehen.

«Warum sitzt er denn?» fragte sie.

«Oh, nichts Besonderes, nur eine Kleinigkeit», erwiderte Sadie. Aber Kitty fand, daß Sadie so aussah, als lüge sie.

«Ist es wegen einem Mord?»
«Ja.»
«Ist es ernst?»
«Was heißt schon ernst», antwortete Sadie und brach in Gelächter aus.
Aus der Zeit, als die Family 1969 im Death Valley lebte, gibt es eine Geschichte, die, falls sie wahr ist, den ersten bekannten, mit Hilfe von Belladonna begangenen Straßenraub überliefert. Danach hatten die Mädchen zuweilen Beutel mit zerriebenen Telacheblättern oder Belladonna bei sich. Wenn sie Leute fertigmachen wollten, taten sie ihnen einfach etwas davon ins Essen oder Wasser. Einmal waren Leslie, Sadie und vielleicht auch Little Patty per Autostop irgendwo zwischen Shoshone und Las Vegas unterwegs, als ein Kühllastwagen vorbeikam, der Obst und Gemüse nach Las Vegas brachte. Natürlich nahm der Fahrer die hübschen jungen Hippie-Mädchen mit.
Angeblich gab Sadie dem Fahrer unmißverständlich zu verstehen, daß sie gegen eine Vögelei nichts einzuwenden hätte. Der Fahrer war natürlich sofort dabei. Doch Sadie sagte etwas wie: «Warte, warte, ich weiß eine Stelle.»
Sie dirigierte ihn über die Route 178 ins Death Valley. Gleich hinter Ashford Hills ging's links ab auf die Furnace Creek Road und hinein in die Wildnis. Der Lastwagenfahrer wollte gleich anhalten, aber Sadie sagte: «Nein, nein, noch ein bißchen weiter.» Sie kamen an dem Straßenschild vorbei, das darauf hinwies, daß die Straße nicht täglich von der Polizei kontrolliert wurde, und Sadie sagte: «Nein, nein, fahr weiter.» So fuhren sie hinauf in die Vorberge der Panamint Mountains. Schließlich hielten sie. Sadie sagte: «Ich will dir erst Kaffee kochen.» Aber statt Kaffee kochte sie ihm einen trüben braunen, bitteren Telachetee mit dem Pulver aus ihrem Wundertripbeutel. Der Telachetrank soll den Lastwagenfahrer ausmanövriert haben.
In der Zwischenzeit rannte eines der Mädchen los, um einen im Gebüsch versteckten Strand-Buggy zu holen. Dann, während der Lastwagenfahrer noch besinnungslos war, brachen sie seinen Wagen auf, luden Obst und Gemüse auf den Buggy und brachten den Strand-Buggy zur Ranch und fuhren anschließend den Fahrer an irgendeine entlegene Stelle.
Das war der Lauf der Dinge für die irdische Truppe am heiligen Devil's Hole. Zweieinhalb Wochen lang etwa zog die Family in Schwärmen durch den Goler Wash und den Südwestteil des Naturschutzgebietes im Death Valley. Dann flippte Manson aus und zog die Aufmerksamkeit

der Park Rangers und der California Highway Patrol auf sich, und die Family mußte sich verstecken. Aber deshalb waren sie ja in die Wüste gegangen – um sich zu verstecken. Jetzt war es wie ein Versteckspiel im Versteck.

22
Die Verbrennung des Schaufelladers

Am Sonntag, dem 14. September, fuhr Gary Tufts, ein Computertechniker, der sich vorübergehend der Family angeschlossen hatte, zusammen mit Gypsy, Bruce Davis und Tex Watson in dem roten, von Vern und Vance gestohlenen 69er Ford von der Spahn Movie Ranch ins Death Valley. Sie stellten den Ford an der schmalen Mündung des Goler Wash ab, und Tex ging zu Fuß das Trockenbett hinauf und kam mit dem roten Toyota mit Vierradantrieb zurück, der laut Polizeiregister Nr. 69-068/306 am 1. September 1969 in Van Nuys gestohlen worden war.

Hinter Tex her kam Manson in seinem mit Schmutz und Farbe getarnten Commander-Strand-Buggy den Goler Wash herunter. Gypsy mit ihrer wohltönenden Stimme sprang zu Charlie in den Wagen, und Tufts, der Computertechniker, fuhr zusammen mit Bruce und Tex in dem Toyota zur Meyers Ranch hinauf, wo sie die Nacht und einen Großteil des folgenden Tages – das war der 15. September, ein Montag – verbrachten.

Es war die Zeit, in der Manson alles daran setzte, Barbara Hoyt und Sherri aus dem Simi Valley zu demütigen. Simi Valley Sherri wurde befohlen, Juan Flynn durch Fellatio zu befriedigen. Sie weigerte sich und wurde zur Strafe für ihren Trotz von Manson verprügelt. Anschließend erteilte Manson ihrer Freundin, Barbara Hoyt, der man später, in Honolulu, LSD in einen Hamburger tat, den gleichen Befehl, und vor lauter Angst fügte sie sich.

Nach dieser grausigen Szene beschlossen die beiden Mädchen, sich aus dem Staub zu machen, und auch einige andere, darunter Gypsy und Ouish, gestanden sich gegenseitig, daß sie gern abhauen würden, aber nur Barbara und Sherri wagten es, die Family zu verlassen. Zu Fuß gingen sie den ganzen Goler Wash bis zur Wingate Road hinunter und dann am Salzsee entlang zum Ballarat General Store, und alles barfuß; 45 Kilometer Geröll und scharfkantige Steine. Sie brauchten für diesen mühseligen Fluchtweg fast noch die ganze Nacht, und kurz vor Morgengrauen krochen sie erschöpft in einen Wagen, der bei dem Geschäft stand, und schliefen.

Manson war außer sich, als er entdeckte, daß sie fortgelaufen waren. Am Morgen brauste er die Schlucht hinunter, bereit, die beiden zu töten. Als er sie fand, frühstückten sie gerade in Mrs. Manwells Ballarat General Store. Er blieb draußen vor der Tür stehen und blitzte den Mädchen drinnen eines seiner stummen Signale zu. Laut Mrs. Manwell rollte er anscheinend mit den Augen, um ihnen zu bedeuten, sie sollten rauskommen zu einer kleinen Plauderei beziehungsweise Metzelei.

Die Mädchen erklärten Manson, sie würden weggehen, und so wie der Wind die Richtung und damit seinen Namen ändert, wurde Manson plötzlich sanft und sagte, sie könnten doch nicht gut ohne Geld aufbrechen und gab ihnen 20 Dollar. Und schon war er mit seinem Stahlroß der haarigen Heuschrecken davongebraust. Mrs. Manwell brachte die beiden Mädchen über den Salzsee und fuhr sie bis nach Trona, der südlich gelegenen Kleinstadt, wo sie sich Tennisschuhe kauften und einen Bus nach Los Angeles nahmen. Später schickte Manson Clem nach Los Angeles: er sollte die beiden dort suchen.

Ein paar Tage zuvor hatte Manson irgendwo auf einer Landstraße einen freundlichen Einheimischen kennengelernt, der sehr genau über Höhlen, Lagerplätze, Hütten und heiße Mineralquellen im Gebiet des Death Valley und der Panamint Mountains Bescheid wußte. Larry Gill war 24 Jahre alt, trug einen Bart, lebte offenbar in einer Blockhütte an der Furnace Creek Road in der Nähe von Ryan, einer alten Borax-Geisterstadt an der dem Death Valley zugewandten Seite der Panamints. Zumindest hat er dort ein paar Monate später gelebt, wie ein Sheriffsbeamter von Inyo County berichtete.

Mr. Gill, der den zottigen jungen Leuten traute, weil sie einen neuen Ford fuhren, erklärte sich bereit, Manson die schwer zu findenden Quellen und Lagerstellen zu zeigen. Am Montag, dem 15. September, fuhr eine Gruppe von Fahrzeugen unter Mansons Führung vom Goler Wash zur Talsohle des Panamint Valley; dort schlug man für die Nacht ein provisorisches Lager auf. Möglicherweise befürchtete er, die Flucht von Simi Valley Sherri und Barbara Hoyt sei den anderen Mädchen der Beweis, daß es nicht weiter schwer sei, die Gegend zu verlassen, und suchte deshalb nach einer entlegenen Bleibe für die Family. Vielleicht war es aber auch reiner Strand-Buggy-Imperialismus. In seinen ekstatischen Monologen redete Charlie davon, man werde über die ganze Wüste hin alle fünfzehn bis zwanzig Kilometer Strand-Buggies verstecken und haufenweise Lebensmittel, Munition und Benzin in der Nähe dieser Verstecke vergraben. Da er vorhatte, mit seiner Strand-Buggy-Armee à la Rommel gegen kleine Städte wie Shoshone und Trona zu Feld zu ziehen, wollte er sich natürlich möglicher Verstecke und Vorpostenstellungen für diese Plünderzüge vergewissern.

Es ist bekannt, daß er in der Nähe von Greater View Spring im Striped Butte Valley einen alten Tragflächentank mit rund 1000 Litern Benzin versteckt hat. Aber es wurden noch etliche Benzintanks in der Wüste vergraben, ganz zu schweigen von den Fässern, die Paul Crockett, nach den Verhaftungen der Family-Mitglieder im Oktober, für sich beanspruchte und den Goler Wash hinunterschaffte, wie der Besitzer des Ballarat Store beobachtet hat. Am Montagabend stiegen Manson, Gypsy, Ouish und eine unbekannte weibliche Person weißer Hautfarbe in den roten Ford und fuhren weg; die anderen blieben bei dem Camp an der Mündung des Goler Wash. Sie fuhren nordwärts, überquerten den Emigrant-Paß, machten einen Bogen um Devil's Cornfield, fuhren ins Death Valley hinunter und südwärts weiter nach Ryan zu Larry Gills Blockhütte. Sie wollten ihn wegen der versprochenen Erkundungsfahrt aufsuchen.

Am folgenden Morgen kehrten Manson und die Mädchen mit Gill zum Panamint-Lager zurück. Und dann zog von dem Lager eine Karawane von Fahrzeugen nordwärts in das Gebiet der Hunter Mountain-Race Track im Naturschutzgebiet des Death Valley und von dort weiter ins Saline Valley, wo man bestimmte Mineralquellen aufsuchen wollte. Die Karawane setzte sich zusammen aus dem roten Toyota, dem grünen, der Firma Hertz gestohlenen 69er Ford, dem roten 69er Ford und einem mattblau gespenkelten Strand-Buggy, der am 11. September bei der Firma La Paz Buggy Builders gestohlen worden war.

Mr. Gill zeigte ihnen einige Lagerplätze und Blockhütten bei Jackass Springs, südwestlich vom Hunter Mountain. Den roten und den grünen Ford konnte man nicht mit ins Saline Valley nehmen, da der Weg nahezu unbefahrbar war. Sie versteckten beide Wagen in einem Waldgebiet am Hunter Mountain. Es gibt zwei Wege, die von Süden her ins Saline Valley führen. Die M.-Brigade wählte die südlichere Route, die über den hohen, kurvenreichen Paß und hinab in das öde Salztal im Nordwesten führt.

Im Saline Valley waren im Juli 1969 zwei Reisende in der Gluthitze von nahezu 60 Grad Celsius ums Leben gekommen. Doch Manson interessierten die unter dem Namen Palm Hot Springs bekannten heißen Quellen vor allem im Zusammenhang mit seiner fortgesetzten Suche nach dem Zugang zum Schokoladenland.

Am späten Abend begegnete die Gruppe einem hohen Regierungsbeamten, Boyd Taylor, der offenbar mit seiner Frau im Saline Valley kampierte. Mr. Taylor, U. S. Commissioner für den Eastern District of California, sollte später, am 3. Dezember, bei dem Autodiebstahlverfahren gegen Manson vor dem Gericht von Inyo County aussagen, er habe Manson «Mitte September» um 2 Uhr morgens in dem gestohlenen, blaugesprenkelten Strand-Buggy gesehen. Außerdem sollte er in seiner Eigenschaft als U. S. Commissioner Anklage gegen Bruce Davis erheben, da die Waffe, mit der man auf Gary Hinman eingeschlagen hatte, von Davis gesetzwidrig unter falschem Namen gekauft worden war.

Nach der Begegnung mit Taylor und seiner Frau fuhr die Family über den Paß zurück zum Hunter Mountain, wo man die Nacht verbrachte. Larry fuhr anscheinend oder wurde zu seiner Blockhütte gefahren. Jedenfalls deutet keine Aussage darauf hin, daß er an der Verbrennung des Michigan-Schaufelladers beteiligt gewesen wäre.

Am nächsten Morgen, es war Mittwoch, der 17. September, brachten der rote Toyota und ein oder zwei Strand-Buggies, darunter offenbar auch der getarnte Commander-Strand-Buggy, die Expeditionsteilnehmer der Family zurück ins Saline Valley zu den heißen Quellen, wo sie noch einmal den Campenden begegneten. Laut Kitty unterhielt sich Charlie mit ihnen, und kurze Zeit darauf fuhren die beiden in ihrem Campingbus fort.

Kitty Lutesinger und Diane Lake sagen, die folgenden Personen hätten zwei Tage lang das Saline Valley erforscht und sich vergnügt: Kitty, Diane, Scotty Davis, Tex, Clem, Ouish, Manson und Gypsy. Kitty Lutesinger berichtete von dem folgenden Zwischenfall: Als sie auf eine der heißen Quellen stießen, forderte Manson sowohl Clem als auch Ouish Morehouse auf, hineinzuspringen und festzustellen, ob man bis zum Grund hinabtauchen konnte. Das Wasser war jedoch zu heiß. Trotzdem sprang Clem hinein, doch ohne Erfolg. Darauf banden sie einen Stein an einen Strick und ließen ihn hinunter, aber die Felsspalte, aus der die Quelle hervorsprudelte, verlief in einem schiefen Winkel. Charlie redete davon, er wolle sich eine Taucherausrüstung besorgen und dann hinabtauchen, um festzustellen, ob die Quelle zum ‹Loch› führte.

Am späten Donnerstagabend oder frühen Freitagmorgen, also am 18. oder 19. September, führte Manson seine Truppe aus dem Saline Valley hinaus. Man fuhr den holprigen Wildpfad zum Paß hinauf, und mit Hilfe des einen Scheinwerfers vorn an seinem Strand-Buggy fand Manson den Weg. Oben auf der Paßhöhe, von wo der Weg zum Lager am Hunter Mountain führte, hielt er plötzlich an. Unmittelbar vor ihm befanden sich zwei große, weite Löcher in der unbefestigten Straße, die offenkundig mit den in der Nähe stehenden Maschinen ausgehoben worden waren.

Laut Kitty glaubte Manson, die Behörden hätten diese Löcher eigens ausheben lassen, damit er dort hineinraste und seinen Strand-Buggy zu

Schrott fuhr! Er befahl ihr, Kitty, und Gypsy, die großen, aber nicht tiefen Löcher mit Steinen und Erde aufzufüllen. Während sie damit beschäftigt waren, nahmen – so Snake/Lake – Scotty, Tex, Manson und Clem mehrere Benzinkanister und eine Fettspritze von dem Clark-Michigan-Schaufellader (30 000 Dollar), dieser teuflischen Maschine des Antichristen, die Jesu Strand-Buggy zu vernichten versucht hatte. Sie ließen das Dieselöl auslaufen, gossen Benzin über die Leitungen und den Motor, und setzten das Vehikel in Brand.

Dann rasten sie davon und verbrachten den Rest der Nacht in tobendem Strand-Buggy-Wahnsinn. Sie kamen zu der Blockhütte in dem Wald am Hunter Mountain. Den grünen 69er Ford wollten sie zerstören und in der Wildnis zurücklassen. Schließlich rammten sie ihn mit voller Wucht gegen einen Baum. Sie schlachteten ihn aus, so gut es ging, und ließen ihn dann stehen. In dem roten Toyota brausten sie davon und hinterließen über Meilen hin eine verräterische Toyota-Fahrspur im Staub. «Es war eine wilde Nacht», wie sich Kitty Lutesinger acht Monate später erinnerte.

Die Rangers im Naturschutzgebiet des Death Valley waren empört darüber, daß man ihren Schaufellader in Brand gesteckt hatte. Von nun an machten die Park Rangers, die California Highway Patrol und, in geringerem Maße, auch Beamte der Fisch- und Wildkommission unermüdlich Jagd auf diese Gruppe losgelassener Mörder.

Hätten sie das Death Valley nicht wie Marodeure durchstreift – die Mansonisten hätten jahrelang ohne jede Schwierigkeit in dieser Wildnis leben können. Einer der Polizeibeamten meinte nach der großen Razzia: «Man könnte das Empire State Building dort draußen verstecken und keiner würde es finden.»

Drei Wochen sollte es dauern, bis die Rangers und die Highway Patrol Manson ergriffen.

23
Mansons Verhaftung
20. September 1969 bis 2. Oktober 1969

Für das Death Valley zuständige Gesetzeshüter drangen in den Mansonschen Albtraum ein. Die Toyota-Spuren führten von dem ausgebrannten Schaufellader nach Süden: Park Rangers und Beamte der Highway Patrol durchkämmten nach Süden hin das ganze Panamint Valley und erkundigten sich bei den Einheimischen nach verdächtigen Typen, die einen Toyota mit Vierradantrieb fuhren.

Am 20. September entdeckte Mr. Manning von der California Highway Patrol (C. H. P.) den zertrümmerten grünen Ford, den die Family am Hunter Mountain hatte stehenlassen. Bergleute aus der Gegend erzählten den Beamten, sie hätten eine Gruppe von ‹hippieartigen Leuten› beobachtet. Bei dem Fordwrack fand man die gleichen Toyota-Reifenspuren, auf die man schon bei dem ausgebrannten Schaufellader gestoßen war.

Am 22. September fuhren einige der Mädchen mit dem gestohlenen roten Toyota in den landschaftlich hübschen, etwa 25 Kilometer nördlich von Ballarat gelegenen Hall Canyon, der bis zu einer Höhe von über 3000 Metern in die Panamint Mountains hinaufführt. Die Mädchen erforschten Wasserfälle und alte Bergwerke und wanderten über die Felsen, als Park Ranger Powell und Officer Pursell von der C. H. P. in den Canyon hineinfuhren und auf die Gruppe von «vier weiblichen und einem männlichen Verdächtigen» trafen, wie es im Polizeibericht heißt. Das Nummernschild an dem roten Toyota stammte von Bob Beausoleils altem, hochgetrimmtem Dodge (1942), der auf den Namen von Beausoleils Frau Gail zugelassen war. Die Beamten hatten kein Funkgerät dabei, konnten die Zulassungsnummer also nicht zur Prüfung durch den Computer übermitteln. Erst als sie zur Highway Patrol Station kamen und feststellen konnten, daß die Nummer illegal war, hatten sie ihre Verdächtigen.

Die California Highway Patrol verfügt über ein IBM-System, das sogenannte Automatic Auto Theft Inquiry System, das in beträchtlichem Maße zum Sturz des Hauses Manson beitrug. Dieser Autodiebstahlcomputer versorgt zweihundert Polizeidienststellen, darunter acht Büros der California Highway Patrol, mit Daten über gestohlene Fahrzeuge. Daten aus diesem Computer gaben Aufschluß über gestohlene Strand-Buggies.

Am 24. September fuhr Park Ranger Powell zusammen mit Dennis

Cox, einem Sheriffsbeamten von Inyo County, wieder in den Hall Canyon zurück, um die verdächtigen Hippies, denen er vor zwei Tagen begegnet war, aufzuspüren. Von Bergleuten im Canyon erfuhren sie, daß der rote Toyota mit den Verdächtigen ungefähr vier Stunden nach den Beamten fortgefahren war.

Park Rangers und andere Beamte suchten den Ballarat General Store auf, das einzige Geschäft im Umkreis von sechzig Kilometern. Verschiedene Mitglieder hatten dort sowohl 1968 als auch im Spätsommer 1969 eingekauft. Auf diese Weise erhielten die Beamten erste Informationen über die Mansonoiden. Durch die Inhaber erfuhren sie von den beiden barfüßigen Mädchen, die fast vierzig Kilometer weit gelaufen waren, um aus dem Goler Wash zu entkommen. Wichtiger noch – für den Einsatz von Suchflugzeugen – war die Auskunft, daß ein großer hellgrüner Bus, der den Hippies gehörte, auf der Barker Ranch stand, wo die Gruppe gelebt habe.

Mitte September brachte Sandy Good-Pugh in einem Hospital in Los Angeles einen Jungen zur Welt, Ivan alias Elf. Warum der Hexer Sandy erlaubt hatte, in einer Klinik zu entbinden, ist unbekannt. Bald darauf kam Sandy mit Ivan ins Death Valley zurück. Auch Danny De Carlo ging in die Wüste, hat aber behauptet, er habe nur drei Tage dort verbracht und sei dann nach Los Angeles zurückgekehrt.

Am 23. September 1969 wurde Mary Brunner, die wegen Kreditkartenbetrugs gesessen hatte, auf Bewährung entlassen. Ihr Sohn, Valentine Michael Manson, war von seiner Großmutter mit nach Wisconsin genommen worden. Mary ging offenbar nicht ins Death Valley, sondern besuchte für ein paar Tage die Spahn Movie Ranch und fuhr anschließend nach Hause, nach Wisconsin.

In den Tagen nach der Verbrennung des Schaufelladers setzte Manson seine Terroroperationen gegen den Goldgräber Paul Crockett und das bei ihm lebende Trio ehemaliger Family-Mitglieder fort. Einmal schickte Charlie Mädchen mit dem Auftrag los, ihnen ihre Schrotflinten zu stehlen. Ein andermal fuchtelte er mit seinem Jagdmesser vor ihnen herum und drohte, er werde ihnen die Kehle durchschneiden.

Ihre letzten Tage verbrachte die Family hauptsächlich in der Gegend von Willow Springs, vom Mengel-Paß und von Anvil Springs, das der dem Death Valley zugewandten Seite des Mengel-Passes im Striped Butte Valley liegt. Ungefähr einen Kilometer von Willow Springs entfernt liegt ein Tal, wo eine Blockhütte steht, die ebenfalls Arlene Barker gehört. Charlie errichtete bei Willow Springs seine Strand-Buggy-Reparaturwerkstatt. Es war sehr viel einfacher, Autoersatzteile von Shoshone nach Willow Springs zu schaffen, als vom Panamint Valley her die Wasserfälle im Goler Wash zu überwinden.

Zur Zeit des Goldfiebers nach der Jahrhundertwende hatte es eine Straße gegeben, die damals vom Butte Valley über den Mengel-Paß und hinunter zum Goler Wash führte, inzwischen aber seit langem fortgespült war. Der Mengel-Paß war nach einem berühmten einheimischen Goldschürfer, Carl Mengel, benannt worden, der von 1868 bis 1944 lebte und bei seiner Blockhütte eine Mine betrieb. Er ließ sich die Wasserrechte an Anvil Springs verbriefen, einer unterhalb seiner Hütte am Westkamm des Butte Valley gelegenen Quelle. Als er starb, bestattete man seine Asche auf der Paßhöhe unter einem kegelförmigen, von Stahlbändern zusammengehaltenen Steinhaufen, den ein kirschförmiger Felsblock krönt. Zusammen mit seiner Asche hatte man unter diesem Steinhaufen auch Mr. Mengels Holzbein begraben. In der Nähe von Mengels alter Blockhütte versteckten Manson und Crew den alten Tragflächentank mit 1000 Litern Helter Skelter-Benzin.

Am 29. September 1969 statteten Park Ranger Richard Powell und Highway Patrol Officer James Pursell der Barker Ranch einen Besuch ab. Sie näherten sich der Ranch von Nordosten her, über den Mengel-Paß. Sie durchforschten die beiden Behausungen auf der Ranch und trafen dort, wie sie es ausdrückten, «zwei weibliche verschlossene Personen» an – offenbar zwei Mädchen von der Family, die Crocketts Blockhütte ausplünderten. Die Mädchen sagten, der Bewohner der Ranch sei nach Ballarat gefahren und werde durch den Goler Wash zurückkommen.

Am Morgen waren Juan Flynn und Paul Watkins losgezogen, um sich Proviant zu besorgen und sich nach einer anderen Bleibe umzutun, bis sich das Manson-Problem gelöst hätte.

Charlie hatte zur Mündung des Goler Wash einen Satz Autoreifen, Schläuche, Batterien und andere Ausrüstungsgegenstände für seine Strand-Buggy-Sturmtruppe gebracht. Crockett erklärte sich bereit, den Nachschub zur Ranch zu schaffen und fuhr mit Beausoleils altem orangefarbenem Lastwagen hinunter, um die Sachen zu holen. Als er das steile Flußbett hinauf zurückfuhr, begegnete er dem California Highway Patrol Officer Pursell und dem Park Ranger Powell. Crockett erzählte später: «Sie wollten wissen, was ich da täte und was ich auf dem Laster hätte und was da überhaupt vor sich ginge.»

Die Polizeibeamten fragten Crockett und Posten nach der Family. Crockett erklärte sich bereit, zu reden, konnte jedoch, da die Batterie zu schwach war, den Motor des Wagens nicht abstellen. Daraufhin folg-

333

ten ihm die Beamten zurück zur Barker Ranch, um sich dort mit ihm zu unterhalten. Crockett fütterte sie mit Mansons Plänen, der Rommel vom Devil's Hole zu werden, und so fort.

Er erzählte den Polypen nicht sehr viel – aus Angst, Manson belausche ihn vielleicht. «Der schleicht sich nach Shoshone und steht zwei Meter von dir entfernt hinter einem Fenster und hört sich alles mit an, und das nächste Mal, wenn er dich sieht, betet er dir die ganze Unterhaltung vor und lacht dich aus und sagt dir, wie dumm du bist... Ich wußte nie, ob er zehn oder hundert Kilometer oder nur zwei Meter weit weg war.»

Posten, der zusammen mit Crockett in dem orangefarbenen Lastwagen gesessen hatte, sagte ihnen, daß die ganze Family am 16. August in Chatsworth wegen schweren Autodiebstahls verhaftet worden war. Diese Information ermögliche es den Behörden des Inyo County, ihre Ermittlungen mit dem Sheriff's Office von Los Angeles zu koordinieren.

Nachdem die Beamten Crocketts Hütte verlassen hatten, kundschafteten sie mit ihrem Fahrzeug mit Vierradantrieb die Umgebung aus. In einem kleinen Tal bei der Meyers Ranch stießen sie auf eine Gruppe von sieben nackten Hippies, die sofort die Flucht ergriffen. Außerdem fanden sie einen roten Toyota ohne Nummernschild. Sie notierten sich die Inspektionsnummer des Wagens und ließen sie nach ihrer Rückkehr durch den Computer laufen. Es stellte sich heraus, daß es Dennis Kemps Wagen war, der am 1. September, als Kemp mit Bekannten Karten spielte, gestohlen worden war. Ferner entdeckten sie einen Strand-Buggy, der, wie sie später erfuhren, in Santa Ana gestohlen worden war. Beide Fahrzeuge waren unter Planen, Schlafsäcken und Kleidung versteckt.

Während die Beamten hinter den Verdächtigen her waren, kam Manson den Canyon heraufgerast, rannte in Crocketts Hütte, schnappte sich Crocketts doppelläufige Schrotflinte, sauste den Hügel hinauf, wo er offenbar auf dem Kamm zwischen der Meyers Ranch und der Barker Ranch Posten bezog. Brooks Posten hat gesagt, er habe Manson dreimal mit der Schrotflinte schießen hören. Manson behauptete später, er habe sich hinter den Felsen verkrochen und geschrien, um die Polizei nervös zu machen.

In der Nacht darauf kamen Rommel und seine Teenager-Vampire mit ihren Angriffsfahrzeugen zur Barker Ranch gebraust. Sie hatten auf dem vorderen Hof einen Strand-Buggy ohne Motor abgestellt. Tex und eine Person weißer Hautfarbe namens Linda und wahrscheinlich auch Little Patty und Manson baten Crockett, ihnen zu helfen, einen Motor für den Buggy heranzuschaffen. Den Motor hatten sie im Canyon hinter der Ranch versteckt. Crockett half ihnen, den Motor auf eine Schubkarre zu laden. Sie schoben die Karre hinunter zu dem Strand-Buggy. Bei Laternenlicht bauten sie den Motor ein, und als sie davonfuhren, gaben sie das Kojotengeheul der Family von sich und schossen mit ihren Pistolen in die Luft.

Am 29. September hielt man bei der Polizei nach Rückkehr der beiden Beamten vom Goler Wash gegen 22 Uhr eine strategische Lagebesprechung ab. Homer Leach, Chief Ranger für das Naturschutzgebiet im Death Valley, setzte sich mit Sergeant Hailey vom Lone Pine Resident Post der California Highway Patrol in Verbindung und informierte ihn über die Situation im Goler Wash. Daraufhin fuhren vier Vertreter vom Sheriff's Office Inyo County, vier National Park Rangers und sechs Männer von der C. H. P. in Fahrzeugen mit Vierradantrieb in die Gegend der Barker Ranch, um die Hippie-Autodiebe in die Falle zu locken.

Bei Morgengrauen erschienen Ranger Powell und Officer Pursell in Paul Crocketts Hütte und fragten Crockett und Posten, ob in der Nacht jemand im Lager aufgetaucht sei. Crockett berichtete den Beamten vom Einbau des Motors und daß die Family mitten in der Nacht fortgefahren sei, möglicherweise über den Mengel-Paß.

Anschließend fanden sich zahlreiche Beamte bei Crocketts Hütte zu einem Gespräch ein. Crockett informierte sie noch ausführlicher, aber sie trauten ihm nicht. Sie rieten ihm, er solle aus der Gegend verschwinden, doch Crockett meinte, Charlie brauche ihn noch und werde ihn darum nicht umbringen, jedenfalls vorläufig nicht. Er werde also wohl auf der Ranch bleiben. Die Polypen sagten, er sollte mit dem alten orangefarbenen Laster abhauen, falls Charlie zurückkäme, aber Crockett meinte, sicher würden Charlies Streitkräfte beide Wege, die von der Barker Ranch fortführten, bewachen – den Weg westwärts zur Mündung des Goler Wash und den Weg nordostwärts über den Mengel-Paß. Darum müßten er und Brooks nachts zu Fuß aufbrechen.

Am 30. September kreisten surrende Suchflugzeuge über dem Gebiet, um die Hippietrupps ausfindig zu machen. Aber die Family-Mitglieder krochen unter Planen oder blieben da, wo sie gerade waren, stocksteif stehen und wurden offenbar nicht gesehen.

An diesem Tag überquerte ein Rollkommando der Polizei den Mengel-Paß. In der Nähe von Willow Springs entdeckten die Polizisten zwei Fahrzeuge: einen zum Strand-Buggy umgebauten und mit Goldfarbe gesprenkelten VW (1962) und einen gelben Strand-Buggy, der aus einem in Culver gestohlenen VW (1967) zusammengebastelt war. Außerdem fanden sie die von Posten und Crockett tags zuvor heraufransportierten Autoersatzteile. Um die Buggies unbrauchbar zu machen, entfernten sie die Leitungen sowie die Verteilerkappen und Rotoren.

Am Abend saßen Crockett und seine Helfer vor dem Ranchgebäude, als sie ein Geräusch hörten. Sie holten ihre beiden Schrotflinten aus der Hütte. Nachts hausten Gruselgeister in der Hütte, der Hund knurrte, die Tür stand offen, und Crockett behauptete später, Charlie habe ein halbes Dutzend Mädchen Jagd auf die Flinten machen lassen.

In dieser Zeit, als sich deutlich zeigte, daß die Polizei hinter ihm her war, verbot Manson alle Unternehmungen bei Tage. Jeder mußte sich tagsüber in der Wildnis versteckt halten. Falls Suchflugzeuge kamen, sollten seine Leute sich nicht rühren oder sich unter Tarnfallschirmen verbergen, in jedem Fall mußten sie unsichtbar bleiben. Die Lebensmittel wurden knapp. Niemand durfte mehr den Swimmingpool der Meyers Ranch benutzen.

Nach ihrer Flucht aus dem Death Valley verbrachte Simi Valley Sherri eine Zeitlang bei Danny De Carlo in Venice, bis De Carlo verhaftet wurde. Um den 1. Oktober holte De Carlo den in gerichtliche Verwahrung genommenen Brotwagen bei der Garage ab, wo er seit Sandys und Marys Verhaftung am Tag nach den Morden in der Polanski-Villa gestanden hatte.

Bruce Davis und Clem waren nach Los Angeles geschickt worden: sie sollten Sherri und Barbara suchen und sie möglicherweise umbringen. De Carlo ertappte Clem dabei, wie er irgendwo in Venice das Handschuhfach des Brotwagens durchwühlte. Clem brachte einen sechzehnjährigen Jungen, Rocky, ins Death Valley mit, dessen Mutter bei der Sekte Fountain of the World in der Nähe der Spahn Movie Ranch tätig war. Rocky verknallte sich in Katie alias Patricia Krenwinkel und führte stundenlange Gespräche mit ihr über Motorräder und Pferde.

Um den 1. Oktober erschienen Vance, Vern, Zero und Diane im Lager am Goler Wash und brachten ein Vorausexemplar der neuen Beatles-Platte ‹Abbey Road› mit, die man auf einem batteriebetriebenen Plattenspieler spielte. Am späten Mittwochabend – es war der 1. Oktober – legten sich Crockett und Posten mit ihren Schrotflinten im Arm schlafen. Gegen 2 Uhr früh kamen Charlie und Tex heraufgefahren und gaben ihnen etwas Tabak.

Etwas früher in jener Nacht wurde am anderen Ende des Panamint Valley ein gewisser Filipo Tenerelli, ein aus Culver stammender Biker, in der Nähe von Bishop erschossen. Anfangs registrierte man den Fall als Selbstmord. Drei Tage später jedoch wurde sein VW, außen und innen mit Blut verschmiert, am Crowley Peak, der an der Straße zwischen dem Ballarat General Store und Olancha liegt, 120 Meter unterhalb einer Felsklippe gefunden. Es ist eine ziemlich weite Strecke von Bishop, wo man die Leiche entdeckte, bis zum Crowley Peak, wo der Wagen gefunden wurde.

Am Donnerstag, dem 2. Oktober, kam es zu einem Zusammenstoß zwischen Manson und Paul Crockett. Manson bekam einen Mordsuchtsanfall, als Crockett ihm erzählte, die Polizei habe ihn, Crockett, beschuldigt, einen flüchtigen Gesetzesbrecher, nämlich Manson, zu begünstigen und zu unterstüzen. «Kurz bevor ich ging, sagte er zu mir, ich sollte ihn mehr fürchten als das Gesetz», erklärte Crockett. Er und Posten, die beide um ihr Leben fürchteten, packten ein paar Konservendosen zusammen und überquerten zu Fuß den Mengel-Paß. Sie stiegen ins Striped Butte Valley hinab und gingen zu dem Trailer-Camp nahe den Talkminen bei Warm Springs, wo sie in Sicherheit waren.

Früh am nächsten Morgen, es war der 3. Oktober, hatten Crockett und Posten eine hübsche, ausführliche Unterhaltung mit der Polizei, die auf Band aufgenommen wurde. Crockett meinte, die beste Möglichkeit, Manson zu fangen, sei entweder die Mitglieder der Family eines nach dem anderen zu schnappen oder eine große Razzia zu veranstalten. Er und Posten berichteten der Polizei auch, daß sich Manson Crocketts Schrotflinten angeeignet hatte und daß alle Mädchen mit Messern bewaffnet und wie Zombies auf strengen Gehorsam gedrillt waren.

In der Nacht vom 2. zum 3. Oktober nahm Charles Tex Watson den hochgetrimmten Dodge (1942) und holperte durch die Nacht den Goler Wash hinunter, zu der Mündung des Trockenbetts, und überquerte dann, offenbar um die Strecke zur Trona Road abzukürzen, den halb ausgetrockneten Salzsee. Mitten auf dem See fuhr er langsamer oder hielt an, und der Wagen blieb in dem salzigen Schlamm stecken. Watson war auf der Flucht.

Er verbrachte die Nacht am Straßenrand. Am nächsten Morgen wurde er von Mr. Holliday, einem Rohrleger aus Rialto, mitgenommen. Watson erzählte ihm, daß das Forestry Department hinter der Kommune, in der er gelebt habe, her sei, und Mr. Holliday brachte ihn zum Hubschrauberlandeplatz in San Bernardino und dann zum Bahnhof von San Bernardino, wo er ihn absetzte. Watson sagte, er wolle nach Texas, wo seine Eltern eine Supermarktkette hätten. Wenn er zur Kommune zurückkomme, werde er eine Wagenladung Lebensmittel mit-

bringen, denn das sei es, was die Family am dringendsten brauche.
Watson kehrte nach Copeville zurück. Dort scheint er ein normales bürgerliches Leben geführt zu haben – offenbar ging er mit einer Arzttochter –, bis er Ende November von seinem Vetter, dem Sheriff von Collins County (Texas), wegen Mordes festgenommen wurde.

Nachdem er Crockett und seine Leute vertrieben hatte, benutzte Manson die Barker Ranch als Hauptquartier – allerdings nur in der Nacht. Alle, auch Sadie und Katie, waren um diese Zeit zur Stelle. Bei Tag und bei Nacht versuchte die Polizei, sie zu fassen zu kriegen.

Einmal täglich, nach Einbruch der Dunkelheit, bereiteten die Mädchen in der Küche der Barker Ranch eine Mahlzeit zu, und dann kamen alle zum Essen hereingeschlichen. Manchmal mußten sie, um Proviant zu besorgen, die 25 Kilometer von der Barker Ranch über den Mengel-Paß nach Willow Springs und zurück marschieren.

«Wir gingen zu Fuß nach Willow Springs und zurück – in einer Nacht. Das mußten wir, wegen der Polizei. Natürlich half uns dabei ein hübscher ‹Sonnenschein›», erzählte eines der Mädchen ein Jahr später. «Wir schleppten Strand-Buggies die Hänge hinunter, wenn die Polizei uns jagte», sagte sie. Sie machten Scheinlagerfeuer, um die Polizei von ihren wirklichen Lagern abzulenken.

Manche der Mädchen hielten sich tagsüber in einem ungefähr zweieinhalb Kilometer ostnordöstlich der Meyers Ranch gelegenen Lager auf. Sie nahmen ihre Schlafsäcke und Wasserflaschen mit. Andere mußten den Tag in den heißen Felsen am Mengel-Paß verbringen. Sie «versteckten sich überall in den Bergen, verkrochen sich in Fallschirmen» – so Kitty. Nachts, nach dem Abendessen, hatten sie die ehrbare Aufgabe, die sogenannten Bunker zu bauen.

Manson hatte den Befehl ausgegeben, daß alle Mädchen mit dem Zigarettenrauchen aufzuhören hätten. Er ließ sich die Finger vorzeigen, um zu sehen, wer folgsam gewesen war, und stellte bekümmert fest, daß einige der Mädchen ihm nicht mehr gehorchten. Daraufhin befahl er, diejenigen, die das Rauchen nicht lassen wollten, müßten nachts Bunker graben, die, wenn die Polizei kam, als verborgene Unterstände und bei winterlicher Kälte als Zuflucht dienen sollten.

Einen Bunker bauten sie auf einem Hügel südlich der Barker Ranch; sie überdachten ihn mit Blechplatten, die sie mit Sand und Steinen bedeckten. Drinnen in dem Bunker lag eine riesige Playboy-Matratze, auf der die Helter Skelter-Leiber herumhüpften. Sie richteten ein Feldtelefon ein. Von dem Bunker legten sie eine Leitung zu einem rechtwinkligen Felsblock ungefähr hundert Meter weiter oberhalb am Hang, der als

Befehlsstand diente. Von dort aus konnte ein mit einem Fernglas ausgerüsteter Wachposten den Goler Wash auf zweieinhalb Kilometer abwärts beobachten.

In einem kleinen, zwischen der Meyers Ranch und der Barker Ranch gelegenen Tal im Norden gab es eine ganze Reihe von Bunkern. Einer befand sich zwischen Felsen am Hang, einen anderen hatte man aus Schutt und alten Fensterrahmen unten in der Schlucht bei einer Quelle gebaut.

Laut Diane Lake schickte Charlie, kurz bevor die Family der Polizei ins Netz ging, Cathy und Zero nach Los Angeles. Sie sollten Cathys Großmutter umbringen. Cathy hätte dann die Meyers Ranch geerbt, und das hätte Mansons Aufenthalt in der Gegend sanktioniert. Dieses grausige Vorhaben wurde offenbar aufgegeben, als der Wagen, mit dem sie unterwegs waren, eine Panne hatte.

Am 8. Oktober verließen Manson und Bill Vance das Gebiet der Barker Ranch und fuhren zusammen nach Los Angeles. Über die Gründe für diese kleine Spritztour ist so gut wie nichts bekannt, doch dürfte es etwas Wichtiges gewesen sein, da Manson seine Anhänger nach Möglichkeit immer dicht um sich versammelt hatte.

Wie immer wenn Charlie fort war, bot sich auch diesmal die goldene Chance, der Family zu entkommen. Genau wie sonst.

Das Leben war hart für die schwangeren Mädchen, Kitty und Stephanie: man hatte wenig zu essen, konnte nicht duschen, lebte bei Nacht, versteckte sich bei Tag, immer in Angst, bedroht von einem Wahnsinnigen, verwirrt. Kitty erinnerte sich: «Wenn ich jetzt darüber nachdenke, fällt mir wieder ein, wie schlimm es in Wirklichkeit war. Wie er ewig davon redete, daß man einfach... verstehen Sie?... wie man Leute umlegt und sie foltert, und dann all die verschiedenen Orgien... Man kommt so weit, daß man's einfach nicht mehr hören kann. Es war wirklich ziemlich schlimm.»

So kam es, daß sich Kitty und Stephanie am Donnerstag, dem 9. Oktober, einige Stunden nach Sonnenuntergang, fortschlichen. Clem, der die Nachtlager zu überwachen hatte, entdeckte, daß die Mädchen nicht mehr da waren. Brüllend forderte er alle auf, die Ausreißerinnen zu verfolgen und wieder einzufangen. Manson hatte wiederholt verkündet, wenn sie jemanden auf der Flucht erwischten, sollten sie ihn verprügeln, wenn nicht...

Die Dunkelheit bot den Mädchen Schutz, während sie den Goler Wash hinauf zum Mengel-Paß und dann weiter Richtung Willow Springs marschierten. Barbara Hoyt und Simi Sherri hatten die entgegengesetzte Richtung eingeschlagen, als sie im September geflohen waren. Clem und Rocky gingen, mit einer Schrotflinte mit abgesägtem Lauf bewaffnet, den Goler Wash hinunter und legten sich mitten im Geröll schlafen, bereit, am Morgen die Verfolgung der jungen Damen aufzunehmen.

Am 9. Oktober 1969, in der Nacht, als Stephanie und Kitty sich aus dem Lager schlichen, legte die Polizei letzte Hand an das Netz, mit dem man die Autodiebe fangen wollte. Man hatte die Gegend sorgsam überwacht und anscheinend herausgefunden, daß sich die Family jeweils bis Tagesanbruch auf der Ranch aufhielt. Patricia Krenwinkel war mit der Aufgabe betraut, dafür zu sorgen, daß jedermann vor Morgengrauen von der Barker Ranch verschwunden war. Der Winter rückte näher, in den höher gelegenen Wüstengebieten wurde es kühl, und an diesem Morgen war es besonders kalt. So kam es, daß die Family etwas zu lange in der Umgebung der Barker Ranch herumhing und geschnappt wurde.

Im Schutz der Dunkelheit hatte sich die Polizei der Barker Ranch von zwei Seiten her genähert: von der Mündung des Goler Wash und vom Striped Butte Valley über den Mengel-Paß und die zwölf Kilometer zur Ranch hinab. Die beiden Kommandos waren von der California Highway Patrol mit Funksprechgeräten ausgestattet worden, konnten also, als sie sich einander genügend genähert hatten, Verbindung aufnehmen und Informationen austauschen.

Den Goler Wash herauf kamen die folgenden Beamten: Brad Hailey, E. B. Anderson, A. B. George, J. B. Journigan von der California Highway Patrol. Auch Ranger Powell hatte sich dieser Truppe angeschlossen. Die Gruppe unterstand dem Befehl von Lieutenant Hurlbut von der California Highway Patrol.

Das zweite Kommando ließ seine Fahrzeuge mit Vierradantrieb oben am Mengel-Paß stehen und legte den Weg durch die Wildnis zu Fuß zurück. Zu dieser Gruppe gehörten James Pursell und Officer O'Neill von der California Highway Patrol sowie andere Beamte, darunter ein Aufseher von der Federal Fish and Game Commission, Vern Burandt. Ferner nahmen zahlreiche Beamte des Bezirks Inyo, darunter der Bezirksstaatsanwalt und sein Assessor, an dieser wichtigen Mission teil. Bei Tagesanbruch sollten beide Gruppen bei der Barker Ranch zusammentreffen.

Kurz vor Morgengrauen konnten die beiden Kommandos mit ihren Walkie-talkies den Kontakt aufnehmen. Die von Westen, aus dem Panamint Valley, kommende Gruppe stieß im Goler Wash auf ein verdächtiges Zweigespann: Clem und Rocky, die, in Decken gehüllt, im

Geröll lagen und schliefen. Clem hatte neben seinem Kopf eine 40 Zentimeter lange Schrotflinte mit abgesägtem Lauf und 24 Schuß Patronen liegen.
Officer Journigan et al. weckten sie und nahmen sie wegen Besitzes einer abgesägten Schrotflinte, wegen Brandstiftung und wegen schweren Autodiebstahls in Haft. Die Beamten stellten ihre Fahrzeuge mit Vierradantrieb offenbar in einem kleinen engen Tal westlich der Barker Ranch ab. Officer O'Neill bezog Posten hoch oben an dem Südhang gegenüber der Barker Ranch, oberhalb des Bunkers. Es ist nicht bekannt, ob die Polizei tatsächlich von dem getarnten Unterstand wußte. Jedenfalls kam Sadie, einen roten Hut auf dem Kopf, kurz nach Tagesanbruch aus dem Bunker heraus, weil sie austreten mußte. Offenbar wurde sie von dem Polypen erspäht. Laut den Mädchen feuerten die Bullen eine reizende Schrotsalve auf das Blechdach des Unterstands, die bewirkte, daß die Mädchen herauskamen.
Am Südhang vor dem Unterstand verhaftet wurden Leslie Van Houten, die sich den Namen Louvella Alexandria gab, Sadie, die sich den Namen Donna Kay Powell gab, Gypsy, die sich den Namen Manon Minette gab, und Brenda, die sich den Namen Cydette Perell gab. Im Ranchgebäude verhafteten die Polypen Marnie K. Reeves alias Patricia Krenwinkel. Sie verhafteten Robert Ivan Lane alias Soup Spoon. Sie verhafteten Linda Baldwin alias Little Patty. Und sie verhafteten Squeaky, die sich den Namen Elizabeth Elaine Williamson gab. Einige der Mädchen waren nackt. Dieser Umstand wurde in dem Arretierungsbericht amtlich vermerkt:
«Als die erste Gruppe weiblicher Häftlinge festgenommen wurde, entblößten sich mehrere von ihnen. Einige urinierten in Gegenwart der Beamten auf den Boden. Ebenfalls entkleideten sie sich in Gegenwart der Beamten und zogen sich um.»
Als die Beamten in das kleine Tal zwischen der Meyers Ranch und der Barker Ranch vorrückten, durchkämmten sie das ‹Spike Camp›, wie sie es nannten, wo sie Sandy Good mit Sadies Kind Zezo, Ouish alias Rachel S. Morse mit Sandy Goods einen Monat alten Sohn Ivan und Mary Ann Schwarm alias Diane Von Ahn festnahmen. Die Kinder hatten Verbrennungen von der Sonne und eines hatte eine große Schnittwunde im Gesicht.
Die drei Mädchen hatten einen Miramar-Postbeutel in ihrem Besitz, der die magischen Haarproben enthielt, die den Mädchen bei den Tonsurriten im Juli abgeschnitten worden waren. Ebenfalls in dem Beutel fand sich eine gestohlene 22-Kaliber Ruger-Pistole und ein Schlüssel-

bund mit einem Zündschlüssel für den gestohlenen roten Toyota.
Den ganzen Tag durchstreifte die Polizei die Gegend. Schließlich, zur Zeit der Abenddämmerung, kettete man eine Gruppe von zehn Frauen, drei Männern und zwei Kleinkindern aneinander und transportierte sie den Goler Wash hinab. Sie wurden zu Fuß die steilen Wasserfälle hinab bis zur Mündung des Goler Wash geführt. Die Ketten klirrten in der Nacht. Die Polizeifahrzeuge folgten ihnen.
Von Sergeant Hailey und dem Aufseher Burandt wurden sie nach Independence (California) gebracht und wegen Brandstiftung, Diebstahl und Hehlerei ins Gefängnis eingeliefert.
Als Beamte das Gebiet absuchten, fanden sie in dem Lager am Goler Wash, zweieinhalb Kilometer nordöstlich der Meyers Ranch, den gestohlenen Toyota. Der Benzintank war leer, und der Wagen war mit Beifußzweigen bedeckt. Dieser Toyota wurde benutzt, um Clem, Rocky und Soup Spoon den Goler Wash hinunter und zum Gefängnis zu bringen.
Die Beamten durchkämmten das Gebiet weiter und fanden, abgesehen von dem Strand-Buggy und dem gestohlenen Toyota, die beiden Fahrzeuge, die am 30. September unbrauchbar gemacht worden waren. Man rief bei dem Abschleppdienst Don Lutz im zweihundert Kilometer entfernten Olancha an und beauftragte die Firma, die gestohlenen Fahrzeuge abzuholen. Ein lukrativer Auftrag.
Dann setzten die Beamten ihre Suche im Norden am Mengel-Paß fort und fanden unterhalb einer Klippe den mit Schmutz getarnten Commander-Strand-Buggy. Die Reifen waren durchlöchert. Anscheinend hatte man ihn ausrangiert. Trotzdem war er mit Buschwerk zugedeckt und getarnt worden. Die Polizei machte Farbaufnahmen von den Fahrzeugen und den Verhaftungen.
Es war Nacht, als die letzten Beamten nach erfüllter Mission über den Mengel-Paß zurückfuhren. Als sie durch das Striped Butte Valley bei Anvil Springs kamen, traten Kitty Lutesinger und Stephanie aus dem Buschwerk und winkten den Beamten zu halten. Sie sagten, sie seien von der Family davongelaufen und fürchteten um ihr Leben.
Clem Grogan rief, vom Bezirksgefängnis Inyo in Independence aus, auf der Spahn Movie Ranch an und wollte «den Teufel sprechen». Er berichtete Charlie über die Verhaftungen. Aus unbekannten Gründen scheint Manson ungefähr 24 Stunden später ins Death Valley aufgebrochen zu sein.
Am frühen Morgen des 11. Oktober erlaubte man Stephanie und Kitty, ihre Eltern anzurufen, damit sie sie abholten. Als Kitty auf der Lutesin-

ger Ranch anrief, fragte ihre Mutter, ob sie wisse, daß sie – von den Beamten Guenther und Whiteley – im Zusammenhang mit der Ermordung Gary Hinmans gesucht werde. Kitty wußte es nicht. Sie bat, ihre Eltern sollten kommen und sie holen, aber ihre Mutter sagte, ihr bliebe doch nichts anderes übrig als sie den Beamten der Mordkommission auszuliefern, deshalb könnten sie sie nicht abholen.
Kittys Mutter sprach mit Officer Dave Steuber, einem tatkräftigen Autodiebstahlexperten der C. H. P., und informierte ihn über die Beziehung ihrer Tochter zu Robert Beausoleil. Darauf ließ sich Officer Steuber mit dem Morddezernat des Sheriff's Office für den Bezirk Los Angeles verbinden und sprach offenbar mit Guenther. Er gab ihm beträchtliche Informationen über Charles Mansons Unternehmungen im Death Valley und über die Razzia auf der Spahn Movie Ranch im August. Dabei erfuhr Guenther anscheinend zum erstenmal von Beausoleils Beziehungen zur Spahn Movie Ranch.
Whiteley und Guenther verbrachten einen ganzen Tag damit, sich über die Spahn Movie Ranch, Charles Manson, die Razzia vom 16. August und verschiedene Aktivitäten, an denen die Family beteiligt gewesen war, zu informieren. Von der Abteilung für Autodiebstahl im Sheriff's Office erhielten sie Fotos von den bei der Razzia am 16. August Verhafteten, und am 12. Oktober fuhren sie zum Gefängnis von Inyo County, um Kitty Lutesinger in Gewahrsam zu nehmen. Damit begann die Aufklärung der Tate–LaBianca-Morde.
Am gleichen Tag, möglicherweise auf der gleichen Route, über die Guenther und Whiteley ins Death Valley fuhren, war auch Charles Manson dorthin unterwegs. Es war der 12. Oktober 1969, Aleister Crowleys Geburtstag.
Warum kehrte Manson ins Death Valley zurück?
Wahrscheinlich wußte er, daß er seinen Anhängern mehr Angst einflößen und sie besser bei der Stange halten konnte, wenn er unter ihnen war. Außerdem wußte er, daß Bruce Davis und andere in Las Vegas waren, um dort Nachschub zu beschaffen, und wollte darum verhindern, daß sie bei ihrer Rückkehr verhaftet würden.
Was hatte er zu befürchten? Allein in diesem Jahr war er am 30. März, am 3. Juni, am 16. August und am 23. August wegen der verschiedensten Vergehen verhaftet worden und jedesmal wieder freigekommen. Er hatte geschossen, getötet, geplündert, wie es ihm gefiel, und war jedesmal damit durchgekommen. Warum nicht auch diesmal?
Es gibt Hinweise darauf, daß Manson unmittelbar bevorstand, sein schrecklichstes Vorhaben, die Ermordung einer Reihe prominenter

Bürger von Los Angeles, gegen die er Groll hegte, auszuführen. Die Strand-Buggy-Heuschrecken sollten vom ‹Loch› aus losziehen, zerstören, vernichten und dann zurückkehren. Möglicherweise genoß er es, daß die Massenmedien den Tate-Morden soviel Aufmerksamkeit gewidmet hatten. Schließlich hatte er jahrelang nach Ruhm als Plattenstar gehungert. Jetzt konnte er ‹Charlie the Knife› werden.

Entscheidend für eine Erörterung der Pläne, berühmte Leute umzubringen, ist die ‹Liste›, um die jedoch eine Schweigezone geschaffen worden ist. Die ‹Liste› wurde im Death Valley gefunden: sie enthielt die Namen derer, die sterben sollten.

Einem Bericht zufolge verzeichnete sie 34 Namen von Stars und Geschäftsleuten, die getötet werden sollten. Auf dieser ‹Liste› von Feinden der Family standen angeblich auch Leute, die der Family einst geholfen, ihr dann aber die Unterstützung versagt hatten. Es ist ein bei Sekten weitverbreitetes Phänomen, solche Haß- oder Feindeslisten zu führen. In Kalifornien gibt es neben den Mansonoiden mindestens zwei weitere Gruppen, die Feindeslisten führen oder geführt haben.

Hohe Beamte von Inyo County suchten Kitty Lutesinger nach den Razzien auf der Barker Ranch in Los Angeles auf und sagten ihr, sie hätten eine Liste von Leuten, die getötet werden sollten, und sie stünde am Ende der Liste.

Unter den von der Polizeibehörde in Los Angeles als Beweismaterial herangezogenen Dingen der Family, die die Polizei von Inyo County beschlagnahmt hatte, befand sich ein mysteriöses Bündel, das vielleicht Manson gehörte und visuelle Unterstützung bei der Zusammenstellung der ‹Liste› gegeben haben mag.

Dieses «armeemäßig verschnürte Bündel», wie es der Polizeibericht bezeichnet, enthielt unter anderem 64 Nummern von Film- und Fernsehstarmagazinen, einen Geldbeutel aus Segeltuch mit der Aufschrift «Federal Reserve Bank of Dallas» und ein Paperbackexemplar von ‹Stranger in a Strange Land› von Robert Heinlein.

Möglicherweise war Manson auf seine ursprüngliche, diesem Roman entlehnte Absicht zurückgekommen: Valentine Michael Smith, der Held des Buches, beginnt eines Tages, seine Feinde zu ermorden, zu ‹entkörpern›. Der Inhaber eines Ladens für Okkultes am Santa Monica Boulevard hat berichtet, er habe Manson um diese Zeit ein Exemplar von ‹Stranger in a Strange Land› verkauft. Die Filmmagazine hat man vielleicht mitgebracht, um den Haß anzustacheln.

Eine ganze Reihe von Family-Mitgliedern entkam bei der Razzia am 10. Oktober der Verhaftung. Darunter Diane Lake und Claudia Smith alias Sherry Andrews. Beide Mädchen hatten sich während der Razzia unter einer Segeltuchplane nicht weit von der vorderen Einfahrt zur Barker Ranch versteckt gehalten. Sie waren also noch da, als Charlie zurückkehrte. Andere waren geflohen, hielten sich jetzt in verschiedenen Abschnitten des Goler Wash auf und sollten nie ergriffen werden. Die Polizei fand den letzten Teil der gestohlenen NBC-Filmausrüstung: eine Kamera mit einem unbelichteten Film. Bill Vance soll später mit einem Teil des Death Valley-Filmmaterials untergetaucht sein.

Am späten Nachmittag des 12. Oktober marschierte Charlie den Goler Wash hinauf, versteckte sein Bündel bei der Lotus-Mine und zog, die Gitarre in der Hand, zur Barker Ranch. In seiner Begleitung waren drei männliche Personen weißer Hautfarbe. Bruce Davis kam mit einem Pritschenwagen, den Clem gemietet hatte, aus Las Vegas zurück und blieb in dem sandigen Trockenbett zwischen Mengel-Paß und Barker Ranch stecken. Er ließ den Wagen stehen.

California Highway Patrol Officer Pursell, Park Ranger Powell und ein anderer Park Ranger fuhren am Sonntag, dem 12. Oktober, wieder zur Barker Ranch, um sich in der Umgebung nach weiteren Strand-Buggies umzusehen und die verschiedenen Lager der Family nach Schmuggelware zu durchsuchen. Ein Autofahrer erzählte ihnen von dem steckengebliebenen Pritschenwagen. Die Beamten gingen der Sache nach. Pursell und die beiden Park Rangers fanden den Chevrolet-Laster, der noch voll beladen war mit Benzinkanistern und Nachschub. Sie schlossen daraus, daß noch nicht gefaßte Hippies, möglicherweise Manson selbst, wieder ins Gebiet der Barker Ranch zurückgekehrt waren.

Pursell setzte sich über Funk mit anderen Beamten der California Highway Patrol in Verbindung. Man war der Meinung, das sei die Gelegenheit, Satan in die Schlinge zu bekommen. Ungefähr um fünf Uhr nachmittags kamen Polizeikommandos und bezogen bei der Barker Ranch heimlich Posten. Inzwischen kamen weitere Beamte zur Verstärkung von Ballarat den Goler Wash herauf.

Von ihrem Standort auf einem Hügelkamm aus, der nördlich von der Ranch, oberhalb vom Swimmingpool, lag, beobachteten Officer Pursell und Ranger Powell, wie Manson und einige andere Leute die Schlucht heraufkamen und ins Haus gingen. Manson trug einen Gitarrenkasten. Ranger Curran schlich sich in einem Bogen zur vorderen Seite der Ranch, damit er die Beamten, die den Goler Wash heraufkamen, in Empfang nehmen konnte. Aus dem Haus drangen Gekicher, Lachen und Gesprächsfetzen, und man nahm an, es seien etliche Personen darin.

Homer Leach, Chief Ranger vom Death Valley National Park, Don Ward vom Sheriff's Office von Inyo County und Al Schneider, ebenfalls vom Sheriff's Office, trafen kurz nach Einbruch der Dunkelheit ein. Über Funk setzte man sich mit Officer Pursell in Verbindung, der daraufhin den Hügel herunterkam, sich hinter der Hütte entlang zur linken Seite des Gebäudes schlich, auf den efeuberankten Seiteneingang zuging, die Tür auftrat und rief: «Hände hoch.» An der linken Wand entlanggehend, um Rückendeckung zu haben, falls ihn jemand angriff, forderte er sie auf, die Hände auf den Kopf zu legen. Herausfordernd langsam kamen die Mörder dem Befehl nach.

«Ich forderte sie auf, einzeln hinten hinauszugehen, wo Sheriff Ward sie in Empfang nahm», berichtete Pursell später. Wieder einmal, wie bei der Razzia auf der Spahn Movie Ranch am 16. August, mußte man sich fragen: «Wo ist Jesus?»

Es war ungefähr 18 Uhr 30. Man hatte sieben schmutzige Hippies ausgehoben und ihnen Handschellen angelegt. Die rasch einbrechende Wüstennacht stand unmittelbar bevor. Officer Pursell ging mit der Kerze, bei deren Licht sie zu Abend gegessen hatten, durch die vier Räume der Hütte. Vor dem kleinen blauen Badezimmer mit der Beton-Badewanne und dem winzigen blauen Waschbecken hielt er inne. Unter dem Waschbecken stand ein Schränkchen, und als der Beamte mit seiner Kerze näher kam, entdeckte er ein Büschel Haare, das daraus hervorragte. Dann sah er sich krümmende Finger, und er sagte: «Los, komm raus, aber langsam.» Und ehe er noch fragen konnte, wand sich das kleine Etwas aus dem Schränkchen und sagte: «Hallo, ich bin Charlie Manson.»

Nachdem die Polizei Manson verhaftet hatte, ging Pursell wieder ins Haus und stieß im Schlafzimmer auf Bill Vance. Vance war, nachdem man ihm Handschellen angelegt hatte, irgendwie entwischt und hatte sich im Haus versteckt.

Die verhafteten Mädchen waren Beth Tracy alias Collie Sinclair, Diane Bluestein alias Snake/Lake, Sherry Andrews alias Claudia Smith. Alle Verdächtigen wurden in das enge Tal hinunter zu den Polizeifahrzeugen abgeführt, dann mit dem Streifenwagen zum oberen Ende der Wasserfälle gebracht. Von dort mußten sie zu Fuß den Weg ins Panamint Valley zurücklegen.

Sie wurden in Dreiergruppen in das Tal zu den Fahrzeugen geführt, die in der Nähe des Müllplatzes der Barker Ranch standen. Die verhafteten Männer waren Manson, John Philip Haught alias Christopher Zero alias Zero, Kenneth R. Brown alias Scott Bell Davis, ein Kumpel von

Zero aus Ohio, David Hamic alias William Rex Cole alias Bill Vance, Vern Edward Thompson alias Vern Plumlee, Lawrence Bailey alias Little Larry und Bruce Davis.

Als die in die Falle gegangenen Killer von der Barker Ranch das Trokkenbett hinuntergingen, versuchte es Manson mit einem Trick. Er sagte zu den Beamten, er hätte sein Bündel ganz in der Nähe liegen lassen, und er bat sie, ihm bei der Suche zu helfen. Die Beamten suchten, konnten aber nichts finden; daraufhin bat Manson sie, ihm die Handschellen abzunehmen, damit er selbst in der Dunkelheit suchen könne. Möglicherweise wäre er geflohen. Das Bündel, das wahrscheinlich die Filmmagazine enthielt, wurde gleich darauf von einem Beamten gefunden und «zusammen mit dem übrigen Eigentum registriert».

Den Beamten fiel auf, daß Manson unterwegs mehrere Male etwas sagte und daß seine Anhänger mit «Amen, Amen» antworteten – wie zur Antwort auf ein Gebet. Und sie beobachteten, daß ein einziger strafender Blick von Manson genügte, um das Gekicher der Verhafteten verstummen zu lassen. Manson erzählte den Beamten, die Schwarzen würden die Herrschaft über das Land an sich reißen und die Polizei ausrotten. Als die Autodiebe, gefolgt von den hüpfenden Scheinwerferlichtern der Polizeifahrzeuge mit Vierradantrieb, die Mündung des Goler Wash erreichten, trafen dort gerade Country Sue und Cathy Meyers ein mit einem schwarzen Oldsmobile voller Lebensmittel im Wert von 500 Dollar. Auch diese beiden Mädchen nahm man fest. Die Lebensmittel wurden beschlagnahmt und zur Verpflegung nicht zuletzt der Häftlinge verwendet – mit Rücksicht auf die Steuerzahler von Inyo County.

24
Klarheit
Oktober bis November 1969

Mark Arneson, der Typ, dem Manson Gary Hinmans Kleinbus verkauft hatte, verkaufte ihn seinerseits für 350 Dollar an einen anderen Typ, Louis Puhek. Der Bus mit dem Donnervogel an der Seite sah immer noch so aus wie früher. Er hatte sogar noch dasselbe Nummernschild: PGE 388. Irgend jemand allerdings hatte in den Bus einen neuen Motor einbauen lassen. Es gab ein genaues Fahndungsbulletin über den gestohlenen Kleinbus. Am 5. oder 6. Oktober wurde Puhek in Venice von der Polizei angehalten, und als man die Zulassungsnummer überprüfte, stellte sich heraus, daß das Fahrzeug wegen Ermordung seines Besitzers gesucht wurde. Die Polizei in Venice verhörte Puhek. Dabei kam heraus, daß einer der möglichen Eigentümer Danny De Carlo von den Straight Satans gewesen war, der so zu einem der des Mordes an Hinman Verdächtigen wurde.

Um den 7. Oktober erkundigte sich Sergeant Whiteley bei den Sergeants Gleason, Elliott und Sims vom Sheriff's Office nach Danny De Carlo und fragte, ob sie seine Adresse hätten. Ferner bat er sie um Informationen über die Straight Satans und mögliche Beziehungen zwischen ihnen und Hinman. Man versprach ihm die erbetenen Informationen.

Als Whiteley und Guenther von Kitty Lutesingers Verhaftung erfuhren, dachten sie für eine Weile nicht mehr an De Carlo. Am 12. Oktober fuhren sie nach Inyo County und brachten Kitty zur Sheriff's Station von San Dimas zurück, wo sie verhört wurde.

Das Wort ‹Gaskammer›, von einem Polizeibeamten geäußert, übte eine magische Wirkung auf einige Family-Mitglieder aus: es machte sie gesprächig. Zunächst sagten die Beamten Kitty auf den Kopf zu, sie sei eines der Mädchen, die Beausoleil zu Gary Hinmans Haus begleitet hatten. Sie antwortete, das seien «Sadie und Mary» gewesen, ganz gewiß nicht sie, und die anderen seien in Hinmans Haus völlig ‹durchgedreht›, obwohl Manson sie nur hingeschickt hätte, um Geld zu holen.

Etwas anderes, das bewirkte, daß sie den Mund auftaten, waren offenbar Mansons Drohungen, die er am Telefon gegen ‹schwache Glieder› der Family ausgestoßen hatte, als Clem ihn auf der Spahn Movie Ranch anrief oder als Manson selber nach seiner Verhaftung anrief. Kitty fürchtete um ihr Leben und das ihrer Eltern.

Am nächsten Tag, dem 13. Oktober, flogen die Beamten um 9 Uhr morgens vom Ontario-Flughafen in Kalifornien nach Independence, um mit Susan Atkins alias Sadie Mae Glutz zu sprechen. Um die Mittagszeit kamen sie an. Sie brachten Fotos von der Family mit. Das Gefängnis von Inyo County war so mit Autodieben überfüllt, daß ein Verhör dort nicht möglich war. Daraufhin nahmen Whiteley und Guenther Sadie mit zur Sheriff's Station in Lone Pine und unterhielten sich dort mit ihr.

Im Verlauf des geschickten Verhörs gab Susan Atkins ihre Beteiligung an der Ermordung Hinmans zu, und kurz darauf sprach sie sogar ein bißchen über Shorty Shea. Doch lehnte sie es ab, das Gespräch auf Band aufnehmen zu lassen. Sie unterhielten sich ungefähr 25 Minuten lang. Dann flogen die Beamten mit Susan Atkins zurück nach Ontario. Sie fuhren zur Sheriff's Station von San Dimas und ließen sie wegen Mordverdacht inhaftieren. Am nächsten Tag fuhren sie nach Inyo County zurück.

Am 13. Oktober wurde Kitty von Beamten des Sheriff's Office von Los Angeles wegen der Autodiebstähle vernommen. Die Sergeants Gleason und Sims verhörten sie vier Stunden lang. Sie erzählte von der Verbrennung des Schaufelladers, von verschiedenen Strand-Buggy-Diebstählen, von gestohlenen Kreditkarten, von der Zerstörung des bei der Firma Hertz gemieteten 69er Ford, und vom Hinman-Fall. Kitty wurde mehrere Tage lang in der Haftanstalt Juvenile Hall festgehalten und anschließend in die Obhut ihrer Eltern zurückgegeben.

Sadie Mae Glutz war unter dem Namen Donna Powell festgenommen worden, doch fand die Polizei rasch heraus, wer sie war. Die Identität jener ‹Mary›, die mit in Gary Hinmans Haus gewesen war, blieb ein ungelöstes Problem. Patricia Krenwinkel war als Marnie Kay Reeves verhaftet worden. Sie war schon einmal unter dem Namen Mary Scott im Gefängnis gewesen. Sie wurde am 14. Oktober als mögliche Mordverdächtige nach Los Angeles gebracht.

Kitty hatte erzählt, ‹Mary› sei eine magere Rothaarige, und deshalb nahmen Whiteley und Guenther auch die rothaarige Squeaky Fromme alias Lynn Fromme alias Elizabeth Elaine Williamson mit. Auf der Fahrt nach Los Angeles erzählte Squeaky, so will es die Legende, den Beamten, Charlie hätte im Rahmen seines Stirb-im-Geist-Programms die Mädchen Fellatio an Hunden ausüben lassen.

Patricia Krenwinkel beeilte sich, die Polizei darüber zu informieren, daß nicht sie, sondern Mary Brunner in Hinmans Haus gewesen sei. Patricia Krenwinkel, Sadie und Squeaky wurden in das Gefängnis des Sheriff's Office von Los Angeles in Lancaster eingeliefert.

Die Kommission, die mit der Aufklärung der LaBianca-Morde befaßt war, hatte vom Sheriff's Office in Los Angeles Material über alle Morde angefordert, die mit den am Waverly Drive begangenen Morden Übereinstimmungen aufwiesen. Das LaBianca-Team hatte seine Ermittlungen energisch vorangetrieben.

Man war im Zusammenhang mit dem blutigen «Healter Skelter» und «Rise» auf die Beatles-Platte Katalognummer SWBO 101 aufmerksam geworden. Auch das Messer und die Gabel in Mr. LaBianca hatten sie richtig gedeutet: «Der Text des Songs ‹Piggies› nimmt Bezug auf ein Messer und eine Gabel im Schinken» – so hieß es im Polizeibericht.

Zu der Zeit, als die LaBianca-Kommission ihren zweiten Bericht über den Ermittlungsstand abfaßte, der das Datum des 15. Oktober 1969 trägt, waren Manson und seine Crew bereits die Hauptverdächtigen, obgleich Manson noch nicht verhört worden war. Man wußte inzwischen von Mansons Beziehungen zu den Satan Slaves. Mehrere Satan Slaves waren bereits früher der LaBianca-Morde verdächtigt worden.

Die Morde ähnelten einander, wie die Polizei feststellte. Mit Blut gemalte Worte an der Wand, Messer als Mordwaffen, bei beiden Verbrechen ein Kopfkissen auf dem Gesicht eines der Opfer. Und *eine* Person, die des Mordes an Hinman verdächtig war, Susan Atkins, hatte sich in der Nacht der LaBianca-Morde – im Gegensatz zu dem damals bereits verhafteten Beausoleil – auf freiem Fuß befunden. Auf Grund dieser Informationen, die man von Whiteley und Guenther erhalten hatte, konzentrierte sich die LaBianca-Kommission auf die Family.

Auf Grund des Berichts vom 15. Oktober wurde der Plan gefaßt, eine Liste aller Personen, die auf der Spahn Movie Ranch gelebt hatten, zusammenzustellen und von jeder eine Handschriftenprobe und Fingerabdrücke zu beschaffen. Mitte Oktober unterzog sich Manson offenbar einem Verhör am Lügendetektor, gab jedoch mittendrin auf. Er muß gewußt haben, daß das Netz gelegt war, und mehrere Todesfälle mögen ihn zu Schweigsamkeit und Furcht veranlaßt haben.

Sadie und Katie wurden aufgefordert, die Worte «Helter Skelter» zu schreiben. Man wollte sehen, ob eine von ihnen sie auf den Kühlschrank der LaBiancas geschrieben hatte.

Am 15. Oktober wurde gegen vierzehn Mansonoiden wegen zwanzig schwerer Delikte vor dem Inyo County Superior Court verhandelt. Die Gesamtkaution belief sich auf insgesamt 263 500 Dollar. Zehn der Angeklagten wurden freigelassen, das Verfahren eingestellt.

Am 15. Oktober verhaftete man in Venice Danny De Carlo, einen

Straight Satan namens Al Springer und sechs andere wegen Hehlerei und des Besitzes von Marihuana. De Carlo wurde beschuldigt, einen ‹heißen› Motor verkauft zu haben, um wieder in den Besitz seines Brotwagens zu gelangen. De Carlo wurde gegen Kaution freigelassen. Trotzdem wuchsen seine Sorgen. Am 12. September hatte De Carlo einen Gerichtstermin gehabt: er hatte versuchen wollen, seinen Sohn Dennis, den man nach der Razzia vom 16. August in ein Pflegeheim gesteckt hatte, zurückzubekommen. Bei diesem Termin war De Carlo festgenommen worden, weil er eine Pistole unter falschem Namen erworben hatte. Außerdem war De Carlo bereits zu einer fünfjährigen Freiheitsstrafe verurteilt worden, weil er aus Mexiko Marihuana eingeschmuggelt hatte; er hatte dagegen Berufung eingelegt. Seine zahlreichen Konflikte mit dem Gesetz brachten ihn später dazu, die Family als die Mörder von Sharon Tate und den anderen zu verpfeifen.

In Independence (California), wo die Mitglieder der sogenannten Family einsaßen, hoben die furchtlosen Mädchen bei der Gymnastik im Gefängnishof ihre Kleider hoch. Manson stieß Kojotenschreie aus, und seine Jünger antworteten mit Kojotenpfiffen. Dort im Gefängnis baten sie einmal um Erdnußbutter und Honig für einen Purifikationsritus, was immer das bedeuten sollte. Alles war eitel Glück und Wonne.

Am 16. Oktober durchkämmten Sheriffsbeamte von Inyo County, Beamte des Morddezernats von Los Angeles und Autodiebstahlexperten zusammen mit C. H. P.-Beamten das Gebiet der Barker Ranch nach belastendem Material. Sie fanden weitere Strand-Buggies und, dem Polizeibericht zufolge, zahlreiche Verstecke für Lebensmittel und andere Gegenstände, ferner, und das war vielleicht das Wichtigste, eine Fettspritze mit Patrone, wie sie Kitty Lutesinger dem Ermittlungsrichter in San Dimas gegenüber beschrieben hatte: die Hippie-Gruppe hatte sie von dem Schaufellader des National Park Service entwendet. Die Fahrzeuge hatte man unter Salbeigebüsch, Weidenzweigen und Tarnfallschirmen versteckt.

Am Donnerstag, dem 16. Oktober, wurde gegen Susan Atkins alias Sadie vom Justice Court in Malibu Anklage wegen Mordes erhoben. Als Termin für die Vorverhandlung wurde der 12. November festgesetzt.

Am Nachmittag des 17. Oktober rief das Sheriff's Office von Lancaster Patricia Krenwinkels Vater an. Mr. Krenwinkel kam und holte seine Tochter ab. Katie blieb fünf Tage bei ihrem Vater, und am 23. Oktober 1969 flog sie mit den National Airlines zu ihrer Mutter nach Mobile (Alabama).

Ebenfalls am 17. Oktober erklärte der stellvertretende Polizeichef von

Los Angeles, Robert Houghton, in einer Pressekonferenz, daß der erste Teil der Ermittlungen im Fall der Tate-Morde abgeschlossen sei und daß die Polizei nunmehr den ganzen Fall zurückverfolge und über weitere Maßnahmen berate. Bis zu diesem Zeitpunkt waren mehr als 400 Verhöre durchgeführt worden.

Nach 40 Tagen intensiver Ermittlungen war man der Meinung, das Hauptmotiv für die Morde am Cielo Drive sei vermutlich ein Rauschgiftbetrug oder ein Drogenexzeß.

20. Oktober.

Die Ermittlungsbeamten Whiteley und Guenther horchten auf, als Kitty Lutesinger berichtete, sie habe Susan Atkins sagen hören, sie hätte auf die Beine eines Mannes eingestochen, als dieser sie am Haar zog. Es konnte sich nicht um Gary Hinman handeln, und da sich Susan Atkins in der Nacht der sogenannten Tate-Morde auf freiem Fuß befunden hatte, glaubten die Beamten, sie könnte etwas mit den Morden zu tun haben.

Whiteley und Guenther informierten die Tate-Kommission über Manson. Die Kriminalbeamten, die im Tate-Fall ermittelten, warteten elf Tage lang, nämlich bis zum 31. Oktober, ehe sie die junge Dame verhörten.

21. Oktober.

In Independence, im Court House von Inyo County, fanden Vorverhandlungen statt gegen Leslie Sankston alias Leslie Van Houten, Nancy Pitman alias Brenda McCann, Manon Minette alias Gypsy und Robert Ivan Lane alias Soup Spoon. Die Diebstahlanklagen wurden fallengelassen, doch alle vier Beklagten mußten sich wegen Verstoßes gegen den Paragraphen 182 des kalifornischen Strafgesetzes verantworten.

22. Oktober.

Charles Manson «alias Jesus Christus» – wie im Verhaftungsbericht vermerkt –, Manon Minette (Gypsy), Diane Bluestein alias Snake/Lake und Rachel S. Morse alias Ouish mußten sich wegen Inbrandsetzung des Schaufelladers, Verstoßes gegen den Paragraphen 449a des kalifornischen Strafgesetzes, verantworten.

23. Oktober.

Sandy Pugh alias Sandra Good, Mary Schwarm alias Diane Von Ahn und Ouish mußten sich in einer Vorverhandlung vor dem Gericht von Inyo County wegen Hehlerei verantworten (es handelte sich um die Ruger-Pistole in dem Miramar-Postbeutel mit den Hexenhaarbüscheln, den man bei der Verhaftung der drei jungen Damen in der Schlucht hinter der Meyers Ranch gefunden hatte).

Zero, Bill Vance, Little Larry, Vern Plumlee, Sherry Andrews alias Claudia Smith, Beth Tracy alias Collie Sinclair, Sue Bartell und Cathy Meyers wurden, nachdem man die gegen sie erhobenen Anklagen hatte fallenlassen, auf freien Fuß gesetzt.

Mehrere der freigelassenen Family-Mitglieder gingen nach Los Angeles. Sie wohnten in Venice am Club House Drive Nr. 28, direkt am Meer, bei einem gewissen Mark Ross. Hier sollte Zero sterben.

25. Oktober.

Im Sybil Brand-Frauengefängnis in Los Angeles war den Häftlingen erlaubt, Rundfunknachrichten zu hören. Mehr als einmal fühlte sich Sadie durch die Bulletins über die Ermittlungen im Fall der Tate-Morde angeregt, ihre Kommentare dazu abzugeben. Am 24. und 25. Oktober verbreiteten die Rundfunkstationen die Meldung, man habe eine heiße neue Spur gefunden – gemeint war die Möglichkeit, daß die Morde von einem kurzsichtigen, rundschädligen Monster mit mißgestalteten Ohren begangen worden seien. Eine Zeitung hatte die Geschichte von der Brille gebracht, die, mit den Bügeln nach oben auf dem Boden liegend, neben Roman Polanskis blauen Überseekoffern gefunden worden war, so daß es ausgesehen hatte, als hätte der Mörder sie verloren. Auf diesem Bericht basierten die von den lokalen Rundfunksendern gebrachten Meldungen über die Brille. Die Polizei hatte die Brille einem Optometriker in Hollywood vorgelegt, der auf Grund gewisser Verformungen zu der Überzeugung gekommen war, sie gehöre jemandem, der verschieden große Ohren habe, sehr, sehr kurzsichtig sei und überdies einen ungewöhnlich runden Kopf habe. Sadie sprach darüber mit einer Zellengefährtin mit dem Spitznamen Casper alias Roseanne Walker. Die stämmige brünette junge Dame saß wegen verschiedener Vergehen, die mit ihrer Leidenschaft für Barbiturate zu tun hatten, im Gefängnis.

Casper war der Typ, dem man in vielen Gefängnissen begegnet – eine geschäftstüchtige Frau, die im Schleichhandel an Zellengefährtinnen Zigaretten und Süßigkeiten verkaufte. Sie ließ andere ihre Ware und das, was sie an Geld zuviel besaß, aufbewahren, da es gegen die Gefängnisvorschriften verstieß, mehr als eine bestimmte Summe oder eine bestimmte Anzahl Zigaretten zu besitzen. Laut Casper freundete sich Sadie mit ihr wegen ihrer freimütigen Art an und auch deswegen, weil Sadie keinen Cent besaß und Casper bereitwillig von ihren Süßigkeiten und Zigaretten abgab.

Sadie und Casper debattierten darüber, ob der Besitzer der Brille etwas mit den Morden zu tun hatte oder nicht. Sadie sagte, die Tatsache, daß man die Brille gefunden habe, bedeute noch nicht, daß sie dem Mörder gehöre; zum Beispiel könne sie ja auch dort hingelegt worden sein, «um Verwirrung zu stiften». Laut Casper fand Sadie es furchtbar komisch, daß ein Unschuldiger wegen dieser Brille verhaftet und vor Gericht gestellt werden könnte. Nach einer dieser Rundfunkmeldungen über die Morde meinte Sadie: «So hat sich das nicht abgespielt.»

Ausgerechnet Casper, der netten Zigarettenverkäuferin, erzählte Sadie die unfaßliche Geschichte, daß Sharon Tate sie gebeten habe, sie möge ihr das ungeborene Kind herausschneiden und es retten, und daß sie, Sadie, darauf gesagt habe, dazu hätte sie die Nerven nicht. Sie konnte nur töten.

31. Oktober.

Endlich verhörten Ermittlungsbeamte, die mit den Morden am Cielo Drive befaßt waren, Kitty Lutesinger. Eine glaubwürdige Informantin kann bei Ermittlungen in einem Mordfall Wunder wirken. Und das tat Miss Lutesinger, indem sie die Tate-Kommission auf eine Gruppe von Traumlandverbrechern aufmerksam machte: auf eine todestolle Bande sogenannter Hippies.

Ebenfalls am 31. Oktober 1969 rief Steve Brandt, der Freund und ehemalige Presseagent von Sharon Tate, Kolumnist der Zeitschrift *Photoplay* und 1968 Trauzeuge der Polanskis in London – eine bewährte Informationsquelle der Polizei – bei Eddie Fisher an. Er erreichte Mr. Fishers Sekretärin und verkündete, er habe genügend Schlaftabletten genommen, um sich umzubringen. Er befand sich in seiner Wohnung in der North Kings Road Nr. 1260. Als er einige Zeit später im County USC Hospital das Bewußtsein wieder erlangte, fiel sein getrübter Blick auf zwei Ermittlungsbeamte, die ihn sogleich fragten, ob sein Selbstmordversuch irgend etwas mit den Tate-Morden zu tun habe. «Sie wollten wissen, ob es einen Zusammenhang gäbe», erklärte Brandt vor Reportern.

1. November.

Kriminalbeamte setzten sich mit Sam Barrett, Mansons Bewährungshelfer, in Verbindung, um alle verfügbaren Informationen über Manson zu bekommen. Um den 1. November wurden eine gewisse Virginia Graham, eine gewisse Ronni Howard alias Shelley Nadell und Sadie Mae Glutz alias Susan Atkins in einen sogenannten offenen Schlafsaal für fünfzig Personen verlegt (Dormitory 8000) – ein Schlafsaal für Häftlinge, die tagsüber in verschiedenen Abteilungen des Gefängnisses arbeiteten.

Virginia Graham war sehr besorgt, daß man sie wegen ihres Verstoßes gegen die Bewährungsbestimmungen wieder ins Corona State-Frauengefängnis einlieferte. Sie hatte dort bereits 1966 gesessen und stand noch unter Bewährungsaufsicht, als sie am 20. Oktober aufgegriffen wurde. Sie hatte sich im Laufe der Jahre viele Namen zugelegt, darunter Virginia Browne, Lopez, Ciocco und Benedict. Nach ihrer Einlieferung ins Gefängnis war sie vier Tage auf der Krankenstation, dann eine Woche in einem anderen Block, von dem sie in den Schlafsaal 8000 verlegt wurde.

Sadie wurde einen Tag nach Virginia in den Schlafsaal 8000 gebracht, wie Virginia bei dem Prozeß als Zeugin aussagte. Sadie bekam ein Oberbett im hinteren Teil des Schlafsaals zugewiesen. Virginia hatte das Unterbett Nr. 3 im vorderen Teil. Ronni Howard, mit Virginia Graham seit ungefähr zehn Jahren befreundet, wurde ebenfalls in den Schlafsaal 8000 verlegt. Sie saß seit dem 27. August und war angeklagt, ein Rauschgiftrezept gefälscht zu haben. Nach ein paar Tagen bekam Sadie das Bett rechts von Ronni Howard zugewiesen.

Die anderen hänselten die junge Sadie Mae Glutz. Jedesmal, wenn sie vorbeikam, riefen sie: «Oh, da kommt ja Sadie Glutz.» Sadie fiel durch ihren seltsamen Namen auf und auch deshalb, weil sie zuweilen sang und zur Musik aus dem Gefängnisradio wilde Go-Go-Schritte tanzte und weil sie sich bei der Gymnastik, ohne Unterwäsche zu tragen, bückte und verrenkte. Die anderen zogen sie auf, und deshalb, so behaupteten sie, freundeten sich Ronni und Virginia, denen das heißblütige Mädchen leid tat, mit ihr an.

Miss Graham hat gesagt: «Sie hat die ganze Zeit gesungen und getanzt. Obwohl es eigentlich nicht der passende Ort für diese Art von Fröhlichkeit war.»

2. November.

Anonyme Telefonanrufe ergingen an die *Los Angeles Times*, die *New York Times*, die KNXT-Fernsehgesellschaft usw.: irgend jemand wies die Massenmedien auf die Verbindung zwischen dem Hinman-Fall und den Tate–LaBianca-Morden hin. Und im Sybil Brand-Gefängnis verhalf Virginia Graham ihrer neuen Freundin Sadie Mae Glutz zu einem Job als Gefängnisbotin, nachdem sie selbst einen Tag zuvor diese Aufgabe bekommen hatte. Die Botinnen mußten offizielle Aktenstücke hin und her tragen. Auch überbrachten sie den Insassinnen die gelben Besucherformulare, wenn Besucher ins Gefängnis kamen. Es war also ein ziemlich angenehmer Job.

«Ja, ich hab mit jemandem darüber gesprochen», antwortete Miss Graham auf die Frage, ob sie Sadie zu dem Job verholfen habe.

So arbeiteten Sadie und Virginia Seite an Seite. Oft saßen sie lange auf kleinen Hockern bei der sogenannten ‹Kontrolle› und warteten auf Botenaufträge. Bei den Botengängen wechselten sie sich ab. Ihre Arbeitszeit dauerte von 7 Uhr 30 bis 15 Uhr 30.

Selbstverständlich kamen sie irgendwann auch darauf zu sprechen, weshalb sie inhaftiert waren.

4. November.

Danny De Carlo, Al Springer und die anderen in Venice Verhafteten wurden noch immer festgehalten. Ihr Prozeß wegen Besitzes von Marihuana, Hehlerei und Autodiebstahl sollte am 18. November stattfinden. Springer blieb im Gefängnis, De Carlo wurde gegen Kaution freigelassen.

Am Nachmittag saßen Sadie und Virginia auf ihren Hockern bei der ‹Kontrolle› und warteten auf Botenaufträge. Miss Graham fragte Sadie: «Warum bist du eigentlich hier?» Etwas wie ein milder Vorwurf, daß ein so zartes junges Ding wie Sadie im Gefängnis saß, schwang in der Frage mit.

«Mord ersten Grades.»

«Nein. O du Arme!»

Sadie erzählte Virginia kurz von den Anklagepunkten. Sie war sehr wütend auf Bob Beausoleil, weil sie glaubte, er habe sie der Polizei verpfiffen. Sie erzählte Virginia Graham, die Polizei habe mit ihr eine Abmachung treffen wollen, falls sie bereit sei, gegen Beausoleil auszusagen, aber sie hätte vor, die Verrückte zu spielen und brauche deshalb überhaupt nichts zu unternehmen. Tag um Tag sollte Sadie Virginia mehr erzählen.

5. November.

Christopher Zero starb in Venice. Ein Kopfschuß war die Todesursache. Es passierte am Club House Drive Nr. 28. Der Wohnungsinhaber Mark Ross war um diese Zeit beim Schauspielunterricht. Ein Zeuge der grausigen Tat erklärte, Cathy Meyers, Bill Vance, Claudia Smith, Bruce Davis und andere hätten im Wohnzimmer gesessen, als Zero starb.

Zero und Little Patty befanden sich in einem Schlafzimmer und, so jener Zeuge, Little Patty lag auf dem Bett und schlief. Country Sue machte für Zero in der Küche eine Tasse Tee. Sie hörte Gelächter aus dem Zimmer, dann einen scharfen, kurzen Knall.

Little Patty kam aus dem Zimmer gewankt und sagte: «Wie im Kino, genau wie im Kino.»

«Dann», sagte Sue, «ging Bruce hinein und nahm die Waffe vom Bett», woraufhin Sue ihn anbrüllte. Am Abzugsbügel der Waffe fand die Polizei einen Fingerabdruck von Davis.

Sue hielt Zero in den Armen, als er starb. «Ich hielt ihn, bis er gestorben war. Ich fühlte seinen Puls, der sehr schnell und flattrig ging.» Dann wurde der Pulsschlag langsamer, «und: sein Gesicht wurde purpurrot». Dann starb er. Little Patty, die seither untergetaucht ist, rief die Polizei an und benutzte dabei den Namen Linda Baldwin.

Als die Polizei eintraf und in das Schlafzimmer ging, wo Zero – offenbar in einem Schlafsack – lag, lief Sue draußen um das Haus herum und blickte durch das Schlafzimmerfenster hinein. Später behauptete sie, seine Augen seien jetzt geschlossen gewesen und sein Gesicht weiß, und er habe ausgesehen, als lächle er.

Vern Plumlee erfuhr durch ein Mädchen der Family von dieser Schießerei: «Sie hat gesagt, er wollte wissen, wie das ist, wenn man stirbt. Und er hat immer nur gelacht und so, er war auf einem LSD-Trip.»

Vern glaubte das nicht. «Acid bringt dich nicht dazu, daß du dich töten willst», meinte er.

Später behauptete Plumlee, Mitglieder der Family hätten ihm verraten, wer der Mörder war, und sie hätten ihm gesagt, Zero sei möglicherweise einer von denen gewesen, die ‹zuviel wußten›. Der Polizei gegenüber erklärte die Family, Zero habe Russisch-Roulette gespielt, und so wurde der Fall als Selbstmord registriert. Hier muß angemerkt werden, daß Zero, falls er sich tatsächlich selber umgebracht hat, bei dem Spiel erheblich gepfuscht haben muß, denn nur eine Kammer in dem Revolver war nicht geladen.

Einen Tag nach dem Ableben von Zero alias John Philip Haught besuchte Country Sue Susan Atkins im Sybil Brand-Frauengefängnis. Sie erzählte Sadie, daß Zero sich mit Russisch-Roulette umgebracht habe. Sie habe seine Hand gehalten, ob das nicht toll sei, als er starb, und daß er «am ganzen Körper gebebt» habe.

Ronni Howard war im Empfangsraum für Besucher tätig. Sadie stellte ihr Sue Bartell vor, bevor sie sich mit dieser unterhielt. Als Sue ihr von dem Russisch-Roulette erzählte, stürmte Sadie, begeistert wie eh und je, wenn es um Blut und Tod ging, zu Ronni hinaus und berichtete ihr davon in allen grausigen Einzelheiten.

6. November.

Um 13 Uhr 30 wurde Leslie Van Houten in Independence (California) von Lieutenant A. H. Burdick von der wissenschaftlichen Abteilung der Polizeibehörde von Los Angeles vernommen. Es war derselbe Beamte, der 90 Tage zuvor William Garretson einem Test mit dem Lügendetektor unterzogen hatte. In seinem Bericht an Sergeant Patchett vom Raub- und Morddezernat der Polizeibehörde von Los Angeles heißt es, Miss Van Houten habe ihm gegenüber angedeutet, es gäbe da «einige ‹Dinge›, die sie vermuten ließen, daß jemand von ihrer Gruppe in die Tate-Morde verwickelt sei, doch stritt sie ab, etwas über die LaBianca-Morde zu wissen. Zu diesem Zeitpunkt lehnte sie es ab, näher anzudeuten, was sie meinte, und äußerte, sie wolle sich die Sache über Nacht noch einmal durch den Kopf gehen lassen; sie sei verwirrt und wisse nicht, was tun.» Am nächsten Tag hatte Leslie Van Houten ihre Fassung wiedergefunden und weigerte sich, über die Sache weiterzusprechen.

Die Arbeitszeit der beiden befreundeten Botinnen, Sadie und Virginia Graham, endete um 15 Uhr 30. Anschließend gingen sie zum Essen und kehrten um 16 Uhr 35 in den Schlafsaal 8000 zurück. Virginia wollte gerade zum Duschen gehen, als Sadie zu ihr ans Bett trat und fragte, ob sie eine Minute Zeit für sie hätte. Virginia sagte okay. Sie redeten. Irgendwie ging es zunächst hauptsächlich um LSD. Die neununddreißigjährige Virginia hatte am 1. Oktober, wenige Tage vor ihrer Verhaftung, ihren ersten Trip erlebt, während Sadie Hunderte von Trips hinter sich hatte, und so hatten sie ein gemeinsames Gesprächsthema.

Dann fing Sadie an, über den Hinman-Fall zu reden, und gestand offen, daß sie mitgemacht hatte. Virginia sagte Sadie, sie sei zu gesprächig. «Ich sagte ihr, daß ich mich für das, was sie getan hätte, nicht weiter interessierte, aber ich würde es nicht für ratsam halten, daß sie soviel darüber redet», erinnerte sich Virginia Graham später. Sie erzählte ihr, sie habe von Fällen gehört, wo sich Leute im Gefängnis dadurch in Gefahr gebracht hätten, daß sie Zellengefährten gegenüber, die sie später verpfiffen, Verbrechen gestanden.

Sadie antwortete, da sei sie unbesorgt, sie brauche Virginia nur in die Augen zu sehen, dann wisse sie, daß sie ihr vertrauen könne. Es klingt wie ein schlechter Witz.

Dann fing Sadie vom Death Valley und den dort oben Verhafteten und von der *Stadt im Untergrund* für die Auserwählten zu erzählen an. Und sie fing an, von Manson zu erzählen. Jetzt war Sadie sichtbar aufgeregt und sprach immer schneller. Was kam dabei heraus? Offenbar eine allgemeine Diskussion über Verbrechen und Morde.

«Wir redeten über Verbrechen und, na ja, über verschiedene Morde und so», erinnerte sich Virginia Graham.

Und Sadie sagte laut Virginia Graham im Verlauf des Gesprächs: «Und weißt du, da gibt es jetzt gerade einen Fall, da sind sie so weit ab von der richtigen Spur, daß sie gar nicht wissen, was überhaupt los ist.»

Dann folgte eine Pause.
«Wovon redest du?»
«Von der Sache im Benedict Canyon.»
«Benedict Canyon?»
«Ja, Benedict Canyon!»
«Du meinst doch nicht Sharon Tate?»
«Doch», sagte Sadie. Jetzt wurde sie noch aufgeregter, und die verhängnisvollen Worte über Wahnsinnsmetzelei wurden ausgespuckt. «Du siehst sie vor dir, die das getan hat.»
Mehrere Male erhob Sadie die Stimme, und Virginia mußte sie auffordern, leiser zu sprechen. Alles kam herausgesprudelt, das Grauen, die tödlichen Einzelheiten, die Szenarios. Und Virginia Graham fing an, Sadie Fragen zu stellen, um herauszufinden, ob sie wirklich die Wahrheit sagte, fragte Sadie nach dem Seil, fragte, was die Opfer angehabt hätten usw., um sie auf die Probe zu stellen. Aber die Story schien stichhaltig zu sein, nur eben daß Sadie behauptete, sie habe auf dem Schreibtisch im Wohnzimmer einen Handabdruck hinterlassen und in dem Handgemenge ihr Messer verloren, beides Dinge, die in den Massenmedien nicht erwähnt worden waren. (Und ein Handabdruck hätte mit Sicherheit längst zu Sadies Verhaftung geführt.)
Über eine Stunde redeten sie. Um 18 Uhr fand eine Zählung der Gefängnisinsassen statt, und sie mußten aufhören. Aber Virginia Grahams Kopf war bereits angefüllt mit einer unvergeßlichen Mischung schockierender Einzelheiten. Gleich darauf rannte Virginia Graham zu Ronni Howard, mit der sie seit zehn Jahren befreundet war, und erzählte ihr, was Sadie berichtet hatte. Sie waren beide noch nicht ganz überzeugt, und so nahmen sie sich vor, Sadie noch mehr auszuhorchen.
«Wir stellten ihr Fragen, die nur wer beantworten kann, der dabeigewesen ist», sagte Virginia Graham zu Ronni Howard. «Sieh zu, daß du sie fragst, wie das Schlafzimmer gestrichen war oder was die Leute anhatten, irgendwas in dieser Art.»
Da Sadie das Bett neben Ronni hatte, konnte Ronni sie nachts ungestört in ein Gespräch ziehen. Die Gefängnisaufseherinnen zählten die schlafenden Insassinnen jede halbe Stunde, und dank einem Warnpostensystem konnten sich die beiden zwischendurch jeweils dreißig Minuten lang innig unterhalten.
8. November.
Um bei Sadie keinen Verdacht zu erregen, wartete Virginia Graham ab, bis sich eine Gelegenheit ergab, das Gespräch auf die Morde zu bringen.

Einmal, etwa zwei oder drei Tage nach ihrer Unterhaltung am Bett, sagte sie zu Sadie: «He, weißt du ...» und erzählte ihr, daß sie und ihr früherer Mann sich vor Jahren, um 1962, das Haus am Cielo Drive angesehen hätten, um es eventuell zu mieten. «Ist es immer noch golden und weiß gestrichen?» Sie fragte ins Blaue hinein, da sie das Innere des Hauses in Wirklichkeit nie gesehen hatte.

«Uh huh», machte Sadie.

Am 8. oder 9. November kam Sadie an Virginias Bett mit einer Zeitschrift für Filmfans in der Hand. Die Zeitschrift war aufgeschlagen bei einem Bild von Elizabeth Taylor und Richard Burton. Vergnügt und munter offenbar zählte sie Virginia eine Liste zukünftiger Opfer auf, darunter auch Richard Burton, dem man sein Anhängsel abschneiden wollte, Elizabeth Taylor, Frank Sinatra, Tom Jones, den man in diesem Augenblick gerade im Gefängnisradio hörte, und Steve McQueen – allerdings, so sagte Sadie, sei es ihr gräßlich, daß man auch Tom Jones umlegen müsse, denn Tom Jones törne sie an. Sie brachte auch Abneigung gegen Frank Sinatra jun. zum Ausdruck. Für die Leute auf ihrer Liste dachte sich Sadie die abscheulichsten Todesarten aus.

12. November.

Sowohl Susan Atkins als auch Bob Beausoleil wurden vor dem Superior Court in Santa Monica in Sachen Hinman vernommen, hatten jedoch verschiedene Richter. Sadie erschien vor Richter John Merrick. Bei der Verhandlung sollte geklärt werden, ob sie vor Gericht gestellt werden sollte. Ihr Anwalt, ein Mr. Gerald M. Condon, war vom Gericht ernannt worden.

Deputy Guenther vom Morddezernat des Sheriff's Office von Los Angeles sagte über die Informationen aus, die man am 13. Oktober in der Sheriff's Station in Lone Pine von ihr erhalten hatte. Er sagte ferner aus, Sadie habe ihm gegenüber gesagt, sie habe Mr. Hinman gehalten, während Beausoleil auf ihn eingestochen habe. Er berichtete von der Vernehmung Kitty Lutesingers, die offenbar ein Telefongespräch mitgehört hatte, bei dem Susan Atkins davon gesprochen hatte, Hinman zu töten, «wobei sie andeutete, Bobby und Susie seien durchgedreht darüber, daß sie Hinman hätten töten müssen». Sadie war natürlich wütend auf Kitty, als sie das hörte.

Richter Merrick befand, es sei genügend Grund gegeben, Miss Atkins vor Gericht zu stellen, und beraumte den Prozeß auf den 26. November 1969 an.

Sadie tobte, als sie ins Sybil Brand-Frauengefängnis zurückkam. Offenbar hatte sie sich Notizen gemacht, die sie Ronni Howard zeigte. Gott, wie konnte dieser Guenther nur erklären, sie, das liebe kleine Schätzchen, hätte die Arme eines 180 Pfund schweren Mannes festgehalten, während Beausoleil auf ihn eingestochen hätte! Sie sei es gewesen, erzählte sie Virginia und Ronni, die auf Hinman eingestochen habe, nicht Bob.

Am 12. November hatte Virginia Graham eine Verhandlung wegen ihrer Bewährungssache, und es wurde beschlossen, sie wieder in das staatliche Frauengefängnis in Corona einzuweisen. Vor ihrem Abtransport (Sadie war inzwischen von ihrer Verhandlung wieder zurück) besprachen sie und Ronni sich kurz darüber, was nun mit Sadies Geständnis anzufangen sei.

Ronni sagte, sie habe sich jede Nacht mit Sadie unterhalten, und meinte: «Junge, ist die unheimlich!»

Ronni Howard alias Shelley Nadell glaubte, sie könne Sadie die Frage stellen, die klären würde, ob Sadie die Wahrheit sagte oder nicht. Ronni wußte, was es bedeutete, jemanden zu erstechen, da sie selbst einmal auf ihren früheren Mann mit dem Messer losgegangen war. So beschloß Ronni, Sadie zu fragen, wie es sei, wenn man auf jemanden einsteche.

Ronni stimmte mit Virginia offenbar darin überein, daß man am besten erst einmal über LSD-Trips redete, um Sadie gesprächig zu machen. Bevor Virginia nach Corona abtransportiert wurde, sagte sie zu Ronni, falls sie mehr herausbekäme, solle sie sich an ihren Bewährungshelfer wenden.

Ronni antwortete, da sie unten im Empfang arbeite, wo immer eine Menge Kriminalbeamte kämen, die jemanden sprechen wollten, könne sie ja einfach einem von ihnen berichten. Worauf Virginia sagte, falls Ronni beschließe, einer offiziellen Person von der Sache zu erzählen, könne man sie im State Prison erreichen.

Um 21 Uhr 30 wurde im Schlafsaal 8000 im Sybil Brand-Frauengefängnis das Licht ausgemacht. Am gleichen Abend, nach Zapfenstreich, hatten Sadie und Ronni ein ausführliches Zwiegespräch. «Oh, wie ich sie dazu brachte, mir davon zu erzählen; ich hab Ihnen ja gesagt, daß wir uns über einen LSD-Trip unterhielten. Wissen Sie, nicht allzu viele von den Mädchen da drinnen nehmen LSD, und ich nehme an, ich war eine von denen, mit denen sie reden konnte» – so beschrieb Miss Howard ihre Methode, Sadie zum Reden zu bringen.

Ronni hatte zwölf LSD-Trips hinter sich. Sadie sagte ihr gegenüber, sie könne nichts mehr schockieren, es gäbe nichts, was sie nicht schon getan hätte. Dann, auf das geschickte Drängen Ronni Howards hin, kam das Gespräch irgendwie auf das Thema Metzelei, und Susan Atkins erzählte alles. Ronni spöttelte genügend und stellte genügend Fragen, um Sadie dazu zu bringen, daß sie alle Einzelheiten preisgab, flüsternd im dunklen Schlafsaal.

Vom 12. November bis zum 15. oder 16. November lag Shelley Nadell alias Ronni Howard jede Nacht neben Sadie Mae Glutz, und Ronni sammelte Material. Sadie brachte Ronni regelrecht aus der Fassung, als sie zu ihr sagte, die Tötungen würden nicht aufhören, jederzeit könnten sich neue ereignen.

Kriminalbeamte aus Venice verhörten den Biker Al Springer im Bezirksgefängnis von Los Angeles. Springer war nicht in der Lage gewesen, die Kaution aufzubringen. Die Beamten verhörten damals jeden, der in irgendeiner Beziehung zur Family gestanden hatte, in der Hoffnung, jemanden zu finden, der etwas wußte und bereit war, zu sprechen. Diesmal wurden sie für ihre Mühe belohnt, was insofern ungewöhnlich war, als die Angst bei der Family Stummheit erzeugte. Springer berichtete den Beamten von einem Gespräch, bei dem Danny De Carlo nach den Tate-Morden angeblich jemanden hatte sagen hören: «Wir haben fünf Piggies fertiggemacht.»

Die Kriminalbeamten aus Venice fanden heraus, daß De Carlo bei seiner Mutter lebte, die seinen zweijährigen Sohn Dennis versorgte. De Carlo zögerte zu reden, aber der Druck der gegen ihn vorliegenden Beschuldigungen löste ihm die Zunge.

Am 12. November vernahmen die für die LaBianca-Morde zuständigen Ermittlungsbeamten sowohl Springer als auch De Carlo, und endlich war der Weg zum Sieg frei.

14. November.

Nach der Auswahl der Geschworenen, die fast den ganzen vorangegangenen Tag in Anspruch genommen hatte, wurden am 14. November die ersten Zeugenaussagen gegen Robert Beausoleil angehört. Da der Fall für den Bezirksstaatsanwalt noch nicht zu einem Kampf mit den Massenmedien geworden war, hatte man im Einvernehmen mit Richter John Shea vereinbart, nicht die Todesstrafe zu beantragen. Zwölf Zeugen der Anklage und ein Zeuge der Verteidigung mußten angehört werden. Der Prozeß sollte nach zwei für die Zeugenvernehmung vorgesehenen Tagen mit den Schlußplädoyers des Verteidigers, Leon Salter, und des Staatsanwalts, Mr. Ross, enden, die auf dem Plan für Dienstagmorgen, den 18. November, angesetzt worden waren.

Das gegen Beausoleil vorliegende Material war zunächst unerheblich und wenig überzeugend – bis zu dem Tag, an dem der Prozeß eigentlich hatte enden sollen, als die Staatsanwaltschaft von De Carlo und Beau-

soleils angeblichem Geständnis ihm gegenüber erfuhr.
Der Autor ist der Ansicht, daß Virginia Graham und Shelley Nadell alias Veronica Young übereinkamen, Susan Atkins ein Geständnis zu entlocken, möglicherweise um eine Belohnung zu erhalten, die privat von einem der Leidtragenden ausgesetzt worden war.
Virginia Graham behauptet, sie habe sich um den 14. November entschieden, über Susan Atkins' Geständnis zu sprechen. Sie füllte einen ‹blauen Schein› aus, ein Gesuch um ein Gespräch mit einem Vertreter der Gefängnisleitung, adressierte ihn an die Anstaltspsychologin des Corona State Prison, Dr. Vera Dreiser, und schrieb dazu:
«Dr. Dreiser, es ist sehr wichtig, daß ich mit Ihnen spreche.»
Dr. Dreiser schickte einen ‹blauen Schein› zurück, mit dem Vermerk, Miss Graham müsse mit Dr. Owens, ihrem, Dr. Dreisers, Vorgesetzten, sprechen. Zwölf Tage später berichtete sie schließlich ihrer Rechtsberaterin, Miss Mary Ann Domn, über die Manson Family.
16. November.
Die Polizei rief Gregg Jakobson an, um mit ihm einen Termin für ein Gespräch über Manson zu vereinbaren. Mehrere Beamte, darunter Lieutenant Helder, der Leiter der Tate-Kommission, sowie die Sergeants Patchett und Gutierrez von der LaBianca-Kommission suchten Gregg Jakobson am nächsten Tag in seinem Haus am Beverly Glen auf und hatten ein langes Gespräch mit ihm. Entscheidend dafür, daß Jakobson sich entschloß, zu reden, war wie bei De Carlo und Kitty Lutesinger der Umstand, daß Manson im Gefängnis saß und nicht mehr frei herumlief, einem also offenbar nichts mehr antun konnte. Man bat Jakobson, alles zu sagen, was er über Mansons Gruppe wisse.
Um 15 Uhr 30 am 16. November wurde in den Hügeln Hollywoods abseits vom Mulholland Drive, in der Nähe des Skyline Drive, die Leiche eines unbekannten Mädchens gefunden. Das Mädchen, von der Polizei als «Jane Doe 59» bezeichnet, mußte ungefähr 24 Stunden zuvor gestorben sein. Auch in diesem Fall handelte es sich um ein mit wilder Brutalität begangenes Verbrechen.
17. November.
Ronni Howard alias Shelley Nadell alias Veronica Young alias Veronica Williams alias Connie Johnson alias Connie Schampeau alias Sharon Warren alias Marjie Carter alias Jean Marie Conley mußte zur Verhandlung über ihre Anklage wegen Rezeptfälschung im Santa Monica Superior Court vor Richter Brandt erscheinen.
Das kalifornische Gesetz gestattet dem Angeklagten jeweils ein Telefongespräch pro Gerichtstermin. Ronni rief bei der für Hollywood

zuständigen Abteilung der Polizeibehörde von Los Angeles an, da sie glaubte, diese Dienststelle führe die Ermittlungen im Tate-Fall. Sie informierte den Beamten über Sadies Geständnis.

Nach Ronni Howards Rückkehr vom Gericht ins Sybil Brand-Frauengefängnis erschienen dort die Special Investigators Brown und Mossman und unterhielten sich ungefähr eineinhalb Stunden lang mit ihr ungestört in einem Besucherzimmer. Sie informierte sie über fast alles, was Sadie ihr gesagt hatte. Nur die Namen einiger der Beteiligten erwähnte sie nicht.

Daß die Polizei den Angaben Glauben schenkte, lag vor allem daran, daß Sadie Ronnie Einzelheiten erzählt hatte, die nur der Mörder wissen konnte – so zum Beispiel von dem Buck-Messer, von dem Sadie behauptet hatte, sie habe es in dem Haus verloren.

Die Tatsache, daß Ronni Howard alias Shelley Nadell Sadie bei der Polizei verpfiff, hat einige interessante Aspekte. Bei dem Prozeß sagte sie aus, sie habe den Beamten gegenüber gewisse Einzelheiten erwähnt, doch habe sie diese Details bei späteren Vernehmungen nie wiederholt.

Am Montag, dem 17. November, demselben Tag, an dem Ronni Howard die Beamten über Susan Atkins' Geständnis informierte, nahmen andere Beamte im Police Headquarter von Los Angeles eine lange Vernehmung Danny De Carlos von den Straight Satans auf Tonband auf. De Carlo war aus freien Stücken erschienen.

Bei dieser Vernehmung kam jeder Aspekt der Family zur Sprache, und De Carlos Gedächtnis arbeitete fast lückenlos. Er berichtete von dem weißen Nylonseil, das von der Polizei in der Polanski-Villa gefunden worden war. Er berichtete von der Ermordung Hinmans, der Ermordung Shorty Sheas, vom Tod des sechzehnjährigen Jungen aus Topanga und von zahlreichen anderen Verbrechen.

Als die Ermittlungsbeamten die Frage aufwarfen, ob nicht De Carlo möglicherweise in den Mord an Shorty Shea verwickelt sei, da man ihn später eine von dessen 45er Pistolen habe tragen sehen, antwortete De Carlo: «Ich hab nicht den Mumm, einen anderen umzulegen.»

De Carlo war anfangs sehr verschlossen, weil er Racheakte von seiten Mansons und Bruce Davis' befürchtete. Die Mädchen der Family hatten ihr Hauptquartier inzwischen in Venice aufgeschlagen, wo sie von den Straight Satans gesehen worden waren. Die Polizeibeamten versicherten De Carlo zwar, daß Manson im Gefängnis bleiben werde, doch Davis war ein freier Mann.

De Carlo war daran interessiert, einen Teil von der Fünfundzwanzig-

tausend-Dollar-Belohnung zu bekommen, da er seinen Sohn Dennis auf die Militärakademie schicken wollte. Die Polizei erklärte sich bereit, De Carlo wegen seines Verstoßes gegen das Waffengesetz nicht den Bundesbehörden zu überstellen und ihn auch nicht den Behörden in Van Nuys wegen eines dort anhängigen Verfahrens zu übergeben.
Im Laufe des Nachmittags rief Sergeant Manuel Gutierrez den Deputy Guenther an, der im Hinman-Fall ermittelte, und berichtete ihm von De Carlos Aussagen über Hinmans Tod.

18. November.

Am Nachmittag mußte De Carlo wegen eines Diebstahls, bei dem man ihn am 15. Oktober in Venice erwischt hatte, vor dem Superior Court in Santa Monica erscheinen. Er hatte sich bereit erklärt, gegen Robert Beausoleil auszusagen, falls man die Anklage gegen ihn fallenlasse. Und so wartete er den ganzen Vormittag lang auf einen Telefonanruf, der ihn zum Gericht zitierte.

Bei dem Prozeß gegen Robert Beausoleil konnten sowohl die Anklage als auch die Verteidigung nichts mehr unternehmen und hielten sich bereit, mit dem Richter die Instruktionen an die Geschworenen zu diskutieren, als die Staatsanwaltschaft auf De Carlo aufmerksam gemacht wurde. Um 10 Uhr 13 erwirkte der Bezirksstaatsanwalt, Mr. Ross, einen Aufschub bis 14 Uhr. Er verständigte das Gericht, es gäbe eine ‹Person›, die über sachdienliche Informationen verfüge.

Sergeant Whiteley und Deputy Guenther befanden sich an diesem Vormittag in der Hall of Justice in Los Angeles in einer Verhandlung über einen Fall von Kindesentführung. In der Mittagspause rasten sie zum Santa Monica Superior Court, wo sie näher über De Carlos belastende Aussagen gegen Beausoleil informiert wurden. Anschließend kehrten die beiden zu der Verhandlung über den Kidnapping-Fall in die Stadt zurück.

Um 14 Uhr beantragte der Bezirksstaatsanwalt, den Prozeß um eine Woche, bis zum Montag, dem 24. November, zu vertagen. Trotz der energischen Einwände von Beausoleils Anwalt, Mr. Leon Salter, wurde dem Antrag stattgegeben. Schließlich hatten beide Seiten die Beweisaufnahme abgeschlossen, und nun auf einmal sollte es weiteres Beweismaterial gegen Beausoleil geben.

Mit den Morden in der Polanski-Villa waren inzwischen offenbar nur noch ein Lieutenant und fünf Kriminalbeamte beschäftigt gewesen. Gleich nachdem Ronni Howard alias Shelley Nadell gesungen hatte, wurde die vollständige Kommission aus zwei Lieutenants und sechzehn Beamten wieder eingesetzt. Mit dem Beweismaterial, das Shelley

Nadell, De Carlo, Kitty, Jakobson und andere geliefert hatten, war der Fall so gut wie gelöst.

Am 18. November 1969 beauftragte Bezirksstaatsanwalt Evelle Younger seine Stellvertreter Vincent T. Bugliosi und Aaron Stovitz, den Fall zu übernehmen. Die beiden tatkräftigen Männer machten sich daran, Beweismaterial zu koordinieren.

19. November.

Der stellvertretende Bezirksstaatsanwalt Bugliosi, Sergeant Calkins, der Sheriffsbeamte Guenther, Sergeant Whiteley und andere Beamte fuhren zur Spahn Movie Ranch. Sie suchten nach leeren Patronenhülsen vom Kaliber 22 und nach Messern. Sie hatten noch nicht feststellen können, woher die Buntline Special stammte, die Steve Weiss am Labor Day der Polizei übergeben hatte. George Spahn gab die Zustimmung zur Durchsuchung der Ranch. Sergeant Lee von der Sonderkommission der Polizeibehörde von Los Angeles entdeckte ungefähr hundert Meter vom Westerngelände und ungefähr einen halben Kilometer weiter oben im Canyon, nach Hialeah Springs hin, insgesamt 22 Patronenhülsen vom Kaliber 22. Die Fundstellen wurden mit weißen Tafeln markiert, damit man Luftaufnahmen davon machen konnte.

Der stellvertretende Bezirksstaatsanwalt Aaron Stovitz fuhr mit einem Beschlagnahmebefehl für den grün-weißen Bus zur Barker Ranch, um dort mit einem Team von Polizeibeamten Beweismaterial zu sammeln.

Verschiedene für das Gebiet von Inyo County zuständige Vollzugsbeamte faßten detaillierte Berichte über die Mansonoiden ab. Unter ihnen tat sich besonders Sergeant Dave Steuber von der California Highway Patrol hervor. Am 20. November legte er ein überzeugendes Dokument vor mit dem Titel: ZUSAMMENFASSENDER BERICHT ÜBER DIE VERHAFTUNGEN UND DIE VERBRECHEN, DIE IM DEATH VALLEY, IM GEBIET VON INYO COUNTY, VON EINER HIPPIE-GRUPPE, BEKANNT ALS «DIE FAMILY», UNTER DER FÜHRUNG VON CHARLES MILES MANSON BEGANGEN WURDEN.

21. November.

Sergeant Phil Sartuche vom Raub- und Morddezernat in Los Angeles, Angehöriger der findigen LaBianca-Kommission, holte beim Gericht von Inyo County einen Haufen Stiefel, Mokassins und Kleidungsstücke ab, die auf der Barker Ranch beschlagnahmt worden waren. Den Beamten war es noch nicht gelungen, die blutigen Kleidungsstücke, die die Mörder getragen hatten, ausfindig zu machen; möglicherweise wollten

sie die Stiefel- und Schuhsohlen mit dem Schuhabsatzdruck auf dem Seitenweg an der Polanski-Villa vergleichen. Alle Sachen wurden Sergeant Granado zur Untersuchung im Labor übergeben.
Sergeant Sartuche nahm auch jenes «armeemäßig verschnürte Bündel» in Gewahrsam, das die 64 Filmstarmagazine, das Exemplar von ‹Stranger in a Strange Land›, den Geldbeutel usw. enthielt.
Am Abend des 21. November 1969 wurden zwei Scientology-Studenten, darunter eine frühere Freundin von Bruce Davis, ermordet. Man fand sie in der Nähe von der Scientology-Kommune Thetan Manor, die ihren Sitz am South Bonnie Brae Nr. 1032 hatte. Die Opfer, insbesondere das Mädchen, waren auf unbeschreibliche Weise verstümmelt.
Die einundzwanzigjährige Doreen Gaul, eine ‹erleuchtete› Scientology-Anhängerin aus Albany (New York), und der fünfzehnjährige James Sharp aus Crystal (Missouri) lebten in verschiedenen Wohnungen in der Gegend von Westlake nicht weit vom Hauptsitz der Sekte entfernt. Miss Gaul wohnte im Thetan Manor, einem alten, dreistöckigen Gebäude im viktorianischen Stil, das damals hauptsächlich von Scientology-Studenten bewohnt wurde. Dort lebten auch mehrere Leute, die mit einer Wodu-Gruppe zu tun hatten, wie ein führender Vertreter der Church of Scientology, der von sich aus den Morden nachging, angegeben hat.
Die beiden wurden zuletzt um 19 Uhr 30 vor dem Vons Market gesehen, als sie versuchten, sich von einem Auto mitnehmen zu lassen. Um 23 Uhr 30, vier Stunden später, entdeckte man ihre geschändeten Leichen. Sie lagen in einer schmalen, von pastellfarbenen Garagen gesäumten Straße, deren Tore mit seltsamen und reich verzierten Inschriften in Plakatfarben bemalt waren.
23. November.
Die Sergeants Patchett und McGann vernahmen am Abend im Sybil Brand-Frauengefängnis Shelley Nadell. Am nächsten Tag wurde Miss Nadell aus dem Schlafsaal, wo sie ihr Bett neben Susan Atkins hatte, verlegt. Sie durfte nicht länger in demselben Schlafraum bleiben, da das dem Gericht gegenüber den Anschein erweckt hätte, sie habe Miss Atkins heimtückisch ein Geständnis abzulocken versucht.
24. November.
Im Prozeß gegen Robert Beausoleil wurde Danny De Carlo als Zeuge schließlich zugelassen. Nach De Carlos Aussage zogen sich die Geschworenen zur Beratung zurück. Auch nach langen Diskussionen waren sie nicht in der Lage, ein Urteil zu fällen. Es blieb dabei, daß acht gegenüber vier für Schuldigsprechung plädierten, so daß der Prozeß für

ergebnislos erklärt wurde. Das war verhängnisvoll für Beausoleil, da der Bezirksstaatsanwalt beim Wiederaufnahmeverfahren im April 1970 die Todesstrafe zu beantragen beschloß, auf die man schließlich auch erkannte.

In der Nacht vom 24. November verkündete ein Nachrichtensprecher im Kanal II von Los Angeles (nachdem ein Reporter von einem Kriminalbeamten einen Tip bekommen hatte), daß «sich im Falle der Ermordung Sharon Tates eine Klärung abzeichne». Die Presse schaltete sich in die Ermittlungen gegen Manson einige Wochen vor den Verhaftungen am 1. Dezember ein. Reporter vervollständigten ihre Informationen mit Hilfe der Polizei, und die Polizeibeamten erfuhren Einzelheiten von den Presseleuten. Ein Vertreter der KFWB-Rundfunkanstalt von Los Angeles berichtete, sein Mitarbeiterstab habe bereits Mitte Oktober eine Verbindung zwischen dem Hinman- und dem Tate-Fall aufgedeckt.

Eine Rundfunkanstalt griff das Thema ‹Family› auf, nachdem bekanntgeworden war, daß ungewöhnlich viele Sheriffsbeamte von Los Angeles nach Independence (California), wo die Mörder gefangen saßen, fuhren.

Am 19. November zeigte sich, daß die *Los Angeles Times* über die Manson Family auf das Genaueste informiert war – noch ehe Polizeichef Edward Davis eine Woche später auf einer Pressekonferenz die Aufklärung des Falls verkündete, brachte sie eine Titelgeschichte über die Family.

Fernsehteams, die in Los Angeles von einer Stätte des Verbrechens zur anderen zogen, wurden – ‹streng vertraulich› – informiert, daß der Fall gelöst sei. Hubschrauber, die Fernsehteams heranflogen, tauchten im Goler Wash auf. Die CBS hatte erwogen, mit Strand-Buggies zur Barker Ranch hinaufzufahren, doch dann erfuhr man, daß die Mitglieder der Family bewaffnet waren und zur gegenseitigen Warnung Walkietalkies benutzten. Man bediente sich also lieber eines Hubschraubers.

Man drängte darauf, die Öffentlichkeit über die Lösung des Falls zu informieren. Andererseits scheute die Presse davor zurück, Details zu veröffentlichen, da die Möglichkeit weiterer Morde oder Selbstmorde bestand oder entscheidendes Beweismaterial vernichtet werden konnte.

Einige Polizeibeamte haben privat geäußert, daß, hätte man die Verhaftungen noch eine Weile hinausgeschoben, «wir sie alle hätten kriegen können». Einer der führenden Ermittlungsbeamten stellte fest, daß der Mord an «Jane Doe 59» wahrscheinlich hätte aufgeklärt werden können, wenn man mit den Verhaftungen noch etwas gewartet hätte. Doch die Polizei wußte von Zeros Tod sowie von möglichen Zusammenhängen mit Mordfällen in Bishop, Ukiah, Topanga usw., und deshalb lag der Polizei außerordentlich daran, diese Besessenen sobald wie möglich hinter Schloß und Riegel zu bringen.

25. November.

Sergeant Gutierrez vom Raub- und Morddezernat fuhr zur Spahn Movie Ranch. Er sprach dort mit Juan Flynn, der Gutierrez in seinen Trailer führte und ihm eine Schranktür mit ‹verschiedenen Inschriften› zeigte. Flynn erklärte sich einverstanden, daß die Schranktür in Gewahrsam genommen wurde. Die Inschrift lautete: *1, 2, 3, 4, 5, 6, 7 – all good Children go to heaven – Helter Skelter*. Darunter befand sich das umgekehrte Yoni-Zeichen oder Friedenssymbol.

Polizeibeamte vernahmen noch einmal Shelley Nadell alias Ronni Howard alias Verronica Young im Sybil Brand-Frauengefängnis. Das Verhör wurde auf Band aufgenommen. Man eröffnete Miss Nadell, daß sie die ausgesetzte Belohnung möglicherweise mit zwei oder drei anderen Personen teilen müsse. Ronni bat die Ermittlungsbeamten oder schlug ihnen vor, man solle sie wieder in den Schlafsaal verlegen, damit sie noch weitere Informationen aus Sadie herausholen könne, wozu sie als Bettnachbarin von Sadie in der Lage gewesen wäre.

«Sie meinen wohl, Sie können sich über Ihren Ehrenkodex, oder wie man das nennt, nicht hinwegsetzen, weil das wirklich etwas ungewöhnlich ist.»

Worauf Sergeant Patchett erklärte: «Wir müssen diese Sache vor Gericht bringen, um diese Leute belangen zu können, und deswegen dürfen wir Sie nicht wieder da reinschicken; denn dann wären Sie ja unser Spitzel.»

Am 25. November wurde ein halbes Dutzend Häftlinge (Clem, Gypsy, Ouish, Brenda, Snake und Leslie) auf Vorladung des Großen Geschworenengerichts von Independence (California) nach Los Angeles gebracht. Das Ende war nahe. Manson ließ man in Independence zurück.

Alle Gefangenen wurden intensiv verhört. Man versuchte auf diese Weise belastende Informationen über Manson zu bekommen, aber nicht einmal das Wort ‹Gaskammer› schien ihre Zungen lösen zu können. Susan Atkins' Geständnis ihren Zellengefährtinnen gegenüber ließ sich nur zu ihrer eigenen Überführung verwenden. Gegen Watson, Manson, Krenwinkel, Kasabian und die anderen ließ es sich, wegen der strengen Vorschriften über sogenannte Zellengeständnisse als Rechtsbeweis, nicht verwenden.

26. November.

Sadie/Susan mußte in Sachen Hinman zu einer Vorverhandlung in Santa Monica erscheinen.

Gerald M. Condon wurde seiner Aufgabe als vom Gericht ernannter Anwalt für Miss Atkins entbunden. Statt dessen wurde Richard Caballero, ehemaliger Assessor des Bezirksstaatsanwalts, zu ihrem Rechtsvertreter (auf Kosten der Staatskasse) ernannt. Mr. Caballero hatte eine lange, ausführliche Unterredung mit Miss Atkins. Offenbar wurde sie mit den sie schwer belastenden Aussagen ihrer Zellengefährtinnen konfrontiert. Man redete ihr ein, daß das Beweismaterial gegen sie, Manson und die anderen überwältigend sei. Irgendwie gelang es ihrem Anwalt, sie davon zu überzeugen, daß sie nur dann, wenn sie ein volles Geständnis über alle Morde ablege und mit der Polizei zusammenarbeite, darauf hoffen könne, der Gaskammer zu entrinnen. Sie wußte damals nicht, daß ihr Geständnis und ihre Zusammenarbeit mit der Polizei den Hauptbeweis gegen die anderen liefern würde. Jetzt stand man wirklich unmittelbar vor der Aufklärung des Falls.

Am Morgen desselben Tages, an dem sich Susan Atkins zu einem Geständnis bereit erklärte, berichtete ihre frühere Zellengefährtin, Virginia Graham, im Corona State Prison ihrer Rechtsberaterin, Miss Mary Ann Domn, was ihr Susan Atkins über die Morde erzählt hatte.

Am Nachmittag desselben Tages nahm Sergeant Mike Nielsen von der Polizeibehörde Los Angeles um 15 Uhr 15 im Corona State Prison ein Verhör mit Virginia Graham auf Band auf.

28. November.

Sergeant Mike Nielsen vom Raub- und Morddezernat rief Joseph Krenwinkel an und erkundigte sich, wo sich seine Tochter Patricia aufhalte. Mr. Krenwinkel erklärte, seine Tochter befinde sich in Mobile (Alabama). Dort sollte sie einige Tage später bei ihrer Tante, bei der sie wohnte, verhaftet werden.

Am 30. November wurde Charles Denton Watson in Copeville (Texas) wegen Mordes festgenommen.

Am 1. Dezember um 14 Uhr gab der Polizeichef von Los Angeles, Edward Davis, bei einer Pressekonferenz im Parker Center die Aufklärung der Tate–LaBianca–Sebring–Folger–Frykowski–Parent–Morde bekannt.

Vor ungefähr fünfzehn Mikrofonen und einem Knäuel sich drängelnder Kameraleute verkündete Polizeichef Edward Davis, daß 8750 Stunden Polizeiarbeit zum Sturz des Hauses Manson geführt hätten.

Bevor standen noch die Anklagebeschlüsse des Großen Geschworenengerichts, die Skandale wegen der Veröffentlichung von Susan Atkins' Geständnis, die juristischen Manöver, das große Schaudern, die Drohungen gegen die mit dem Fall befaßten Anwälte, das zweite große Verfahren gegen Beausoleil, das ihn in die Todeszelle brachte, der Tate–LaBianca-Prozeß, der Susan Atkins, Patricia Krenwinkel, Leslie Van Houten und Manson in die Todeszelle brachte. Auch Tex Watsons Prozeß, der erst nach seinem Aufenthalt im State Hospital in Atascadero stattfand, sollte damit enden, daß er in die Todeszelle geschickt wurde. Bevor standen auch noch die Prozesse gegen Steve ‹Clem› Grogan, Bruce Davis und Manson wegen Ermordung Shorty Sheas und der Prozeß gegen Davis und Manson wegen des Mordes an Gary Hinman.

Es war vorbei.

Inhalt

Einleitung   7

1. Die ‹Family›
   Von den Anfängen bis Mitte 1969   15

2. Die Morde
   25. Juli 1969 bis 15. August 1969   205

3. Die Ergreifung Mansons
   16. August 1969 bis 1. Dezember 1969   285

Diese Bücher informieren über die USA

James Baldwin, Hundert Jahre Freiheit ohne Gleichberechtigung
oder The Fire Next Time. Eine Warnung an die Weißen
rororo aktuell Band 634

Richard J. Barnet, Der amerikanische Rüstungswahn
oder Die Ökonomie des Todes
Mit einem Beitrag von Claus Grossner
rororo aktuell Band 1450

Philip Berrigan, Christen gegen die Gesellschaft
US-Priester im Gefängnis / Mit Briefen von Daniel Berrigan
rororo aktuell Band 1498

Eldridge Cleaver, Nach dem Gefängnis
Aufsätze und Reden
Herausgegeben und eingeleitet von Robert Scheer
176 Seiten. Kartoniert
rororo Taschenbuch Band 1533

J. William Fulbright, Das Pentagon informiert
oder Der Propaganda-Apparat einer Weltmacht
Mit einem Essay von Winfried Scharlau
rororo aktuell Band 1541

L. L. Matthias, Die Kehrseite der USA
rororo Taschenbuch Band 1494

David Riesman / Reuel Denney / Nathan Glazer
Die einsame Masse
Eine Untersuchung der Wandlungen
des amerikanischen Charakters
Einführung Helmut Schelsky
rowohlts deutsche enzyklopädie Band 72

Rowohlt

das neue buch
rowohlt

Herausgegeben von Jürgen Manthey

Programmschwerpunkte: zeitgenössische Literatur vorwiegend jüngerer deutscher und ausländischer Autoren / Beiträge zu einer materialistischen Ästhetik / Beispiele gesellschaftskritischer Dokumentaristik / Entwürfe für eine neue, unspekulative Anthropologie / Medientheorie und Kommunikationsforschung / Kritik der «amerikanischen Ideologie»

Peter Rühmkorf
Die Jahre die Ihr kennt
Anfälle und Erinnerungen [1]

Das Mädchen aus der Volkskommune
Chinesische Comics [2]

Sergej Tretjakov
Die Arbeit des Schriftstellers
Aufsätze, Reportagen, Porträts
Hg.: Heiner Boehncke [3]

Hans Christoph Buch
Kritische Wälder
Essays, Kritiken, Glossen [4]

Tom Wolfe
Radical Chic und Mau Mau bei der Wohlfahrtsbehörde [5]

David Cooper
Der Tod der Familie [6]

Peter Gorsen
Sexualästhetik
Zur bürgerlichen Rezeption von Obszönität und Pornographie
Mit 81 Abbildungen [7]

Velimir Chlebnikov
Werke
I Poesie
Mit 16seitigem Tafelteil [8]
II Prosa, Schriften, Briefe
Mit 48seitigem Tafelteil [9]
Hg.: Peter Urban

Philip Roth
Unsere Gang
Die Story von Trick E. Dixon und den Seinen [10]

**Karla Fohrbeck
Andreas J. Wiesand**
Der Autorenreport
Vorwort:
Rudolf Augstein [11]

Elfriede Jelinek
Michael
Ein Jugendbuch für die Infantilgesellschaft [12]

R. Buckminster Fuller
Bedienungsanleitung für das Raumschiff Erde und andere Schriften
Hg.: Joachim Krausse
Mit über 100 Abbildungen [13]

Ed Sanders
The Family
Die Geschichte von Charles Manson und seiner Strand-Buggy-Streitmacht [14]

Parteilichkeit der Literatur oder Parteiliteratur?
Materialien zu einer undogmatischen marxistischen Ästhetik
Hg.: Hans Christoph Buch [15]

Hermann Peter Piwitt
Rothschilds
Roman [16]

Carl Einstein
Die Fabrikation der Fiktionen
Eine Verteidigung
des Wirklichen
Hg.: Sibylle Penkert [17]

Peter Turrini
Erlebnisse in der Mundhöhle
Roman [18]

Autorenkollektiv HfbK Berlin
Zur Semiotik des Bildes
Verkehrsformen visueller
Kommunikation
Mit Abbildungen [19]

Harold Pinter
Alte Zeiten
Landschaft
Schweigen
Drei Theaterstücke [20]

Nicolas Born
Das Auge des Entdeckers
Gedichte
Zeichnungen
von Dieter Masuhr [21]

Hartmut Lange
Theaterstücke 1960–72 [22]

James Baldwin
Eine Straße und kein Name [23]

**Beiträge zur Theorie
und Praxis des Films
Gruppe Cinétique**
Hg.: Gloria Behrens,
Leo Borchard,
Beatrix Schumacher,
Rainer Gansera [24]

Ronald D. Laing
Knoten [25]

Michael Schneider
Neurose und Klassenkampf
Materialistische Kritik der
Psychoanalyse [26]

Paul Nizan
Für eine neue Kultur
Aufsätze [27]

John Barth
Ambrose im Juxhaus
Fiktionen für den Druck,
das Tonband
und die menschliche Stimme [28]

Ronald Fraser
Im Versteck [29]

William S. Burroughs
Die literarischen Techniken
der Lady Sutton-Smith
Reportagen,
Fiktionen, Essays,
Interviews
Hg.: Ralf-Rainer Rygulla [30]

Klaus Stiller
Die Deutschen
Materialien I [31]

Lu Hsün
Der Einsturz
der Lei-Feng Pagode
Essays über Literatur und
Revolution in China [32]

Heinz Brüggemann
Literarische Technik
und soziale Revolution
Versuche über das
Verhältnis von
Kunstproduktion,
Marxismus und
literarischer Tradition
der theoretischen Schriften
Bertolt Brechts [33]

Ron Padgett
Große Feuerbälle [34]

Herausgegeben von Freimut Duve

Detlev Albers / Werner Goldschmidt /
Paul Oehlke
Klassenkämpfe in Westeuropa.
England, Frankreich, Italien [1502]

Heinrich Albertz /
Dietrich Goldschmidt [Hg.]
Konsequenzen
oder Thesen, Analysen und Dokumente
zur Deutschlandpolitik [1280]

Ulrich Albrecht / Birgit A. Sommer
Deutsche Waffen für die Dritte Welt.
Militärhilfe und Entwicklungspolitik.
Vorwort von Helmut Glubrecht [1535]

Marcio M. Alves
Brasilien – Rechtsdiktatur
zwischen Armut und Revolution [1549]

Günter Amendt [Hg.]
Kinderkreuzzug
oder Beginnt die Revolution in den Schulen?
Mit Beiträgen von Stefan Rabe,
Ilan Reisin, Ezra Gerhardt, Günter Degler
u. Peter Brandt [1153]

James Baldwin
Hundert Jahre Freiheit ohne Gleichberechtigung
oder The Fire Next Time.
Eine Warnung an die Weißen [634]

Emil Bandholz
Zwischen Godesberg und Großindustrie
oder Wo steht die SPD? [1459]

Richard J. Barnet
Der amerikanische Rüstungswahn
oder Die Ökonomie des Todes.
Mit einem Beitrag von Claus Grossner [1450]

Dierk-Eckhard Becker / Elmar Wiesendahl
Ohne Programm nach Bonn
oder Die Union als Kanzlerwahl-Verein [1606]

Peter Bender
Die Ostpolitik Willy Brandts
oder Die Kunst des Selbstverständlichen [1548]

Berliner Autorengruppe [Hg.]
Kinderläden – Revolution der Erziehung
oder Erziehung zur Revolution? [1340]

Philip Berrigan
Christen gegen die Gesellschaft.
US-Priester im Gefängnis [1498]

Norbert Blüm
Reaktion oder Reform.
Wohin geht die CDU? [1503]

Juan Bosch
Der Pentagonismus
oder Die Ablösung des Imperialismus?
Mit einem Nachwort
von Sven G. Papcke [1151]

G. und D. Cohn-Bendit
Linksradikalismus – Gewaltkur gegen die
Alterskrankheit des Kommunismus [1156]

David Cooper [Hg.]
Dialektik der Befreiung.
Mit Texten von Carmichael, Gerassi,
Goodman, Marcuse, Sweezy u. a. [1274]

Jan Deleyne
Die chinesische Wirtschaftsrevolution.
Eine Analyse der sozialistischen
Volkswirtschaft Pekings [1550]

Bernadette Devlin
Irland: Religionskrieg
oder Klassenkampf? [1182]

Autorenkollektiv Presse
Wie links können Journalisten sein?
Pressefreiheit und Profit.
Mit einem Vorwort von Heinrich Böll [1599]

Klaus Esser
Durch freie Wahlen zum Sozialismus
oder Chiles Weg aus der Armut [1554]

Franz Fabian [Hg.]
Arbeiter übernehmen ihren Betrieb
oder Der Erfolg des Modells Süßmuth [1605]

Frantz Fanon
Die Verdammten dieser Erde.
Vorwort von Jean-Paul Sartre [1209]

Ernst Fischer
Die Revolution ist anders.
Ernst Fischer stellt sich zehn Fragen
kritischer Schüler [1458]

Karl-Hermann Flach / Werner Maihofer /
Walter Scheel
Die Freiburger Thesen der Liberalen [1545]

Erich Frister / Luc Jochimsen [Hg.]
Wie links dürfen Lehrer sein?
Unsere Gesellschaft vor einer Grundsatz-
entscheidung [1555]

J. William Fulbright
Das Pentagon informiert
oder Der Propaganda-Apparat einer Weltmacht.
Mit einem Essay von Winfried Scharlau [1541]

Norbert Gansel [Hg.]
Überwindet den Kapitalismus
oder Was wollen die Jungsozialisten? [1499]

Roger Garaudy
Marxismus im 20. Jahrhundert [1148]
Die ganze Wahrheit
oder für einen Kommunismus ohne Dogma [1403]

Garaudy / Metz / Rahner
Der Dialog
oder Ändert sich das Verhältnis zwischen
Katholizismus und Marxismus? [944]

Rowohlt

Herausgegeben von Freimut Duve

Imanuel Geiss / Volker Ullrich [Hg.]
15 Millionen beleidigte Deutsche
oder Woher kommt die CDU?
Beiträge zur Kontinuität der bürgerlichen
Parteien [1414]

Karin Günther-Thoma / Regina Henze /
Linette Schönegge
Kinderplanet
oder Das Elend der Kinder in der
Großstadt [1602]

Ernesto Che Guevara
Brandstiftung
oder Neuer Friede?
Reden und Aufsätze.
Hg. und mit einem Nachwort versehen
von Sven G. Papcke [1154]

Hildegard Hamm-Brücher
Aufbruch ins Jahr 2000
oder Erziehung im technischen Zeitalter.
Ein bildungspolitischer Report
aus 11 Ländern [983]

Robert Havemann
Dialektik ohne Dogma?
Naturwissenschaft und Weltanschauung [683]

Helft Euch selbst!
Der Release-Report gegen die Sucht.
Hg. vom Autorenteam: Rolv Heuer,
Herman Prigann, Thomas Witecka [1543]

Rolf Heyen [Hg.]
Die Entkrampfung Berlins
oder Eine Stadt geht zur Tagesordnung über
[1544]

Werner Hofmann
Grundelemente der Wirtschaftsgesellschaft.
Ein Leitfaden für Lehrende [1149]

Luc Jochimsen
Hinterhöfe der Nation.
Die deutsche Grundschulmisere [1505]

Joachim Kahl
Das Elend des Christentums
oder Plädoyer für eine Humanität ohne Gott
[1093]

Reinhard Kühnl
Formen bürgerlicher Herrschaft.
Liberalismus – Faschismus [1342]

Der bürgerliche Staat der Gegenwart.
Formen bürgerlicher Herrschaft II [1536]

Hildegard Lüning [Hg.]
Mit Maschinengewehr und Kreuz
oder Wie kann das Christentum überleben?
[1448]

Mao Tse-tung
Theorie des Guerillakrieges
oder Strategie der Dritten Welt.
Einleitender Essay von Sebastian Haffner
[886]

Walter Menningen [Hg.]
Ungleichheit im Wohlfahrtsstaat.
Der Alva-Myrdal-Report der
schwedischen Sozialdemokraten [1457]

Walter Möller / Fritz Vilmar
Sozialistische Friedenspolitik für Europa.
Kein Frieden ohne Gesellschaftsreform
in West und Ost [1551]

Ernst Richert
Die DDR-Elite
oder Unsere Partner von morgen? [1038]

Jörg Richter [Hg.]
Die vertrimmte Nation
oder Sport in rechter Gesellschaft [1547]

Hugo Ritter
Verrat an der sozialen Marktwirtschaft?
Wirtschaftspolitik zwischen Anspruch
und Wirklichkeit [1608]

Bertrand Russell / Jean-Paul Sartre
Das Vietnam-Tribunal I
oder Amerika vor Gericht [1091]
Das Vietnam-Tribunal II
oder Die Verurteilung Amerikas [1213]

Uwe Schultz [Hg.]
Umwelt aus Beton
oder Unsere unmenschlichen Städte.
Mit einem Nachwort von Alexander Mitscherlich
[1497]

Hans See
Volkspartei im Klassenkampf
oder Das Dilemma der innerparteilichen
Demokratie.
Nachwort von Wolfgang Abendroth [1576]

Reinhard Strecker / Günter Berndt [Hg.]
Polen – Ein Schauermärchen
oder Gehirnwäsche für Generationen [1500]

Theorie-Praxis-Kollektiv
Aufstand der Ordnungshüter
oder Was wird aus der Polizei? [1596]

Joachim Weiler / Rolf Freitag
Ausbildung statt Ausbeutung.
Der Kampf der Essener Lehrlinge.
Mit einem Vorwort von Günter Wallraff [1504]

Welternährungskrise
oder Ist eine Hungerkatastrophe ausweichlich?
Hg. von der Vereinigung
Deutscher Wissenschaftler [1147]

Rowohlt

James Baldwin

Sag mir, wie lange ist der Zug schon fort
Roman. 432 Seiten. Geb.

Gesammelte Erzählungen
Sonderausgabe. 256 Seiten. Geb.

Gehe hin und verkünde es vom Berge
Roman. 272 Seiten. Geb.
Taschenbuch-Ausgabe: rororo 1415

Eine andere Welt
Roman. Sonderausgabe. 456 Seiten. Geb.

Giovannis Zimmer
Roman. 188 Seiten. Geb.
Taschenbuch-Ausgabe: rororo 999

Hundert Jahre Freiheit
ohne Gleichberechtigung oder The Fire Next Time
rororo aktuell 634

Blues für Mr. Charlie / Amen Corner
Zwei Schauspiele. rororo 1385

Rowohlt

Hubert Selby
Letzte Ausfahrt Brooklyn

Hubert Selbys Zyklus von sechs Prosastücken ist eine Beschreibung menschlicher Höllen und ein Plädoyer zugleich. Mit reporterhafter Genauigkeit fixiert Selby Sprache, Gestus und Moralmodelle von sozial Verwahrlosten und gibt doch keinen teilnahmslosen, erbarmungslosen Bericht. Ein moderner Klagegesang vom Menschenmüll, aufgefressen und ausgespien von der Riesenkrake New York.
320 Seiten. Geb.
und als Taschenbuchausgabe: rororo 1469

Samuel Beckett:
«Ohne Einschränkung ein tiefernstes und mutiges Kunstwerk.»

Mauern

Dieser Roman ist ein Albtraum! Ein Mann – von der Polizei willkürlich aufgegriffen und verhaftet – sitzt in einer Gefängniszelle. Seine Wachträume und Rachephantasien sind von gewalttätiger Wut und brutaler Sexualität. Ein Werk voll dichterischer und sittlicher Kraft, geprägt durch die Vertrautheit des Autors mit dem Leiden.
Ray Gosling in ‹The Times›, London: «Dies ist einer der gewaltigsten Romane, die ich je gelesen habe.»
Roman. 288 Seiten. Geb.

Rowohlt

Umschlagentwurf Christian Chruxin
und Hans-Gert Winter
Textlayout Gisela Nolte
Gesetzt aus der Garamond-Antiqua
(Linofilm-Super-Quick)
Gesamtherstellung
Clausen & Bosse, Leck/Schleswig